2024 최신개정판

LOGIN

전산세무 1급
기출문제집

김영철 지음

도서출판
어울림
www.aubook.co.kr

머리말

회계는 매우 논리적인 학문이고, 세법은 회계보다 상대적으로 비논리적이나, 세법이 달성하고자 하는 목적이 있으므로 세법의 이면에 있는 법의 취지를 이해하셔야 합니다.

회계와 세법을 매우 잘하시려면

왜(WHY) 저렇게 처리할까? 계속 의문을 가지세요!!!

1. 회계는 이해하실려고 노력하세요.

　　(처음 접한 회계와 세법의 용어는 매우 생소할 수 있습니다.

　　생소한 단어에 대해서 네이버나 DAUM의 검색을 통해서 이해하셔야 합니다.)

2. 세법은 법의 제정 취지를 이해하십시오.

3. 이해가 안되시면 동료들과 전문가에게 계속 질문하십시오.

법인세는 회계이론의 정립된 상태에서 공부하셔야 합니다. 법인세는 세무회계의 핵심입니다. 법인세는 회계나 마찬가지입니다. 회계를 잘하시면 법인세도 잘합니다. 법인세는 세법의 꽃입니다. 법인세를 모르면 세법을 안다고 할 수 없을 정도로 우리나라의 가장 중요한 세법입니다.

법인세에 힘을 쓰십시요!! 법인세는 회계와 똑같습니다.

LOGIN전산세무1급(법인조정)과 LOGIN전산세무1급(회계,부가,소득)으로 이론과 실무를 심도 있게 공부하시고, **마지막 본인의 실력을 테스트하고, 시험시간의 안배연습, 그리고 최종적으로 본인의 부족한 점을 체크하시기 바랍니다.**

법인세에 힘을 쓰십시요!! 법인세는 회계와 똑같습니다. 원리를 이해하시고 공부하세요. 그리고 자신을 이기십시요!!!

2024년 2월

김 영 철

합격수기

DAUM카페 "로그인과 함께하는 전산회계/전산세무"에 있는 <u>수험생들의 공부방법과 좌절과 고통을 이겨내면서 합격하신 경험담을 같이 나누고자 합니다.</u>

"로그인 기출문제 문제집으로 전산세무 1급 합격했습니다."

김지인님

이번에 73점으로 61회 전산세무1급 합격했습니다.

저는 케이렙 되기 전에 아이플러스일 때 전산세무 2급도 로그인책 + 다른 책으로 공부해서 합격했었는데.. 그 때 로그인 책이 너무 많이 도움이 되서요.

그 다음에 1급을 준비하면서 별 책을 다 구경해봤지만 로그인책만의 특유의 구성이 있다는 사실을 알게 되었습니다.

원리를 일깨워 준다고 할까요? 표로 정리되어 있는 것도 그렇고.. 요즘은 시험대비로만 공부하는 저서가 너무 많이 나와 있어서 솔직히 책의 접근이 올드하다고 생각하실 수도 있습니다.

저자는 수기로 하는걸 강조하기 때문인데요.

그런데 진짜 아 진짜 !!!!!!!!! 그게 정말 도움이 됩니다!!!!!!!

왜냐하면 솔직히 전산세무2급까지는 스킬암기 정도로도 합격이 가능한 것 같은데.. 1급 부터는 단순 스킬을 외우는게 아니라 세무조정의 원리랑, 원리의 이해? 같은게 필요합니다.

부가세도 그렇고 회계 쪽도 그렇고............ 뭔가 2급이랑 깊이가 묘하게 다릅니다.

원래 회계나 세법이라는게 쌩판 처음 공부하면 차대변이 뭔지도 모르는 상태에서 단순 암기로부터 시작을 하는거긴 하지만 공부를 하다보면 분개하는 것도 그렇고 가산세 때리는 것도 그렇고 다 근거가 있고 이유가 있습니다.

심지어는 세법도 그 세법이 법으로 재정되게 된 이유가 다 담겨 있는건데.. 우리는 시간이 없으니 그냥 외울뿐 ㅋㅋ 로그인 책은 그렇게 정말 잘 되어있습니다.

이유를 알려줍니다. 왜 그런지 원리를 깨우치게 해준다고 할까요?

<u>수학으로 치면 공식을 단순 암기하는게 아니라 그 공식이 왜 나오는지 유도가 가능하게 해서 시험 중에도 당황하거나 까먹지 않게 해주는 그런 내용으로 구성</u>되어 있습니다.

책만 실제로 구입하면 등업도 쉬운 편이고요!!

저는 원래 다른 저서로 공부를 시작했으나 직장인이라 그런지 시간이 너무 없어서 앞에 한 5장 보다 포기하고 ㅋㅋㅋㅋ 막 이패X에서 강의하는 인강도 신청해놨으나 재무회계의 기초만 보다가 끝나고 ㅋㅋㅋㅋ아 큰일났으니 일단 법인세만이라도 어떻게 해보자 싶어서 (법인세부분을 한개도 몰라서) 로그인법인세부분책을 구입한 다음 그걸 천천히 봤습니다.

그러다 결국 시험이 얼마 안남아서 마음이 급해 로그인 기출문제집을 추가 구입해서 공부했습니다.

실기는 기출문제 풀어보면서 카페에 공개된 동영상 강의로 모르는 부분 짚어 가면서 그렇게 공부했습니다.

실기는 왕도가 없었던 것 같습니다.

원리를 깨우친다 → 직접 풀어본다. 이게 진리인것 같아요..

수기로 풀 시간이 없으신 분들은 그냥 프로그램 켜놓고

이게 여기에 왜 들어가는지, 어떻게 계산이 도출되는지를 중점적으로 공부하는게 중요한 것 같습니다. 그 다음 이론 문제는 그냥 기출문제 한 6년치? 이론 부분만 따로 뽑아서 달달 외우다 싶이 공부를 했습니다.

시간이 있었으면 세법책이나 회계책이나 이론이 나와 있는 것들을 봤겠지만 개정된 세법 부분은 다 포기하고 그냥 기출문제집을 진짜 달달 외웠습니다 ㅠㅠ

제가 생각해도 어처구니가 없었는데 ㅋㅋㅋ 똑같은 문제가 나온다는 보장도 없었는데 미친척하고..

그럼에도 이번에 이론은 11개 정도 맞았던 것 같습니다. 의외로 기출이랑 정말 비슷하게 나오더라구요??????

실기는 당연히 기출문제 테두리 안에서 비슷하게 나오고..

이론도 기출 테두리안에서 비슷하게 나옵니다....

특히 원가는 진짜.......... 똑같이 나옵니다.....

원가 다맞으면 10점 벌 수 있습니다!!! 가장 범위도 적고 가장 똑같이 나옵니다!!

그 다음 100점 맞을거 아니기 때문에 막 잘 안나오는 부분은 과감하게 버렸습니다. (이번에 나온 재활용 폐자원 같은 문제들......)

그리고 로그인기출문제집 앞부분 보면 이론도 요약이 다 되어있어서 기출문제집 한권을 스스로 다 풀 수 있을 정도만 되면 누구나 저처럼 턱걸이 합격이 가능하다고 봅니다!!

정말 이 책은 혁명입니다!!!!!!!!!!!!!!!!!!!!!!!!!!!!!!!

정말 제가 책팔이 같은데 ㅜㅜㅜㅜㅜㅜㅜㅜㅜㅜ

법인세책보다가 저자가 누구야? 천재야? 하면서 책을 봤던 기억이 있습니다.

이제는 세무회계2급을 준비해봐야겠습니다 ㅋㅋㅋㅋㅋㅋㅋㅋㅋㅋㅋㅋㅋㅋㅋㅋ

저자가 운영하는 다음(Daum)카페 **"로그인과 함께하는 전산회계/전산세무"**에 다음의 유용한 정보를 제공합니다.

1. 1분강의 동영상(PC로도 재생가능합니다.)
2. **오류수정표(세법개정으로 인한 추가 반영분 및 오류수정분)**
3. **세법개정내용(출제자는 개정세법 문제를 자주 출제합니다. 시험 전에 반드시 숙지하시기 바랍니다.)**
4. 실무데이터(도서출판 어울림 홈페이지에서도 다운로드가 가능합니다.)
5. Q/A게시판

로그인카페

LOGIN 전산세무1급을 구입하신 독자 여러분께서는 많은 이용바라며, 교재의 오류사항을 지적해주시면 고맙겠습니다.

[2024년 전산세무회계 자격시험(국가공인) 일정공고]

1. 시험일자

회차	종목 및 등급	원서접수	시험일자	합격자발표
112회		01.04~01.10	02.04(일)	02.22(목)
113회		02.28~03.05	04.06(토)	04.25(목)
114회		05.02~05.08	06.01(토)	06.20(목)
115회	전산세무 1,2급 전산회계 1,2급	07.04~07.10	08.03(토)	08.22(목)
116회		08.29~09.04	10.06(일)	10.24(목)
117회		10.31~11.06	12.07(토)	12.26(목)
118회		**2025년 2월 시험예정(2024년 세법기준으로 출제)**		

2. 시험종목 및 평가범위

등급		평가범위
전산세무 1급 (90분)	이론	재무회계(10%), 원가회계(10%), 세무회계(10%)
	실무	재무회계 및 원가회계(15%), 부가가치세(15%), 원천제세(10%), 법인조정(30%)

3. 시험방법 및 합격자 결정기준

1) 시험방법 : 이론(30%)은 객관식 4지 선다형 필기시험으로,
　　　　　　　실무(70%)는 수험용 표준 프로그램 **KcLep(케이 렙)**을 이용한 실기시험으로 함.
2) 응시자격 : 제한없음(**신분증 미소지자는 응시할 수 없음**)
3) 합격자 결정기준 : 100점 만점에 70점 이상

4. 원서접수 및 합격자 발표

1) 접수기간 : 각 회별 원서접수기간내 접수
　(수험원서 접수 첫날 00시부터 원서접수 마지막 날 18시까지)
2) 접수 및 합격자발표 : 자격시험사이트(http://www.license.kacpta.or.kr)

차 례

기출문제

2023년 최신기출문제 4회분과 2022년~2021년 시행된 기출문제 중 합격율이 낮은 10회분 수록

로그인 전산세무1급 기출문제 백데이터 다운로드 및 설치

1 도서출판 어울림 홈페이지(www.aubook.co.kr)에 접속한다.

2 홈페이지에 상단에 자료실 - 백데이타 자료실을 클릭한다.

3 자료실 - 백데이터 자료실 - **로그인 전산세무1급 기출문제** 백데이터를 선택하여 다운로드 한다.

4 데이터를 다운받은 후 실행을 하면, [내컴퓨터 ➡ C:₩KcLepDB ➡ KcLep] 폴더 안에 4자리 숫자폴더 저장된다.

5 회사등록메뉴 상단 F4(회사코드재생성)을 실행하면 실습회사코드가 생성된다.

> 이해가 안되시면 도서출판 어울림 홈페이지에 공지사항(81번)
> "로그인 케이렙 실습데이타 다운로드 및 회사코드 재생성 관련 동영상"을 참고해주십시오.

저자가 운영하는 다음(Daum)카페 **"로그인과 함께하는 전산회계/전산세무"**에 다음의 유용한 정보를 제공합니다.

1. 오류수정표(세법개정으로 인한 추가 반영분 및 오류수정분)
2. 세법개정내용(출제자는 개정세법에 문제를 자주 출제됩니다. 시험 전에 반드시 개정세법을 숙지하시기 바랍니다.)
3. 실무 및 모의고사 데이터(도서출판 어울림 홈페이지에서도 다운로드가 가능합니다.)
4. 전산세무1급 Q/A게시판

LOGIN 전산세무2급 핵심요약 및 기출문제를 구입하신 독자 여러분께서는 많은 이용바라며, 교재의 오류 사항과 추가반영사항을 지적해주시면 고맙겠습니다.

[로그인 시리즈]				
전전기	전기	**당기**	차기	차차기
20yo	20x0	**20x1**	20x2	20x3
2022	2023	**2024**	2025	2026

1분강의
QR코드 활용방법

본서 안에 있는 QR코드를 통해 연결되는 유튜브 동영상이 수험생 여러분들의 학습에 도움이 되기를 바랍니다.

방법 1

❶ 스마트폰에서 다음(Daum)을 실행한 후 검색창의 오른쪽 아이콘 터치

❷ '코드검색'을 터치하면 카메라 앱이 실행됨

❸ 도서의 QR코드를 촬영하면 유튜브의 해당 동영상으로 자동 연결

방법 2

카메라 앱을 실행하고, QR코드를 촬영하면 해당 유튜브 영상으로 이동할 수 있습니다.

유튜브 자막설정(개정세법 반영)

1분강의 중 매년 개정된 세법에 대해서는 자막으로 표시하였습니다.

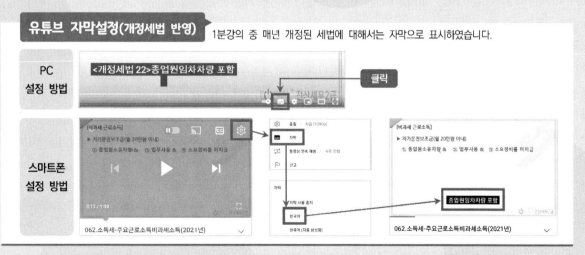

PC 설정 방법

스마트폰 설정 방법

✔ 과도한 데이터 사용량이 발생할 수 있으므로, Wi-Fi가 있는 곳에서 실행하시기 바랍니다.

기출문제

〈전산세무 1급 출제내역〉

이론	1. 재무회계	10점	객관식 5문항
	2. 원가회계	10점	객관식 5문항
	3. 세무회계	10점	객관식 5문항(부가가치세, 소득세, 법인세)
실무	1. 전표입력	12점	일반전표 및 매입매출전표 입력
	2. 부가가치세	10점	**부가가치세 수정, 기한후 신고서(가산세) 및 전자신고** **부가세 부속명세서**
	3. 결산자료 입력	8점	수동결산 및 자동결산 **법인세 계산 및 입력**
	4. 원천징수	10점	**사원등록(인적공제)**/ 급여자료입력/ **연말정산** 원천징수이행상황신고서 및 **전자신고** **기타소득, 사업소득, 금융소득자료 입력**
	5. 법인조정	30점	**수입금액 조정** **감가상각비 조정** **과목별 세무조정** **법인세과세표준 및 세액조정계산서**
계		100점	

2024년 주요 개정세법 (전산세무1급 관련)

Ⅰ. 부가가치세법

1. 매입자 발행세금계산서 발행 신청기한 확대

현행	과세기간 종료일부터 6개월 이내	개정	**1년 이내**

2. 간이과세포기 후 포기신고의 철회가 가능(2024.07.01. 이후 포기분부터)

현행	포기 후 3년간 간이과세 적용 불가능	개정	**포기신고의 철회가 가능**

Ⅱ. 소득세법

1. 배당소득 이중과세 조정을 위한 배당가산율 조정

현행	11%	개정	**10%**

2. **출산·보육수당 비과세 한도 상향**

현행	월 10만원 이하	개정	**월 20만원 이하**

3. 국외근로소득(외항선 선원 및 해외 건설근로자 등)기준 비과세 한도 확대

현행	월 300만원	개정	**월 500만원**

4. 직무발명보상금 비과세 한도 상향

현행	연 5백만원 이하	개정	**연 700만원 이하**

5. 자녀세액공제 대상 추가 및 금액 상향

현행	추가 1명 : 15만원 2명 : 30만원	개정	**손자녀** **1명 : 15만원** **2명 : 35만원**

6. 산후조리비용의 **총급여액 요건(7천만원 이하자) 폐지**

7. 특정의료비 대상 추가

현행	추가	개정	**(과세기간 개시일 현재) 6세 이하** **부양가족**

8. 월세 세액공제 소득기준 및 한도 상향(조특법)

현행	– 총급여액 7천만원(종합소득금액 6천만원 이하) – (공제한도) 750만원	개정	– 총급여액 8천만원(종합소득금액 7천만원 이하) – 1,000만원

Ⅲ. 법인세

1. 접대비 명칭을 변경

| 현행 | 접대비 | 개정 | **기업업무추진비** |

2. 업무용승용차 손금산입 시 전용번호판 부착요건 추가

| 현행 | 업무전용보험가입
〈추가〉 | 개정 | **(좌동)**
법인업무용 전용번호판 부착 |

3. **장애인 고용부담금 손금불산입 명확화**

4. 전통시장에서 사용하는 기업업무추진비 손금산입 한도 확대(조특법)

| 현행 | 〈신설〉 | 개정 | **일반기업 업무추진비 한도의 10%**
추가 |

20**년 **월 **일 시행
제***회 전산세무회계자격시험

3교시 A형

종목 및 등급 : **전산세무1급**
(15:00 ~ 16:30)

- 제한시간 : 90분
- 페이지수 : 14p

▶시험시작 전 문제를 풀지 말것◀

① USB 수령	· 감독관으로부터 시험에 필요한 응시종목별 기초백데이타 설치용 USB를 수령한다. · USB 꼬리표가 본인의 응시종목과 일치하는지 확인하고, 꼬리표 뒷면에 수험정보를 정확히 기재한다.
② USB 설치	· USB를 컴퓨터의 USB 포트에 삽입하여 인식된 해당 USB 드라이브로 이동한다. · USB드라이브에서 기초백데이타설치프로그램인 'Tax.exe' 파일을 실행한다. 　[주의] USB는 처음 설치이후, 시험 중 수험자 임의로 절대 재설치(초기화)하지 말 것.
③ 수험정보입력	· [수험번호(8자리)]와 [성명]을 정확히 입력한 후 [설치]버튼을 클릭한다. 　※ 입력한 수험정보는 이후 절대 수정이 불가하니 정확히 입력할 것.
④ 시험지 수령	· 시험지와 본인의 응시종목(급수) 일치 여부 및 문제유형(A 또는 B)을 확인한다. · 문제유형(A 또는 B)을 프로그램에 입력한다. · 시험지의 총 페이지수를 확인한다. 　※응시종목 및 급수와 파본 여부를 확인하지 않은 것에 대한 책임은 수험자에게 있음.
⑤ 시험 시작	· 감독관이 불러주는 '감독관확인번호'를 정확히 입력하고, 시험에 응시한다.
(시험을 마치면) ⑥ USB 저장	· 이론문제의 답은 메인화면에서 [이론문제 답안작성]을 클릭하여 입력한다. · 실무문제의 답은 문항별 요구사항을 수험자가 파악하여 각 메뉴에 입력한다. · 이론과 실무문제의 답을 모두 입력한 후 [답안저장(USB로 저장)]을 클릭하여 답안을 저장한다. · 저장완료 메시지를 확인한다.
⑦ USB 제출	· 답안이 수록된 USB 메모리를 빼서, <감독관>에게 제출 후 조용히 퇴실한다.

▶ 본 자격시험은 전산프로그램을 이용한 자격시험입니다. 컴퓨터의 사양에 따라 전산프로그램이 원활히 작동하지 않을 수도 있으므로 전산프로그램의 진행속도를 고려하여 입력해주시기 바랍니다.
▶ 수험번호나 성명 등을 잘못 입력했거나, 답안을 USB에 저장하지 않음으로써 발생하는 일체의 불이익과 책임은 수험자 본인에게 있습니다.
▶ 타인의 답안을 자신의 답안으로 부정 복사한 경우 해당 관련자는 모두 불합격 처리됩니다.
▶ 타인 및 본인의 답안을 복사하거나 외부로 반출하는 행위는 모두 부정행위 처리됩니다.
▶ PC, 프로그램 등 조작미숙으로 시험이 불가능하다고 판단될 경우 불합격처리 될 수 있습니다.
▶ 시험 진행 중에는 자격검정(KcLep)프로그램을 제외한 일체의 다른 프로그램을 사용할 수 없습니다.
　(예시. 인터넷, 메모장, 윈도우 계산기 등)

[이론문제 답안작성]을 한번도 클릭하지 않으면 [답안저장(USB로 저장)]을 클릭해도 답안이 저장되지 않습니다.

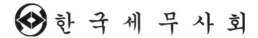
◆ 한 국 세 무 사 회

제111회 전산세무 1급

합격율	시험년월
9%	2023.12

다음 문제를 보고 알맞은 것을 골라 　이론문제 답안작성　 메뉴에 입력하시오. (객관식 문항당 2점)

─── 〈 기 본 전 제 〉 ───

문제에서 한국채택국제회계기준을 적용하도록 하는 전제조건이 없는 경우, 일반기업회계기준을 적용한다.

▨▨▨▨▨ **이 론**

01. 다음 중 재고자산에 대한 설명으로 옳지 않은 것은?
① 매입한 상품 중 선적지 인도기준에 의해 운송 중인 상품은 구매자의 재고자산에 포함된다.
② 위탁판매를 위해 수탁자가 보관 중인 상품은 수탁자의 재고자산에 포함된다.
③ 저가법으로 평가 시 발생한 재고자산 평가손실은 매출원가에 가산하며 재고자산의 차감계정으로 표시한다.
④ 영업활동을 수행하는 과정에서 발생하는 정상적인 감모손실은 매출원가로 처리한다.

02. 다음의 자본내역을 바탕으로 자기주식(취득가액 : 1주당 50,000원) 100주를 1주당 80,000원에 처분한 경우 재무상태표상 자기주식처분이익 잔액은 얼마인가? 단, 다음 자료는 자기주식 처분 전 자본내역이다.

• 보통주 자본금 : 99,000,000원(9,900주, 주당 10,000원)	• 자기주식처분손실 : 1,000,000원
• 자기주식 : 5,000,000원　　• 감자차손 : 1,300,000원	• 미처분이익잉여금 : 42,000,000원

① 1,000,000원　　　② 2,000,000원　　　③ 3,000,000원　　　④ 4,000,000원

03. 다음 중 당기에 취득한 유가증권을 매도가능증권으로 분류하는 경우와 단기매매증권으로 분류
하는 경우 각각 당기 재무제표에 미치는 영향으로 알맞게 짝지어진 것은?

• 1주당 취득가액 : 10,000원	• 취득 주식 수 : 3,000주
• 1주당 기말 평가액 : 8,000원	• 취득 시 발생한 거래 수수료 : 55,000원

	매도가능증권	단기매매증권
①	(-)6,000,000원기타포괄손익	(-)6,055,000원당기손익
②	0원기타포괄손익	(-)6,055,000원당기손익
③	0원당기손익	(-)6,000,000원당기손익
④	(-)6,055,000원기타포괄손익	(-)6,055,000원당기손익

04. 다음 중 유형자산의 취득원가를 증가시키는 항목에 포함되지 않는 것은?

① 유형자산과 관련하여 새로운 고객층을 대상으로 영업을 하는데 소요되는 직원 교육훈련비

② 설계와 관련하여 전문가에게 지급하는 수수료

③ 유형자산이 정상적으로 작동되는지 여부를 시험하는 과정에서 발생하는 원가

④ 취득세, 등록면허세 등 유형자산의 취득과 직접 관련된 제세공과금

05. 다음 중 아래의 이익잉여금처분계산서에 대한 설명으로 옳지 않은 것은? 단, 제8기의 기말
자본금은 3억원, 이익준비금 잔액은 10,000,000원이며, 상법 규정에 따른 최소한의 이익준비
금만 적립하기로 한다.

이익잉여금처분계산서

제8기 20x1.1.1.부터 20x1.12.31.까지

처분예정일 20x2.03.12. (단위 : 원)

과목	금액	
Ⅰ.미처분이익잉여금		108,000,000
1.전기이월미처분이익잉여금	40,000,000	
2.전기오류수정이익	8,000,000	
3.당기순이익	60,000,000	
Ⅱ.임의적립금 등의 이입액		10,000,000
1.결손보전적립금	10,000,000	
Ⅲ.이익잉여금처분액		(B)
1.이익준비금	(A)	
2.현금배당	30,000,000	
3.주식할인발행차금	5,000,000	
Ⅳ.차기이월 미처분이익잉여금		80,000,000

① 20x1년에 전기오류수정사항을 발견했으며 이는 중대한 오류에 해당한다.

② 20x1년도 손익계산서상 당기순이익은 108,000,000원이다.

③ (B)의 이익잉여금처분액 총액은 38,000,000원이다.

④ 20x1년 재무상태표상 주식발행초과금 잔액은 없다.

06. 다음 중 원가 집계과정에 대한 설명으로 틀린 것은?

① 당기총제조원가는 재공품계정의 대변으로 대체된다.

② 당기제품제조원가(당기완성품원가)는 제품계정의 차변으로 대체된다.

③ 당기제품제조원가(당기완성품원가)는 재공품계정의 대변으로 대체된다.

④ 제품매출원가는 매출원가계정의 차변으로 대체된다.

07. ㈜세민의 보조부문에서 발생한 변동제조간접원가는 3,000,000원, 고정제조간접원가는 5,000,000원이며, 제조부문의 기계시간 관련 자료는 다음과 같다. 이중배분율법에 의하여 보조부문의 제조간접원가를 제조부문에 배분할 경우 수선부문에 배분될 제조간접원가는 얼마인가?

구분	실제기계시간	최대기계시간
조립부문	5,400시간	8,800시간
수선부문	4,600시간	7,200시간

① 2,900,000원   ② 3,350,000원   ③ 3,500,000원   ④ 3,630,000원

08. 다음의 정상개별원가계산의 배부차이 조정 방법 중 당기순이익에 미치는 영향이 동일한 것끼리 짝지어진 것은? 단, 기말재고가 있는 것으로 가정한다.

> 가. 총원가비례배분법   나. 원가요소별 비례배분법   다. 매출원가조정법   라. 영업외손익법

① 가, 다   ② 나, 라   ③ 다, 라   ④ 모두 동일

09. 다음 중 공손에 대한 설명으로 틀린 것은?

① 정상공손은 정상품을 생산하기 위하여 어쩔 수 없이 발생하는 계획된 공손이다.
② 비정상공손은 통제할 수 없으므로 제품원가로 처리될 수 없다.
③ 기말재공품이 품질검사를 받지 않았다면, 정상공손원가는 모두 완성품에만 배부된다.
④ 정상공손은 단기적으로 통제할 수 없으므로 정상품원가에 가산된다.

10. ㈜성심은 단일 종류의 제품을 대량 생산하고 있다. 다음 자료를 바탕으로 평균법에 의한 기말재공품원가를 구하면 얼마인가? 단, 직접재료원가는 공정 초기에 모두 투입하고, 가공원가는 공정 전반에 걸쳐 균등하게 발생하며 공손품원가를 정상품의 제조원가에 포함하여 처리한다.

> • 기초재공품 : 300개(완성도 60%), 직접재료원가 120,000원, 가공원가 200,000원
> • 당기착수 : 900개, 직접재료원가 314,400원, 가공원가 449,750원
> • 당기완성품 : 1,000개
> • 기말재공품 : 100개(완성도 50%)
> • 정상공손은 완성품 수량의 10%이며, 품질검사는 공정의 완료시점에 실시한다.

① 64,450원   ② 74,600원   ③ 92,700원   ④ 927,000원

11. 다음 중 부가가치세법상 영세율에 대한 설명으로 잘못된 것은?

① 영세율은 원칙적으로 거주자 또는 내국법인에 대하여 적용하며, 비거주자 또는 외국법인의 경우는 상호주의에 의한다.

② 선박 또는 항공기에 의한 외국항행용역의 공급은 영세율을 적용한다.

③ 수출을 대행하고 수출대행수수료를 받는 수출대행용역은 영세율에 해당한다.

④ 영세율을 적용받는 경우 조기환급이 가능하다.

12. 다음 중 아래의 사례에 적용될 부가가치세법상 환급에 대한 설명으로 옳은 것은? 단, 조기환급에 해당하는 경우 조기환급신고를 하기로 한다.

> ㈜부천은 법정신고기한 내에 20x1년 제2기 부가가치세 예정신고를 마쳤으며, 매출세액은 10,000,000원, 매입세액은 25,000,000원(감가상각자산 매입세액 20,000,000원 포함)으로 신고서상 차가감하여 납부(환급)할 세액은 (-)15,000,000원이다.

① 예정신고기한이 지난 후 30일 이내에 15,000,000원이 환급된다.

② 예정신고 시 환급세액은 환급되지 않으므로 20x1년 제2기 확정신고 시 예정신고미환급세액으로 납부세액에서 차감한다.

③ 환급세액에 매입세액 중 고정자산 매입세액의 비율을 곱하여 산출되는 12,000,000원만 환급된다.

④ 예정신고기한이 지난 후 15일 이내에 15,000,000원이 환급된다.

13. 다음 중 소득세법상 기타소득에 대한 설명으로 틀린 것은?

① 원천징수된 기타소득금액의 연간 합계액이 300만원 이하인 경우 종합과세를 선택할 수 있다.

② 기타소득금액이 건당 5만원 이하인 경우 납부할 기타소득세는 없다.

③ 복권당첨소득이 3억원을 초과하는 경우 그 당첨소득 전체의 30%를 원천징수한다.

④ 기타소득의 유형과 유사한 소득이라 하더라도 그 소득이 사업의 형태를 갖추고 계속적, 반복적으로 발생되는 경우 사업소득에 해당한다.

14. 다음 중 법인세법상 기업업무추진비(접대비)에 대한 설명으로 틀린 것은?

① 기업업무추진비에 해당하는지 여부는 계정과목의 명칭과 관계없이 그 실질 내용에 따라 판단한다.

② 현물기업업무추진비는 시가와 장부가액 중 큰 금액으로 평가한다.

③ 특수관계가 없는 자와의 거래에서 발생한 채권을 조기에 회수하기 위하여 일부를 불가피하게 포기하는 경우 기업업무추진비에 해당하지 않는다.

④ 기업 업무추진(접대)행위가 발생하였으나 해당 금액을 장기 미지급하였을 경우 그 지급한 날이 속하는 사업연도의 기업업무추진비로 손금 처리한다.

15. 다음 중 법인세법상 손익귀속시기에 관한 설명으로 가장 옳지 않은 것은?

① 법인의 수입이자에 대하여 기업회계기준에 의한 기간 경과분을 결산서에 수익으로 계상한 경우에는 원천징수 대상인 경우에도 이를 해당 사업연도의 익금으로 한다.

② 중소기업의 계약기간 1년 미만인 건설의 경우에는 수익과 비용을 각각 그 목적물의 인도일이 속하는 사업연도의 익금과 손금에 산입할 수 있다.

③ 용역제공에 의한 손익 귀속사업연도 판단 시 기업회계기준에 근거하여 인도기준으로 회계처리한 경우에는 이를 인정한다.

④ 자산을 위탁판매하는 경우에는 그 수탁자가 매매한 날이 속하는 사업연도의 익금으로 한다.

 **실 무**

㈜기백산업(1110)는 제조·도소매업을 영위하는 중소기업으로 당기 회계기간은 20x1.1.1.~20x1.12.31.이다. 전산세무회계 수험용 프로그램을 이용하여 다음 물음에 답하시오.

─────── 〈 기 본 전 제 〉 ───────

• 문제에서 한국채택국제회계기준을 적용하도록 하는 전제조건이 없는 경우, 일반기업회계기준을 적용하여 회계처리 한다.

• 문제의 풀이와 답안작성은 제시된 문제의 순서대로 진행한다.

문제 1 다음 거래에 대하여 적절한 회계처리를 하시오.(12점)

─────── 〈 입력 시 유의사항 〉 ───────

• 일반적인 적요의 입력은 생략하지만, 타계정 대체거래는 적요 번호를 선택하여 입력한다.
• 세금계산서·계산서 수수 거래 및 채권·채무 관련 거래는 별도의 요구가 없는 한 반드시 기등록된 거래처코드를 선택하는 방법으로 거래처명을 입력한다.
• 제조경비는 500번대 계정코드를, 판매비와관리비는 800번대 계정코드를 사용한다.
• 회계처리 시 계정과목은 등록된 계정과목 중 가장 적절한 과목으로 한다.
• 매입매출전표를 입력하는 경우 입력화면 하단의 분개까지 처리하고, 세금계산서 및 계산서는 전자 여부를 입력하여 반영한다.

[1] 02월 10일 당사의 제품을 ㈜서강에게 5,500,000원(부가가치세 포함)에 판매하고 ㈜서강에게 지급해야 할 미지급금 2,000,000원을 제품 대금과 상계하기로 상호 합의하였으며, 나머지 금액은 10일 뒤 수령하기로 하였다. (3점)

	전자세금계산서				승인번호	20230210-15454645-58811886		
공급자	등록번호	105-81-23608	종사업장번호		공급받는자	등록번호	215-87-00864	종사업장번호	
	상호(법인명)	㈜기백산업	성명	최기백		상호(법인명)	㈜서강	성명	서강준
	사업장주소	서울특별시 동작구 여의대방로 28				사업장주소	서울특별시 구로구 구로동 123		
	업태	제조,도소매	종목	자동차부품		업태	제조	종목	금형
	이메일					이메일			
						이메일			

작성일자	공급가액	세액	수정사유	비고
20x1-02-10	5,000,000	500,000	해당 없음	당사 미지급금 2,000,000원 대금 일부 상계

월	일	품목	규격	수량	단가	공급가액	세액	비고
02	10	자동차부품		10	500,000	5,000,000	500,000	

[2] 04월 11일 제조부에서 사용하던 기계장치가 화재로 인해 소실되어 동일 날짜에 ㈜조은손해보
험으로부터 보험금을 청구하여 보험금 12,000,000원을 보통예금 계좌로 입금받
았다. 해당 기계장치 관련 내용은 다음과 같고, 소실 전까지의 관련 회계처리는 적정하게
이루어졌다. (3점)

• 기계장치 : 23,000,000원	• 감가상각누계액 : 8,000,000원	• 국고보조금 : 5,000,000원

[3] 08월 31일 단기매매 목적으로 보유 중인 주식회사 최강의 주식(장부가액 25,000,000원)을 전부
20,000,000원에 매각하였다. 주식 처분 관련 비용 15,000원을 차감한 잔액이 보통예금
계좌로 입금되었다. (3점)

[4] 09월 26일 당사는 수출업자인 ㈜신화무역과 직접 도급계약을 체결하여 수출재화에 대한 임가공용역(공
급가액 13,000,000원)을 제공하고, 이에 대한 대금은 다음 달 말일에 받기로 하였다(단,
세금계산서는 부가가치세 부담을 최소화하는 방향으로 전자 발행하였으며, 매출은 용역매출
계정을 사용하고, 서류번호 입력은 생략한다). (3점)

문제 2 다음 주어진 요구사항에 따라 부가가치세 신고서 및 부속서류를 작성 하시오.(10점)

[1] ㈜기백산업은 20x1년 제1기 부가가치세 확정신고를 기한 내에 정상적으로 마쳤으나, 신고기한 이 지난 후 다음의 오류를 발견하여 정정하고자 한다. 아래의 자료를 이용하여 [매입매출전표입력]에서 오류사항을 수정 또는 입력하고 제1기 확정신고기간의 [부가가치세신고서(1차 수정신고)]와 [과세표준및세액결정(경정)청구서]를 작성하시오. (7점)

> 1. 오류사항
>   • 06월 15일 : 전자세금계산서를 발급한 외상매출금 2,200,000원(부가가치세 포함)을 신용카드(현대카드)로 결제받고, 이를 매출로 이중신고하였다(음수로 입력하지 말 것).
>   • 06월 30일 : 영업부의 소모품비 220,000원(부가가치세 포함)을 킹킹상사에 현금으로 지급하고 종이세금계산서를 발급받았으나 이를 누락하였다.
> 2. 경정청구 이유는 다음과 같다.
>   ① 과세표준 : 신용카드, 현금영수증 매출 과다 신고
>   ② 매입세액 : 매입세금계산서합계표 단순누락, 착오기재
> 3. 국세환급금 계좌신고는 공란으로 두고, 전자신고세액공제는 적용하지 아니한다.

[2] 아래의 자료를 이용하여 제2기 부가가치세 예정신고기간에 대한 [신용카드매출전표등수령명세서]를 작성하시오. (3점)

> • 20x1년 7월~9월 매입내역
>
> | 구입일자 | 상호
사업자등록번호 | 공급대가 | 증빙 | 비고 |
> |---|---|---|---|---|
> | 20x1.07.12. | 은지상회
378-12-12149 | 220,000원 | 현금영수증
(지출증빙) | 공급자는 세금계산서 발급이 가능한 간이과세자이다. |
> | 20x1.08.09. | 가가스포츠
156-11-34565 | 385,000원 | 신용카드
(사업용카드) | 직원 복리후생을 위하여 운동기구를 구입하였다. |
> | 20x1.08.11. | 지구본뮤직
789-05-26113 | 22,000원 | 신용카드
(사업용카드) | 직원 휴게공간에 틀어놓을 음악CD를 구입하였다. |
> | 20x1.09.25. | 장수곰탕
158-65-39782 | 49,500원 | 현금영수증
(소득공제) | 직원 회식대 |
>
> ※ 은지상회를 제외한 업체는 모두 일반과세자이다.
> ※ 신용카드(사업용카드) 결제분은 모두 국민법인카드(1234-1000-2000-3004)로 결제하였다.

문제 3 다음의 결산정리사항에 대하여 결산정리분개를 하거나 입력을 하여 결산을 완료하시오.(8점)

[1] 영업부의 업무용 차량 보험료 관련 자료는 다음과 같다. 결산일에 필요한 회계처리를 하되, 전기 선급비용에 대한 보험료와 당기 보험료에 대하여 각각 구분하여 회계처리하시오(단, 보험료의 기간 배분은 월할 계산하되, 음수로 입력하지 말 것). (2점)

차량 정보 – 차종 : F4(5인승, 2,000cc)
　– 차량번호 : 195호1993

구분	금액	비고
선급비용	400,000원	전기 결산 시 20x1년 귀속 보험료를 선급비용으로 처리하였다.
보험료	1,200,000원	• 보험기간 : 20x1.04.01.~20x2.03.31. • 법인카드로 결제 후 전액 비용으로 처리하였다.

[2] 아래와 같이 발행된 사채에 대하여 결산일에 필요한 회계처리를 하시오. (2점)

발행일	사채 액면가액	사채 발행가액	표시이자율	유효이자율
20x1.01.01	50,000,000원	47,000,000원	연 5%	연 6%

• 사채의 발행가액은 적정하고, 사채발행비와 중도에 상환한 내역은 없는 것으로 가정한다.
• 사채이자는 매년 12월 31일에 보통예금 계좌에서 이체하여 지급한다.

[3] 실지재고조사법에 따른 기말재고자산 내역은 다음과 같다. (2점)

구분	금액	비고
제품	12,000,000원	롯데백화점에 판매를 위탁했으나 결산일 현재 판매되지 않은 적송품의 제품원가 1,000,000원은 포함되어 있지 않다.
재공품	5,500,000원	–
원재료	3,000,000원	결산일 현재 운송 중인 도착지 인도조건으로 매입한 원재료 2,000,000원은 포함되어 있지 않다.

[4] 결산일 현재 외상매출금 잔액과 미수금 잔액에 대해서 1%의 대손충당금을 보충법으로 설정하고 있다(외상매출금 및 미수금 이외의 채권에 대해서는 대손충당금을 설정하지 않는다). (2점)

문제 4 20x1년 귀속 원천징수와 관련된 다음의 물음에 답하시오. (10점)

[1] 다음 중 기타소득에 해당하는 경우 [기타소득자등록] 및 [기타소득자료입력]을 작성하시오(단, 필요경비율 적용 대상 소득은 알맞은 필요경비율을 적용한다). (4점)

코드	성명	거주구분	주민등록번호	지급내역	지급액 (소득세 및 지방소득세 공제 후)
001	고민중	거주/내국인	751015-1234568	일시적인 원고료	6,384,000원
002	은구슬	거주/내국인	841111-2345671	오디션 대회 상금	19,120,000원
003	박살라	거주/내국인	900909-2189527	계속반복적 배달수당	967,000원

※ 상기 지급액의 귀속월은 20x1년 8월이며, 지급연월일은 20x1년 8월 5일이다.

[2] 다음은 영업부 사원 진시진(사번:1014)의 연말정산 관련 자료이다. [사원등록] 메뉴의 [부양가족] 탭을 작성하고, [연말정산추가자료입력] 메뉴의 [부양가족] 탭, [월세,주택임차] 탭 및 [연말정산입력] 탭을 작성하시오(단, 부양가족은 기본공제대상자 여부와 관계없이 모두 등록할 것). (6점)

1. 부양가족

관계	성명	주민등록번호	비고
본인	진시진	830718-2102823	• 총급여액 38,000,000원(종합소득금액 30,000,000원 이하임) • 무주택세대의 세대주
배우자	편현주	880425-1436802	• 사업소득에서 결손금 8,000,000원 발생함 • 장애인복지법에 의한 장애인
아들	편영록	100506-3002001	• 중학교 재학 중 • 아마추어 바둑대회상금 10,000,000원 (80% 필요경비가 인정되는 기타소득에 해당하며, 종합소득세 신고는 하지 않음)
딸	편미주	120330-4520265	• 초등학교 재학 중
아버지	진영모	520808-1202821	• 1월 15일 주택을 양도하여 양도소득세를 신고하였으며, 양도소득금액은 2,940,000원이다.

※ 배우자 편현주는 귀농 준비로 별거 중이며, 다른 가족들은 생계를 같이 하고 있다.

2. 연말정산자료간소화자료

20x1년 귀속 소득(세액)공제증명서류 : 기본(지출처별)내역
[보장성 보험, 장애인전용보장성보험]

■ 계약자 인적사항

성명	진시진	주민등록번호	830718 - 2102823

■ 보장성보험(장애인전용보장성보험)납입내역 (단위 : 원)

종류	상호 사업자번호 종피보험자1	보험종류 증권번호 종피보험자2	주피보험자 종피보험자3		납입금액 계
보장성	***생명 *** - ** - *****		830718-2102823	진시진	800,000
보장성	**화재보험 주식회사 *** - ** - *****		880425-1436802	편현주	500,000
장애인전용 보장성	**생명 *** - ** - *****		880425-1436802	편현주	1,200,000
인별합계금액		2,500,000			

20x1년 귀속 소득(세액)공제증명서류 : 기본(지출처별)내역 [교육비]

■ 학생 인적사항

성명	편영록	주민등록번호	100506-3002001

■ 교육비 지출내역 (단위 : 원)

교육비 종류	학교명	사업자번호	납입금액 계
중학교	**중학교	*** - ** - *****	1,200,000
인별합계금액		1,200,000	

20x1년 귀속 소득(세액)공제증명서류 : 기본(지출처별)내역 [기부금]

■ 기부자 인적사항

성명	편현주	주민등록번호	880425-1436802

■기부금지출내역 (단위 : 원)

사업자번호	단체명	기부유형	기부금액 합계	공제대상 기부금액	기부장려금 신청금액
*** - ** - *****	***	정치자금기부금	1,100,000	1,100,000	0
인별합계금액		1,100,000			

3. 월세자료

부동산 월세 계약서

본 부동산에 대하여 임대인과 임차인 쌍방은 다음과 같이 합의하여 임대차계약을 체결한다.

1. 부동산의 표시

소재지	경기도 부천시 부흥로 237, 2002호					
건물	구조	철근콘크리트	용도	오피스텔(주거용)	면적	84 ㎡
임대부분	상동 소재지 전부					

2. 계약내용

제 1 조 위 부동산의 임대차계약에 있어 임차인은 보증금 및 차임을 아래와 같이 지불하기로 한다.

보증금	일금 일억 원정 (₩ 100,000,000)
차 임	일금 일백이십만 원정 (₩ 1,200,000)은 매월 말일에 지불한다.

제 2 조 임대인은 위 부동산을 임대차 목적대로 사용·수익할 수 있는 상태로 하여 20x0년 02월 01일까지 임차인에게 인도하며, 임대차기간은 인도일로부터 20x2년 01월 31일까지 24개월로 한다.

...중략...

(갑) 임대인 : 조물주 (510909-2148719)   (인)

(을) 임차인 : 진시진 (830718-2102823)   (인)

문제 5 ㈜소나무물산(1111)은 전자부품의 제조·도소매업 및 건설업을 영위하는 중소기업으로 당해 사업연도는 20x1.1.1.~20x1.12.31.이다. [법인조정] 메뉴를 이용하여 기장되어 있는 재무회계 장부 자료와 제시된 보충자료에 의하여 해당 사업연도의 세무조정을 하시오. (30점) ※ 회사 선택 시 유의하시오.

[작성대상서식]

1. 수입금액조정명세서, 조정후수입금액명세서
2. 세금과공과금명세서
3. 대손충당금및대손금조정명세서
4. 업무무관부동산등에관련한차입금이자조정명세서(갑)(을)
5. 주식등변동상황명세서

[1] 아래의 자료를 이용하여 [수입금액조정명세서] 및 [조정후수입금액명세서]를 작성하고, 이와 관련된 세무조정을 [소득금액조정합계표및명세서]에 반영하시오. (8점)

1. 손익계산서상 수입금액
   - 상품매출(업종코드 : 503013)   1,520,000,000원 (수출매출액 150,000,000원 포함)
   - 제품매출(업종코드 : 381004)   918,000,000원
   - 공사수입금(업종코드 : 452106)   685,000,000원

2. 회사는 ㈜카굿즈에 일부 상품을 위탁하여 판매하고 있다. ㈜카굿즈는 20x1.12.25. 위탁상품 판매금액 1,500,000원(원가 500,000원)이 누락된 사실을 20x2.01.15.에 알려왔다.

3. 회사는 아래와 같이 2건의 장기도급공사를 진행하고 있다.

구분	A현장	B현장
도급자	㈜삼용	지저스 편
공사기간	20x0.07.01.~20x2.06.30.	20x1.02.01.~20x2.08.31.
도급금액	1,000,000,000원	500,000,000원
예정총공사원가	800,000,000원	350,000,000원
전기공사원가	200,000,000원	
당기공사원가	400,000,000원	164,500,000원
전기 수익계상금액	250,000,000원	
당기 수익계상금액	450,000,000원	235,000,000원

※ 예정총공사원가는 실제발생원가와 일치하며, 공사원가는 모두 비용으로 계상하였다.
※ 전기 장기도급공사 관련 세무조정은 없었다.

4. 부가가치세 과세표준에는 위 '2'의 위탁상품 판매금액에 대한 부가가치세 수정신고 내용이 반영되어 있다. 손익계산서상 수익과의 차이 원인은 결산서상 선수금으로 처리한 도매업(업종코드 503013)의 공급시기 전에 발행한 세금계산서 10,000,000원과 건설업(업종코드 381004)의 작업진행률 차이 및 사업용 고정자산 매각대금 100,000,000원이다.

[2] 당사의 판매비와관리비 중 세금과공과금의 내용은 다음과 같다. 이를 바탕으로 [세금과공과금명세서]를 작성하고, 필요한 세무조정을 [소득금액조정합계표및명세서]에 반영하시오(단, 지급처는 생략하고 아래 항목별로 각각 세무조정 할 것). (6점)

일자	금액	적요
03/15	3,000,000원	제조물책임법 위반으로 지급한 손해배상금(실손해액임)
04/04	750,000원	종업원 기숙사용 아파트의 재산세
05/31	640,000원	거래처에 대한 납품을 지연하고 부담한 지체상금
06/16	180,000원	업무관련 교통과속 범칙금
07/31	300,000원	본사의 주민세(재산분) 납부금액
08/25	90,000원	산재보험료 가산금
09/30	4,000,000원	본사 공장신축 토지관련 취득세
10/06	800,000원	본사 공장신축 토지에 관련된 개발부담금
11/15	575,000원	폐수초과배출부담금

[3] 다음 자료를 이용하여 [대손충당금및대손금조정명세서]를 작성하고 필요한 세무조정을 하시오. (6점)

1. 당해연도(20x1년) 대손충당금 변동내역

내 역	금 액	비 고
전기이월 대손충당금	10,000,000원	전기 대손충당금 한도 초과액 : 4,000,000원
회수불가능 외상매출금	7,000,000원	① 23.02.27. : 2,500,000원(소멸시효 완성) ② 23.08.30. : 4,500,000원(거래상대방 파산확정)
당기 설정 대손충당금	5,000,000원	
기말 대손충당금 잔액	8,000,000원	

2. 당기말(20x1년) 채권 잔액

내역	금액
외상매출금	447,000,000원
미수금	10,000,000원
합계	457,000,000원

3. 전기 이전에 대손처리한 외상매출금에 대한 대손 요건 미충족으로 인한 유보금액 잔액이 전기 [자본금과적 립금조정명세서(을)]에 3,000,000원이 남아있으며, 이는 아직 대손 요건을 충족하지 않는다.

4. 기타내역 : 대손설정률은 1%로 가정한다.

[4] 아래 자료만을 이용하여 [업무무관부동산등에관련한차입금이자조정명세서(갑)(을)]을 작성하고 관련 세 무조정을 하시오(단, 주어진 자료 외의 자료는 무시할 것). (6점)

1. 차입금에 대한 이자지급 내역

이자율	지급이자	차입금	비 고
5%	1,000,000원	20,000,000원	채권자 불분명 사채이자(원천징수세액 없음)
6%	3,000,000원	50,000,000원	장기차입금
7%	14,000,000원	200,000,000원	단기차입금

2. 대표이사(서지누)에 대한 업무무관 가지급금 증감내역

일 자	차 변	대 변	잔 액
전기이월	50,000,000원		50,000,000원
20x1.02.10.	25,000,000원		75,000,000원
20x1.07.20.		20,000,000원	55,000,000원
20x1.09.30.		10,000,000원	45,000,000원

3. 회사는 20x1년 7월 1일 업무와 관련 없는 토지를 50,000,000원에 취득하였다.

4. 기타사항
   • 자기자본 적수 계산은 무시하고 가지급금등의인정이자조정명세서 작성은 생략한다.

[5] 다음의 자료만을 이용하여 [주식등변동상황명세서]의 [주식 등 변동상황명세서] 탭과 [주식(출자지분)양
   도명세서]를 작성하시오. 단, ㈜소나무물산은 비상장 중소기업으로 무액면주식은 발행하지 않으며, 발행
   주식은 모두 보통주이고, 액면가액은 주당 5,000원으로 변동이 없다. 또한 당기 중 주식 수의 변동 원인
   은 양수도 이외에는 없다. (4점)

1. 20x0년 말(제11기) 주주명부

성명	주민등록번호	지배주주관계	보유 주식 수	취득일자
임영웅	960718 – 1058941	본인	17,000주	2012.07.05.
장민호	771220 – 1987656	없음(기타)	3,000주	2018.09.12.
합계			20,000주	

2. 20x1년 말(제12기) 주주명부

성명	주민등록번호	지배주주관계	보유 주식 수	주식 수 변동일
임영웅	960718 – 1058941	본인	15,000주	
장민호	771220 – 1987656	없음(기타)	5,000주	20x1.08.12.
합계			20,000주	

3. 참고사항
   • ㈜소나무물산의 주주는 위 2명 외에는 없는 것으로 하고, 각 주주의 주민등록번호는 올바른 것으로 가정
     하며 20x0년 말 주주명부 내역은 전년도불러오기 메뉴를 활용한다.
   • 위의 주어진 자료 외에는 입력하지 않는다.

**이론과 실무문제의 답을 모두 입력한 후 「답안저장(USB로 저장)」을 클릭하여 저장하고,
USB메모리를 제출하시기 바랍니다.**

제111회 전산세무1급 답안 및 해설

이 론

1	2	3	4	5	6	7	8	9	10	11	12	13	14	15
②	②	④	①	②	①	④	③	②	①	③	④	③	④	①

01. 위탁판매를 위해 **수탁자가 보관 중인 상품은 위탁자의 재고자산에 포함**된다.

02. 처분손익 = [처분가액(80,000) - 취득가액(50,000)]×100주 = 3,000,000원(이익)

 자기주식처분손익 잔액 = 자기주식처분이익(3,000,000) - 자기주식처분손실(1,000,000)

 = 2,000,0000원

 자기주식처분손실은 **자기주식처분이익과 우선적으로 상계**한다.

03. 취득가액(매도) = 취득단가(10,000)×주식수(3,000) + 수수료(55,000) = 30,055,000원

 취득가액(단기) = 취득단가(10,000)×주식수(3,000) = 30,000,000원

 기말공정가액 = 평가액(8,000)×300주 = 24,000,000원

 평가손익(매도) = 공정가액(24,000,000) - 장부가액(30,055,000) = (-)6,055,000원

 →기타포괄손실(자본)

 평가손익(단기) = 공정가액(24,000,000) - 장부가액(30,000,000) = (-)6,000,000원

 →당기손실(손익계산서)

 당기손실(단기매매증권) = 수수료비용(50,000) + 평가손실(6,000,000) = 6,0500,000원

 → 매도가능증권이나 단기매매증권의 취득 및 평가는 자본에 동일한 효과를 미친다.

04. 취득원가는 구입원가 또는 제작원가 및 경영진이 의도하는 방식으로 자산을 가동하는 데 필요한 장소
 와 상태에 이르게 하는 데 직접 관련되는 원가로 구성된다.

 설계와 관련하여 전문가에게 지급하는 수수료, 취득세, 등록세 등 유형자산의 취득과 직접 관련된
 제세공과금, 유형자산이 정상적으로 작동되는지 여부를 시험하는 과정에서 발생하는 원가는 취득원
 가를 구성한다.

05. ① **이익잉여금에 반영한 오류는 중대한 오류에 해당**한다.

 ② 당기순이익은 60,000,000원이다.

 ③ 이익준비금(A)는 현금배당액(30,000,000)의 1/10인 최소금액으로 3,000,000원이며, 따라서 (B)
 는 38,000,000원이다.

 ④ 주식할인발행차금은 주식발행초과금과 우선 상계하고, 미상계잔액이 있으면 자본에서 차감하는
 형식으로 기재하며 **이익잉여금의 처분으로 상각**한다.

06. **당기총제조원가는 재공품계정의 차변으로 대체**된다.

07. 변동제조간접원가 배분액(수선부문) = 변동제조간접원가(3,000,000)÷실제기계시간합계(10,000)

×수선실제기계시간(4,600) = 1,380,000원

고정제조간접원가 배분액(수선부문) = 고정제조간접원가(5,000,000원)÷최대기계시간합계(16,000)

×수선최대기계시간(7,200) = 2,250,000원

제조간접원가(수선) = 변동제조간접원가(1,380,000) + 고정제조간접원가(2,250,000)

= 3,630,000원

08. 매출원가조정법과 영업외손익법은 **배부차이 전액을 각각 매출원가와 영업외손익으로 가감하는 방법으로 당기순이익에 미치는 영향이 동일**하다.

09. 비정상공손은 **능률적인 생산 조건에서는 발생하지 않을 것으로 예상되는 공손으로서 통제가능한 공손**이다.

10. 품질검사는 **공정의 완료시점에 하고, 공손품원가를 정상품의 제조원가에 포함하여 처리한다** 하였으므로 공손품을 완성품에 포함하여 계산해도 된다.

〈1단계〉 물량흐름파악(평균법)		〈2단계〉 완성품환산량 계산	
재공품		재료비	가공비
완성품 1,100 (100%) (정상공손 포함)		1,100	1,100
기말재공품 100 (50%)		100	50
계 1,200		1,200	1,150
〈3단계〉원가요약(기초재공품원가 + 당기투입원가)		120,000+314,400	200,000+449,750
		1,200	1,150
〈4단계〉 완성품환산량당단위원가		@362	@565

〈5단계〉 기말재공품원가계산

– 기말재공품원가 = 100개×@362 + 50개×@565 = 64,450원

11. 수출을 대행하고 수출대행수수료를 받는 수출대행용역은 수출품 생산업자의 수출대행계약에 의하여 수출업자의 명의로 수출하는 경우이다. 따라서 영세율 적용대상 용역에 해당하지 않는다.

12. **감가상각자산의 취득은 조기환급대상(전체 매입세액)에 해당**하며, **예정신고 기한(10.25)이 지난 후 15일** 이내에 예정신고한 사업자에게 환급하여야 한다.

13. 복권당첨소득이 3억원을 초과하는 경우 3억원까지는 20%, **3억 초과분은 30%를 원천징수**한다.

14. 기업업무추진비의 손금 귀속시기는 **기업업무추진(접대)행위를 한 날이 속하는 사업연도에 손금** 처리한다.

15. 법인의 수입이자에 대하여 기업회계기준에 의한 기간 경과분을 결산서에 수익으로 계상한 경우 **원천징수 대상이 아닌 경우에는 이를 해당 사업연도의 익금**으로 한다.

실 무

문제 1 전표입력

문항	일자	유형	공급가액	부가세	거래처	전자세금
[1]	2/10	11.과세	5,000,000	500,000	㈜서강	여
분개유형		(차) 미지급금		2,000,000 (대)	부가세예수금	500,000
혼합		외상매출금		3,500,000	제품매출	5,000,000

[2] 일반전표입력(4/11)

(차)	보통예금	12,000,000	(대)	보험차익	12,000,000
	감가상각누계액(207)	8,000,000		기계장치	23,000,000
	국고보조금(217)	5,000,000			
	재해손실	10,000,000			

☞ 순액으로 처리한 것을 정답으로 인용한 것은 일반기업회계기준을 위반한 회계처리이다.
〈일반기업회계기준 제 10장 유형자산〉

손상에 대한 보상

10.43 　손상, 소실 또는 포기된 유형자산에 대해 제3자로부터 보상금을 받는 경우가 있다. 이 경우 보상금은 수취할 권리가 발생하는 시점에 당기손익으로 반영한다.

〈일반기업회계기준 제정배경 −한국회계기준원 2010년 5월〉

보험차익의 회계처리

제1016호	현행 기업회계기준	일반기업회계기준
손상차손(손상, 소실, 포기된 유형자산)과 보험금수익을 별개의 회계사건으로 보아 총액으로 표시	해당규정 없음 (실무관행상 유형자산 손상차손과 보험금수익을 서로 상계하여 순액으로 표시)	손상차손(손상, 소실, 포기된 유형자산)과 보상금은 별개의 회계사건으로 봄. 보상금은 수취할 권리가 발생하는 시점에 당기손익에 반영

[3] 일반전표입력(8/31)

(차) 보통예금　　　　　　　　19,985,000　　(대) 단기매매증권　　　　　25,000,000

　　단기매매증권처분손실　　5,015,000

☞ 처분손익 = 처분가액(20,000,000 − 150,000) − 장부가액(25,000,000) = 5,015,000원(손실)

문항	일자	유형	공급가액	부가세	거래처	전자세금
[4]	9/26	12.영세	13,000,000	-	㈜신화무역	여
		영세율구분:⑩수출재화임가공용역				
분개유형		(차) 외상매출금	13,000,000 (대) 용역매출(420)			13,000,000
외상(혼합)						

문제 2　부가가치세

[1] 부가가치세 수정신고(4~6월)

1. 매입매출전표입력

일자	유형	공급가액	부가세	거래처	신용카드
6/15(삭제)	17.카과	2,000,000	200,000	헬로마트㈜	현대카드

일자	유형	공급가액	부가세	거래처	전자
6/30(입력)	51.과세	200,000	20,000	킹킹상사	부
분개유형	(차) 부가세대급금		20,000 (대) 현금		220,000
현금(혼합)	소모품비(판)		200,000		

2. [부가가치세신고서(수정신고)]4~6월, 2.수정신고, 1차

	구분		정기신고금액				구분		수정신고금액		
			금액	세율	세액				금액	세율	세액
과세표준및매출세액	과세	세금계산서발급분	1	37,000,000	10/100	3,700,000	과세표준및매출세액	과세	세금계산서발급분	1	37,000,000	10/100	3,700,000
		매입자발행세금계산서	2		10/100				매입자발행세금계산서	2		10/100	
		신용카드·현금영수증발행분	3	2,000,000	10/100	200,000			신용카드·현금영수증발행분	3		10/100	
		기타(정규영수증외매출분)	4						기타(정규영수증외매출분)	4			
	영세	세금계산서발급분	5		0/100			영세	세금계산서발급분	5		0/100	
		기타	6		0/100				기타	6		0/100	
	예정신고누락분		7					예정신고누락분		7			
	대손세액가감		8					대손세액가감		8			
	합계		9	39,000,000	㉮	3,900,000		합계		9	37,000,000	㉮	3,700,000
매입세액	세금계산서 수취분	일반매입	10	20,000,000		2,000,000	매입세액	세금계산서 수취분	일반매입	10	20,200,000		2,020,000
		수출기업수입분납부유예	10-1						수출기업수입분납부유예	10-1			
		고정자산매입	11						고정자산매입	11			
	예정신고누락분		12					예정신고누락분		12			
	매입자발행세금계산서		13					매입자발행세금계산서		13			
	그 밖의 공제매입세액		14	1,000,000		100,000		그 밖의 공제매입세액		14	1,000,000		100,000
	합계(10)-(10-1)+(11)+(12)+(13)+(14)		15	21,000,000		2,100,000		합계(10)-(10-1)+(11)+(12)+(13)+(14)		15	21,200,000		2,120,000
	공제받지못할매입세액		16					공제받지못할매입세액		16			
	차감계 (15-16)		17	21,000,000	㉯	2,100,000		차감계 (15-16)		17	21,200,000	㉯	2,120,000
납부(환급)세액(매출세액㉮-매입세액㉯)					㉰	1,800,000	납부(환급)세액(매출세액㉮-매입세액㉯)					㉰	1,580,000
경감공제세액	그 밖의 경감·공제세액		18				경감공제세액	그 밖의 경감·공제세액		18			
	신용카드매출전표등 발행공제등		19	2,200,000				신용카드매출전표등 발행공제등		19			
	합계		20		㉱			합계		20		㉱	
소규모 개인사업자 부가가치세 감면세액			20-1		㉲		소규모 개인사업자 부가가치세 감면세액			20-1		㉲	
예정신고미환급세액			21		㉳		예정신고미환급세액			21		㉳	
예정고지세액			22		㉴		예정고지세액			22		㉴	
사업양수자의 대리납부 기납부세액			23		㉵		사업양수자의 대리납부 기납부세액			23		㉵	
매입자 납부특례 기납부세액			24		㉶		매입자 납부특례 기납부세액			24		㉶	
신용카드업자의 대리납부 기납부세액			25		㉷		신용카드업자의 대리납부 기납부세액			25		㉷	
가산세액계			26		㉸		가산세액계			26		㉸	
차가감하여 납부할세액(환급받을세액)㉯-㉱-㉲-㉳-㉴-㉵-㉶-㉷+㉸			27			1,800,000	차가감하여 납부할세액(환급받을세액)㉯-㉱-㉲-㉳-㉴-㉵-㉶-㉷+㉸			27			1,580,000
총괄납부사업자가 납부할 세액(환급받을 세액)							총괄납부사업자가 납부할 세액(환급받을 세액)						

3. 과세표준및세액결정(경정)청구서(4~6월, 수정차수 1차)

청구인						
성 명	최기백		주민등록번호	890706 - 1421213	사업자등록번호	105 - 81 - 23608
주소(거소) 또는 영업소	서울특별시 동작구 여의대방로 28 (신대방동)					
상 호	(주)기백산업				전화번호	02 - 1234 - 1234

신고내용				
법정신고일	20×1 년 7 월 25 일	최초신고일	20×1 년 7 월 25 일	
경정청구이유1		4102013 🔲 신용카드, 현금영수증 매출 과다 신고		
경정청구이유2		4103020 🔲 매입세금계산서합계표 단순 누락, 착오기재(세금계산서에 의해 확인되는 경		
구 분	최 초 신 고		경정(결정)청구 신 고	
과 세 표 준 금 액	39,000,000		37,000,000	
산 출 세 액	3,900,000		3,700,000	
가 산 세 액				
공 제 및 감 면 세 액	2,100,000		2,120,000	
납 부 할 세 액	1,800,000		1,580,000	
국세환급금 계좌신고	거래은행		계좌번호	
환 급 받 을 세 액			220,000	

위임장				
위임자(신청인)	최기백			
대리인	사업장	상호		사업자등록번호
		사업장소재지		
		전자우편		
	수행자	구분	세무사	성명
		생년월일	----.--.--	전화번호 --

[2] [신용카드매출전표등수령명세서](7~9월)

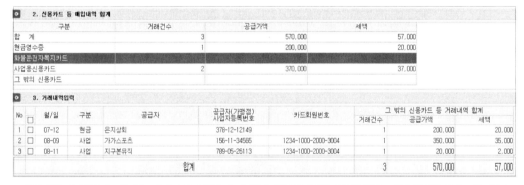

2. 신용카드 등 매입내역 합계			
구분	거래건수	공급가액	세액
합 계	3	570,000	57,000
현금영수증	1	200,000	20,000
화물운전자복지카드			
사업용신용카드	2	370,000	37,000
그 밖의 신용카드			

3. 거래내역입력									
No	월/일	구분	공급자	공급자(가맹점) 사업자등록번호	카드회원번호	그 밖의 신용카드 등 거래내역 합계		
						거래건수	공급가액	세액
1	07-12	현금	은자상회	378-12-12149		1	200,000	20,000
2	08-09	사업	가가스포츠	156-11-34565	1234-1000-2000-3004	1	350,000	35,000
3	08-11	사업	지구본뮤직	789-05-26113	1234-1000-2000-3004	1	20,000	2,000
			합계			3	570,000	57,000

• 세금계산서 발급이 가능한 간이과세자로부터 수령한 현금영수증(지출증빙)은 매입세액공제가 가능하다.

• 직원회식대는 매입세액공제 대상이지만 **현금영수증을 지출증빙이 아닌 소득공제로 수령하였기 때문에 공제받을 수 없다.**

문제 3 결산

[1] 〈수동결산〉

(차) 보험료(판)	400,000	(대) 선급비용	400,000
선급비용	300,000	보험료(판)	300,000

☞당기 선급비용 = 보험료(1,200,000)÷12개월×3개월(1.1~3.31) = 300,000원

[2] 〈수동결산〉

(차) 이자비용	2,820,000	(대) 보통예금	2,500,000
		사채할인발행차금	320,000

☞유효이자(6%) = 발행가액(47,000,000)×유효이자율(6%) = 2,820,000원
액면이자(5%) = 액면가액(50,000,000)×액면이자율(5%) = 2,500,000원

[3] 〈자동결산〉

⑩ 기말 원재료 재고액 결산반영금액 3,000,000원

　　☞실사금액 3,000,000원(도착지 인도조건은 입고 전까지 인식하지 않는다)

⑩ 기말 재공품 재고액 결산반영금액 5,500,000원

⑩ 기말 제품 재고액 결산반영금액 13,000,000원

　　☞실사 금액(12,000,000)+판매 전 적송품(1,000,000) = 13,000,000원

[4] 〈수동/자동결산〉

1. [결산자료입력]>F8 대손상각>대손율 : 1%

　　>외상매출금, 미수금을 제외한 계정의 추가설정액 삭제 >결산반영

2. 또는 [결산자료입력]>4.판매비와 일반관리비>5).대손상각>외상매출금

　　3,631,280원 7.영업외비용>2).기타의 대손상각>미수금 550,000원 입력

3. 일반전표입력

(차) 대손상각비(판)	3,631,280	(대) 대손충당금(109)	3,631,280
기타의대손상각비	550,000	대손충당금(121)	550,000

　☞ 대손상각비(판) = 외상매출금(542,328,000)×1% - 기설정 대손충당금(1,792,000) = 3,631,280원
　　기타의대손상각비 = 미수금(55,000,000)×1% = 550,000원

※ 자동결산항목을 모두 입력하고 상단의 전표추가를 한다.

문제 4 원천징수

[1] 기타소득

1. [기타소득자등록]

• 00001.고민중(75.원고료 등)   • 00002.은구슬(71.상금 및 부상)

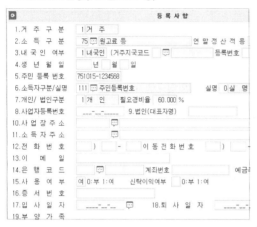

☞ 박살라는 계속·반복적 배달수당은 사업소득(인적용역소득)에 포함되므로 입력 대상이 아니다.

2. [기타소득자료입력] 지급년월일 8월 05일

• 00001.고민중(필요경비율 60%)   • 00002.은구슬(필요경비율 80%)

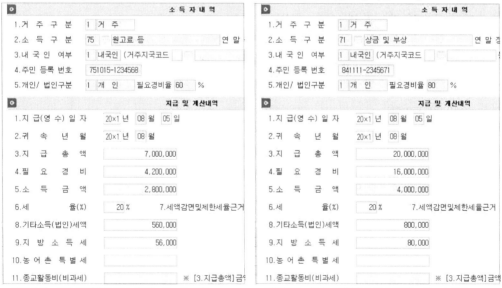

☞지급총액 = 세후지급액(6,384,000)÷(1 − 8.8%)   ☞지급총액 = 세후지급액(19,120,000)÷(1 − 4.4%)
        = 7,000,000원   = 20,000,000원

  실효세율(필요경비율 60%) = 1×(1−60%)×22%   실효세율(필요경비율 80%) = 1×(1−80%)×22%
                           = 0.088(8.8%)   = 0.044(4.4%)

[2] 연말정산(진시진)

1. [사원등록]>[부양가족명세] 탭

관계	요 건		기본 공제	추가 (자녀)	판 단
	연령	소득			
본인(여성) (세대주)	-	-	○	부녀자	종합소득금액 3천만원 이하자
배우자	-	○	○	장애(1)	종합소득금액 1백만원 이하자
아들(14)	○	○	○	자녀	기타소득금액 = 10,000,000 × (1 − 80%) = 2,000,000원 →기타소득금액 선택적 분리과세
딸(12)	○	○	○	자녀	
부(72)	○	×	부		양도소득금액 1백만원 초과자

연말 관계	성명	내/외 국인	주민(외국인)번호	나이	기본공제	부녀자	한부모	경로우대	장애인	자녀	출산 입양	위탁 관계
0	진시진	내	1 830718-2102823	41	본인	○						
1	진영모	내	1 520808-1202821	72	부							
3	편현주	내	1 880425-1436802	36	배우자				1			
4	편영특	내	1 100506-3002001	14	20세이하					○		
4	편미주	내	1 120330-4520265	12	20세이하					○		

2. [연말정산추가자료입력]

<연말정산 대상여부 판단>

항 목	요건		내역 및 대상여부	입력
	연령	소득		
보 험 료	○ (×)	○	• 본인 생명보험료 • 배우자 화재보험료 • 배우자 장애인전용보험료	○(일반 800,000) ○(일반 500,000) ○(장애 1,200,000)
교 육 비	×	○	• 아들 중학교 교육비	○(초중고 1,200,000)
기부금	×	○	• 배우자 정치자금기부금(본인만 대상)	×
월세	본인외		• 무주택 국민주택 임차(12개월)	○(14,400,000)

3. [부양가족] 탭

(1) 보험료 세액공제

진시진(본인)		편현주(배우자)	
보장성보험-일반	800,000	보장성보험-일반	500,000
보장성보험-장애인		보장성보험-장애인	1,200,000
합 계	800,000	합 계	1,700,000

(2) 교육비 세액공제 : 편영록

자료구분	보험료				의료비					교육비	
	건강	고용	일반보장성	장애인전용	일반	실손	선천성이상아	난임	65세,장애인	일반	장애인특수
국세청										1,200,000 2.초중	
기타										고	

(3) [월세,주택임차] 탭

소득명세	부양가족	신용카드 등	의료비	기부금	연금저축 등I	연금저축 등II	월세액	연말정산입력

1 월세액 세액공제 명세(연말정산입력 탭의 70.월세액) [크게보기]

임대인명 (상호)	주민등록번호 (사업자번호)	유형	계약 면적(㎡)	임대차계약서 상 주소지	계약서상 임대차 계약기간		연간 월세액	공제대상금액
					개시일 ~	종료일		
조물주	510909-2148719	오피스텔	84.00	경기도 부천시 부흥로 237, 2002호(중동)	2023 22-02-01 ~	2025 -01-31	14,400,000	7,500,000

(4) [연말정산입력] 탭 : F8부양가족불러오기 실행

구분		지출액	공제금액	구분		지출액	공제대상금액	공제금액
21.총급여			38,000,000	49.종합소득 과세표준				15,013,330
22.근로소득공제			10,950,000	50.산출세액				991,999
23.근로소득금액			27,050,000	51.「소득세법」 ▶				
기본공제 24.본인			1,500,000	세액감면 52.「조세특례제한법」(53제외) ▶				
25.배우자			1,500,000	53.「조세특례제한법」제30조 ▶				
26.부양가족 (2명)			3,000,000	54.조세조약 ▶				
추가공제 27.경로우대 (명)				55.세액감면 계				
28.장애인 (1명)			2,000,000	56.근로소득 세액공제				545,599
29.부녀자			500,000	57.자녀 ㉮자녀 (2명)				300,000
30.한부모가족				세액공제 ㉯ 출산.입양 (명)				
연금보험료공제 31.국민연금보험료		1,709,992	1,709,992	58.과학기술공제				
32.공적연금보험료공제 공무원연금				59.근로자퇴직연금				
군인연금				60.연금저축				
사립학교교직원				60-1.ISA연금계좌전환				
별정우체국연금				61.보장 일반 1,300,000	1,300,000	1,000,000	120,000	
특별소득공제 33.보험료		1,826,678	1,826,678	성보험 장애인 1,200,000	1,200,000	1,000,000	26,400	
건강보험료		1,519,548	1,519,548	62.의료비				
고용보험료		307,130	307,130	63.교육비 1,200,000	1,200,000	1,200,000		
34.주택차입금 대출기관				64.기부금				
원리금상환액 거주자				1)정치자금 10만원이하				
34.장기주택저당차입금이자상				기부금 10만원초과				
35.기부금-2013년이전이월분				2)특례기부금(전액)				
36.특별소득공제 계			1,826,678	3)우리사주조합기부금				
37.차감소득금액			15,013,330	4)일반기부금(종교단체외)				
38.개인연금저축				5)일반기부금(종교단체)				
39.소기업,소상공인 공제부금 2015년이전가입				65.특별세액공제 계				146,400
2016년이후가입				66.표준세액공제				
40.주택마련저축 소득공제 청약저축				67.납세조합공제				
주택청약				68.주택차입금				
근로자주택마련				69.외국납부 ▶				
41.투자조합출자 등 소득공제				70.월세액		14,400,000	7,500,000	
42.신용카드 등 사용액				71.세액공제 계				991,999
43.우리사주조합 일반 등 출연금				72.결정세액((50)-(55)-(71))				
벤처 등				82.실효세율(%) [(72/21)]X100				
44.고용유지중소기업근로자								
45.장기집합투자증권저축								
46.청년형장기집합투자증권저축								

문제 5 세무조정

[1] [수입금액조정명세서] 및 조정후수익금액명세서

수입금액 조정명세서

(1) [수입금액조정계산] 탭

1. 수입금액 조정계산

No	계정과목 ①항목	②계정과목	①결산서상 수입금액	조정 ④가산	조정 ⑤차감	⑥조정후 수입금액 (③+④-⑤)	비고
1	매출	상품매출	1,520,000,000	1,500,000		1,521,500,000	
2	매출	제품매출	918,000,000			918,000,000	
3	매출	공사수입금	685,000,000	50,000,000		735,000,000	

2. 수입금액조정명세

가.작업 진행률에 의한 수입금액	50,000,000
나.중소기업 등 수입금액 인식기준 적용특례에 의한 수입금액	
다.기타 수입금액	1,500,000
계	51,500,000

(2). [작업진행률에 의한 수입금액] 탭

수입금액조정계산　작업진행률에 의한 수입금액　중소기업 등 수입금액 인식기준 적용특례에 의한 수입금액　기타수입금액조정

2. 수입금액 조정명세
　가.작업진행률에 의한 수입금액

No	⑦공사명	⑧도급자	⑨도급금액	작업진행률계산 ⑩해당사업연도말 총공사비누적액 (작업시간등)	작업진행률계산 ⑪총공사 예정비 (작업시간등)	⑫진행률 (⑩/⑪)	⑬누적익금 산입액 (⑨×⑫)	⑭전기말누적 수입계상액	⑮당기회사 수입계상액	(16)조정액 (⑬-⑭-⑮)
1	A현장	(주)삼용	1,000,000,000	600,000,000	800,000,000	75.00	750,000,000	250,000,000	450,000,000	50,000,000
2	B현장	지저스 편	500,000,000	164,500,000	350,000,000	47.00	235,000,000		235,000,000	
	계		1,500,000,000	764,500,000	1,150,000,000		985,000,000	250,000,000	685,000,000	50,000,000

(3) [기타수입금액조정] 탭

수입금액조정계산　작업진행률에 의한 수입금액　중소기업 등 수입금액 인식기준 적용특례에 의한 수입금액　기타수입금액조정

2. 수입금액 조정명세
　다.기타 수입금액

No	(23)구 분	(24)근 거 법 령	(25)수 입 금 액	(26)대 응 원 가	비 고
1	위탁매출		1,500,000	500,000	

(4) 세무조정

〈익금산입〉 위탁매출누락　　　　　　　　1,500,000원 (유보발생)

〈손금산입〉 위탁매출원가 누락　　　　　　500,000원 (유보발생)

〈익금산입〉 공사미수금 과소계상액　　　50,000,000원 (유보발생)

2. [조정후수입금액명세서]

(1) [업종별 수입금액 명세서] 탭

업종별 수입금액 명세서　과세표준과 수입금액 차액검토

1. 업종별 수입금액 명세서

①업 태	②종 목	순번	③기준(단순) 경비율번호	수입금액계정조회 ④계(⑤+⑥+⑦)	내 수 판 매 ⑤국내생산품	내 수 판 매 ⑥수입상품	⑦수 출 (영세율대상)
제조.도매업	전자부품	01	503013	1,521,500,000	1,371,500,000		150,000,000
영화 관련산업	그 외 자동차용 신품 부품	02	381004	918,000,000	918,000,000		
건설업	도배, 실내 장식 및 내장 목	03	452106	735,000,000	735,000,000		
(112)합 계		99		3,174,500,000	3,024,500,000		150,000,000

(2) [과세표준과 수입금액 차액검토] 탭

업종별 수입금액 명세서	과세표준과 수입금액 차액검토

2. 부가가치세 과세표준과 수입금액 차액 검토   부가가치세 신고 내역보기

(1) 부가가치세 과세표준과 수입금액 차액

⑧과세(일반)	⑨과세(영세율)	⑩면세수입금액	⑪합계(⑧+⑨+⑩)	⑫조정후수입금액	⑬차액(⑪-⑫)
3,084,500,000	150,000,000		3,234,500,000	3,174,500,000	60,000,000

(2) 수입금액과의 차액내역(부가세과표에 포함되어 있으면 +금액, 포함되지 않았으면 -금액 처리)

⑭구 분		코드	(16)금 액	비 고	⑭구 분	코드	(16)금 액	비 고
자가공급(면세전용등)		21			거래(공급)시기차이감액	30		
사업상증여(접대제공)		22			주세·개별소비세	31		
개인적공급(개인적사용)		23			매출누락	32		
간주임대료		24				33		
자산매각	유형자산 및 무형자산 매각액	25	100,000,000			34		
	그밖의자산매각액(부산물)	26				35		
폐업시 잔존재고재화		27				36		
작업진행률 차이		28	-50,000,000			37		
거래(공급)시기차이가산		29	10,000,000		(17)차 액 계	50	60,000,000	
					(13)차액과(17)차액계의차이금액			

[2] 세금과공과금 명세서

1. [세금과공과금명세서]

코드	계정과목	월	일	거래내용	코드	지급처	금 액	손금불산입표시
0817	세금과공과금	3	15	제조물책임법 위반으로 지급한 손해배상금			3,000,000	손금불산입
0817	세금과공과금	4	4	종업원 기숙사용 아파트의 재산세			750,000	
0817	세금과공과금	5	31	거래처에 대한 납품을 지연하고 부담한 지체상금			640,000	
0817	세금과공과금	6	16	업무관련 교통과속 범칙금			180,000	손금불산입
0817	세금과공과금	7	31	본사의 주민세(재산분)납부금액			300,000	
0817	세금과공과금	8	25	산재보험료 가산금			90,000	손금불산입
0817	세금과공과금	9	30	본사 공장신축 토지관련 취득세			4,000,000	손금불산입
0817	세금과공과금	10	6	본사 공장신축 토지에 관련된 개발부담금			800,000	손금불산입
0817	세금과공과금	11	15	폐수초과배출부담금			575,000	손금불산입
				손 금 불 산 입 계			8,645,000	
				합 계			10,335,000	

2. 세무조정

〈 손금불산입〉 제조물책임법 위반 손해배상금   3,000,000원 (기타사외유출)

〈 손금불산입〉 업무관련 교통과속 범칙금   180,000원 (기타사외유출)

〈 손금불산입〉 산재보험료 가산금   90,000원 (기타사외유출)

〈 손금불산입〉 본사 토지 관련 취득세   4,000,000원 (유 보 발 생)

〈 손금불산입〉 본사 토지 관련 개발부담금   800,000원 (유 보 발 생)

〈 손금불산입〉 폐수초과배출부담금   575,000원 (기타사외유출)

[3] [대손충당금및대손금조정명세서]

1. 대손금 조정

No	22.일자	23.계정과목	24.채권내역	25.대손사유	26.금액	대손충당금상계액			당기 손비계상액		
						27.계	28.시인액	29.부인액	30.계	31.시인액	32.부인액
1	02.27	외상매출금	1.매출채권	6.소멸시효완성	2,500,000	2,500,000	2,500,000				
2	08.30	외상매출금	1.매출채권	1.파산	4,500,000	4,500,000	4,500,000				
		계			7,000,000	7,000,000	7,000,000				

2. 채권잔액

No	16.계정과목	17.채권잔액의 장부가액	18.기말현재대손금부인누계		19.합계 (17+18)	20.충당금설정제외채권 (할인,배서,특수채권)	21.채 권 잔 액 (19-20)
			전기	당기			
1	외상매출금	447,000,000	3,000,000		450,000,000		450,000,000
2	미수금	10,000,000			10,000,000		10,000,000
3							
	계	457,000,000	3,000,000		460,000,000		460,000,000

3. 대손충당금 조정

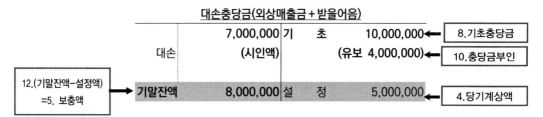

손금산입액 조정	1.채권잔액 (21의금액)	2.설정률(%)			3.한도액 (1×2)	회사계상액			7.한도초과액 (6-3)
		●기본율	○실적율	○적립기준		4.당기계상액	5.보충액	6.계	
	460,000,000	1			4,600,000	5,000,000	3,000,000	8,000,000	3,400,000
익금산입액 조정	8.장부상 충당금기초잔액	9.기중 충당금환입액	10.충당금부인 누계액	11.당기대손금 상계액(27의금액)	12.충당금보충액 (충당금장부잔액)	13.환입할인액 (8-9-10-11-12)	14.회사환입액 (회사기말환입)	15.과소환입 · 과다환입(△)(13-14)	
	10,000,000		4,000,000	7,000,000	3,000,000	-4,000,000		-4,000,000	

4. 세무조정

〈 손 금 산 입 〉 전기대손충당금한도초과액 　　　　　　　4,000,000원 (유보감소)

〈 손금불산입〉 대손충당금한도초과액 　　　　　　　3,400,000원 (유보발생)

[4] [업무무관부동산등에관련한차입금이자조정명세서] 366일

1. [1.업무무관부동산] 탭

	1.적수입력(을)	2.지급이자 손금불산입(갑)						
1.업무무관부동산	2.업무무관동산	3.가지급금	4.가수금	5.그밖의			불러오기	적요수정

No	①월일	②적요	③차변	④대변	⑤잔액	⑥일수	⑦적수
1	7 1	취 득	50,000,000		50,000,000	184	9,200,000,000
2							

2. [3.가지급금] 탭

1.업무무관부동산	2.업무무관동산	3.가지급금	4.가수금	5.그밖의			불러오기	적요수정

No	①월일	②적요	③차변	④대변	⑤잔액	⑥일수	⑦적수
1	1 1	전기이월	50,000,000		50,000,000	40	2,000,000,000
2	2 10	지 급	25,000,000		75,000,000	161	12,075,000,000
3	7 20	회 수		20,000,000	55,000,000	72	3,960,000,000
4	9 30	회 수		10,000,000	45,000,000	93	4,185,000,000

3. [2.지급이자 손금불산입(갑)] 탭

	1.적수입력(을)	2.지급이자 손금불산입(갑)							

2 1. 업무무관부동산 등에 관련한 차입금 지급이자

①지급이자	적 수				⑥차입금 (=19)	⑦ ⑤와 ⑥중 적은 금액	⑧손금불산입 지급이자 (①×⑦÷⑥)
	②업무무관부동산	③업무무관동산	④가지급금 등	⑤계(②+③+④)			
17,000,000	9,200,000,000		22,220,000,000	31,420,000,000	91,500,000,000	31,420,000,000	5,837,595

1 2. 지급이자 및 차입금 적수 계산 [연이율 일수 현재: 366일]　　　　단수차이조정　연일수

No	(9)이자율 (%)	(10)지급이자	(11)차입금적수	(12)채권자불분명 사채이자 수령자불분명 사채이자		(15)건설 자금 이자 국조법 14조에 따른 이자		차 감	
				(13)지급이자	(14)차입금적수	(16)지급이자	(17)차입금적수	(18)지급이자 (10-13-16)	(19)차입금적수 (11-14-17)
1	5.00000	1,000,000	7,320,000,000	1,000,000	7,320,000,000				
2	6.00000	3,000,000	18,300,000,000					3,000,000	18,300,000,000
3	7.00000	14,000,000	73,200,000,000					14,000,000	73,200,000,000
	합계	18,000,000	98,820,000,000	1,000,000	7,320,000,000			17,000,000	91,500,000,000

4. 세무조정

〈 손금불산입 〉 채권자불분명사채이자　　　　　　　1,000,000원 (상　　　　여)

〈 손금불산입 〉 업무무관자산지급이자　　　　　　　5,837,595원 (기타사외유출)

[5] [주식등변동상황명세서]

1. [1.주식 등 변동상황명세서] 탭 : Ctrl+F8 전년도불러오기 실행

1 자본금(출자금)변동 상황 ?

자본금(출자금)변동상황　　　　　　　　　　　　　　　　　　　　　　　　　✕

(단위: 주,원)

⑧일자	주식종류	⑨원인코드	증가(감소)한 주식의 내용			⑩증가(감소) 자본금(⑪×⑫)
			⑪주식수	⑫주당액면가	주당발행(인수)가액	
기초	보통주		20,000	5,000		100,000,000
	우선주					

2. [1.주식 등 변동상황명세서] 탭

(1) 임영웅(본인) : 양도 2,000주 입력

구 분	[1:개인, 2:우리사주]	등록번호	960718-1058941	거주국 코드	KR	대한민국		
	기 초		증 가		감 소		기 말	
주식수	17,000 주			주	2,000 주		15,000 주	
지분율	85 %						75 %	
지분율누계	100.00 %						100.00 %	
기중변동사항	증 가	양 수		주	감 소	양 도		2,000 주
		유상증자		주				주
		무상증자		주				주
		상 속		주		상 속		주
		증 여		주		증 여		주
		출자전환		주		감 자		주
		실명전환		주		실명전환		주
		기 타		주		기 타		주
지배주주와의관계	00 본인							

(2) 장민호(기타) : 양수 2,000주 입력

구 분	[1:개인, 2:우리사주]	등록번호	771220-1987656	거주국 코드	KR	대한민국	
	기 초		증 가		감 소		기 말
주식수	3,000 주		2,000 주		주		5,000 주
지분율	15 %						25 %
지분율누계	100.00 %						100.00 %
	양 수		2,000 주		양 도		주
	유상증자			주			주

3. [2.주식(출자지분)양도명세서] 탭

2	주식(출자지분)양도내용		

No	주 식 양 도 자		
	성 명(법인명)	등록번호	양도주식수
1	임명웅	960718-1058941	2,000

No	주식(출자지분)양도내용		
	양도일자	취득일자	주식수(출자좌수)
1	20×1-08-12	2012-07-05	2,000
2			
	양도 주식 수 계		2,000
	양도 주식 수 차이		0

제110회 전산세무 1급

합격율	시험년월
24%	2023.10

이 론

01. 다음 중 재무제표 작성과 표시의 일반원칙에 대한 올바른 설명이 아닌 것은?

① 재무제표의 작성과 표시에 대한 책임은 회계감사인에게 있다.

② 기업을 청산하거나 경영활동을 중단할 의도가 있지 않은 한 일반적으로 계속기업을 전제로 재무제표를 작성한다.

③ 중요한 항목은 재무제표의 본문이나 주석에 그 내용이 잘 나타나도록 구분하여 표시한다.

④ 기간별 비교가능성을 제고하기 위하여 전기 재무제표의 모든 계량 정보를 당기와 비교하는 형식으로 표시한다.

02. 다음 중 무형자산에 대한 설명으로 틀린 것은?

① 교환으로 무형자산을 취득하는 경우 교환으로 제공한 자산의 공정가치로 무형자산의 원가를 측정한다.

② 무형자산의 상각기간은 관계 법령이나 계약에 정해진 경우를 제외하고는 20년을 초과할 수 없다.

③ 무형자산의 합리적인 상각방법을 정할 수 없다면 정률법을 사용한다.

④ 자산의 원가를 신뢰성 있게 측정할 수 있고 미래경제적효익이 기업에 유입될 가능성이 매우 높다면 무형자산을 인식한다.

03. 다음 중 퇴직급여 및 퇴직연금의 회계처리에 대한 설명으로 옳은 것은?

① 확정기여형 퇴직연금제도에서 운용되는 자산은 기업이 직접 보유하고 있는 것으로 보아 회계처리한다.

② 확정급여형 퇴직연금제도는 퇴직연금 납입 외 운용수익이 발생하거나 종업원 퇴직 시에는 회계처리 할 것이 없다.

③ 확정기여형 퇴직연금제도에서는 퇴직급여충당부채와 퇴직연금미지급금은 인식하지 않고 퇴직연금운용자산만 인식한다.

④ 확정기여형 퇴직연금에 납부해야 할 기여금은 이미 납부한 기여금을 차감한 후 부채(미지급비용)로 인식한다.

04. ㈜캉캉은 아래의 조건으로 사채를 발행하였다. 다음 중 사채의 발행방법 및 장부가액, 상각(환입)액, 이자비용의 변동으로 올바른 것은? (단, 사채이자는 유효이자율법에 따라 상각 및 환입한다.)

• 발행일 : 20x1년 1월 1일	• 이자는 매년 말 지급
• 액면가액 : 5,000,000원	• 표시이자율 : 연 8%
• 만기 : 3년	• 유효이자율 : 연 10%

	발행방법	장부가액	상각(환입)액	이자비용
①	할인발행	매년 증가	매년 감소	매년 감소
②	할인발행	매년 증가	매년 증가	매년 증가
③	할증발행	매년 감소	매년 감소	매년 증가
④	할증발행	매년 감소	매년 증가	매년 감소

05. 다음 중 자본조정 항목은 몇 개인가?

• 감자차손	• 해외사업환산이익	• 매도가능증권평가손실	• 미처리결손금
• 감자차익	• 주식할인발행차금	• 자기주식처분손실	• 자기주식

① 1개　　　　　② 2개　　　　　③ 3개　　　　　④ 4개

06. 원가행태에 따른 분류 중 아래의 그래프가 나타내는 원가로 적절한 것은?

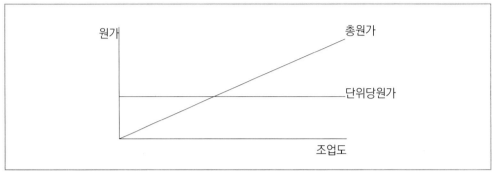

① 직접재료원가　　　　　　　　　　② 기계장치의 감가상각비
③ 임차료　　　　　　　　　　　　　④ 공장건물의 보험료

07. ㈜태화의 원가 관련 자료가 아래와 같을 때 직접재료원가는 얼마인가?

- 기초원가 950,000원　　　　　　　　• 기말재공품 250,000원
- 가공원가 1,200,000원　　　　　　　• 기초재공품 100,000원
- 매출액은 2,000,000원으로 매출총이익률은 20%이다.
- 기초제품과 기말제품은 없는 것으로 한다.

① 400,000원　　　② 550,000원　　　③ 800,000원　　　④ 950,000원

08. 다음의 자료에서 '매몰원가'와 최선의 방안 선택에 따른 '기회원가'는 얼마인가?

㈜백골은 10년 전에 취득한 기계장치(취득가액 25,000,000원)의 노후화를 경쟁력 저하의 원인으로 판단하고 아래와 같은 처리방안을 고려하고 있다.

구분	소프트웨어만 변경	장비까지 변경	그대로 사용
기대 현금유입	20,000,000원	80,000,000원	4,000,000원
기대 현금유출	10,000,000원	50,000,000원	1,000,000원

	매몰원가	기회원가
①	25,000,000원	50,000,000원
②	25,000,000원	30,000,000원
③	25,000,000원	10,000,000원
④	3,000,000원	10,000,000원

09. 다음 중 표준원가계산에 대한 설명으로 틀린 것은?

① 객관적인 표준원가를 설정하는 것이 쉽지 않다.

② 표준원가를 이용하면 제품원가계산과 회계처리가 신속·간편해진다.

③ 표준원가계산은 원가흐름의 가정이 필요 없다.

④ 표준원가계산은 다른 원가 계산방법과는 다르게 성과평가에 이용할 수 없는 단점이 있다.

10. 아래의 자료를 이용하여 기말제품재고액을 구하면 얼마인가?

• 기초 대비 기말재공품재고 감소액 : 500,000원	• 당기 발생 총제조원가 : 1,500,000원
• 전기 기말제품재고액 : 400,000원	• 당기 제품 매출원가 : 1,800,000원

① 400,000원   ② 600,000원   ③ 1,500,000원   ④ 2,000,000원

11. 다음 중 부가가치세법상 과세 대상에 해당하는 것은?

① 일반적인 용역의 무상공급인 경우

② 사업장별로 그 사업에 관한 모든 권리와 의무를 포괄적으로 승계시키는 경우

③ 자기의 사업과 관련하여 자기생산·취득한 재화를 비영업용 소형승용차로 사용하거나 그 유지를 위하여 사용·소비하는 경우

④ 질권, 저당권 또는 양도 담보의 목적으로 동산, 부동산 및 부동산상의 권리를 제공하는 경우

12. 다음 중 현행 부가가치세법에 대한 설명으로 틀린 것은?

① 부가가치세는 각 사업장마다 신고 및 납부하는 것이 원칙이다.

② 부가가치세는 세부담을 최종소비자가 하는 것이 원칙이다.

③ 사업상 독립적으로 재화를 공급하는 자는 영리이든 비영리이든 납세의무가 있다.

④ 과세의 대상이 되는 행위 또는 거래의 귀속이 명의일 뿐이고 사실상 귀속되는 자가 따로 있는 경우라 하더라도 명의자에 대하여 부가가치세법을 적용한다.

13. 다음 중 부가가치세법상 대손세액공제에 대한 설명으로 틀린 것은?

① 대손세액공제는 그 대손이 확정된 날이 속하는 과세기간의 매출세액에서 공제한다.

② 대손세액공제는 예정신고 시에는 공제되지 아니한다.

③ 대손세액공제를 받은 채권의 전부 또는 일부를 회수한 경우, 회수한 대손금액에 관련된 대손세액을 대손이 확정된 날이 속하는 과세기간의 매출세액에 가산하여 수정신고 하여야 한다.

④ 대손이 확정된 날이 속하는 과세기간의 확정신고 시 공제를 받지 못한 경우 경정청구를 통하여 공제받을 수 있다.

14. 다음 중 소득세법상 비과세 근로소득에 해당하지 않는 것은?

① 근로자 또는 그 배우자의 출산이나 6세 이하 자녀의 보육과 관련하여 사용자로부터 받는 급여로서 월 30만원 이내의 금액

② 식사 기타 음식물을 제공받지 않는 근로자가 받는 월 20만원 이하의 식사대

③ 근로자가 천재·지변이나 그 밖의 재해로 인하여 받는 급여

④ 「국민건강보험법」, 「고용보험법」 또는 「노인장기요양보험법」에 따라 국가, 지방자치단체 또는 사용자가 부담하는 보험료

15. 다음 중 법인세법상 결산 시 비용으로 계상하지 않았더라도 반드시 손금에 산입하여야 하는 것은?

① 대손충당금

② 업무용승용차의 감가상각비

③ 부도발생일부터 6개월 이상 지난 어음

④ 재고자산평가손실

▮▮▮▮ 실 무

㈜엣지전자(1100)는 제조·도소매업 및 부동산임대업을 영위하는 중소기업이며, 당기 회계기간은 20x1.1.1.~20x1.12.31.이다. 전산세무회계 수험용 프로그램을 이용하여 다음 물음에 답하시오.

문제 1 다음 거래에 대하여 적절한 회계처리를 하시오.(12점)

[1] 03월 10일 주주총회에서 아래와 같이 배당을 실시하기로 결의하였다(단, 이월이익잉여금(375) 계정을 사용할 것). (3점)

• 현금배당 20,000,000원	• 주식배당 30,000,000원
• 이익준비금은 현금배당의 10%를 적립하기로 한다.	

[2] 07월 05일 대표이사의 업무용승용차(2,000cc, 5인승)를 장기렌트하기로 하고 아래의 전자세금계산서를 발급받았다. 렌트카비용 정기결제일은 매월 25일이며, 보통예금 계좌에서 자동이체된다. 당사는 렌트카비용에 대하여 임차료 계정을 사용하며, 상대 계정으로는 미지급비용 계정을 사용한다. (3점)

전자세금계산서					승인번호		20230705-15454645-58811886			
공급사	등록번호	178-78-00108	종사업장번호		공급받는자	등록번호	871-87-12345	종사업장번호		
	상호(법인명)	신화캐피탈	성명	박신화		상호(법인명)	㈜엣지전자	성명		최엣지
	사업장주소	서울특별시 강남구 서초동 123				사업장주소	부산광역시 해운대구 해운대로 777			
	업태	임대	종목	렌트카		업태	도소매,제조	종목		전자부품
	이메일					이메일				
						이메일				

작성일자	공급가액	세액	수정사유	비고
20x1/07/05	1,200,000	120,000		

월	일	품목	규격	수량	단가	공급가액	세액	비고
07	05	제네실수G100_23.07				1,200,000	120,000	

합계금액	현금	수표	어음	외상미수금	위 금액을 (**청구**) 함
1,320,000				1,320,000	

[3] 08월 13일 미국 PAC사로부터 20x0년 11월 1일에 외상으로 매입한 원재료 $10,000에 대한 외상매입금 전액을 보통예금 계좌에서 지급하였다. 단, 일자별 기준환율은 아래와 같고, 20x0년의 회계처리는 모두 올바르게 이루어졌다고 가정한다. (3점)

구분	20x0년 11월 1일	20x0년 12월 31일	20x1년 8월 13일
기준환율	1,300원/$	1,200원/$	1,100원/$

[4] 09월 03일 개인소비자 김라인 씨에게 제품을 1,500,000원(부가가치세 별도)에 판매하고 현금을 수령하였다. 다만, 현금영수증 발급 정보를 요구했으나 거부함에 따라 자진발급 처리하였다(단, 거래처는 자진발급(거래처코드 : 00148)으로 할 것). (3점)

Hometax. 국세청홈택스 현금영수증

● 거래정보

거래일시	20x1-09-03
승인번호	G54782245
거래구분	승인거래
거래용도	소득공제
발급수단번호	010-****-1234

● 거래금액

공급가액	부가세	봉사료	총 거래금액
1,500,000	150,000	0	1,650,000

● 가맹점 정보

상호	㈜옛지전자
사업자번호	871-87-12345
대표자명	최엣지
주소	부산광역시 해운대구 해운대로 777

● 익일 홈택스에서 현금영수증 발급 여부를 반드시 확인하시기 바랍니다.
● 홈페이지 (http://www.hometax.go.kr)
　－조회/발급 > 현금영수증 조회 > 사용내역(소득공제) 조회
　　　　　　　　　　　　　 > 매입내역(지출증빙) 조회
● 관련문의는 국세상담센터(☎126-1-1)

문제 2 **다음 주어진 요구사항에 따라 부가가치세 신고서 및 부속서류를 작성 하시오.(10점)**

[1] 다음 자료에 의하여 제2기 부가가치세 확정신고기간(10월~12월)에 대한 [부동산임대공급가액명세서]를 작성하시오(단, 정기예금이자율은 연 2.9%이다). (4점)

층	호수	상호 (사업자번호)	용도	면적(㎡)	보증금(원)	월세(원)	월관리비(원)
			임대기간				
1층	101	커피숍 (209-05-33613)	점포	60	20,000,000	2,000,000	120,000
			20x1.04.01.~20x2.03.31.				
1층	102	편의점 (109-07-89510)	점포	60	30,000,000	1,800,000	150,000
			20x0.11.01.~20x1.12.31.				
2층	201	사무실 (204-23-22037)	점포	120	40,000,000	3,500,000	230,000
			20x1.01.01.~20x2.12.31.				
합계					90,000,000	7,300,000	500,000

[2] 다음 자료를 이용하여 20x1년 제1기 부가가치세 예정신고기간에 대한 [공제받지못할매입세액명세서]의 [공제받지못할매입세액내역] 탭을 작성하시오. 단, 아래의 거래는 모두 예정신고기간에 이루어진 것으로 한다. (4점)

- 면세사업에 사용하기 위하여 소모품(1,100,000원, 부가가치세 포함)을 구입하고 대금은 법인카드(신한카드)로 결제하여 신용카드매출전표를 수령하였다.
- 거래처에 선물하기 위하여 안마의자(3,300,000원, 부가가치세 포함)를 구입하고 전자세금계산서를 수령하였다.
- 거래처에 제공할 골프채 세트(3,300,000원, 부가가치세 포함)를 구입하고 현금영수증을 수령하였다.
- 대표이사가 개인적 용도로 사용하기 위하여 승용차(배기량 990cc)를 20,000,000원(부가가치세 별도)에 구입하고 세금계산서를 발급받았다.
- 공장용 토지의 취득과 관련하여 중개수수료 5,000,000원(부가가치세 별도)을 지출하고 세금계산서를 발급받았다.
- 원재료(공급가액 5,000,000원, 부가가치세 500,000원)를 구입하고 세금계산서를 수취하였다(다만, 세금계산서에 공급받는자의 상호가 누락된 것을 발견하였다).
- 소모품(공급가액 1,000,000원, 부가가치세 100,000원)을 구입하였으나 공급시기에 세금계산서를 수취하지 못하였다. 하지만 20x1년 제1기 확정신고기한 이내에 세금계산서를 수취하였다.

[3] 20x1년 제1기 부가가치세 확정신고기간의 [부가가치세신고서]를 마감하고 전자신고를 수행하시오(단, 저장된 데이터를 불러와서 사용할 것). (2점)

---

1. 부가가치세신고서와 관련 부속서류는 작성되어 있다.
2. [전자신고] → [국세청 홈택스 전자신고변환(교육용)] 순으로 진행한다.
3. [전자신고] 메뉴의 [전자신고제작] 탭에서 신고인구분은 **2.납세자 자진신고**를 선택하고, 비밀번호는 **"12345678"**로 입력한다.
4. [국세청 홈택스 전자신고변환(교육용)] → 전자파일변환(변환대상파일선택) → 찾아보기 에서 전자 신고용 전자파일을 선택한다.
5. 전자신고용 전자파일 저장경로는 로컬디스크(C:)이며, 파일명은 "enc작성연월일.101.v8718712345"이다.
6. 형식검증하기 ➡ 형식검증결과확인 ➡ 내용검증하기 ➡ 내용검증결과확인 ➡ 전자파일제출 을 순서대로 클릭한다.
7. 최종적으로 전자파일 제출하기 를 완료한다.

문제 3 다음의 결산정리사항에 대하여 결산정리분개를 하거나 입력을 하여 결산을 완료하시오.(8점)

[1] 하나카드에서 20x1년 2월 1일에 연 6%의 이자율로 30,000,000원을 차입하였으며 이자는 1년마다 지급하는 것으로 약정하였다(단, 이자 계산은 월할계산하며, 20x1년 말 현재 발생이자는 미지급 상태이 다). (2점)

[2] 다음은 장기 투자목적으로 보유하고 있는 매도가능증권(시장성 있는 주식)에 관한 자료이다. 결산일 현재 필요한 회계처리를 하시오. (2점)

- 20x0년 04월 25일 보통주 1,000주를 주당 22,000원에 취득했다.
- 20x0년 12월 31일 1주당 시가는 15,000원이었다.
- 20x1년 12월 31일 1주당 시가는 20,000원이다.

---

[3] 영업부서가 단독으로 사용하는 건물과 토지 관련 지출내역은 아래와 같다. 다음의 자료를 이용하여 당기의 감가상각비를 계상하시오. (2점)

구분	금액	비고
토지 구입액	100,000,000원	
건물 신축가액	300,000,000원	• 내용연수 : 20년
취득세	20,000,000원 (토지분 취득세 5,000,000원 포함)	• 상각방법 : 정액법(월할상각) • 잔존가치 : 없음
재산세	5,000,000원	• 영업부서는 해당 건물을 20x1년 11월 15일부터 사용하였다.
합계	425,000,000원	

[4] 재고자산 실지조사 결과 기말재고자산의 내역은 다음과 같으며, 캉캉상사와 위탁판매계약을 체결하고 당기에 발송한 제품 중 수탁자가 아직 판매하지 않은 제품 2,000,000원은 실지재고조사 결과에 포함되어 있지 않다. (2점)

• 원재료 4,000,000원	• 재공품 6,000,000원	• 제품 5,200,000원

문제 4 20x1년 귀속 원천징수와 관련된 다음의 물음에 답하시오. (10점)

[1] 다음은 영업부서 차정만(사번 : 2, 입사일 : 20x1년 4월 1일) 사원의 20x1년 연말정산 관련 자료이다. 아래의 자료를 이용하여 [사원등록] 메뉴의 [부양가족명세] 탭을 수정하고, [연말정산추가자료입력] 메뉴를 이용하여 연말정산을 완료하시오. 전(前) 근무지 자료는 [소득명세] 탭에 입력하고, 연말정산 관련 자료는 [부양가족] 탭, [신용카드 등] 탭, [의료비] 탭, [기부금] 탭에 각각 입력하여 [연말정산입력] 탭에 반영하시오. (7점)

1. 부양가족 현황

관계	성명	주민등록번호	소득	비고
본인	차정만	900520 – 1724818	총급여 6,140만원	세대주
배우자	한정숙	921227 – 2548716	700만원	모두 일용근로소득에 해당
부	차도진	581110 – 1024623	부동산임대소득금액 300만원	장애인(장애인복지법)

관계	성명	주민등록번호	소득	비고
모	엄혜선	620708 - 2524657	소득없음	20x1년 10월 27일 사망
자녀	차민지	200202 - 4445455	소득없음	
자녀	차민수	240303 - 3345451	소득없음	2024년 3월 3일 출생

- 근로자 본인의 세부담 최소화를 가정한다.
- 위 가족들은 모두 내국인으로 근로자 본인과 동거하면서 생계를 같이 하고 있으며, 기본공제대상자가 아닌 경우에도 부양가족명세에 등록하고 기본공제 '부'로 작성한다.
- 제시된 자료 외의 다른 소득은 없다고 가정한다.

2. 전(前) 근무지 자료는 아래와 같으며, 당사에서 합산하여 연말정산하기로 한다.

- 근무처명 : ㈜우림기획(207-81-08903)
- 총급여액 : 8,400,000원
- 국민연금보험료 : 165,000원
- 장기요양보험료 : 4,020원
- 근무기간 : 20x1.1.1.~20x1.3.31.
- 건강보험료 : 98,700원
- 고용보험료 : 12,300원

구분		소득세	지방소득세
세액명세	결정세액	128,100원	12,810원
	기납부세액	197,300원	19,730원
	차감징수세액	△69,200원	△6,920원

3. 연말정산 관련 자료

항목	내용
보험료	• 부친 장애인전용 보장성 보험료 : 950,000원 • 모친 보장성 보험료 : 400,000원
교육비	• 자녀 차민지 어린이집 급식비 : 500,000원 • 자녀 차민지 어린이집 방과 후 과정 수업료 : 300,000원 • 본인 차정만 대학원 교육비 : 11,000,000원(학교에서 장학금 8,000,000원 수령)
의료비	• 배우자 출산 병원비용 : 1,400,000원(본인 신용카드 결제) • 배우자 산후조리원 이용비 : 3,800,000원 • 부친 휠체어 구입비용 : 2,700,000원 • 모친 치료목적 병원비 : 3,000,000원 (실손의료보험금 2,200,000원 수령)

항목	내용
신용카드 등 사용금액	• 본인 신용카드 사용액 : 12,000,000원(배우자 출산 병원비용 포함) • 배우자 직불카드 사용액 : 2,000,000원(전통시장사용분 300,000원 포함)
기부금	• 본인 대한적십자사 기부금 : 400,000원 • 모친 종교단체 기부금 : 1,000,000원

• 위 모든 자료는 국세청 연말정산간소화서비스 자료이며, 제시된 내용 이외의 사항은 고려하지 않는다.

• 의료기관, 기부처의 상호나 사업자등록번호, 건수는 입력하지 않으며, 기부는 모두 금전으로 한다.

[2] 다음 자료를 이용하여 재무부서 대리 김라인(사번 : 111)의 [퇴직소득자료입력] 및 [원천징수이행상황신고서]를 작성하시오. (3점)

1. 주민등록번호 : 900111-2056237
2. 입사일은 2015년 1월 1일, 퇴사일은 20x1년 12월 1일이며, 퇴직사유는 자발적 퇴직으로 처리한다.
3. 퇴사일 현재 퇴직금은 20,000,000원이다.
4. 퇴직금 지급일은 20x1년 12월 14일이며, 과세이연계좌로 전액 지급하였다.

연금계좌 취급자	사업자등록번호	계좌번호	입금일
주민은행	201 - 81 - 68693	260 - 014 - 491234	20x1. 12. 14.

문제 5 ㈜영웅물산(1101)은 제조·도소매업(통신판매업) 및 건설업을 영위하는 중소기업이며, 당해 사업연도는 20x1.1.1.~20x1.12.31.이다. [법인조정] 메뉴를 이용하여 기장되어 있는 재무회계 장부 자료와 제시된 보충자료에 의하여 해당 사업연도의 세무조정을 하시오. (30점) ※ 회사 선택 시 유의하시오.

[1] 다음 자료는 당기 보험료 내역이다. [선급비용명세서]를 작성하고, 보험료와 선급비용에 대하여 세무조정하시오(단, 기존에 입력된 데이터는 무시하고 제시된 자료로만 계산하되 세무조정은 각 건별로 할 것). (6점)

1. 보험료 내역(보험료는 모두 전액 일시납입함)
   (1) 대표자 사적보험료 : 회사에서 대납

보험사	납입액	보험기간	비고
과거생명	3,600,000원	20x1.01.01.~20x2.12.31.	보험료(판)로 처리함.

(2) 자동차(판매부서) 보험 내역

보험사	납입액	보험기간	비고
BD화재	1,800,000원	20x1.05.01.~20x2.04.30.	장부에 선급비용 400,000원 계상

(3) 공장(생산부서) 화재보험 내역

보험사	납입액	보험기간	비고
화나화재	5,000,000원	20x1.07.01.~20x2.06.30.	장부에 선급비용 2,000,000원 계상

2. 20x0년 자본금과적립금조정명세서(을)(전기에 (2), (3)과 관련된 선급비용 내역)

과목	기초잔액	감소	증가	기말
선급비용			1,000,000원	1,000,000원

※ 전기분 선급비용 1,000,000원은 당기에 손금 귀속시기가 도래하였다.

[2] 다음은 ㈜영웅물산의 법인차량 관련 자료이다. 아래 차량은 모두 영업부서에서 출퇴근 및 업무용으로 사용 중이며 임직원전용보험에 가입되어 있다. 다음 자료를 이용하여 [업무용승용차등록] 및 [업무용승용차관련비용명세서]를 작성하고 관련된 세무조정을 하시오(단, 당사는 부동산임대업을 영위하지 않으며, 사용부서 및 사용자직책 입력은 생략할 것). (7점)

구분	내용
코드 : 101 차종 : G80 차량번호 : 462두9636 (운용리스)	• 리스계약기간 : 20x0.05.20.~20x4.05.19.(보험가입 기간과 동일함) • 월 운용리스 금액 : 1,020,000원(전자계산서 발행됨) • 감가상각비 상당액 : 11,383,200원 • 유류비 : 4,500,000원(부가가치세 포함) • 20x1년 운행일지 : 10,000㎞(업무용 사용거리 8,000㎞) • 위의 차량 관련 비용 외 다른 항목의 비용은 고려하지 않으며, 전기이월된 감가상각비 한도초과액은 5,027,000원이다.
코드 : 102 차종 : 싼타페 차량번호 : 253러6417 (자가)	• 취득일 : 2022년 12월 10일 • 취득가액 : 38,000,000원(부가가치세 포함) • 감가상각비 계상액 : 7,600,000원 • 유류비 : 800,000원(부가가치세 포함) • 보험료 : 1,200,000원(20x1년 귀속분 보험료임) • 자동차세 : 400,000원

구분	내용
	• 보험기간 : 20x0.12.10.~20x1.12.9. 20x1.12.10.~20x2.12.9. • 20x1년 운행일지 : 미작성

- 주어진 차량 관련 비용 외에 다른 항목은 고려하지 않는다.
- 세무조정 유형과 소득처분이 같은 세무조정인 경우, 하나의 세무조정으로 처리한다.

[3] 다음은 20x1년 1월 1일부터 12월 31일까지의 원천징수세액과 관련한 자료이다. 주어진 자료를 이용하여 [원천납부세액명세서(갑)]를 작성하시오(단, 지방세 납세지는 기재하지 말 것). (4점)

적요	원천징수 대상금액	원천징수일	원천징수세율	원천징수의무자	사업자등록번호
정기예금 이자	8,000,000원	04/25	14%	㈜두리은행	130-81-01236
정기적금 이자	2,000,000원	07/18	14%	㈜주민은행	125-81-54217

[4] 당사는 확정급여형 퇴직연금에 가입하였으며, 그 자료는 다음과 같다. [퇴직연금부담금조정명세서]를 작성하고 세무조정사항을 [소득금액조정합계표]에 반영하시오. (6점)

1. 다음의 퇴직연금운용자산 계정의 기초잔액은 전액 전기에 신고조정에 의하여 손금산입된 금액이다.

퇴직연금운용자산			
기초잔액	108,000,000원	당기감소액	9,000,000원
당기납부액	12,000,000원	기말잔액	111,000,000원
	120,000,000원		120,000,000원

    ※ 당기 감소액 9,000,000원에 대한 회계처리는 다음과 같다.

      (차) 퇴직급여   9,000,000원   (대) 퇴직연금운용자산   9,000,000원

2. 당기 말 현재 퇴직연금운용자산의 당기분에 대하여 손금산입을 하지 않은 상태이며, 기초 퇴직연금충당금 등 및 전기말 신고조정에 의한 손금산입액은 108,000,000원이다.

3. 당기 말 현재 퇴직급여추계액은 140,000,000원이다.

4. 당기 말 현재 재무상태표상 퇴직급여충당부채 잔액은 20,000,000원이고, 당기 자본금과적립금조정명세서(을)에 기재되는 퇴직급여충당부채 한도초과액은 6,000,000원이다.

[5] 다음의 자료를 이용하여 [기부금조정명세서]와 [법인세과세표준및세액조정계산서]를 작성하고 필요한 세무조정을 하시오. (7점)

1. 당기 결산서상 당기순이익은 57,000,000원이며, 당기 법인세 비용은 5,000,000원이다.

1. 당기 결산서상 당기순이익은 57,000,000원이며, 당기 법인세 비용은 5,000,000원이다.

2. 손익계산서에 계상된 기부금 내역은 아래와 같다.
    (1) 20x1년 03월 01일 : 1,000,000원(국방부 : 국방헌금)
    (2) 20x1년 05월 05일 : 500,000원(사회복지법인 은혜 : 사회복지시설 기부금)
    (3) 20x1년 10월 11일 : 600,000원(이천시 향우회 : 지역향우회 행사지원금)
    (4) 20x1년 12월 01일 : 1,200,000원(서울시청 : 천재지변 구호금품)

3. **당기 법인세비용 및 기부금 지출 외에 소득금액조정합계표상 계상된 내역**은 아래와 같다.
    (1) 익금산입 : 3,000,000원
    (2) 손금산입 : 1,000,000원

4. 2022년에 발생한 법인세법 제24조 제3항 제1호의 기부금(일반기부금) 한도초과액은 6,000,000원이다.

5. 선납세금 계정에는 법인세 중간예납세액 3,000,000원, 금융소득에 대한 원천징수세액 1,400,000원이 계상되어 있다.

제110회 전산세무1급 답안 및 해설

■ 이 론

1	2	3	4	5	6	7	8	9	10	11	12	13	14	15
①	③	④	②	④	①	②	③	④	②	③	④	③	①	②

01. **재무제표의 작성과 표시에 대한 책임은 경영진**에게 있다.

02. 무형자산의 **합리적인 상각방법을 정할 수 없다면 정액법**을 사용한다.

03. ① 확정급여형 퇴직연금제도에서 운용되는 자산은 기업이 직접 보유하고 있는 것으로 보아 회계처리한다.

    ② 확정급여형 퇴직연금제도는 퇴직연금 납입 외 운용수익이 발생하거나 종업원 퇴직 시에는 다음과 같은 회계처리가 필요하다.

        • 운용수익 발생 시 : (차) 퇴직연금운용자산   xx (대) 퇴직연금운용수익   xx

        • 퇴사 시 :   (차) 퇴직급여충당부채   xx (대) 퇴직연금운용자산   xx

    ③ 확정기여형 퇴직연금제도에서는 퇴직연금운용자산, 퇴직급여충당부채 및 퇴직연금미지급금은 인식하지 아니하고, 납부액은 비용처리한다.

04. **유효이자율이 표시이자율보다 높으므로 할인발행에 해당**한다. 사채 할인발행의 경우 **장부가액은 매년 증가**하고, **상각액과 이자비용은 매년 증가**한다.

05. 감자차손, 자기주식처분손실, 자기주식, 주식할인발행차금은 자본조정에 해당한다.

    • 자본잉여금 : 감자차익,   • 이익잉여금 : 미처리결손금

    • 기타포괄손익누계액 : 매도가능증권평가손실, 해외사업환산이익

06. 변동원가에 대한 그래프로 변동원가는 조업도의 증감에 따라 원가 총액은 증감하나 단위당 원가는 조업도의 변동과 관계없이 일정하다.

07. 매출원가 =매출액(2,000,000) × 매출원가율(1-20%) = 1,600,000원

재공품

기초재고	100,000	당기제품제조원가 (=매출원가)	1,600,000
당기총제조원가	1,750,000	기말재고	250,000
계	1,850,000	계	1,850,000

☞ **기초 및 기말제품이 없으므로 당기제품제조원가와 매출원가는 동일**하다.

08. 매몰원가는 과거의 기계장치 취득가액 25,000,000원

구분	소프트웨어만 변경	장비까지 변경	그대로 사용
기대 현금유입	20,000,000원	80,000,000원	4,000,000원
기대 현금유출	10,000,000원	50,000,000원	1,000,000원
순현금유입액	10,000,000원	30,000,000원	3,000,000원
결 론	**기회원가**	최선의 방안	

09. 표준원가계산은 **표준원가를 기초로 한 예산과 실제원가를 기초로 한 실제 성과와의 차이를 분석하여 성과평가에 이용**할 수 있다.

10.

재공품				⇒	제 품			
기초	500,000	당기제품제조원가	2,000,000		기초	400,000	매출원가	1,800,000
당기총제조원가	1,500,000	기말	0		당기제품제조원가	2,000,000	**기말**	**600,000**
계	2,000,000	계	2,000,000		계	2,400,000	계	2,400,000

11. 비영업용소형승용차 유지관련 재화를 사용소비시 자가공급에 해당하며 재화의 간주공급으로 보아 과세 대상에 속한다.

12. 실질과세의 원칙에 따라 사실상 귀속 되는 자에게 부가가치세법을 적용한다.

13. 사업자가 대손되어 회수할 수 없는 금액(대손금액)의 전부 또는 일부를 회수한 경우에는 회수한 대손금액에 관련된 대손세액을 회수한 날이 속하는 과세기간의 매출세액에 더한다.

14. 근로자 또는 그 배우자의 출산이나 6세 이하 자녀의 보육과 관련하여 사용자로부터 받는 급여로서 **월 20만원(개정세법 24) 이내의 금액은 비과세한다.**

15. 업무용승용차에 대한 감가상각비는 각 사업연도의 소득금액을 계산할 때 정액법을 상각방법으로 하고 내용연수를 5년으로 하여 계산한 금액을 감가상각비로 하여 손금에 산입(신고조정항목)해야 한다.

실 무

문제 1 전표입력

[1] 일반전표입력(3/10)

(차) 이월이익잉여금(375) 52,000,000 (대) 미지급배당금 20,000,000
미교부주식배당금 30,000,000
이익준비금 2,000,000

문항	일자	유형	공급가액	부가세	거래처	전자
[2]	7/5	54.불공	1,200,000	120,000	신화캐피탈	여
		불공제사유 : ③비영업용 소형승용자동차 구입·유지 및 임차				
분개유형		(차) 임차료(판)	1,320,000 (대) 미지급비용			1,320,000
현금(혼합)		`				

[3] 일반전표입력(8/13)

(차) 외상매입금(미국 PAC사) 12,000,000 (대) 보통예금 11,000,000
외환차익 1,000,000

☞외환차손익(부채) = [상환환율(1,100) − 장부가액(1,200)] ×$10,0000=△1,000,000원(차익)

문항	일자	유형	공급가액	부가세	거래처	전자세금
[4]	9/3	22.현과	1,500,000	150,000	자진발급	–
분개유형		(차) 현금	1,650,000 (대) 부가세예수금			150,000
혼합(현금)			제품매출				1,500,000

문제 2 부가가치세

[1] [부동산임대공급가액명세서](10~12월, 정기예금이자율 2.9%,366일)

1. 커피숍(0149, 1층, 101호)

1.사업자등록번호	209-05-33613	2.주민등록번호	---------
3.면적(㎡)	60.00	㎡ 4.용도	점포

5.임대기간에 따른 계약 내용

No	계약갱신일	임대기간	
1		2024-04-01 ~	2025-03-31
2			

6.계약내용	금액	당해과세기간계	
보증금	20,000,000	20,000,000	
월세	2,000,000	6,000,000	
관리비	120,000	360,000	
7.간주임대료	145,792	145,792	92 일
8.과세표준	2,265,792	6,505,792	

소 계			
월세	6,000,000	관리비	360,000
간주임대료	145,792	과세표준	6,505,792

2. 편의점(0150, 1층, 102호)

1.사업자등록번호	109-07-89510	2.주민등록번호	---------
3.면적(㎡)	60.00	㎡ 4.용도	점포

5.임대기간에 따른 계약 내용

No	계약갱신일	임대기간	
1		2023-11-01 ~	2024-12-31
2			

6.계약내용	금액	당해과세기간계	
보증금	30,000,000	30,000,000	
월세	1,800,000	5,400,000	
관리비	150,000	450,000	
7.간주임대료	218,688	218,688	92 일
8.과세표준	2,168,688	6,068,688	

소 계			
월세	5,400,000	관리비	450,000
간주임대료	218,688	과세표준	6,068,688

3. 사무실(0151, 2층, 201호)

| 1.사업자등록번호 | 204-23-22037 | 2.주민등록번호 | _____-_____ |

| 3.면적(㎡) | 120.00 | ㎡ | 4.용도 | 점포 |

5.임대기간에 따른 계약 내용

No	계약갱신일	임대기간	
1		2024-01-01	~	2025-12-31
2			

6.계약내용	금액	당해과세기간계	
보증금	40,000,000	40,000,000	
월세	3,500,000	10,500,000	
관리비	230,000	690,000	
7.간주임대료	291,584	291,584	92 일
8.과세표준	4,021,584	11,481,584	

소 계			
월세	10,500,000	관리비	690,000
간주임대료	291,584	과세표준	11,481,584

간주임대료 합계 : 656,064

[2] [공제받지못할매입세액명세서](1~3월)

공제받지못할매입세액내역	공통매입세액안분계산내역	공통매입세액의정산내역	납부세액또는환급세액재계산

매입세액 불공제 사유	세금계산서		
	매수	공급가액	매입세액
①필요적 기재사항 누락 등			
②사업과 직접 관련 없는 지출	1	20,000,000	2,000,000
③비영업용 소형승용자동차 구입·유지 및 임차			
④접대비 및 이와 유사한 비용 관련	1	3,000,000	300,000
⑤면세사업등 관련			
⑥토지의 자본적 지출 관련	1	5,000,000	500,000
⑦사업자등록 전 매입세액			
⑧금·구리 스크랩 거래계좌 미사용 관련 매입세액			
합계	3	28,000,000	2,800,000

- 신용카드매출전표 및 현금영수증을 수령한 매입세액은 공제받지못할매입세액명세서 기재 대상에 해당하지 않는다.
- **공급받는자의 상호는 세금계산서의 필요적 기재사항에 해당하지 않는다.**

[3] 전자신고(4~6월)

1. [부가가치세신고서] 조회 및 마감

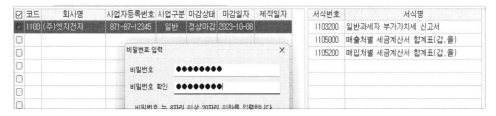

		구분		정기신고금액			구분		금액	세율	세액
				금액	세율	세액	16.공제받지못할매입세액				
과세표준및매출세액	과세	세금계산서발급분	1	45,015,000	10/100	4,501,500	공제받지못할 매입세액	50			
		매입자발행세금계산서	2		10/100		공통매입세액면세등사업분	51			
		신용카드·현금영수증발행분	3		10/100		대손처분받은세액	52			
		기타(정규영수증외매출분)	4				합계	53			
	영세	세금계산서발급분	5		0/100		18.그 밖의 경감·공제세액				
		기타	6		0/100		전자신고 및 전자고지 세액공제	54			10,000
	예정신고누락분		7				전자세금계산서발급세액공제	55			
	대손세액가감		8				택시운송사업자경감세액	56			
	합계		9	45,015,000	㉓	4,501,500	대리납부세액공제	57			
		일반매입	10	37,520,000		3,752,000	현금영수증사업자세액공제	58			

2. [전자신고]>[전자신고제작] 탭>F4 제작>비밀번호(12345678) 입력

☑	코드	회사명	사업자등록번호	사업구분	마감상태	마감일자	제작일자
✓	1100	(주)엣지전자	871-87-12345	일반	정상마감	2023-10-08	

서식번호	서식명
1103200	일반과세자 부가가치세 신고서
1105000	매출처별 세금계산서 합계표(갑, 을)
1105200	매입처별 세금계산서 합계표(갑, 을)

비밀번호 입력

비밀번호 ●●●●●●●●
비밀번호 확인 ●●●●●●●●

3. [국세청 홈택스 전자신고변환(교육용)]

선택한 파일내역 [찾아보기]

NO	전자파일명	파일크기
1	C:\fakepath\enc20231008.101.v8718712345	507Byte

변환파일 정보 입력

* 세무회계프로그램에서 신고파일 생성시 사용한 비밀번호를 입력하세요.
* 비밀번호는 세무회계프로그램에서 확인하세요.

* 비밀번호 ●●●●●●●●

과세년월	신고서종류	신고구분	신고유형	상호 (성명)	사업자(주민)등록번호	접수번호
202306	확정(일반) 신고서	확정신고	정기신고	(주)엣지전자	8718712345	

1 총1건(1/1)

위와 같이 접수 되었습니다.

[닫기] [인쇄하기]

문제 3 **결산**

[1] [수동결산]

(차) 이자비용   1,650,000   (대) 미지급비용   1,650,000

☞이자비용 = 30,000,000원 × 6% × 11/12 = 1,650,000원

[2] [수동결산]

(차) 매도가능증권(178)   5,000,000   (대) 매도가능증권평가손실   5,000,000

〈매도가능증권 평가〉

	취득가액	공정가액	평가이익	평가손실
전기	22,000,000	15,000,000		7,000,000
당기		20,000,000		△5,000,000
계				2,000,000

[3] [수동결산]

(차) 감가상각비(판)   2,625,000   (대) 감가상각누계액(건물)   2,625,000

- 감가상각비 =(건물 300,000,000 + 취득세 15,000,000) $\times \dfrac{1}{20} \times \dfrac{2}{12}$ = 2,625,000원

- 토지는 감가상각 대상 자산이 아니며, 재산세는 당기 비용 처리한다.

[4] [자동결산]

[수동결산][결산자료입력]>기간 : 20x1년 01월~20x1년 12월

>2. 매출원가>기말 원재료 재고액 4,000,000원 기말 재공품 재고액 6,000,000원

기말 제품 재고액 7,200,000원>F3 전표추가

☞기말 제품 재고액 = 창고 보관 재고액(5,200,000) + 적송품(2,000,000) = 7,200,000원

문제 4 원천징수

[1] 연말정산(차정만)

1. [사원등록]

관계	요 건		기본 공제	추가 (자녀)	판 단
	연령	소득			
본인(세대주)	–	–	○		총급여액 69,800,000원
배우자	–	○	○		일용근로소득은 분리과세소득
부(66)	○	×	부		소득금액 1백만원 초과자
모(62)	○	○	○		사망일 전일로 판단
딸(4)	○	○	○		
아들(0)	○	○	○	출산(2)	

2. [연말정산추가자료입력]
(1) [소득명세] 탭

	구분	합계	주(현)	납세조합	종(전) [1/2]
소득명세	9.근무처명		(주)엣지전자		(주)우럼기획
	9-1.종교관련 종사자		부		부
	10.사업자등록번호		871-87-12345	___-__-_____	207-81-08903
	11.근무기간		20×1-04-01 ~ 20×1-12-31	_____-__-__ ~ _____-__-__	20×1-01-01 ~ 20×1-03-31
	12.감면기간		_____-__-__ ~ _____-__-__		_____-__-__ ~ _____-__-__
소득명세	13-1.급여(급여자료입력)	69,800,000	61,400,000		8,400,000
	13-2.비과세한도초과액				
	13-3.과세대상추가(인정상여추가)				
	14.상여				
	15.인정상여				
	15-1.주식매수선택권행사이익				
	15-2.우리사주조합 인출금				
	15-3.임원퇴직소득금액한도초과액				
	15-4.직무발명보상금				
	16.계	69,800,000	61,400,000		8,400,000
공제보험료명세	건강보험료(직장)(33)	2,275,323	2,176,623		98,700
직장	장기요양보험료(33)	282,770	278,750		4,020
	고용보험료(33)	517,100	504,800		12,300
	국민연금보험료(31)	2,928,000	2,763,000		165,000
공적연금 보험료	공무원 연금(32)				
	군인연금(32)				
	사립학교교직원연금(32)				
	별정우체국연금(32)				
세액명세 기납부세액	소득세	7,754,230	7,626,130		128,100
	지방소득세	775,360	762,550		12,810
	농어촌특별세				
납부특례세액	소득세				
	지방소득세				
	농어촌특별세				

(2) 연말정산 판단

항 목	요건 연령	요건 소득	내역 및 대상여부	입력
보 험 료	○ (×)	○	• 부친 장애인전용(소득요건 미충족) • 모친 보장성 보험료	× ○(일반 400,000)
교 육 비	×	○ (×)	• 딸 어린이집 급식비 및 방과후수업료 • 본인 대학원 교육비(장학금 제외)	○(취학전 800,000) 본인 3,000,000
의 료 비	×	×	• 배우자 출산 병원비 • 배우자 산후조리비용(한도 2백만원) • 부친 휠체어 구입비 • 모친 병원비(실손보험차감)	○(일반 1,400,000) ○(일반 2,000,000) ○(장애 2,700,000) ○(일반 800,000)
신용카드	×	○	• 본인 신용카드 • 배우자 직불카드	○(신용 12,000,000) ○(직불 1,700,000) 전통 300,000
신용카드	×	○	• 본인 대한적십자사 • 모친 종교단체	○(일반 400,000) ○(종교 1,000,000)

(3) [부양가족] 탭

① 보험료 : 엄혜선(모친)

고용보험료			
보장성보험-일반	400,000		400,000
보장성보험-장애인			
합 계	400,000		400,000

② 교육비

• 차정만(본인)

교육비	
일반	장애인특수
3,000,000	4.본인

• 차민지(딸)

교육비	
일반	장애인특수
800,000	1.취학 전

(4) [신용카드 등] 탭

내/외 관계	성명 생년월일	자료 구분	신용카드	직불,선불	현금영수증	도서등 신용	도서등 직불	도서등 현금	전통시장	대중교통
내	차정만	국세청	12,000,000							
0	1990-05-20	기타								
내	차도진	국세청								
1	1958-11-10	기타								
내	엄혜선	국세청								
1	1962-07-08	기타								
내	한정숙	국세청		1,700,000					300,000	
3	1992-12-27	기타								

(5) [의료비] 탭

의료비 공제대상자					지급처			지급명세					14.산후조리원
성명	내/외	5.주민등록번호	6.본인등해당여부	9.증빙코드	8.상호	7.사업자등록번호	10.건수	11.금액	11-1.실손보험수령액	12.미숙아선천성이상아	13.납입여부	
한정숙	내	921227-2548716	3	X	1			1,400,000		X	X	X	
한정숙	내	921227-2548716	3	X	1			2,000,000		X	X	0	
차도진	내	581110-1024623	2	0	1			2,700,000		X	X	X	
엄혜선	내	620708-2524657	3	X	1			3,000,000	2,200,000	X	X	X	

(6) [기부금] 탭

① [기부금조정] 탭

㉠ 차정만(본인) : 대한적십자사는 일반기부금임.

구분		9.기부내용	기부처		건수	기부명세			자료구분
7.유형	8.코드		10.상호(법인명)	11.사업자번호 등		13.기부금합계금액 (14+15)	14.공제대상기부금액	15.기부장려금신청 금액	
일반	40	금전				400,000	400,000		국세청

㉡ 엄혜선(모친)

구분		9.기부내용	기부처		건수	기부명세			자료구분
7.유형	8.코드		10.상호(법인명)	11.사업자번호 등		13.기부금합계금액 (14+15)	14.공제대상기부금액	15.기부장려금신청 금액	
종교	41	금전				1,000,000	1,000,000		국세청

② [기부금조정] 탭>공제금액계산>불러오기>공제금액반영>저장

40	일반기부금(종교외) 당기		400,000	400,000	400,000		60,000	

| 소득명세 | | 부양가족 | 신용카드 등 | 의료비 | 기부금 | 연금저축 등I | 연금저축 등II | 월세액 | 연말정산입력 |

| 기부금 입력 | 기부금 조정 | | | | | | 공제금액계산 | |

구분		기부연도	16.기부금액	17.전년도까지공제된금액	18.공제대상금액(16-17)	해당연도공제금액	해당연도에 공제받지 못한 금액	
유형	코드						소멸금액	이월금액
일반	40	20×1	400,000		400,000	400,000		
종교	41	20×1	1,000,000		1,000,000	1,000,000		

(7) [연말정산입력] 탭 : F8부양가족탭불러오기 실행

특별소득공제	33.보험료		3,075,193	3,075,193	좌	60-1.ISA연금계좌전환				
	건강보험료		2,558,093	2,558,093	특별세액공제	61.보장 일반	400,000	400,000	400,000	48,000
	고용보험료		517,100	517,100		성보험 장애인				
	34.주택차입금	대출기관				62.의료비	9,100,000	9,100,000	4,806,000	720,900
	원리금상환액	거주자				63.교육비	3,800,000	3,800,000	3,800,000	570,000
	34.장기주택저당차입금이자상					64.기부금	1,400,000	1,400,000	1,400,000	210,000
	35.기부금-2013년이전이월분					1)정치자금 10만원이하				
	36.특별소득공제 계			3,075,193		기부금 10만원초과				
37.차감소득금액				43,056,807		2)특례기부금(전액)		400,000	400,000	60,000
그 밖의 소득공제	38.개인연금저축					3)우리사주조합기부금				
	39.소기업,소상공인 공제부금	2015년이전가입				4)일반기부금(종교단체외)				
		2016년이후가입				5)일반기부금(종교단체)	1,000,000	1,000,000	1,000,000	150,000
	40.주택마련저축소득공제	청약저축				65.특별세액공제 계				1,548,900
		주택청약				66.표준세액공제				
		근로자주택마련				67.납세조합공제				
	41.투자조합출자 등 소득공제					68.주택차입금				
	42.신용카드 등 사용액		14,000,000			69.외국납부 ▶				
	43.우리사주조합 일반 등					70.월세액				
	출연금 벤처 등					71.세액공제 계				2,708,900

[2] 퇴직소득(김라인)

1. [퇴직소득자료입력] 지급년월 12월, 영수일자 12월 14일

근 무 처 명	중 간 지 급 등		최 종		정 산
			(주)엣지전자		
등록번호/퇴직사유	___-__-_____		871-87-12345	자발적 퇴직	
기 산 일/입 사 일	____/__/__	____/__/__	2015/01/01	2015/01/01	
퇴 사 일/지 급 일	____/__/__	____/__/__	2024/12/01	2024/12/31	
근 속 월 수			120		
제 외 월 수					
가 산 월 수					
과 세 퇴 직 급 여			20,000,000		20,000,000

과세이연계좌명세

No	☐	연금계좌취급자	사업자등록번호	계좌번호	입금일	38.계좌입금액	37. 신고대상세액
1	☐	주민은행	201-81-68693	260-014-491234	2024-12-14	20,000,000	
2	☐						39.퇴직급여(최종)
	☐						20,000,000
	☐						40.이연퇴직소득세
	☐						(37x38/39)
	☐						

2. [원천징수이행상황신고서] 귀속기간 12월, 지급기간 12월, 1.정기신고

소득자	소득구분	코드	소득지급		징수세액			당월조정환급세액	납부세액	
			인원	총지급액	소득세 등	농어촌특별세	가산세		소득세 등	농어촌특별세
근로소득	간이세액	A01								
	중도퇴사	A02								
	일용근로	A03								
	연말정산	A04								
	(분납신청)	A05								
	(납부금액)	A06								
	가 감 계	A10								
퇴직소득	연금계좌	A21								
	그 외	A22	1	20,000,000						
	가 감 계	A20	1	20,000,000						

문제 5 세무조정

[1] 선급비용 명세서

1. [선급비용명세서]

	계정구분	거래내용	거래처	대상기간 시작일	대상기간 종료일	지급액	선급비용	회사계상액	조정대상금액
☐	선급 보험료	자동차보험	BD화재	2024-05-01	2025-04-30	1,800,000	591,780	400,000	191,780
☐	선급 보험료	공장화재보험	화나화재	2024-07-01	2025-06-30	5,000,000	2,479,452	2,000,000	479,452

2. 세무조정

〈손 금 산 입〉 전기 선급비용	1,000,000원 (유보감소)
〈손금불산입〉 사적사용경비	3,600,000원 (상　　여)
〈손금불산입〉 자동차보험	191,780원 (유보발생)
〈손금불산입〉 공장화재보험	479,452원 (유보발생)

[2] 업무용승용차관련 비용명세서

1. [업무용승용차등록]

G80(462두9636)

1.고정자산계정과목	
2.고정자산코드/명	
3.취득일자	20×0-05-20
4.경비구분	6.800번대/판관비
5.사용자 부서	
6.사용자 직책	
7.사용자 성명	
8.임차여부	운용리스
9.임차기간	20×0-05-20 ~ 20×4-05-19
10.보험가입여부	가입
11.보험기간	20×0-05-20 ~ 20×4-05-19
12.운행기록부사용여부	여 전기이월누적거리 ___ km
13.출퇴근사용여부	여 출퇴근거리 ___ km

싼타페(253러6417)

1.고정자산계정과목	0208 차량운반구
2.고정자산코드/명	
3.취득일자	2022-12-10
4.경비구분	6.800번대/판관비
5.사용자 부서	
6.사용자 직책	
7.사용자 성명	
8.임차여부	자가
9.임차기간	___-__-__ ~ ___-__-__
10.보험가입여부	가입
11.보험기간	20×0-12-10 ~ 20×1-12-09
	20×1-12-10 ~ 20×2-12-09
12.운행기록부사용여부	부 전기이월누적거리 ___ km
13.출퇴근사용여부	여 출퇴근거리 ___ km

2. [업무용승용차관련비용명세서]

(1) G80(462두9636)

					(10)업무용 승용차 관련 비용								
1 업무용 사용 비율 및 업무용 승용차 관련 비용 명세 (운행기록부: 적용)					임차기간: 20×0-05-20 ~ 20×4-05-19					☐ 부동산임대업등 법령42조②항			
(5) 총주행 거리(km)	(6) 업무용 사용 거리(km)	(7) 업무 사용비율	(8) 취득가액	(9) 보유또는 임차월수	(11) 감가상각비	(12)임차료 (감가상각비포함)	(13)감가상 각비상당액	(14) 유류비	(16) 보험료	(16) 수선비	(17) 자동차세	(18) 기타	(19) 합계
10,000	8,000	80.0000		12		12,240,000	11,383,200	4,500,000					16,740,000
	합 계				7,600,000	12,240,000	11,383,200	5,300,000	1,200,000		400,000		26,740,000

2 업무용 승용차 관련 비용 손금불산입 계산									
(22) 업무 사용 금액			(23) 업무외 사용 금액			(30) 감가상각비 (상당액) 한도초과금액	(31) 손금불산입 합계 ((29)+(30))	(32) 손금산입 합계 ((19)-(31))	
(24) 감가상각비 (상당액)[((11)또는 (13))X(7)]	(25) 관련 비용 [((19)-(11)또는 (19)-(13))X(7)]	(26)합계 ((24)+(25))	(27) 감가상각비 (상당액)X[(11)-(24) 또는(13)-(24)]	(28) 관련 비용 [((19)-(11)또는 (19)-(13))-(25)]	(29) 합계 ((27)+(28))				
9,106,560	4,285,440	13,392,000	2,276,640	1,071,360	3,348,000	1,106,560	4,454,560	12,285,440	
16,706,560	6,685,440	23,392,000	2,276,640	1,071,360	3,348,000	1,106,560	4,454,560	22,285,440	

3 감가상각비(상당액) 한도초과금액 이월 명세				
(37) 전기이월액	(38) 당기 감가상각비(상당액) 한도초과금액	(39) 감가상각비(상당액) 한도초과금액 누계	(40) 손금추인(산입)액	(41) 차기이월액((39)-(40))
5,027,000	1,106,560	6,133,560		6,133,560
5,027,000	1,106,560	6,133,560		6,133,560

(2) 싼타페(253러6417) 업무사용비율(100%)

					(10)업무용 승용차 관련 비용								
1 업무용 사용 비율 및 업무용 승용차 관련 비용 명세 (운행기록부: 미적용)					취득일: 2022 -12-10					☐ 부동산임대업등 법령42조②항			
(5) 총주행 거리(km)	(6) 업무용 사용 거리(km)	(7) 업무 사용비율	(8) 취득가액	(9) 보유또는 임차월수	(11) 감가상각비	(12)임차료 (감가상각비포함)	(13)감가상 각비상당액	(14) 유류비	(16) 보험료	(16) 수선비	(17) 자동차세	(18) 기타	(19) 합계
		100.0000	38,000,000	12	7,600,000			800,000	1,200,000		400,000		10,000,000
	합 계				7,600,000	12,240,000	11,383,200	5,300,000	1,200,000		400,000		26,740,000

2 업무용 승용차 관련 비용 손금불산입 계산									
(22) 업무 사용 금액			(23) 업무외 사용 금액			(30) 감가상각비 (상당액) 한도초과금액	(31) 손금불산입 합계 ((29)+(30))	(32) 손금산입 합계 ((19)-(31))	
(24) 감가상각비 (상당액)[((11)또는 (13))X(7)]	(25) 관련 비용 [((19)-(11)또는 (19)-(13))X(7)]	(26)합계 ((24)+(25))	(27) 감가상각비 (상당액)X[(11)-(24) 또는(13)-(24)]	(28) 관련 비용 [((19)-(11)또는 (19)-(13))-(25)]	(29) 합계 ((27)+(28))				
7,600,000	2,400,000	10,000,000						10,000,000	
16,706,560	6,685,440	23,392,000	2,276,640	1,071,360	3,348,000	1,106,560	4,454,560	22,285,440	

3 감가상각비(상당액) 한도초과금액 이월 명세				
(37) 전기이월액	(38) 당기 감가상각비(상당액) 한도초과금액	(39) 감가상각비(상당액) 한도초과금액 누계	(40) 손금추인(산입)액	(41) 차기이월액((39)-(40))
	1,106,560	1,106,560		1,106,560

3. 세무조정

〈 손금불산입 〉 감가상각비한도초과액(G80)　　　　　　1,106,560원 (기타사외유출)

〈 손금불산입 〉 업무용승용차 업무미사용분(G80)　　　　3,348,000원 (상　　　　　　여)

[3] [원천납부세액명세서]>[원천납부세액(갑)] 탭

No	**원천납부세액(갑)** 원천납부세액(을)								지방세 납세지
	1.적요 (이자발생사유)	2.원 천 징 수 의 무 자			3.원천 징수일	4.이자·배당금액	5.세율(%)	6. 법인세	
		구분	사업자(주민)번호	상호(성명)					
1	☐ 정기예금 이자	내국인	130-81-01236	(주)두리은행	4 25	8,000,000	14.00	1,120,000	
2	☐ 정기적금 이자	내국인	125-81-54217	(주)주민은행	7 18	2,000,000	14.00	280,000	
3	☐								

[4] 퇴직연금부담금조정명세서

세무상 퇴충잔액 = 재무상태표상 퇴충잔액(20,000,00) − 유보(6,000,000) = 14,000,000원

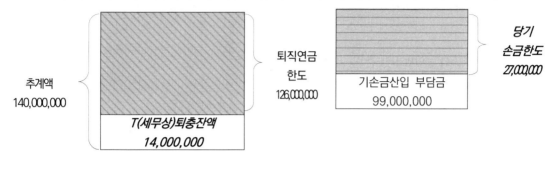

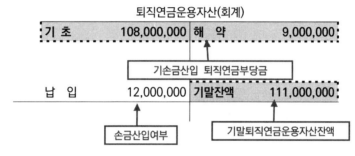

1. 기말퇴직연금예치금등의 계산

2.이미 손금산입한 부담금 등의 계산

1 나.기말 퇴직연금 예치금 등의 계산

19.기초 퇴직연금예치금 등	20.기중 퇴직연금예치금 등 수령 및 해약액	21.당기 퇴직연금예치금 등의 납입액	22.퇴직연금예치금 등 계 (19 − 20 + 21)
108,000,000	9,000,000	12,000,000	111,000,000

2 가.손금산입대상 부담금 등 계산

13.퇴직연금예치금 등 계 (22)	14.기초퇴직연금충당금등 및 전기말 신고조정에 의한 손금산입액	15.퇴직연금충당금등 손금부인 누계액	16.기중퇴직연금등 수령 및 해약액	17.이미 손금산입한 부담금등 (14 − 15 − 16)	18.손금산입대상 부담금 등 (13 − 17)
111,000,000	108,000,000		9,000,000	99,000,000	12,000,000

2. 퇴직연금 등의 부담금 조정

1.퇴직연금 등의 부담금 조정

1.퇴직급여추계액	당기말 현재 퇴직급여충당금				6.퇴직부담금 등 손금산입 누적한도액 (① − ⑨)
	2.장부상 기말잔액	3.확정기여형퇴직연금자의 설정전 기계상된 퇴직급여충당금	4.당기말 부인 누계액	5.차감액 (② − ③ − ④)	
140,000,000	20,000,000		6,000,000	14,000,000	126,000,000

7.이미 손금산입한 부담금 등 (17)	8.손금산입액 한도액 (⑥ − ⑦)	9.손금산입 대상 부담금 등 (18)	10.손금산입범위액 (⑧과 ⑨중 적은 금액)	11.회사 손금 계상액	12.조정금액 (⑩ − ⑪)
99,000,000	27,000,000	12,000,000	12,000,000		12,000,000

3. 세무조정

〈익 금 산 입〉전기 퇴직연금운용자산   9,000,000원 (유보감소)

〈손 금 산 입〉퇴직연금운용자산   12,000,000원 (유보발생)

[5] 기부금조정명세서와 법인세과세표준 및 세액조정계산서

1. 세무조정

〈손금불산입〉법인세비용   5,000,000원 (기타사외유출)

〈손금불산입〉비지정기부금   600,000원 (기타사외유출 또는 상여)

2. [기부금조정명세서]

(1) [1.기부금 입력]

구분		3.과목	4.월일	5.적요	기부처		8.금액	비고
1.유형	2.코드				6.법인명등	7.사업자(주민)번호등		
24조제2항제1호에	10	기부금	3 1	국방헌금	국방부		1,000,000	
24조제3항제1호에	40	기부금	5 5	사회복지시설 기부금	사회복지법인 은혜		500,000	
기타	50	기부금	10 11	지역향우회 행사비	이천시 향우회		600,000	
24조제2항제1호에	10	기부금	12 1	천재지변 구호금품	서울시청		1,200,000	
9.소계		가. 「법인세법」 제24조제2항제1호에 따른 특례기부금				코드 10	2,200,000	
		나. 「법인세법」 제24조제3항제1호에 따른 일반기부금				코드 40	500,000	
		다. [조세특례제한법] 제88조의4제13항의 우리사주조합 기부금				코드 42		
		라. 그 밖의 기부금				코드 50	600,000	
		계					3,300,000	

위 상단에 버튼: 월별로 전환 / 구분만 별도 입력하기 / 유형별 정렬

(2) 소득금액 확정

1.결산서상 당기순이익	2.익금산입	3.손금산입	4.기부금합계	5.소득금액계(1+2-3+4)
57,000,000	8,600,000	1,000,000	2,700,000	67,300,000

버튼: 새로 불러오기 / 수정

(3) [2.기부금 조정] 탭

① 기부금이월액 명세

5 5.기부금 이월액 명세						
사업연도	기부금 종류	21.한도초과 손금불산입액	22.기공제액	23.공제가능 잔액(21-22)	24.해당연도 손금추인액	25.차기이월액 (23-24)
합계	「법인세법」 제24조제2항제1호에 따른 특례기부금					
	「법인세법」 제24조제3항제1호에 따른 일반기부금	6,000,000		6,000,000	6,000,000	
2022	「법인세법」 제24조제3항제1호에 따른 일반	6,000,000		6,000,000	6,000,000	

② 특례, 일반기부금 한도 계산

1	1. 「법인세법」 제24조제2항제1호에 따른 특례기부금 손금산입액 한도액 계산		
1.소득금액 계	67,300,000	5.이월잔액 중 손금산입액 MIN[4,23]	
2.법인세법 제13조제1항제1호에 따른 이월 결손금 합계액(기준소득금액의 80% 한도)		6.해당연도지출액 손금산입액 MIN[(④-⑤)>0, ③]	2,200,000
3.「법인세법」 제24조제2항제1호에 따른 특례기부금 해당 금액	2,200,000	7.한도초과액 [(3-6)>0]	
4.한도액 {[(1-2) 0]X50%}	33,650,000	8.소득금액 차감잔액 [(①-②-⑧-⑥)>0]	65,100,000
2	2. 「조세특례제한법」 제88조의4에 따라 우리사주조합에 지출하는 기부금 손금산입액 한도액 계산		
9.「조세특례제한법」 제88조의4제13항에 따른 우리사주조합 기부금 해당 금액		11. 손금산입액 MIN(9, 10)	
10. 한도액 (8×30%)	19,530,000	12. 한도초과액 [(9-10)>0]	
3	3. 「법인세법」 제24조제3항제1호에 따른 일반기부금 손금산입 한도액 계산		
13.「법인세법」 제24조제3항제1호에 따른 일반기부금 해당금액	500,000	16. 해당연도지출액 손금산입액 MIN[(14-15)>0, 13]	500,000
14. 한도액 [(8-11)x10%, 20%]	6,510,000	17.한도초과액 [(13-16)>0]	
15. 이월잔액 중 손금산입액 MIN(14, 23)	6,000,000		
4	4.기부금 한도초과액 총액		
18. 기부금 합계액 (3+9+13)	19. 손금산입 합계 (6+11+16)		20. 한도초과액 합계 (18-19)=(7+12+17)
2,700,000	2,700,000		

3. [법인세과세표준 및 조정계산서]

① 각 사 업 연 도 소 득 계 산	101. 결 산 서 상 당 기 순 손 익	01	57,000,000
	소득조정 금액 102.익 금 산 입	02	8,600,000
	103.손 금 산 입	03	1,000,000
	104. 차 가 감 소 득 금 액 (101+102-103)	04	64,600,000
	105.기 부 금 한 도 초 과 액	05	
	106. 기 부 금 한 도 초 과 이월액 손금산입	54	6,000,000
	107. 각 사 업 연 도 소 득 금 액 (104+105-106)	06	58,600,000
② 과 세 표 준 계 산	108. 각 사 업 연 도 소 득 금 액 (108=107)		58,600,000
	109. 이 월 결 손 금	07	
	110. 비 과 세 소 득	08	
	111. 소 득 공 제	09	
	112. 과 세 표 준 (109-109-110-111)	10	58,600,000
	159. 선 박 표 준 이 익	55	
③ 산 출 세 액 계 산	113. 과 세 표 준 (113=112+159)	56	58,600,000
	114. 세 율	11	9%
	115. 산 출 세 액	12	5,274,000
	116. 지 점 유 보 소 득 (법 제96조)	13	
	117. 세 율	14	
	118. 산 출 세 액	15	
	119. 합 계 (115+118)	16	5,274,000

④ 납 부 할 세 액 계 산	120. 산 출 세 액 (120=119)		5,274,000
	121. 최저한세 적용대상공제 감면세액	17	
	122. 차 감 세 액	18	5,274,000
	123. 최저한세 적용제외공제 감면세액	19	
	124. 가 산 세 액	20	
	125. 가 감 계 (122-123+124)	21	5,274,000
	기한내납부세액 126. 중 간 예 납 세 액	22	3,000,000
	127. 수 시 부 과 세 액	23	
	128. 원 천 납 부 세 액	24	1,400,000
	129. 간접 회사등 외국 납부세액	25	
	130. 소 계 (126+127+128+129)	26	4,400,000
	131. 신 고 납 부전 가 산 세 액	27	
	132. 합 계 (130+131)	28	4,400,000
	133. 감 면 분 추 가 납 부 세 액	29	
	134. 차 가 감 납 부 할 세 액 (125-132+133)	30	874,000
⑤토지등 양도소득, ⑥미환류소득 법인세 계산 (TAB로 이동)			
⑦ 세 액 계	151. 차감 납부할 세액계 (134+150+166)	46	874,000
	152. 사 실 과 다 른 회계 처 리 경정 세액공제	57	
	153. 분 납 세 액 계 산 범 위 액 (151-124-133-145-152+131)	47	874,000
	154. 분 납 할 세 액	48	
	155. 차 감 납 부 세 액 (151-152-154)	49	874,000

제109회 전산세무 1급

합격율	시험년월
9%	2023.08

■■■■■ **이 론**

01. 다음 중 일반기업회계기준상 유형자산에 관한 설명으로 틀린 것은?

① 자산에서 발생하는 미래 경제적 효익이 기업에 유입될 가능성이 매우 높은 경우 유형자산으로 인식한다.

② 유형자산을 가동하기 위해 필요한 장소와 상태에 이르게 하는 데 직접 관련된 원가를 포함하여 취득원가를 산출한다.

③ 유형자산인 건물의 구입 즉시 지출한 내부 관리비용, 청소비용도 유형자산의 취득원가이다.

④ 1년 이상 소요되는 유형자산 건설에 사용된 차입원가는 기간비용으로 처리하는 것이 원칙이나, 일반기업회계기준상 자본화 대상 요건을 충족하면 당해 자산의 취득원가에 산입한다.

02. 다음 중 일반기업회계기준상 자본에 관한 설명으로 옳지 않은 것은?

① 기업이 현물을 제공받고 주식을 발행하는 경우에는 특별한 경우가 아니면 제공받은 현물의 공정가치를 주식의 발행금액으로 한다.

② 지분상품을 발행하거나 취득하는 과정에서 발생한 등록비 및 기타 규제 관련 수수료, 법률 및 회계자문 수수료, 주권인쇄비 및 인지세와 같은 여러 가지 비용은 당기손익으로 인식한다.

③ 청약기일이 경과된 신주청약증거금은 신주납입액으로 충당될 금액을 자본조정으로 회계처리하며, 주식을 발행하는 시점에서 자본금과 자본잉여금으로 회계처리한다.

④ 자본잉여금 또는 이익잉여금을 자본금에 전입하여 기존의 주주에게 무상으로 신주를 발행하는 경우에는 주식의 액면금액을 주식의 발행금액으로 한다.

03. 다음 중 사채에 관한 설명으로 틀린 것은?

① 사채 액면금액의 차감 계정인 사채할인발행차금에 대해 유효이자율법을 적용하여 상각하고, 그
금액을 이자비용에 가산하도록 규정한다.

② 발행자의 입장에서 사채는 비유동부채로 분류한다.

③ 사채발행비란 사채를 발행하는데 직접 소요된 지출을 말하며, 사채발행가액에서 직접 차감한다.

④ 사채의 조기 상환 시 현금상환액보다 장부금액이 큰 경우 사채상환손실(영업외비용)로 처리한다.

04. 20x1년 12월 31일 결산일 현재 창고에 있는 기말재고자산을 실사한 결과, 창고에 보관 중인 기말재고
자산은 20,000,000원으로 확인되었다. 다음의 추가사항을 고려하여 정확한 기말재고자산을 계산하면
얼마인가?

- FOB 선적지인도기준에 의하여 매입한 상품 중 결산일 현재 운송 중인 상품 : 4,000,000원
- 결산일 현재 적송품 3,000,000원 중 60%는 수탁자가 판매하지 아니하고 보관 중이다.
- 시용매출을 위하여 고객에게 인도한 상품 6,000,000원 중 고객이 구입의사를 표시한 상품은
4,000,000원이다.
- 당해 회사가 수탁판매를 위하여 창고에 보관하고 있는 미판매 수탁상품 : 5,000,000원

① 22,200,000원　　② 22,800,000원　　③ 23,000,000원　　④ 24,000,000원

05. 다음 중 일반기업회계기준에 따른 회계변경에 대한 설명으로 가장 틀린 것은?

① 세법 개정으로 회계처리를 변경해야 하는 경우는 정당한 회계변경이 아니다.

② 회계변경 중 회계정책의 변경은 회계방법이 변경되는 것이므로 소급법을 적용한다.

③ 회계정책의 변경에 따른 누적효과를 합리적으로 결정하기 어려우면 소급법으로 적용한다.

④ 회계추정의 변경은 전진적으로 처리하여 당기와 미래기간에 반영시키는 방법이다.

06. 다음 중 공손에 대한 설명으로 옳지 않은 것은?

① 비정상공손은 정상적이고 효율적인 상황에서는 발생되지 않는 것으로 작업자의 부주의나 생산계
획의 미비 등으로 인하여 발생되는 것이므로 영업외비용으로 처리한다.

② 정상공손은 효율적인 생산과정에서도 발생하는 공손으로 원가성이 있다고 본다.

③ 공손품 수량을 파악하는 것은 원가관리와 통제를 위한 것이다.

④ 공손품은 생산에 사용된 원재료로부터 남아 있는 찌꺼기나 조각을 말하는데 판매가치가 거의 없다.

07. 다음 중 표준원가계산과 관련된 설명으로 옳지 않은 것은?

① 표준원가계산은 변동원가계산제도와 종합원가계산제도에 적용할 수 있으나 전부원가계산제도에 서는 적용할 수 없다.

② 표준원가계산은 예산과 실제원가를 기초로 차이를 분석하여 예외에 의한 관리를 통해 효율적인 원가통제가 가능하다.

③ 과학적이고 객관적인 표준원가를 설정하는 것이 쉽지 않고, 표준원가를 설정하는데 시간과 비용 이 많이 든다.

④ 표준원가계산제도를 채택하더라도 표준원가와 실제원가가 상당한 차이가 있는 경우에는 표준원 가를 실제의 상황에 맞게 조정하여야 한다.

08. 다음 중 당기총제조원가에 대한 설명으로 옳지 않은 것은?

① 기초제품보다 기말제품이 더 크면 당기총제조원가는 당기제품제조원가보다 크다.

② 간접재료원가도 당기총제조원가에 포함된다.

③ 기초와 기말에 재공품재고와 제품재고가 없다면, 당기총제조원가는 매출원가와 동일하다.

④ 생산직 사원의 인건비는 당기총제조원가에 포함된다.

09. ㈜하나의 매출총이익률은 40%이다. 다음 자료를 이용하여 ㈜하나의 기초재공품가액을 구하면 얼마인 가?

• 기초제품 : 4,000,000원	• 기말재공품 : 2,000,000원	• 기말제품 : 3,000,000원
• 직접재료원가 : 5,000,000원	• 제조간접원가 : 2,500,000원	• 직접노무원가 : 4,500,000원
• 당기매출액 : 20,000,000원	• 기초재공품 : ?	

① 1,000,000원   ② 2,000,000원   ③ 3,000,000원   ④ 4,000,000원

10. 다음 중 개별원가계산과 종합원가계산에 대한 설명으로 가장 옳은 것은?

① 개별원가계산은 소품종대량생산에 적합한 원가계산이다.

② 개별원가계산은 상대적으로 제조원가 계산이 부정확하다.

③ 종합원가계산은 고객의 주문에 따라 제품을 생산하는 건설업, 조선업 등의 업종에 적합하다.

④ 종합원가계산은 완성품환산량 계산이 필요하다.

11. 다음은 법인세법상 부당행위계산 부인에 대한 설명이다. 가장 옳지 않은 것은?

① 특수관계인간 자산을 고가양도한 경우에도 양도자가 법인인 경우 양도한 법인은 별도의 세무조정이 필요하지 않다.

② 금전 대여의 경우 그 시가는 가중평균차입이자율을 원칙으로 한다.

③ 특수관계인과의 거래가 아니더라도 부당한 조세의 감소가 있으면 부당행위계산 부인의 대상이 된다.

④ 금전 대여 등 일정한 거래에서 시가와 거래가액의 차액이 3억원 이상이거나 시가의 5% 이상인 경우에 부당행위계산의 부인이 적용된다.

12. 다음 중 법인세법상 손익의 귀속시기에 관한 설명으로 틀린 것은?

① 내국법인의 각 사업연도 익금과 손금의 귀속 사업연도는 익금과 손금이 확정되는 날이 속하는 사업연도로 한다.

② 임대료 지급기간이 1년을 초과하는 경우 이미 경과한 기간에 대응하는 임대료 상당액과 비용은 이를 각각 해당 사업연도의 익금과 손금으로 한다.

③ 중소기업이 장기할부조건으로 자산을 판매하는 경우에는 장기할부조건에 따라 회수하였거나 회수할 금액과 이에 대응하는 비용을 각각 해당 사업연도의 익금과 손금에 산입할 수 있다.

④ 법인의 수입이자에 대하여 원천징수가 되는 경우로서 기업회계기준에 의한 기간경과분을 결산서에 수익으로 계상한 경우 이자수익으로 인정한다.

13. 다음 중 소득세법상 기타소득에 해당하는 서화·골동품 등의 양도소득에 관한 내용으로 가장 옳지 않은 것은? (단, 거주자에 한함)

① 개당, 점당, 조당 양도가액이 1억원 이상인 경우에 과세한다.

② 양도일 현재 생존해 있는 국내 원작자의 작품은 과세하지 않는다.

③ 박물관·미술관에 양도함으로써 발생하는 소득은 비과세한다.

④ 골동품은 제작 후 100년이 넘은 것을 말한다.

14. 거주자 유석재 씨는 20x1.1.10. 연예인 자격으로 ㈜거성과 2년간 TV 광고출연에 대한 일신전속계약을 체결함과 동시에 전속계약금 2억원을 일시에 현금으로 수령하였다. TV 광고출연과 관련하여 실제로 소요된 필요경비가 없을 때 소득세법상 해당 전속계약금에 관한 설명으로 옳은 것은?

① 전속계약금은 기타소득으로서 20x1년에 귀속되는 총수입금액은 2억원이다.

② 전속계약금은 사업소득으로서 20x1년에 귀속되는 총수입금액은 1억원이다.

③ 전속계약금은 사업소득으로서 20x1년에 귀속되는 총수입금액은 2억원이다.

④ 전속계약금은 기타소득으로서 수령한 금액의 80%는 필요경비로 인정된다.

15. 다음 중 부가가치세법상 수정세금계산서의 발급사유와 작성일자를 잘못 연결한 것은?

① 필요적 기재사항 등이 착오로 잘못 기재된 경우 : 당초 세금계산서의 작성일
② 당초 공급한 재화가 환입된 경우 : 당초 세금계산서의 작성일
③ 계약의 해제로 인하여 재화가 공급되지 아니한 경우 : 계약의 해제일
④ 공급가액이 증가가 되거나 차감이 되는 경우 : 증감 사유가 발생한 날

실 무

㈜가람산업(1090)은 제조·도소매업을 영위하는 중소기업이며, 당기 회계기간은 20x1.1.1.~ 20x1.12.31.이다. 전산세무회계 수험용 프로그램을 이용하여 다음 물음에 답하시오.

문제 1 다음 거래에 대하여 적절한 회계처리를 하시오.(12점)

[1] 02월 01일 당사는 신주 10,000주(액면가액 @5,000원)를 1주당 5,200원에 발행하고, 전액 보통예금 계좌로 납입받았으며, 신주발행비용 600,000원은 현금으로 지급하였다(단, 회사에는 현재 주식발행초과금 잔액이 없는 것으로 가정한다). (3점)

[2] 06월 30일 전기에 수출한 미국 ABC의 외상매출금(USD $20,000)이 전액 회수되어 보통예금 계좌에 입금하였다. 외상매출금과 관련된 회계처리는 일반기업회계기준을 준수하였으며, 관련 환율 정보는 다음과 같다. (3점)

구분	1달러당 환율정보
발생 시	1,200원
2022년 12월 31일	1,380원
회수 입금 시(20x1년 6월 30일)	1,290원

[3] 10월 18일 원재료를 수입하면서 부산세관으로부터 수입전자세금계산서를 발급받고, 부가가치세 3,000,000원을 현금으로 지급했다(단, 재고자산 관련 회계처리는 생략할 것). (3점)

<table>
<tr><td colspan="5" align="center">수입전자세금계산서</td><td colspan="2" align="center">승인번호</td><td colspan="4" align="center">20231018-15454645-58811886</td></tr>
<tr><td rowspan="4">세
관
명</td><td>등록
번호</td><td colspan="2">121-83-00561</td><td>종사업장
번호</td><td></td><td rowspan="4">수
입
자</td><td>등록
번호</td><td colspan="2">609-81-02070</td><td>종사업장
번호</td><td></td></tr>
<tr><td>세관명</td><td colspan="2">부산세관</td><td>성명</td><td>부산세관장</td><td>상호
(법인명)</td><td colspan="2">㈜가람산업</td><td>성명</td><td>정수나</td></tr>
<tr><td>세관주소</td><td colspan="4">부산시 중구 충장대로 20</td><td>사업장
주소</td><td colspan="4">경상남도 창원시 성산구 창원대로 442</td></tr>
<tr><td>수입신고번호
또는
일괄발급기간
(총건)</td><td colspan="4">1326345678</td><td>업태</td><td>제조</td><td>종목</td><td colspan="2">전자제품</td></tr>
<tr><td colspan="2" align="center">납부일자</td><td colspan="2" align="center">과세표준</td><td colspan="2" align="center">세액</td><td colspan="2" align="center">수정사유</td><td colspan="4" align="center">비고</td></tr>
<tr><td colspan="2">20x1.10.18.</td><td colspan="2">30,000,000</td><td colspan="2">3,000,000</td><td colspan="2">해당 없음</td><td colspan="4"></td></tr>
<tr><td>월</td><td>일</td><td colspan="2" align="center">품목</td><td>규격</td><td>수량</td><td align="center">단가</td><td colspan="2" align="center">공급가액</td><td align="center">세액</td><td>비고</td></tr>
<tr><td>10</td><td>18</td><td colspan="2">원재료</td><td></td><td></td><td></td><td colspan="2">30,000,000</td><td>3,000,000</td><td></td></tr>
<tr><td></td><td></td><td colspan="2"></td><td></td><td></td><td></td><td colspan="2"></td><td></td><td></td></tr>
<tr><td></td><td></td><td colspan="2"></td><td></td><td></td><td></td><td colspan="2"></td><td></td><td></td></tr>
</table>

[4] 11월 10일 ㈜순양백화점에 제품을 판매하고 다음의 전자세금계산서를 발급하였다. 대금은 10월 30일에 수령한 계약금을 제외하고 ㈜순양백화점이 발행한 약속어음(만기 12월 31일)으로 받았다. (3점)

<table>
<tr><td colspan="5" align="center">전자세금계산서</td><td colspan="2" align="center">승인번호</td><td colspan="4" align="center">20231110-15454645-58811886</td></tr>
<tr><td rowspan="6">공
급
자</td><td>등록
번호</td><td colspan="2">609-81-02070</td><td>종사업장
번호</td><td></td><td rowspan="6">공
급
받
는
자</td><td>등록
번호</td><td colspan="2">126-87-10121</td><td>종사업장
번호</td><td></td></tr>
<tr><td>상호
(법인명)</td><td colspan="2">㈜가람산업</td><td>성명</td><td>정수나</td><td>상호
(법인명)</td><td colspan="2">㈜순양백화점</td><td>성명</td><td>진화영</td></tr>
<tr><td>사업장
주소</td><td colspan="4">경상남도 창원시 성산구 창원대로 442</td><td>사업장
주소</td><td colspan="4">서울 강남구 테헤란로 98길 12</td></tr>
<tr><td>업태</td><td>제조</td><td>종목</td><td colspan="2">전자제품</td><td>업태</td><td>소매</td><td>종목</td><td colspan="2">잡화</td></tr>
<tr><td rowspan="2">이메일</td><td colspan="4" rowspan="2"></td><td>이메일</td><td colspan="4"></td></tr>
<tr><td>이메일</td><td colspan="4"></td></tr>
<tr><td colspan="2" align="center">작성일자</td><td colspan="2" align="center">공급가액</td><td colspan="2" align="center">세액</td><td colspan="2" align="center">수정사유</td><td colspan="4" align="center">비고</td></tr>
<tr><td colspan="2">20x1.11.10.</td><td colspan="2">80,000,000</td><td colspan="2">8,000,000</td><td colspan="2">해당 없음</td><td colspan="4"></td></tr>
<tr><td>월</td><td>일</td><td colspan="2" align="center">품목</td><td>규격</td><td>수량</td><td align="center">단가</td><td colspan="2" align="center">공급가액</td><td align="center">세액</td><td>비고</td></tr>
<tr><td>11</td><td>10</td><td colspan="2">전자제품</td><td></td><td></td><td></td><td colspan="2">80,000,000</td><td>8,000,000</td><td></td></tr>
<tr><td></td><td></td><td colspan="2"></td><td></td><td></td><td></td><td colspan="2"></td><td></td><td></td></tr>
<tr><td></td><td></td><td colspan="2"></td><td></td><td></td><td></td><td colspan="2"></td><td></td><td></td></tr>
<tr><td></td><td></td><td colspan="2"></td><td></td><td></td><td></td><td colspan="2"></td><td></td><td></td></tr>
<tr><td colspan="2" align="center">합계금액</td><td colspan="2" align="center">현금</td><td colspan="2" align="center">수표</td><td colspan="2" align="center">어음</td><td colspan="2" align="center">외상미수금</td><td colspan="2" rowspan="2" align="center">위 금액을 (**청구**) 함</td></tr>
<tr><td colspan="2">88,000,000</td><td colspan="2">8,000,000</td><td colspan="2"></td><td colspan="2">80,000,000</td><td colspan="2"></td></tr>
</table>

문제 2 다음 주어진 요구사항에 따라 부가가치세 신고서 및 부속서류를 작성하시오.(10점)

[1] 20x1년 제1기 부가가치세 예정신고 시 누락된 자료는 다음과 같다. 이를 [매입매출전표]에 입력하고 20x1년 제1기 확정 [부가가치세신고서]에 반영하시오(단, 분개는 생략하고, 부가가치세신고서 작성 시 전자신고세액공제를 적용할 것). (5점)

- 01월 30일 : 업무용으로 사용할 컴퓨터를 ㈜우람전자(621-81-99503)에서 구입하고, 770,000원(부가가치세 포함)을 법인카드인 삼전카드로 결제하였다(부가가치세 공제요건은 갖추었다).
- 02월 25일 : 아람물산에 상품을 12,000,000원(부가가치세 별도)에 삼성카드로 매출하였으나, 업무상 착오로 예정신고기간에 누락하였다.
- 일반과소신고가산세를 적용하고, 납부지연일수는 91일, **1일 2.2/10,000로 계산하시오.**

[2] 다음은 20x1년 제2기 부가가치세 예정신고기간(07.01.~09.30.)의 자료이다. 매입매출전표입력은 생략하고, [신용카드매출전표등발행금액집계표]를 작성하시오. (2점)

1. 신용카드 및 현금영수증 매출자료

구분	공급가액	세액
과세분 신용카드 매출	27,500,000원	2,750,000원
과세분 현금영수증 매출	0원	0원
면세분 신용카드 매출	17,300,000원	0원
면세분 현금영수증 매출	6,500,000원	0원

2. 신용카드 매출전표 및 현금영수증 발행분 중 세금계산서를 발급한 금액

구분	공급가액	세액
과세분 신용카드 매출분	4,000,000원	400,000원
과세분 현금영수증 매출분	0원	0원

[3] 당사는 과세 및 면세사업을 겸영하는 사업자이다. 아래의 자료를 이용하여 20x1년 제2기 확정신고기간
   (20x1.10.01.~20x1.12.31.)에 대한 [공제받지못할매입세액명세서]를 작성하시오. (3점)

(1) 20x1년 제2기 확정신고기간의 거래
   • 거래처에 보낼 선물을 구입하고 전자세금계산서 1,100,000원(부가가치세 포함)을 발급받았으
     며, 대금은 현금으로 결제하였다.
   • 공장에서 과세·면세사업에 공통으로 사용할 기계장치를 매입하고 전자세금계산서를 발급받았
     다. 기계장치의 매입대금 22,000,000원(부가가치세 포함)은 보통예금 계좌에서 이체하였다.
(2) 20x1년 제2기 예정신고기간의 공통매입분에 대한 매입세액은 1,200,000원이며, 기불공제매입세
   액은 0원이다.
(3) 20x1년 제2기 예정신고기간의 과세매출액은 210,000,000원이며, 면세매출액은 160,000,000원
   이다.
(4) 20x1년 제2기 확정신고기간의 과세매출액은 300,000,000원이며, 면세매출액은 180,000,000원
   이다.

문제 3 **다음의 결산정리사항에 대하여 결산정리분개를 하거나 입력을 하여 결산을 완료하시오.(8점)**

[1] 20x1년 5월 1일 일시적으로 건물 중 일부를 임대(기간 : 20x1년 5월 1일~20x2년 4월 30일)하고 1년
   분 임대료 12,000,000원을 현금으로 받아 선수수익으로 회계처리하였다. 당기분 임대료를 월할로 계산
   하여 기말 수정분개를 수행하시오(단, 임대료는 영업외수익으로 처리하고, 음수(-)로 회계처리하지 말
   것). (2점)

[2] 다음은 당사가 취득한 단기매매증권 관련 자료이다. 결산일의 필요한 회계처리를 하시오. (2점)

• 취득일 : 20x0년 8월 1일
• 주식 수 : 800주
• 주당 취득가액 : 20,000원
• 취득 시 지출한 취득수수료 : 1,000,000원
• 20x0년 결산일 현재 주당 공정가액 : 20,000원
• 20x1년 결산일 현재 주당 공정가액 : 21,000원
• 전기의 단기매매증권 취득 및 평가에 관련된 회계처리는 일반기업회계기준에 따라 적정하게 처리함.

[3] 당기 법인세 총부담세액은 15,000,000원, 법인세분 지방소득세는 1,500,000원이다. 다음 자 료를 이용하여 적절한 결산 분개를 하시오(단, 거래처명은 생략할 것). (2점)

계정과목명	거래처명	금액	비고
예수금	창원세무서	1,000,000원	12월 근로소득 원천징수분
	창원구청	100,000원	
선납세금	창원세무서	5,400,000원	법인세 중간예납액
	관악세무서	1,000,000원	이자소득 원천징수분
	관악구청	100,000원	

[4] 결산일 현재 제품의 실지재고를 파악해본 결과 감소한 수량은 전부 비정상 감모손실로 확인되 었다. 비정상 재고자산감모손실에 대한 회계처리를 하고, 기말재고 입력 후 결산을 완료하시오. (2점)

- 장부상 수량 : 2,000개
- 단위당 취득원가 : 23,000원
- 실지재고 수량 : 1,950개
- 단위당 공정가액 : 27,000원

문제 4 원천징수와 관련된 다음 물음에 답하시오.(10점)

[1] 다음은 손대수(사번:109, 입사일:20x0.01.01.) 사원의 20x1년 귀속 연말정산 관련 자료이다. [연말정산추가자료입력] 메뉴에 입력하시오. (7점)

1. 가족사항(모두 동거하며, 생계를 같이한다. 아래에 제시된 자료 외의 다른 소득은 없다)

관계	성명	주민등록번호	소득	비고
본인	손대수	620302-1111258	총급여 10,500만원	세대주
아버지	손준기	400505-1135650	소득 없음	
어머니	최연주	450325-2122358	소득 없음	
배우자	이시아	650515-2153529	사업소득금액 3,000만원	
딸	손아름	990506-2326223	소득 없음	대학생
아들	손민우	060205-3236141	일용근로소득 200만원	고등학생

※ 기본공제대상자가 아닌 경우도 기본공제 "부"로 입력할 것

2. 연말정산 자료

※ 국세청 홈택스 및 기타 증빙을 통해 확인된 자료이며, 별도의 언급이 없는 한 국세청 홈택스 연말정산 간소화서비스에서 조회된 자료이다.

구분	내용
보험료	• 본인(손대수) : 보장성보험료 600,000원 • 딸(손아름) : 보장성보험료 500,000원 • 아들(손민우) : 보장성보험료 450,000원
교육비	• 본인(손대수) : 사이버대학교 학비 2,000,000원 • 딸(손아름) : 대학교 학비 5,000,000원 • 아들(손민우) : 방과후과정 수업비 500,000원, 교복구입비 600,000원 (교복구입비는 손대수 신용카드 결제)
의료비	• 본인(손대수) : 라식수술비 2,000,000원 • 아버지(손준기) : 보청기 구입비 1,000,000원 • 어머니(최연주) : 질병 치료비 3,550,000원(손대수 신용카드 결제) 　- 보험업법에 따른 보험회사에서 실손의료보험금 2,000,000원 수령 • 아들(손민우) : 시력보정용 안경 구입비용 900,000원(손대수 신용카드 결제) 　- 구입처 : 경성안경(사업자등록번호 605-29-32588) 　- 의료증빙코드는 기타영수증으로 하고, 상호와 사업자등록번호 모두 입력할 것
신용카드 등 사용액	• 본인(손대수) : 신용카드 사용액 38,000,000원(전통시장/대중교통/도서 등 사용분 없음) • 본인(손대수) : 현금영수증 사용액 5,200,000원(전통시장/대중교통/도서 등 사용분 없음) • 딸(손아름) : 직불카드 사용액 3,100,000원(전통시장/대중교통/도서 등 사용분 없음) • 아들(손민우) : 직불카드 사용액 620,000원(대중교통분 400,000원 포함) ※ 본인(손대수) 신용카드 사용액에는 의료비 지출의 결제액이 포함되어 있다.
유의사항	• 부양가족의 소득공제 및 세액공제 내용 중 손대수가 공제받을 수 있는 내역은 모두 손대수가 공제받는 것으로 한다.

[2] 다음 자료를 [원천징수이행상황신고서]에 직접 입력하여 마감하고, 국세청 홈택스로 직접 전자신고 하시오(단, 제시된 자료 외에는 없는 것으로 한다). (3점)

> (1) 6월 귀속 기타소득(6월 말 지급)
>   • 일시적 강의료 교수수당(3인) 지급 : 2,300,000원(소득세 : 184,000원)
> (2) 6월 귀속 사업소득(6월 말 지급)
>   • 외부 강사(1인)에게 지급된 강사료 : 1,000,000원(소득세 : 30,000원)
> (3) 전월미환급세액 : 87,000원
> (4) 유의사항
>   • [전자신고] → [국세청 홈택스 전자신고변환(교육용)] 순으로 진행한다.
>   • [전자신고]의 [전자신고제작] 탭에서 신고인구분은 2.**납세자 자진신고**를 선택하고, 비밀번호는 "**12341234**"로 입력한다.
>   • [국세청 홈택스 전자신고변환(교육용)] → 전자파일변환(변환대상파일선택) → 찾아보기 에서 전자신고용 전자파일을 선택한다.
>   • 전자신고용 전자파일 저장경로는 로컬디스크(C:)이며, 파일명은 "연월일.01.t사업자등록번호"이다.
>   • 형식검증하기 ➡ 형식검증결과확인 ➡ 내용검증하기 ➡ 내용검증결과확인 ➡ 전자파일제출 을 순서대로 클릭한다.
>   • 최종적으로 전자파일 제출하기 를 완료한다.

문제 5 ㈜부산전자(1091)는 금속제품 등의 제조·도매업과 도급공사업을 영위하는 중소기업으로 당해 사업연도는 20x1.1.1.~20x1.12.31.이다. [법인조정] 메뉴를 이용하여 기장되어 있는 재무회계 장부 자료와 제시된 보충자료에 의하여 해당 사업연도의 세무조정을 하시오. (30점) ※ 회사 선택 시 유의하시오.

[1] 다음 자료를 이용하여 [기업업무추진비조정명세서]를 작성하고 필요한 세무조정을 하시오(단, 세무조정은 각 건별로 입력할 것). (6점)

• 수입금액조정명세서 내역은 다음과 같다.

항목	계정과목	결산서상수입금액	가산	차감	조정후 수입금액
매출	상품매출	1,000,000,000원	–	–	1,000,000,000원
	제품매출	1,500,000,000원	–	–	1,500,000,000원
계		2,500,000,000원	–	–	2,500,000,000원

※ 특수관계인에 대한 제품매출액 350,000,000원과 특수관계인에 대한 상품매출액 150,000,000원이 포함되어 있다.

• 장부상 기업업무추진비 내역은 다음과 같다.

계정	건당 금액	법인카드사용액	개인카드사용액	합계
접대비(판)	3만원 초과분	35,280,000원	872,900원	36,152,900원
	3만원 이하분	15,000원	30,000원	45,000원
	합 계	35,295,000원	902,900원	36,197,900원
접대비(제)	3만원 초과분	29,780,000원	525,000원	30,305,000원
	3만원 이하분	10,000원	25,000원	35,000원
	합 계	29,790,000원	550,000원	30,340,000원

• 접대비(판관비, 3만원 초과분, 법인카드 사용액) 중에는 다음 항목이 포함되어 있다.
  – 대표이사가 개인적 용도의 지출을 법인카드로 결제한 금액 970,000원(1건)
  – 문화기업업무추진비로 지출한 금액 5,000,000원(1건)
• 접대비(제조원가, 3만원 초과분, 개인카드 사용액)에는 경조사비 525,000원(1건)이 포함되어 있다.

[2] 아래 주어진 자료에 의하여 [세금과공과금조정명세서]를 작성하고, 개별 항목별로 세무조정을 하시오(단, 동일한 소득처분도 반드시 각각 세무조정할 것). (6점)

일자	적요	금 액
01/28	화물트럭 자동차세	460,000원
02/26	사업소분주민세	800,000원
03/15	토지에 대한 개발부담금	2,100,000원
04/30	법인세분지방소득세 및 농어촌특별세	4,200,000원
07/20	폐수초과배출부담금	3,700,000원
08/20	대표이사 소유 비상장주식 매각 증권거래세	1,600,000원
08/27	주차위반 과태료(업무 관련 발생분)	220,000원
09/30	산재보험 연체료	480,000원
10/10	지급명세서미제출가산세	1,000,000원
12/15	환경개선부담금	440,000원

[3] 다음 자료를 참조하여 [대손충당금및대손금조정명세서]를 작성하고 필요한 세무조정을 하시오.
(6점)

1. 당기 대손 처리 내역은 다음과 같고, 모두 대손충당금과 상계하여 처리하였다.

일자	내역	비고
20x1.05.29.	㈜대영의 외상매출금 40,000,000원	채무자의 사망으로 회수할 수 없는 것으로 확정된 채권
20x1.10.21.	㈜영구의 외상매출금 3,000,000원	회수기일이 1년이 지나지 않은 채권
20x1.02.01.	㈜몰라의 부도어음 19,999,000원 대손 확정	부도일부터 6개월 이상 지난 부도어음 20,000,000원

2. 대손충당금 계정 내역

대손충당금

외 상 매 출 금	43,000,000원	전 기 이 월	102,000,000원
받 을 어 음	19,999,000원	당 기 설 정 액	15,000,000원
차 기 이 월 액	54,001,000원		
계	117,000,000원	계	117,000,000원

3. 당기말 채권 잔액

내역	금액	비고
외상매출금	1,300,000,000원	
받을어음	100,500,000원	
계	1,400,500,000원	

4. 전기말 자본금과 적립금 조정명세서(을) 일부

①과목 또는 사항	②기초잔액	③감 소	④증 가	⑤기말잔액
대손충당금	25,000,000원	25,000,000원	10,000,000원	10,000,000원

5. 기타내역
- 대손설정률은 1%로 가정한다.

[4] 다음의 자료를 이용하여 [자본금과적립금조정명세서] 중 이월결손금계산서 관련 내용만 작성하고, [법인세과세표준및세액조정계산서]를 작성하시오(단, 불러온 자료는 무시하고 새로 입력할 것). (6점)

---

1. 세무상 결손금내역

사업연도	세무상결손금발생	비고
2009년	130,000,000원	20x0년 귀속 사업연도까지 공제된 이월결손금은 50,000,000원이다.
2021년	90,000,000원	20x0년 귀속 사업연도까지 공제된 이월결손금은 0원이다.

2. 기타내역
   - 기한 내 이월결손금은 당기에 공제하기로 한다.
   - 당사는 장부 등 증빙을 10년 이상 보관하고 있다.
   - 20x1년 결산서상 당기순이익은 100,850,000원, 익금산입은 32,850,000원, 손금산입은 12,950,000원이다.
   - 중소기업특별세액감면액은 520,000원, 연구인력개발세액공제액은 200,000원이다(단, 최저한세는 검토하지 않기로 한다).
   - 20x1년 원천납부세액은 140,000원이 있다.
   - 20x1년 법인세는 일시에 전액 납부할 예정이며, 현금으로 납부할 예정이다.

---

[5] 다음 자료를 이용하여 [가산세액계산서]를 작성하시오. (6점)

---

1. 당사가 지출한 금액 중 아래의 항목을 제외한 모든 금액은 법인세법에서 요구하는 세금계산서 등의 적격 증빙서류를 갖추고 있다. 구체적인 내용은 다음과 같다.

구분	금액	비고
복리후생비	2,900,000원	전부 거래 건당 3만원 이하 금액으로 간이영수증을 수취하였다.
소모품비	4,400,000원	전부 거래 건당 3만원 초과 금액으로 간이영수증을 수취하였다.
임차료	4,800,000원	일반과세자인 임대인에게 임차료를 금융기관을 통해 지급하고 법인세 신고 시 송금사실을 기재한 '경비 등 송금명세서'를 첨부하였다.

2. 20x1년 1월 지급분에 대한 일용근로소득지급명세서를 경리담당자의 단순 실수로 20x1년 3월 10일에 제출하였다. 일용근로자에 대한 임금 지급총액은 30,000,000원이었다.

제109회 전산세무1급 답안 및 해설

이 론

1	2	3	4	5	6	7	8	9	10	11	12	13	14	15
③	②	④	②	③	④	①	①	①	④	③	④	①	②	②

01. 유형자산을 사용·가동하기 위해 필요한 장소와 상태에 이르기까지 직접 관련된 원가는 취득원가에 포함하지만, **구입 후 개설하는데 소요되는 원가 등은 비용으로 인식**되어야 한다.

02. 지분상품을 발행하거나 취득하는 과정에서 등록비 및 기타 규제 관련 수수료, 법률 및 회계자문 수수료, 주권인쇄비 및 인지세와 같은 여러 가지 비용이 발생한다. 이러한 자본거래비용 중 해당 자본거래가 없었다면 회피가능하면서 자본거래에 직접 관련되어 발생한 추가비용은 **주식발행초과금에서 차감하거나 주식할인발행차금에 가산**한다.

03. 사채의 조기 상환 : **현금상환액 〉 장부금액 →사채상환이익(영업외수익)**

04. 기말재고자산 = 창고 보관 기말재고(20,000,000) + 미착매입재고(4,000,000)
+ 미판매 적송품(3,000,000 × 60%) + 구매의사 미표시 시용상품
(2,000,000) - 미판매 수탁상품(5,000,000) = 22,800,000원

05. 회계정책의 변경에 따른 **누적효과를 합리적으로 결정하기 어려우면 전진법으로 적용**한다.

06. **판매가치가 거의 없는 찌꺼기 등은 작업폐물**이다.

07. 표준원가계산은 **변동원가계산제도와 종합원가계산제도 뿐만 아니라 전부원가계산제도에서도 적용**할 수 있다.

08. 기초재공품보다 기말재공품이 더 크면 당기총제조원가는 당기제품제조원가보다 크다.

09. 매출원가 = 매출액(20,000,000) - [1 - 매출총이익률(40%)] = 12,000,000원
당기총제조원가 = 직접재료원가(5,000,000) + 직접노무원가(4,500,000)
+ 제조간접원가(2,500,000) = 12,000,000원

재고자산(재공품+제품)

기초(**재공품**+제품)	**1,000,000**+4,000,001	매출원가	**12,000,000**
당기총제조원가	2,000,000	기말(재공품+제품)	2,000,000+3,000,000
합 계	17,000,000	합 계	17,000,000

10. ① 개별원가계산은 다품종소량생산에 적합한 원가계산이다.

② 개별원가계산은 상대적으로 계산이 복잡하나, 정확성은 높다.

③ 개별원가계산은 건설업 등 주문에 따라 제품을 생산하는 업종에 적합하다.

11. **부당행위계산 부인은 특수관계인과의 거래에서만 적용**된다.

12. 법인의 이자수익의 경우 원천징수가 되지 않는 이자는 기간경과분을 미수이자로 계상한 경우 인정하나 **원천징수가 되는 이자를 미수이자로 계상한 경우 인정하지 않는다.**

13. 6,000만원 이상인 경우에 과세한다.

14. 연예인이 사업활동과 관련하여 받는 전속계약금은 사업소득금액으로 **계약기간이 1년을 초과하는 일신전속계약에 대한 대가를 일시에 받는 경우에는 계약기간에 따라 해당 대가를 균등하게 안분한 금액을 각 과세기간 종료일에 수입**한 것으로 한다.

15. 당초 공급한 재화가 환입된 경우에는 **재화가 환입된 날을 작성일**로 적고 비고란에 처음 세금계산서 작성일을 덧붙여 적은 후 붉은색 글씨로 쓰거나 음의 표시를 하여 발급한다.

실 무

문제 1 전표입력

[1] 일반전표입력(2/01)

(차) 보통예금	52,000,000	(대) 자본금	50,000,000
		주식발행초과금	1,400,000
		현금	600,000

[2] 일반전표입력(6/30)

(차) 보통예금	25,800,000	(대) 외상매출금(미국 ABC)	27,600,000
외환차손	1,800,000		

☞ 외환차손익(자산) = [입금환율(1,290) − 장부가액(1,380)] × $20,0000 = △1,800,000원(차손)

문항	일자	유형	공급가액	부가세	거래처	전자
[3]	10/18	55.수입	30,000,000	3,000,000	부산세관	여
분개유형		(차) 부가세대급금		3,000,000 (대) 현금		3,000,000
현금(혼합)						

문항	일자	유형	공급가액	부가세	거래처	전자
[4]	11/10	11.과세	80,000,000	8,000,000	㈜순양백화점	여
분개유형		(차) 선수금		8,000,000 (대) 부가세예수금		8,000,000
혼합		받을어음		80,000,000 제품매출		80,000,000

☞ 10월 30일 일반전표 조회

	30	00006	차변	0103 보통예금	98001 기업은행	계약금 입금	8,000,000	
	30	00006	대변	0259 선수금	00151 (주)순양백화점	계약금 입금		8,000

문제 2 부가가치세

[1] 확정신고서(4~6월)

1. 매입매출전표입력

(1) 01월 30일 : Shift F5 예정 누락분→확정신고 개시년월 : 20x1년 4월>[확인(Tab)]

유형: 57.카과 공급가액: 700,000원 부가세: 70,000원 거래처: ㈜우람전자
신용카드사:삼성카드

(2) 02월 25일 : Shift F5 예정 누락분→확정신고 개시년월 : 20x1년 4월>[확인(Tab)]

유형: 17.카과 공급가액: 12,000,000원 부가세: 1,200,000원 거래처: 아람물산
신용카드사:삼성카드

2. [부가가치세신고서](4~6월)

(1) 매출세액 및 매입세액

구분				정기신고금액		
				금액	세율	세액
과세표준및매출세액	과세	세금계산서발급분	1	202,692,000	10/100	20,269,200
		매입자발행세금계산서	2		10/100	
		신용카드·현금영수증발행분	3		10/100	
		기타(정규영수증외매출분)	4			
	영세	세금계산서발급분	5		0/100	
		기타	6		0/100	
	예정신고누락분		7	12,000,000		1,200,000
	대손세액가감		8			
	합계		9	214,692,000	㉮	21,469,200
매입세액	세금계산서수취분	일반매입	10	158,247,196		15,824,719
		수출기업수입분납부유예	10-1			
		고정자산매입	11	35,000,000		3,500,000
	예정신고누락분		12	700,000		70,000
	매입자발행세금계산서		13			
	그 밖의 공제매입세액		14			
	합계(10)-(10-1)+(11)+(12)+(13)+(14)		15	193,947,196		19,394,719
	공제받지못할매입세액		16			
	차감계 (15-16)		17	193,947,196	㉯	19,394,719
납부(환급)세액(매출세액㉮-매입세액㉯)					㉰	2,074,481

예정신고누락분

구분				금액	세율	세액
7.매출(예정신고누락분)						
예정누락	과세	세금계산서	33		10/100	
		기타	34	12,000,000	10/100	1,200,000
	영세	세금계산서	35		0/100	

12.매입(예정신고누락분)					
예정	세금계산서	38			
	그 밖의 공제매입세액	39	700,000		70,000
	합계	40	700,000		70,000
	신용카드매출 수령금액합계	일반매입			
		고정매입	700,000		70,000

☞ 일반매입분도 정답처리하였음.

---

(2) 납부세액

가산세

1. 신고불성실	**(1,200,000-70,000)** × 10% ×(1-75%) = 28,250원 * 3개월 이내 수정신고시 75% 감면
2. 납부지연	**1,130,000** × 91일 ×2.2(가정)/10,000 = 22,622원
계	50,872원

신고 불성실	무신고(일반)	69		뒤쪽	
	무신고(부당)	70		뒤쪽	
	과소·초과환급(일반)	71	1,130,000	뒤쪽	28,250
	과소·초과환급(부당)	72		뒤쪽	
납부지연		73	1,130,000	뒤쪽	22,622
영세율과세표준신고불성실		74		5/1,000	

납부할 세액

납부(환급)세액(매출세액㉮-매입세액㉯)				㉰	2,074,481
경감 공제 세액	그 밖의 경감·공제세액	18			10,000
	신용카드매출전표등 발행공제등	19			
	합계	20		㉱	10,000
소규모 개인사업자 부가가치세 감면세액		20-1		㉲	
예정신고미환급세액		21		㉳	
예정고지세액		22		㉴	
사업양수자의 대리납부 기납부세액		23		㉵	
매입자 납부특례 기납부세액		24		㉶	
신용카드업자의 대리납부 기납부세액		25		㉷	
가산세액계		26		㉸	50,872
차가감하여 납부할세액(환급받을세액)㉰-㉱-㉲-㉳-㉴-㉵-㉶-㉷+㉸				27	2,115,353
총괄납부사업자가 납부할 세액(환급받을 세액)					

[2] [신용카드매출전표등발행금액집계표](7~9월)

2. 신용카드매출전표 등 발행금액 현황

구 분	합 계	신용·직불·기명식 선불카드	현금영수증	직불전자지급 수단 및 기명식선불 전자지급수단
합 계	54,050,000	47,550,000	6,500,000	
과세 매출분	30,250,000	30,250,000		
면세 매출분	23,800,000	17,300,000	6,500,000	
봉 사 료				

3. 신용카드매출전표 등 발행금액중 세금계산서 교부내역

세금계산서발급금액	4,400,000	계산서발급금액	

[3] [공제받지못할매입세액명세서](10~12월)

1. [공제받지못할매입세액내역] 탭

매입세액 불공제 사유	세금계산서		
	매수	공급가액	매입세액
①필요적 기재사항 누락 등			
②사업과 직접 관련 없는 지출			
③비영업용 소형승용자동차 구입·유지 및 임차			
④접대비 및 이와 유사한 비용 관련	1	1,000,000	100,000
⑤면세사업등 관련			

2. [공통매입세액의정산내역] 탭

산식	구분	(15)총공통 매입세액	(16)면세 사업확정 비율			(17)불공제매입 세액총액 ((15)×(16))	(18)기불공제 매입세액	(19)가산또는 공제되는매입 세액((17)~(18))
			총공급가액	면세공급가액	면세비율			
1.당해과세기간의 공급가액기준		3,200,000	850,000,000.00	340,000,000.00	40.000000	1,280,000		1,280,000

문제 3 결산

[1] [수동결산]

(차) 선수수익　　　　　8,000,000　　(대) 임대료(904)　　　　8,000,000

☞임대료 = 선수수익(12,000,000)÷12개월×8개월(5.1~12.31) = 8,000,000원

[2] [수동결산]

(차) 단기매매증권　　　　800,000　　(대) 단기매매증권평가이익　　800,000

☞평가손익(단기매매증권) = [공정가액(21,000) – 장부가액(20,000원)]×800주 = 800,000원(이익)

[3] [수동/자동결산]

(차) 법인세등　　　　16,500,000　　(대) 선납금　　　　6,500,000
　　　　　　　　　　　　　　　　　　미지급세금　　　　10,000,000

[결산자료입력]>9. 법인세등>·1). 선납세금 6,500,000원 입력

　　　　　　　　　　　·2). 추가계상액 10,000,000원〉F3전표추가

[4] [수동입력 후 자동결산]

(차) 재고자산감모손실　　1,150,000　　(대) 제품(타계정대체)　　1,150,000

☞감모손실 = 감모수량(50개)×취득원가(23,000) = 1,150,000원

〈결산자료입력〉

· 제품매출원가> 9)당기완성품제조원가>⑩기말제품재고액   44,850,000원 >F3전표추가

문제 4 원천징수

[1] 연말정산(손대수)

1. [부양가족] 탭

(1) 인적공제(2024)

관계	요 건		기본공제	추가(자녀)	판 단
	연령	소득			
본인(세대주)	–	–	○		총급여액 10,500만원
부(84)	○	○	○	경로	
모(79)	○	○	○	경로	
배우자	–	×	부		소득금액 1백만원 초과자
딸(25)	×	○	부		
아들(18)	○	○	○	자녀	일용근로소득은 분리과세소득

(2) 연말정산 판단

항 목	요건		내역 및 대상여부	입력
	연령	소득		
보 험 료	○(×)	○	• 본인 보장성 보험료 • 딸 보장성보험료(연령요건 미충족) • 아들 보장성보험료	○(일반 600,000) × ○(일반 450,000)
교 육 비	×	○(×)	• 본인 사이버 대학교 학비 • 딸 대학교 학비 • 아들 : 방과후학과 수업비 및 교복구입비 (한도 50만원)	○(본인 2,000,000) ○(대학 5,000,000) ○(고등 1,000,000)
의 료 비	×	×	• 본인 라식 수술 • 아버지 보청기 구입비 • 어머니 질병 치료(실손보험료 차감) • 아들 안경 구입(한도 50만원)	○(본인 2,000,000) ○(65세 1,000,000) ○(65세 1,550,000) ○(일반 500,000)
신용카드	×	○	• 본인 신용카드 • 본인 현금영수증 • 딸 직불카드 • 아들 직불카드	○(신용 38,000,000) ○(현금 5,200,000) ○(직불 3,100,000) ○(직불 220,000 대중교통 400,000)

(3) 보험료세액공제

본인(손대수)

보장성보험-일반	600,000
보장성보험-장애인	
합 계	600,000

아들(손민우)

보장성보험-일반	450,000
보장성보험-장애인	
합 계	450,000

(4) 교육비세액공제

본인(손대수)

교육비		
일반	장아	
2,000,000	4.본인	

딸(손아름)

교육비		
일반	장애인	
5,000,000	3.대학생	

아들(손민우)

교육비		
일반	장애인	
1,000,000	2.초중고	

2. [의료비] 탭

의료비 공제대상자					지급처		지급명세						14.산후조리원
성명	내/외	5.주민등록번호	6.본인등해당여부	9.증빙코드	8.상호	7.사업자등록번호	10.건수	11.금액	11-1.실손보험수령액	12.미숙아선천성이상아	13.난임여부		
손대수	내	620302-1111258	1	0	1				2,000,000		X	X	X
손준기	내	400505-1135650	2	0	1				1,000,000		X	X	X
최연주	내	450325-2122358	2	0	1				3,550,000	2,000,000	X	X	X
손민우	내	060205-3236141	3	X	5	경성안경	605-29-32588	1	500,000		X	X	X
합계								1	7,050,000	2,000,000			
일반의료비(본인)		2,000,000	65세 이상자·장애인건강보험산정특례자		4,550,000	일반의료비(그 외)			500,000	난임시술비			
										미숙아.선천성이상아			

3. [신용카드 등] 탭

소득명세	부양가족	신용카드 등	의료비	기부금	연금저축 등 I	연금저축 등 II	월세액	연말정산입력

내/외관계	성명생년월일	자료구분	신용카드	직불,선불	현금영수증	도서등신용	도서등직불	도서등현금	전통시장	대중교통
내	손대수	국세청	38,000,000		5,200,000					
0	1962-03-02	기타								
내	손아름	국세청		3,100,000						
4	1999-05-06	기타								
내	손민우	국세청		220,000						400,000
4	2006-02-05	기타								
합계			38,000,000	3,320,000	5,200,000					400,000

4. [연말정산입력] 탭 : F8부양가족탭불러오기 실행

특별소득공제		건강보험료		4,199,015	4,199,015		61.보장	일반	1,050,000	1,050,000	1,000,000	120,000
		고용보험료		840,000	840,000	특별세액공제	성보험	장애인				
		34.주택차입금	대출기관				62.의료비		7,050,000	7,050,000	1,900,000	285,000
		원리금상환액	거주자				63.교육비		8,000,000	8,000,000	8,000,000	1,200,000
		34.장기주택저당차입금이자상					64.기부금					
		35.기부금-2013년이전이월분					1)정치자금	10만원이하				
		36.특별소득공제 계			5,039,015		기부금	10만원초과				
37.차감소득금액					72,385,985		2)특례기부금(전액)					
그밖의소득공제		38.개인연금저축					3)우리사주조합기부금					
		39.소기업,소상	2015년이전가입				4)일반기부금(종교단체외)					
		공인 공제부금	2016년이후가입				5)일반기부금(종교단체)					
		40.주택	청약저축				65.특별세액공제 계					1,605,000
		마련저축	주택청약				66.표준세액공제					
		소득공제	근로자주택마련				67.납세조합공제					
		41.투자조합출자 등 소득공제					68.주택차입금					
		42.신용카드 등 사용액		46,920,000	2,660,000		69.외국납부	▶				

[2] 전자신고(6월)

1. [원천징수이행상황신고서] 작성 및 마감(귀속기간 6월,지급기간 6월,1.정기신고)

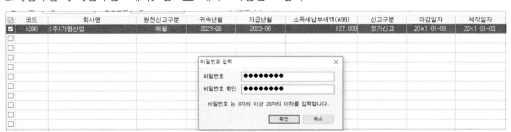

2. [전자신고]>[전자신고제작] 탭>F4 제작>비밀번호 입력

3. [국세청 홈택스 전자신고변환(교육용)]

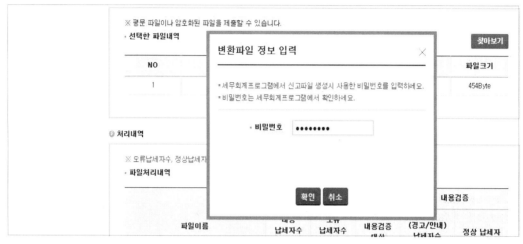

문제 5 세무조정

[1] [기업업무추진비조정명세서]

1. [1.기업업무추진비 입력(을)] 탭

(1) 수입금액명세

1. 수입금액명세			
구 분	① 일반수입금액	② 특수관계인간 거래금액	③ 합 계(①+②)
금 액	2,000,000,000	500,000,000	2,500,000,000

(2) 기업업무추진비해당금액

2. 접대비 해당금액	합계	접대비(제조)	접대비(판판)
④ 계정과목			
⑤ 계정금액	66,537,900	30,340,000	36,197,900
⑥ 접대비계상액 중 사적사용경비	970,000		970,000
⑦ 접대비해당금액(⑤-⑥)	65,567,900	30,340,000	35,227,900
⑧ 신용카드 등 미사용금액 — 경조사비 중 기준금액 초과액 — ⑨신용카드 등 미사용금액	525,000	525,000	
⑩ 총 초과금액	525,000	525,000	
국외지역 지출액 (법인세법 시행령 제41조제2항제1호) — ⑪신용카드 등 미사용금액			
⑫총 지출액			
농어민 지출액 (법인세법 시행령 제41조제2항제2호) — ⑬송금명세서 미제출금액			
⑭ 총 지출액			
접대비 중 기준금액 초과액 — ⑮신용카드 등 미사용금액	872,900		872,900
(16) 총 초과액	65,932,900	29,780,000	36,152,900
(17) 신용카드 등 미사용 부인액	1,397,900	525,000	872,900
(18) 접대비 부인액(⑥+(17))	2,367,900	525,000	1,842,900

- **접대비(판) 중 기준금액 초과액>(16)총 초과금액 : 3만원초과(36,152,900) - 사적사용(970,000) =35,182,900원으로 입력하는 것이 정확 답안입니다.**

2. [2.기업업무추진비 조정(갑)] 탭

3 접대비 한도초과액 조정				
중소기업			☐ 정부출자법인 ☐ 부동산임대업등 ⑨한도액 50%적용	
구분				금액
① 접대비 해당 금액				65,567,900
② 기준금액 초과 접대비 중 신용카드 등 미사용으로 인한 손금불산입액				1,397,900
③ 차감 접대비 해당금액(①-②)				64,170,000
일반 접대비 한도	④ 12,000,000 (중소기업 36,000,000) X 월수(12) / 12			36,000,000
	총수입금액 기준	100억원 이하의 금액 X 30/10,000		7,500,000
		100억원 초과 500억원 이하의 금액 X 20/10,000		
		500억원 초과 금액 X 3/10,000		
		⑤ 소계		7,500,000
	일반수입금액 기준	100억원 이하의 금액 X 30/10,000		6,000,000
		100억원 초과 500억원 이하의 금액 X 20/10,000		
		500억원 초과 금액 X 3/10,000		
		⑥ 소계		6,000,000
	⑦ 수입금액기준	(⑤-⑥) X 10/100		150,000
	⑧ 일반접대비 한도액 (④+⑥+⑦)			42,150,000
문화접대비 한도 (「조특법」 제136조제3항)	⑨ 문화접대비 지출액			5,000,000
	⑩ 문화접대비 한도액(⑨와 (⑧ X 20/100) 중 작은 금액)			5,000,000
⑪ 접대비 한도액 합계(⑧+⑩)				47,150,000
⑫ 한도초과액(③-⑪)				17,020,000
⑬ 손금산입한도 내 접대비 지출액(③과⑪ 중 작은 금액)				47,150,000

3. 세무조정

〈손금불산입〉 기업업무추진비 개인사용액   970,000원 (상　　여)

〈손금불산입〉 기업업무추진비 신용카드미사용액   1,397,900원 (기타사와유출)

☞ 판관비와 제조원가를 구분하여 세무조정한 경우에도 정답처리함.

〈손금불산입〉 기업업무추진비 한도초과액   17,020,000원 (기타사와유출)

[2] [세금과공과금조정명세서]

□	코드	계정과목	월	일	거래내용	코드	지급처	금 액	손금불산입표시
□	0817	세금과공과금	1	28	화물트럭 자동차세			460,000	
□	0817	세금과공과금	2	26	사업소분 주민세			800,000	
□	0817	세금과공과금	3	15	토지에 대한 개발부담금			2,100,000	손금불산입
□	0817	세금과공과금	4	30	법인세분지방소득세 및 농어촌특별세			4,200,000	손금불산입
□	0817	세금과공과금	7	20	폐수초과배출부담금			3,700,000	손금불산입
□	0817	세금과공과금	8	20	대표이사 소유 비상장주식매각 증권거래세			1,600,000	손금불산입
□	0817	세금과공과금	8	27	주차위반 과태료(업무 관련 발생분)			220,000	손금불산입
□	0817	세금과공과금	9	30	산재보험 연체료			480,000	
□	0817	세금과공과금	10	10	지급명세서미제출가산세			1,000,000	손금불산입
□	0817	세금과공과금	12	15	환경개선부담금			440,000	
					손 금 불 산 입 계			12,820,000	
					합 계			15,000,000	

[세무조정]

〈손금불산입〉	토지에 대한 개발부담금	2,100,000원 (유보발생)
〈손금불산입〉	법인세분지방소득세 및 농어촌특별세	4,200,000원 (기타사외유출)
〈손금불산입〉	폐수초과배출부담금	3,700,000원 (기타사외유출)
〈손금불산입〉	대표이사증권거래세	1,600,000원 (상여)
〈손금불산입〉	주차위반 과태료(업무 관련 발생분)	220,000원 (기타사외유출)
〈손금불산입〉	지급명세서미제출가산세	1,000,000원 (기타사외유출)

[3] [대손충당금및대손금조정명세서]

1. 대손금조정

대손내역	신고/결산	회사대손계상액	세법상 시인액	세법상부인액
1 사망	결산	40,000,000	40,000,000	0
2. 회수기일 1년 미경과채권	–	3,000,000		3,000,000
4 6개월 경과 부도어음	결산	19,999,000	19,999,000	
계		62,999,000	59,999,000	3,000,000

No	22.일자	23.계정과목	24.채권내역	25.대손사유	26.금액	대손충당금상계액			당기 손비계상액		
						27.계	28.시인액	29.부인액	30.계	31.시인액	32.부인액
1	05.29	외상매출금	1.매출채권	3.사망,실종	40,000,000	40,000,000	40,000,000				
2	10.21	외상매출금	1.매출채권	기타	3,000,000	3,000,000		3,000,000			
3	02.01	받을어음	1.매출채권	5.부도(6개월경과)	19,999,000	19,999,000	19,999,000				
4											
		계			62,999,000	62,999,000	59,999,000	3,000,000			

109회 답안 및 해설

2. 채권잔액

2 채권잔액							크게보기
No	16.계정 과목	17.채권잔액의 장부가액	18.기말현재대손금부인누계		19.합계 (17+18)	20.충당금설정제외채권 (할인,배서,특수채권)	21.채 권 잔 액 (19-20)
			전기	당기			
1	외상매출금	1,300,000,000		3,000,000	1,303,000,000		1,303,000,000
2	받을어음	100,500,000			100,500,000		100,500,000
3							
	계	1,400,500,000		3,000,000	1,403,500,000		1,403,500,000

→당기 회수기일 1년 미경과채권 3,000,000원 대손금부인 누계액

3. 대손충당금조정

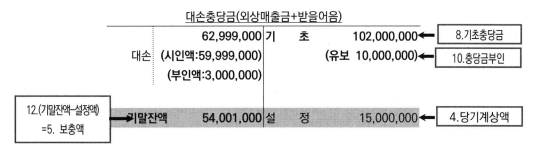

3 1.대손충당금조정									
손금 산입액 조정	1.채권잔액 (21의금액)	2.설정률(%)			3.한도액 (1×2)	회사계상액			7.한도초과액 (6-3)
		○기본율	○실적율	○적립기준		4.당기계상액	5.보충액	6.계	
	1,403,500,000	1			14,035,000	15,000,000	39,001,000	54,001,000	39,966,000
익금 산입액 조정	8.장부상 충당금기초잔액	9.기중 충당금환입액	10.충당금부인 누계액	11.당기대손금 상계액(27의금액)	12.충당금보충액 (충당금장부잔액)	13.환입할금액 (8-9-10-11-12)	14.회사환입액 (회사기말환입)	15.과소환입·과다 환입(△)(13-14)	
	102,000,000		10,000,000	62,999,000	39,001,000	-10,000,000		-10,000,00	

4. 세무조정

〈 손 금 산 입 〉전기 대손충당금 한도초과액   10,000,000원 (유보감소)
〈 손 금 불 산 입 〉대손금 부인액   3,000,000원 (유보발생)
〈 손 금 불 산 입 〉대손충당금 한도초과액   39,966,000원 (유보발생)

[4] 자본금과적립금보정명세 및 법인세과세표준 및 세액조정계산서

1. [자본금과적립금조정명세서]>[이월결손금] 탭

⊙ Ⅱ.이월결손금 계산서												
1. 이월결손금 발생 및 증감내역												
(6) 사업연도	이월결손금			감 소 내 역						잔 액		
		발 생 액										
	(7) 계	(8)일반 결손금	(9)배 분 한도초과 결손금{(9)=(25)}	(10) 소급공제	(11) 차감계	(12) 기공제액	(13) 당기 공제액	(14) 보 전	(15) 계	(16) 기한 내	(17) 기한 경과	(18) 계
2009-12-31	130,000,000	130,000,000			130,000,000	50,000,000			50,000,000		80,000,000	80,000,000
2021-12-31	90,000,000	90,000,000			90,000,000		90,000,000		90,000,000			
계	220,000,000	220,000,000			220,000,000	50,000,000	90,000,000		140,000,000		80,000,000	80,000,000

2. [법인세과세표준및세액조정명세서]

① 각 사 업 연 도 소 득 계 산				
	101.결 산 서 상 당 기 순 손 익	01		100,850,000
	소 득 조 정 102.익 금 산 입	02		32,850,000
	금 액 103.손 금 산 입	03		12,950,000
	104. 차 가 감 소 득 금 액 (101+102-103)	04		120,750,000
	105. 기 부 금 한 도 초 과 액	05		
	106. 기 부 금 한 도 초 과 이월액 손금산입	54		
	107. 각 사 업 연 도 소 득 금 액(104+105-106)	06		120,750,000

② 과 세 표 준 계 산				
	108. 각 사 업 연 도 소 득 금 액 (108=107)			120,750,000
	109. 이 월 결 손 금	07		90,000,000
	110. 비 과 세 소 득	08		
	111. 소 득 공 제	09		
	112. 과 세 표 준 (108-109-110-111)	10		30,750,000
	159. 선 박 표 준 이 익	55		

③ 산 출 세 액 계 산				
	113. 과 세 표 준 (113=112+159)	56		30,750,000
	114. 세 율	11		9%
	115. 산 출 세 액	12		2,767,500
	116. 지 점 유 보 소 득 (법 제96조)	13		
	117. 세 율	14		
	118. 산 출 세 액	15		
	119. 합 계 (115+118)	16		2,767,500

④ 납 부 할 세 액 계 산				
	120. 산 출 세 액 (120=119)			2,767,500
	121. 최저한세 적 용 대 상 공 제 감 면 세 액	17		520,000
	122. 차 감 세 액	18		2,247,500
	123. 최저한세 적 용 제 외 공 제 감 면 세 액	19		200,000
	124. 가 산 세 액	20		
	125. 가 감 계 (122-123+124)	21		2,047,500
기 한 내 납 부 세 액	126. 중 간 예 납 세 액	22		
	127. 수 시 부 과 세 액	23		
	128. 원 천 납 부 세 액	24		140,000
	129. 간접 회사등 외국 납부세액	25		
	130. 소 계(126+127+128+129)	26		140,000
	131. 신 고 납 부 전 가 산 세 액	27		
	132. 합 계 (130+131)	28		140,000
	133. 감 면 분 추 가 납 부 세 액	29		
	134. 차 가 감 납 부 할 세 액 (125-132+133)	30		1,907,500

⑤토지등 양도소득, ⑥미환류소득 법인세 계산 (TAB로 이동)

⑦ 세 액 계				
	151. 차감 납부할 세액계 (134+150+166)	46		1,907,500
	152. 사 실 과 다 른 회계 처리 경정 세액공제	57		
	153. 분 납 세 액 계 산 범 위 액 (151-124-133-145-152+131)	47		1,907,500
	154. 분 납 할 세 액	48		
	155. 차 감 납 부 세 액 (151-152-154)	49		1,907,500

[5] [가산세액계산서]- 미제출가산세

신고납부가산세	미제출가산세	토지등양도소득가산세	미환류소득

구분		계산기준	기준금액	가산세율	코드	가산세액
지출증명서류		미(허위)수취금액	9,200,000	2/100	8	184,000
지급명세서	미(누락)제출	미(누락)제출금액		10/1,000	9	
	불분명	불분명금액		1/100	10	
	상증법 82조 1 6	미(누락)제출금액		2/1,000	61	
		불분명금액		2/1,000	62	
	상증법 82조 3 4	미(누락)제출금액		2/10,000	67	
		불분명금액		2/10,000	68	
	법인세법 제75의7①(일용근로)	미제출금액	30,000,000	12.5/10,000	96	37,500
		불분명등		25/10,000	97	

① 지출증명서류 미수취 가산세=지출 건당 3만원 초과분×(4,400,000원+4,800,000원)×2%

$$=184,000원$$

- **건당 3만원 초과분은 법인세법에서 요구하는 세금계산서 등의 적격증빙을 갖추어야 하지만 그러하지 아니한 경우에는 지출증명서류 미수취 가산세 적용대상**이다.
- **임대인이 간이과세자인 경우라면 간이과세자로부터 부동산임대용역을 공급받는 경우에 해당되어 경비 등 송금명세서 특례가 인정**되나, 임대인이 일반과세자인 경우 지출증명서류 미수취 가산세를 적용한다.
② 지급명세서제출 불성실 가산세 = 30,000,000원×0.25%×50%(감면) = 37,500원
- 일용직 근로소득에 대한 지급명세서 제출 불성실 가산세 : 0.25%
  → 제출기한 경과 후 1개월 이내 제출 시 0.125%(50%감면)

제108회 전산세무 1급

합격율	시험년월
22%	2023.06

이 론

01. 다음 중 일반기업회계기준의 재무제표의 작성과 표시에 대한 설명으로 틀린 것은?

① 자산, 부채, 자본 중 중요한 항목은 재무상태표 본문에 별도 항목으로 구분하여 표시한다. 다만 중요하지 않은 항목은 성격 또는 기능이 유사한 항목에 통합하여 표시할 수 있으며 통합할 적절한 항목이 없는 경우에는 기타항목으로 통합할 수 있다.

② 자산과 부채는 원칙적으로 상계하여 표시하지 않는다. 다만, 기업이 채권과 채무를 상계할 수 있는 법적 구속력 있는 권리를 가지고 있고, 채권과 채무를 순액기준으로 결제하거나 채권과 채무를 동시에 결제할 의도가 있다면 상계하여 표시한다.

③ 정상적인 영업주기 내에 판매(소멸)되거나 사용되는 재고자산과 회수(지급)되는 매출채권(매입채무) 등은 보고기간 종료일로부터 1년 이내에 실현되지 않으면 유동자산(유동부채)으로 분류하여 표시할 수 없다.

④ 자산과 부채는 현금화 가능성이 높은 순서(유동성이 큰 항목)로 배열하는 것이 원칙이며, 잉여금은 자본거래(자본잉여금)와 손익거래(이익잉여금)로 구분표시한다.

02. 다음 중 일반기업회계기준상 재고자산에 대한 설명으로 가장 틀린 것은?

① 금융기관 등으로부터 자금을 차입하고 그 담보로 제공된 저당상품은 담보제공자의 재고자산이다.

② 위탁매매계약을 체결하고 수탁자가 위탁자에게서 받은 적송품은 수탁자의 재고자산이다.

③ 매입자가 일정기간 사용한 후에 매입 여부를 결정하는 조건으로 판매한 시송품은 매입자가 매입의사표시를 하기 전까지는 판매자의 재고자산이다.

④ Usance Bill 또는 D/A Bill과 같이 연불조건으로 원자재를 수입하는 경우에 발생하는 이자는 차입원가로 처리한다.

03. 다음 중 일반기업회계기준에 따른 수익 인식기준으로 옳은 것은?

① 상품권 수익은 상품권을 판매한 시점에 수익으로 인식한다.

② 수강료는 용역제공 완료시점, 즉 강의종료일에 수익을 인식한다.

③ 장기할부판매의 경우에는 기간에 걸쳐 수익으로 인식한다.

④ 수출업무를 대행만 하는 종합상사는 판매수수료만을 수익으로 인식한다.

04. 다음은 기말 자본의 일부분이다. 기말 재무상태표에 표시될 자본항목과 그 금액으로 틀린 것은?

• 감자차익 500,000원	• 자기주식처분이익 1,000,000원
• 보통주자본금 10,000,000원	• 매도가능증권평가이익 300,000원
• 이익준비금 1,000,000원	• 임의적립금 500,000원
• 우선주자본금 5,000,000원	• 미교부주식배당금 3,000,000원

① 자본금 15,000,000원

② 자본잉여금 1,500,000원

③ 자본조정 300,000원

④ 이익잉여금 1,500,000원

05. 다음 중 부채에 대한 설명으로 가장 옳은 것은?

① 경제적효익이 내재된 자원이 기업에 유입됨으로써 이행될 것으로 기대되는 현재의 의무이다.

② 부채의 정의를 충족하고, 신뢰성 있게 추정된다면 부채로 인식한다.

③ 2년 기준으로 유동부채, 비유동부채로 분류할 수 있다.

④ 당해 의무를 이행하기 위하여 자원이 유출될 가능성이 매우 높은 충당부채는 주석에 기재한다.

06. ㈜데코의 당기 직접노무원가에 관한 내용이 다음과 같을 경우, 직접노무원가 능률차이는 얼마인가?

• 실제 직접노동시간 50,000시간	• 표준 직접노동시간 48,000시간
• 직접노무원가 임률차이 200,000원(유리)	• 실제 직접노무원가 발생액 2,800,000원

① 120,000원 유리   ② 120,000원 불리   ③ 504,000원 유리   ④ 504,000원 불리

07. ㈜한도제철은 동일한 원재료를 투입하여 단일공정에서 제품 A, B, C 세 가지의 등급품을 생산하고 있다. 세 가지 제품에 공통으로 투입된 결합원가가 128,000원이라고 할 때, 아래의 자료를 바탕으로 순실현가치법에 의하여 제품 A에 배분될 결합원가는 얼마인가?

구분	A	B	C
생산량	200개	400개	300개
분리점에서의 단위당 판매가격	@400원	@300원	@200원
추가가공원가	60,000원		
단위당 최종판매가격	@1,000원		

① 24,000원   ② 48,000원   ③ 56,000원   ④ 80,000원

08. 다음 중 개별원가계산에 대한 설명으로 가장 옳은 것을 고르시오.

① 단계배분법을 적용할 경우, 배분이 끝난 보조부문에는 다시 원가를 배분하면 안 된다.
② 제조간접원가를 배부할 때 공장전체배부율을 적용하면 더욱 정확하게 보조부문원가를 배분할 수 있는 장점이 있다.
③ 제조원가 배분기준을 선택할 때는 원가의 상관관계보다 주주의 이익을 먼저 고려해야 한다.
④ 상호배분법은 배분순서를 고려하면 더욱 정확한 결과를 얻을 수 있다.

09. 다음 중 표준원가계산에 대한 설명으로 옳지 않은 것은?

① 예산과 실제원가의 차이분석을 통하여 효율적인 원가통제의 정보를 제공한다.
② 기말에 원가차이를 매출원가에서 조정할 경우, 불리한 차이는 매출원가에 가산하고 유리한 차이는 매출원가에서 차감한다.
③ 표준원가계산은 기업이 연초에 수립한 계획을 수치화하여 예산편성을 하는 기초가 된다.
④ 표준원가계산을 선택한 경우에는 실제원가와 상관없이 표준원가로 계산한 재고자산의 금액을 재무상태표상 금액으로 결정하여야 한다.

10. 부산상사는 직접노동시간을 기준으로 제조간접원가를 예정배부하고 있다. 당기 제조간접원가 예산액은 5,000,000원이며, 실제 발생액은 5,200,000원이다. 예산조업도는 1,000,000시간이며, 실제조업도는 1,300,000시간이다. 당기의 제조간접원가 배부차액은 얼마인가?

① 1,200,000원 (과대배부)   ② 1,300,000원 (과대배부)
③ 1,200,000원 (과소배부)   ④ 1,300,000원 (과소배부)

11. 다음은 세금과공과금을 나열한 것이다. 다음 중 법인세법상 손금불산입 항목은 모두 몇 개인가?

• 업무무관자산의 재산세	• 교통사고벌과금
• 폐수배출부담금	• 법인 사업소분 주민세
• 국민연금 사용자 부담분	• 지급명세서미제출가산세

① 2개 　　　　　② 3개 　　　　　③ 4개 　　　　　④ 5개

12. 다음 중 법인세법상 결손금과 이월결손금에 대한 설명으로 가장 옳지 않은 것은?

① 이월결손금을 공제할 때는 먼저 발생한 사업연도의 결손금부터 순차적으로 공제한다.

② 원칙적으로 중소기업은 법정요건을 충족하면 당기의 결손금에 대하여 직전 사업연도의 소득에 과세된 법인세액을 한도로 소급 공제하여 법인세액을 환급받을 수 있다.

③ 천재지변 등의 사유로 인해 장부·기타 자료가 멸실된 경우를 제외하고는 당해연도의 소득금액을 추계결정할 경우 원칙적으로 이월결손금을 공제하지 않는다.

④ 2023년 사업연도에 발생한 결손금은 10년간 이월하여 공제할 수 있다.

13. 다음 중 소득세법상 성실신고확인서 제출사업자가 적용받을 수 없는 세액공제는 무엇인가? (단, 공제요건은 모두 충족하는 것으로 가정한다.)

① 보험료 세액공제 　　　　　② 의료비 세액공제

③ 교육비 세액공제 　　　　　④ 월세 세액공제

14. 다음 중 부가가치세법상 납세의무에 대한 설명으로 가장 잘못된 것은?

① 청산 중에 있는 내국법인은 계속등기 여부에 불구하고 사실상 사업을 계속하는 경우 납세의무가 있다.

② 영리 목적 없이 사업상 독립적으로 용역을 공급하는 자도 납세의무자에 해당한다.

③ 사업자가 아닌 자가 부가가치세가 과세되는 재화를 개인적 용도로 사용하기 위해 수입하는 경우에는 부가가치세 납세의무가 없다.

④ 부가가치세는 납세의무자와 실질적인 담세자가 일치하지 않는 간접세이다.

15. 다음 중 부가가치세법상 공제받지 못할 매입세액이 아닌 것은?

① 공급시기가 속하는 과세기간이 끝난 후 20일 이내에 사업자등록을 신청한 경우 그 공급시기의 매입세액

② 업무무관자산 취득과 관련한 매입세액

③ 비영업용 소형승용차의 구입과 임차 및 유지에 관한 매입세액

④ 건축물이 있는 토지를 취득하여 그 건축물을 철거하여 토지만을 사용하는 경우에 철거한 건축물의 철거비용 관련된 매입세액

실 무

㈜한국전자(1080)는 부동산임대업 및 제조·도소매업을 영위하는 중소기업이며, 당기 회계기간은 20x1.1.1. ~20x1.12.31.이다. 전산세무회계 수험용 프로그램을 이용하여 다음 물음에 답하시오.

문제 1 다음 거래에 대하여 적절한 회계처리를 하시오.(12점)

[1] 03월 05일 단기매매 목적으로 주권상장법인인 ㈜순양물산의 보통주 2,000주를 주당 5,000원에 취득하고, 대금은 증권거래수수료 50,000원과 함께 현금으로 지급하였다. (3점)

[2] 07월 30일 ㈜아름전자에 제품을 판매하고 다음과 같이 세금계산서를 발급하였다. 대금은 6월 30일에 선수금으로 2,000,000원을 받았으며, 나머지는 외상으로 하였다. (3점)

전자세금계산서				승인번호	20230730-15454645-58811886		
공급자	등록번호	105-81-23608	종사업장번호	공급받는자	등록번호	126-87-10121	종사업장번호
	상호(법인명)	㈜한국전자	성명 김한국		상호(법인명)	㈜아름전자	성명 한아름
	사업장주소	충청남도 천안시 동남구 가마골1길 5			사업장주소	경기도 이천시 가좌로1번길 21-26	
	업태	제조 외	종목 자동차부품		업태	제조	종목 전자제품
	이메일				이메일		
					이메일		

작성일자	공급가액	세액	수정사유	비고
20x1-07-30	20,000,000원	2,000,000원	해당 없음	

월	일	품목	규격	수량	단가	공급가액	세액	비고
07	30	부품				20,000,000원	2,000,000원	

합계금액	현금	수표	어음	외상미수금	위 금액을 (**청구**) 함
22,000,000원	2,000,000원			20,000,000원	

[3] 08월 20일 당사의 제품 제조에 사용 중인 리스자산(기계장치)의 운용리스계약이 만료되어 리스자산(기계장치)을 인수하고 아래의 같이 전자계산서를 발급받았다. 인수대금은 리스보증금 20,000,000원을 차감한 금액을 보통예금 계좌에서 이체하였다. (3점)

전자계산서			승인번호	20230820 – 15454645 – 58811886		
공급자	등록번호	111-81-12348	종사업장번호		공급받는자	등록번호	105-81-23608	종사업장번호	
	상호(법인명)	㈜현대파이낸셜	성명	데이비드 웹		상호(법인명)	㈜한국전자	성명	김한국
	사업장주소	서울특별시 중구 도산대로 1212				사업장주소	충청남도 천안시 동남구 가마골1길 5		
	업태	금융업	종목	리스		업태	제조	종목	자동차부품
	이메일					이메일			
						이메일			

작성일자	공급가액	수정사유	비고
20x1-08-20	48,500,000원	해당 없음	

월	일	품목	규격	수량	단가	공급가액	비고
08	20	기계장치		1	48,500,000원	48,500,000원	

[4] 08월 30일 당사가 보유 중인 매도가능증권(보통주 15,000주, 주당 액면가액 5,000원, 주당 장부가액 7,000원)에 대하여 현금배당(1주당 100원)과 주식배당을 아래와 같이 지급받았으며, 현금배당은 보통예금 계좌로 입금되었다. (3점)

구분	수령액	1주당 공정가치	1주당 발행가액
현금배당	1,500,000원		
주식배당	보통주 1,000주	6,000원	5,000원

문제 2 **다음 주어진 요구사항에 따라 부가가치세 신고서 및 부속서류를 작성 하시오.(10점)**

[1] 당사는 다음과 같은 부동산 임대차계약서를 작성하고 이와 관련된 전자세금계산서를 기한 내에 모두 발급하였다고 가정한다. 이를 바탕으로 20x1년 제1기 부가가치세 예정신고기간(20x1.1.1.~20x1.3.31.)의 [부동산임대공급가액명세서] 및 [부가가치세신고서]를 작성하시오(단, 간주임대료에 대한 정기예금이자율은 2.9%로 가정하며, 불러온 자료는 무시하고, 과표명세의 작성은 생략할 것). (6점)

부동산임대차계약서			■ 임대인용 □ 임차인용 □ 사무소보관용			

부동산의 표시	소재지	경기도 이천시 가좌로1번길 21-26 1층			
	구조	철근콘크리트조	용도	공장	면적	80 ㎡ 평

보증금	금 60,000,000원정	월세	1,800,000원정(VAT 별도)

제1조　위 부동산의 임대인과 임차인의 합의 하에 아래와 같이 계약함.
제2조　위 부동산의 임대차에 있어 임차인은 보증금을 아래와 같이 지불키로 함.

계약금	6,000,000 원정은 계약 시에 지불하고
중도금	원정은 　년 　월 　일 지불하며
잔금	54,000,000 원정은 20x1 년 　2월 　1 일 중개업자 입회 하에 지불함.

제3조　위 부동산의 명도는 20x1 년 2 월 1 일로 함.
제4조　임대차기간은 20x1 년 2 월 1 일부터 20x2 년 1 월 31 일까지로 함.
제5조　월세액은 매 월 (말)일에 지불키로 하되, 만약 기일 내에 지불하지 못할 시에는 보증금에서 공제키로 함.
제6조　임차인은 임대인의 승인 하에 계약 대상물을 개축 또는 변조할 수 있으나, 명도 시에는 임차인이 비용 일체를 부담하여 원상복구 하여야 함.
제7조　임대인과 중개업자는 별첨 중개물건 확인설명서를 작성하여 서명·날인하고 임차인은 이를 확인·수령함.
　　　　다만, 임대인은 중개물건 확인설명에 필요한 자료를 중개업자에게 제공하거나 자료수집에 따른 법령에 규정한 실비를 지급하고 대행케 하여야 함.
제8조　본 계약에 대하여 임대인의 위약 시는 계약금의 배액을 변상하며, 임차인의 위약 시는 계약금은 무효로 하고 반환을 청구할 수 없음.
제9조　부동산중개업법 제20조 규정에 의하여 중개료는 계약 당시 쌍방에서 법정수수료를 중개인에게 각각 지불하여야 함.

위 계약조건을 확실히 하고 후일에 증하기 위하여 본 계약서를 작성하고 각 1통씩 보관한다.
20x0 년 　12 월 　26 일

임대인	주　　　소	충청남도 천안시 동남구 가마골1길 5				
	사업자등록번호	105-81-23608	전화번호	031-826-6034	성명	㈜한국전자 ㊞
임차인	주　　　소	경기도 고양시 성사동 12				
	사업자등록번호	132-25-99050	전화번호	010-4261-6314	성명	고양기전 ㊞
중개업자	주　　　소	경기도 이천시 부악로 12			허가번호	XX-XXX-XXX
	상　　　호	이천 공인중개사무소	전화번호	031-1234-6655	성명	박이천 ㊞

[2] 다음 자료를 이용하여 20x1년 제2기 부가가치세 확정신고기간의 [신용카드매출전표등수령명세서]를 작성하시오. 단, 모든 거래는 대표이사의 개인명의 신용카드(우리카드, 1234-5522-1111-4562)로 결제하였다. (2점)

거래일자	거래처명 (사업자등록번호)	공급대가	거래목적	업종	과세유형
10월 15일	한국문구 (123-11-12348)	22,000원	사무용품 구입	소매/ 문구	간이과세자 (세금계산서 발급가능)
10월 21일	한국철도공사 (314-82-10024)	33,000원	서울지사출장	여객운송	일반과세자
11월 08일	삼성디지털프라자 (617-81-17517)	1,650,000원	거래처 선물	도소매	일반과세자
12월 24일	밥도시락 (512-12-15237)	275,000원	당사 직원 점심식대	음식점업	일반과세자

[3] 당사는 수출용 원자재를 ㈜삼진에게 공급하고 구매확인서를 받았다. 다음의 구매확인서를 참조하여 20x1년 제1기 부가가치세 확정신고기간의 [내국신용장·구매확인서전자발급명세서]와 [영세율매출명세서]를 작성하시오(단, 회계처리는 생략할 것). (2점)

외화획득용원료 · 기재구매확인서

※ 구매확인서번호 : PKT202300621365

(1) 구매자
  (상호) ㈜삼진
  (주소) 인천시 부평구 부평대로 11
  (성명) 문대원
  (사업자등록번호) 201-81-01218

(2) 공급자
  (상호) ㈜한국전자
  (주소) 충청남도 천안시 동남구 가마골1길 5
  (성명) 김한국
  (사업자등록번호) 105-81-23608

1. 구매원료의 내용

(3) HS부호	(4) 품명 및 규격	(5) 단위수량	(6) 구매일	(7) 단가	(8) 금액	(9) 비고
6243550000	t	50 DPR	20x1-05-31	USD 6,000	USD 300,000	
TOTAL		50 DPR			USD 300,000	

2. 세금계산서(외화획득용 원료 · 기재를 구매한 자가 신청하는 경우에만 기재)

(10) 세금계산서번호	(11) 작성일자	(12) 공급가액	(13) 세액	(14) 품목	(15) 규격	(16) 수량
20230531100000084352462	20x1.05.31.	393,000,000원	0원			

(17) 구매원료 · 기재의 용도명세 : 원자재

위의 사항을 대외무역법 제18조에 따라 확인합니다.

확인일자 20x1년 06월 07일
확인기관 한국무역정보통신
전자서명 1301703632

제출자 :　　㈜삼진　　(인)

문제 3 다음의 결산정리사항에 대하여 결산정리분개를 하거나 입력을 하여 결산을 완료하시오.(8점)

[1] 9월 1일에 현금으로 수령한 이자수익 중 차기연도에 속하는 이자수익 3,000,000원이 포함되어 있다(단, 회계처리 시 음수로 입력하지 말 것). (2점)

[2] 다음은 제2기 부가가치세 확정신고기간의 자료이다. 12월 31일 현재 부가세예수금과 부가세대급금의 정리분개를 수행하시오(납부세액인 경우에는 미지급세금, 환급세액인 경우에는 미수금으로 처리할 것). (2점)

• 부가세예수금 25,700,000원	• 부가세대급금 20,800,000원
• 부가가치세 가산세 500,000원	• 예정신고 미환급세액 3,000,000원

[3] 20x1년 초 소모품 3,000,000원을 구입하고, 전액 소모품 계정으로 회계처리하였다. 기말 현재 소모품 잔액을 확인해보니 200,000원이 남아있었다. 소모품 사용액 중 40%는 영업부에서 사용하고, 나머지 60%는 생산부에서 사용한 것으로 확인되었다(단, 회계처리 시 음수로 입력하지 말 것). (2점)

[4] 월 1일에 제조공장에서 사용할 기계장치를 200,000,000원(기계장치 취득용 국고보조금 100,000,000원 수령)에 취득하였다. 기계장치의 내용연수는 5년, 잔존가치는 없으며, 정액법으로 상각한다. 해당 기계장치에 대한 감가상각비를 계상하시오(단, 월할상각하고, 음수로 입력하지 말 것). (2점)

문제 4 원천징수와 관련된 다음 물음에 답하시오.(10점)

[1] 다음은 기타소득에 대한 원천징수 관련 자료이다. 관련 메뉴를 이용하여 아래의 자료를 입력하고, 원천징수이행상황신고서를 작성하시오(단 세부담 최소화를 가정한다). (3점)

> ※ 다음의 기타소득은 모두 5월 3일에 원천징수 후 지급하였다.
> 1. 정진우(코드 : 101, 국적 : 대한민국, 거주자, 주민등록번호 : 830521-1589635, 고용관계 없음)
>   • 일시적으로 지급한 원고료(문예창작소득에 해당)
>   • 수입금액 : 1,000,000원(필요경비는 확인 불가)
> 2. 김여울(코드 : 201, 국적 : 대한민국, 거주자, 주민등록번호 : 660912-1532651, 고용관계 없음)
>   • 산업재산권 대여료(기타소득)
>   • 수입금액 : 1,500,000원(입증되는 필요경비 1,000,000원)

[2] 다음은 영업부 사원 고민수(사번 : 150, 입사연월일 : 20x1년 10월 1일)의 연말정산 관련 자료이다. 당사가 지급한 20x1년 귀속 총급여액은 9,200,000원이다. 고민수의 세부담이 최소화되는 방향으로 [연말정산추가자료입력] 메뉴를 이용하여 연말정산을 완료하시오. (7점)

1. 고민수의 급여현황

종전근무지	근무기간	총급여액	공제금액	
㈜진양물산 (150-87-00121)	20x1.01.01.~ 20x1.08.31	35,000,000원	국민연금보험료 국민건강보험료 장기요양보험료 고용보험료 소득세 지방소득세	1,500,000원 1,280,000원 256,000원 350,000원 300,000원 30,000원

2. 부양가족현황(기본공제대상자가 아닌 경우에도 "부"로 등록할 것)

관계	나이	성명(주민등록번호)	비고
본인	29세	고민수(951021-1841215)	중소기업 근로자, 무주택 세대주
부	63세	고양철(611012-1146513)	부동산양도소득금액 500,000원, 이자소득금액 35,000,000원
모	62세	김순자(620115-2845412)	일용근로소득금액 10,000,000원
형제	32세	고민율(920105-1825413)	「장애인복지법」상 장애인, 총급여액 4,500,000원

3. 연말정산자료(모두 국세청 연말정산간소화서비스에서 조회한 자료이다)

구분	내역
보험료	• 고민수 : 자동차보험료 600,000원 • 고민율 : 장애인전용보장성보험료 700,000원
교육비	• 고민수 : 직업능력개발훈련시설 수강료 1,500,000원(근로자 수강지원금 500,000원) • 김순자 : 대학교 등록금 3,000,000원 • 고민율 : 장애인 특수교육비 1,000,000원
의료비	• 고민수 : 라식(레이저각막절삭술) 수술비 3,000,000원 • 고민율 : 병원 간병비용 300,000원
월세액	• 임대인 : 김아라(701210-2175453) • 계약면적 : 52㎡　　　　　• 유형 : 오피스텔　　• 기준시가 : 3억원 • 임대기간 : 20x1년 1월 1일~20x2년 12월 31일　　• 연간 월세액 : 8,400,000원 • 주소지 : 충청남도 천안시 동남구 가마골길 10, 102호
주택마련 저축 &퇴직연금	• 주택청약저축(㈜국민은행, 계좌번호 1024521421) 납입금액 : 2,400,000원 • 퇴직연금(㈜신한은행, 계좌번호 110121050) 납입금액 : 1,000,000원 ※ 위 주택청약저축과 퇴직연금은 모두 고민수 본인이 계약하고 납부한 것이다.

문제 5 ㈜한양상사(1081)는 전자응용기계 등의 제조·도매업 및 도급공사업을 영위하는 중소기업이며, 당해 사업연도는 20x1.1.1.~20x1.12.31.이다. [법인조정] 메뉴를 이용하여 기장되어 있는 재무회계 장부 자료와 제시된 보충자료에 의하여 해당 사업연도의 세무조정을 하시오. (30점) ※ 회사 선택 시 유의하시오.

[1] 다음의 자료를 보고 필요한 세무조정을 [소득금액조정합계표및명세서]에 반영하시오. (6점)

〈손익계산서 자료〉		
계정과목	금 액	내용
기업업무추진비	58,000,000원	• 모두 적격증명서류를 수취하였음 • 대표이사의 개인적인 지출분 5,000,000원 포함 • 세법상 기업업무추진비 한도액 43,000,000원
감가상각비 (A기계장치)	7,000,000원	• 전기 감가상각부인액 1,000,000원이 있음 • 세법상 당기 감가상각범위액 9,000,000원
법인세비용	23,000,000원	• 본사 사옥에 대한 재산세 납부액 3,000,000원이 포함됨

[2] 다음 자료를 이용하여 [기부금조정명세서]의 [1.기부금입력] 탭과 [2.기부금 조정] 탭을 작성하시오(단, 기부처의 사업자번호 입력은 생략할 것). (6점)

1. 기부금 등 관련 내역

발생일	금액	지출처	내용
03월 02일	100,000,000원	특례기부금단체	사립대학교 장학금
08월 19일	20,000,000원	특례기부금단체	국방부 헌금
12월 24일	15,000,000원	일반기부금단체	종교단체 기부금

※ 특례기부금은 법인세법 제24조 제2항 1호, 일반기부금은 법인세법 제24조 제3항 1호에 해당한다.

2. 법인세과세표준 및 세액조정계산서상 차가감소득금액은 다음과 같이 가정한다.

결산서상 당기순손익		100,000,000원
소득조정 금액	익금산입	120,000,000원
	손금산입	110,000,000원

※ 기부금에 대한 세무조정 전 금액이다.

3. 2021년도에 발생한 세무상 이월결손금 잔액 15,000,000원이 있다.

[3] 다음은 ㈜한양상사의 당해연도(20x1.01.01.~20x1.12.31.) 업무용승용차 관련 자료이다. 아래의 제시된 자료만 반영하여 [업무용승용차등록]과 [업무용승용차관련비용명세서]를 작성하고 관련 세무조정을 반영하시오. (6점)

차종	아폴로	카이10
코드	101	102
차량번호	382수3838	160우8325
취득일자	20x1.03.10.	2021.01.01.
경비구분	800번대	800번대
사용자 직책	대표이사	부장
임차여부	자가	자가
업무전용자동차 보험가입여부	가입(20x1.04.10.~20x2.04.10.)	가입(20x1.01.01.~20x1.12.31.)
운행기록부작성	여	여

출퇴근사용여부	여	여
업무사용거리/ 총 주행거리	22,000km/22,000km	15,000km/15,000km
취득가액	75,000,000원	40,000,000원
업무용 승용차 관련비용 (20x1년 귀속분)	감가상각비 11,250,000원 유류비 3,200,000원 자동차세 800,000원 보험료 1,500,000원	감가상각비 8,000,000원 유류비 2,000,000원 자동차세 450,000원 보험료 1,100,000원

※ 20x1년 12월 31일에 160우8325 차량(카이10)을 6,000,000원(공급가액)에 처분하였고, 세금계산서는 적법하게 발급하였다. 처분일 현재 감가상각누계액은 24,000,000원이고, 업무용승용차처분손실은 10,000,000원이다.

[4] 다음의 자료를 이용하여 [가지급금등인정이자조정명세서]를 작성하고 관련 세무조정을 [소득금액조정합계표및명세서]에 반영하시오. (6점)

(1) 차입금의 내용

이자율	차입금	연간 지급이자	비고
연 12%	40,000,000원	4,800,000원	특수관계인으로부터의 차입금
연 9%	30,000,000원	2,700,000원	비특수관계인(순양은행)으로부터의 차입금
연 7%	20,000,000원	1,400,000원	비특수관계인(순양은행)으로부터의 차입금
계	90,000,000원	8,900,000원	

※ 모두 장기차입금으로서 전년도에서 이월된 자료이다.

(2) 20x1.12.31. 현재 업무무관 가지급금 및 관련 이자수령 내역은 다음과 같다.

직책	성명	금전대여일	가지급금	약정이자율	이자수령액(이자수익계상)
대표이사	정삼진	20x0.06.13.	20,000,000원	무상	0원

(3) 가중평균차입이율로 계산할 것.

[5] 다음 자료를 이용하여 [퇴직연금부담금등조정명세서]를 작성하고, 관련된 세무조정을 [소득금액조정합계표및명세서]에 반영하시오. 당사는 확정급여형 퇴직연금에 가입하였으며, 전액 신고조정에 의하여 손금산입하고 있다. (6점)

퇴직급여충당금 변동내역	• 전기이월 : 40,000,000원(전기말 현재 한도초과부인액 7,000,000원 있음) • 설정 : 0원			
퇴직급여계액 내역	• 결산일 현재 정관 및 사규에 의한 임직원 퇴직급여추계액 : 100,000,000원 • 결산일 현재 근로자퇴직급여보장법에 의한 임직원 퇴직급여추계액 : 50,000,000원			
퇴직연금운용자산 변동내역	퇴직연금운용자산			
	기초잔액	70,000,000원	당기감소액	40,000,000원
	당기납부액	20,000,000원	기말잔액	50,000,000원
		90,000,000원		90,000,000원
퇴직연금부담금 내역	• 전기자본금과적립금조정명세서(을) 기말잔액에는 퇴직연금부담금 70,000,000원 (△유보)가 있다. • 이 중 사업연도에 퇴직자에게 지급한 퇴직연금은 40,000,000원이며 퇴직급여 (비용)로 회계처리 하였다.			

제108회 전산세무1급 답안 및 해설

이 론

1	2	3	4	5	6	7	8	9	10	11	12	13	14	15
③	②	④	③	②	②	③	①	④	②	③	④	①	③	①

01. 자산과 부채는 **보고기간 종료일 현재 1년 또는 영업주기를 기준으로 유동과 비유동으로 분류하며,** 정상적인 영업주기 내에 판매(소멸)되거나 사용되는 재고자산과 회수(지급)되는 매출채권(매입채무) 등은 보고기간 종료일로부터 1년 이내에 실현되지 않더라도 유동자산(유동부채)으로 분류한다.

02. 적송품은 위탁자가 수탁자에게 판매를 위탁하기 위하여 보낸 상품을 말한다. 적송품은 수탁자가 제3 자에게 판매를 할 때까지 비록 수탁자가 점유하고 있으나 단순히 보관하고 있는 것에 불과하므로 소유권이 이전된 것이 아니다 따라서 **적송품은 수탁자가 제3자에게 판매하기 전까지는 위탁자의 재 고자산에 포함**한다.

03. ① 상품권 판매 : 선수금으로 인식하고 상품권을 회수한 때에 수익으로 인식한다.

② 수강료 : **강의기간에 걸쳐 수익으로 인식**한다.

③ 대가가 분할되어 수취되는 할부판매 : 이자부분을 제외한 **판매가격에 해당하는 수익을 판매시점에 인식**한다.

④ 수출업무를 대행하는 종합상사는 판매를 위탁하는 회사를 대신하여 재화를 수출하는 것이므로 **판매수수료만을 수익으로 계상**해야 한다.

04. 자본금 = 보통주자본금(10,000,000) + 우선주자본금(5,000,000) = 15,000,000원

자본잉여금 = 감자차익(500,000) + 자기주식처분이익(1,000,000) = 1,500,000원

자본조정 = 미교부주식배당금(3,000,000)

이익잉여금 = 임의적립금(500,000) + 이익준비금(1,000,000) = 1,500,000원

05. 과거사건이나 거래의 결과에 의한 현재의무로서, **지출의 시기 또는 금액이 불확실하지만 그 의무를 이행하기 위하여 자원이 유출될 가능성이 매우 높고 또한 당해 금액을 신뢰성 있게 추정할 수 있는 의무는 충당부채로 인식**한다.

06.

AQ	AP	SQ	SP
50,000시간	??	48,000시간	??
2,800,000원		–	

AP = 56원

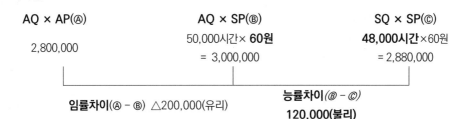

	AQ × AP(Ⓐ)	AQ × SP(Ⓑ)	SQ × SP(ⓒ)
	2,800,000	50,000시간 × **60원** = 3,000,000	48,000시간 × 60원 = 2,880,000

임률차이(Ⓐ - Ⓑ) △200,000(유리)

능률차이(Ⓑ - ⓒ) 120,000(불리)

07.

구분	순실현가치	배분율	결합원가배부액
A	200개 × @1,000원 – 60,000원 = 140,000원	14/32	**56,000원**
B	400개 × @300원 = 120,000원	12/32	48,000원
C	300개 × @200원 = 60,000원	6/32	24,000원
합계	320,000원	100%	128,000원

08. ② 각 부문별로 별도의 배부기준을 적용하여 제조간접원가를 배분할 경우, 더욱 정확하게 보조부문원가를 배분할 수 있다.

③ 제조원가 배분기준을 선택할 때는 원가의 상관관계를 먼저 고려하여야 한다.

④ 상호배분법은 보조부문 상호간의 용역수수를 전부 고려하므로 보조부문원가을 정확하게 배분할 수 있으며, **배분순서를 고려할 필요가 없다.**

09. 재무상태표상 재고자산의 금액은 실제원가로 보고한다. **표준원가법은 실제원가와 유사한 경우에 편의상 사용**할 수 있다.

10. 예정배부율 = 제조간접원가 예산(5,000,000) ÷ 예산조업도(1,000,000) = 5원/시간

제조간접원가 예정배부액 = 실제조업도(1,300,000) × 예정배부율(5) = 6,500,000원

예정배부액(6,500,000) - 실제발생액(5,200,000) = 1,300,000원 (과대배부)

11. 업무무관자산의 재산세, 교통사고벌과금, 폐수배출부담금, 지급명세서미제출가산세는 손금불산입항목이다.

12. **2020.01.01. 이후에 개시하는 사업연도에 발생한 결손금은 15년간 이월공제함**을 원칙으로 한다.

13. **보험료 세액공제는 근로소득자만 받을 수 있는 세액공제**이다.

14. **재화를 수입하는 자는 사업자 여부에 불문하고 납세의무가 있다.**

15. 사업자등록 신청하기 전의 매입세액은 공제되지 않지만, **공급시기가 속하는 과세기간이 끝난 후 20일 이내에 등록을 신청하면 등록 신청일로부터 공급시기가 속하는 과세기간 기산일까지 역산한 기간 내의 매입세액은 매출세액에서 공제**할 수 있다.

▨ 실 무

[1] 일반전표입력(3/05)

(차) 단기매매증권	10,000,000	(대) 현금	10,050,000
수수료비용(984)	50,000		

문항	일자	유형	공급가액	부가세	거래처	전자
[2]	7/30	11.과세	20,000,000	2,000,000	㈜아름전자	여
분개유형		(차) 선수금		2,000,000	(대) 부가세예수금	2,000,000
혼합		외상매출금		20,000,000	제품매출	20,000,000

문항	일자	유형	공급가액	부가세	거래처	전자
[3]	8/20	53.면세	48,500,000	–	㈜현대파이낸셜	여
분개유형		(차) 기계장치		48,500,000	(대) 리스보증금	20,000,000
혼합					보통예금	28,500,000

[4] 일반전표입력(08/30)

(차) 보통예금	1,500,000	(대) 배당금수익	1,500,000

☞배당금을 받을 권리가 확정된 시기를 명시하지 않았을 경우, 지급시점과 결의시점이 같다고 보시고 회계처리하
셔야 합니다.

[1] 신고서 및 부동산임대공급가액명세서 (1~3월)

1. [부동산임대공급가액명세서](1~3월)적용이자율: 2.9%, 366일

No	코드	거래처명(임차인)	동	층	호
1	0154	고양기전			1
2					

등록사항

1.사업자등록번호 132-25-99050   2.주민등록번호 _____-_____

3.면적(㎡) 80.00 ㎡   4.용도 공장

5.임대기간에 따른 계약 내용

No	계약갱신일	임대기간	
1		2024-02-01 ~	2026-01-31
2			

6.계약내용	금 액	당해과세기간계	
보 증 금	60,000,000	60,000,000	
월 세	1,800,000	3,600,000	
관 리 비			
7.간주 임대료	285,245	285,245	60 일
8.과 세 표 준	2,085,245	3,885,245	

소 계			
월 세	3,600,000	관 리 비	
간주임대료	285,245	과 세 표 준	3,885,245

2. [부가가치세신고서](1~3월)

구분				정기신고금액		
				금액	세율	세액
과세표준및매출세액	과세	세금계산서발급분	1	3,600,000	10/100	360,000
		매입자발행세금계산서	2		10/100	
		신용카드 · 현금영수증발행분	3		10/100	
		기타(정규영수증외매출분)	4	285,245		28,524
	영세	세금계산서발급분	5		0/100	
		기타	6		0/100	
	예정신고누락분		7			
	대손세액가감		8			
	합계		9	3,885,245	㉙	388,524

[2] [신용카드매출전표등수령명세서(갑)(을)](10~12월)

2. 신용카드 등 매입내역 합계

구분	거래건수	공급가액	세액
합 계	2	270,000	27,000
현금영수증			
화물운전자복지카드			
사업용신용카드			
그 밖의 신용카드	2	270,000	27,000

3. 거래내역입력

No		월/일	구분	공급자	공급자(가맹점)사업자등록번호	카드회원번호	그 밖의 신용카드 등 거래내역 합계		
							거래건수	공급가액	세액
1		10-15	신용	한국문구	123-11-12348	1234-5522-1111-4562	1	20,000	2,000
2		12-24	신용	밥도시락	512-12-15237	1234-5522-1111-4562	1	250,000	25,000
3									

☞ 여객운송업은 영수증발급의무업종이므로 매입세액공제 대상에서 제외됩니다.

[3] 영세율매출명세서외(4~6월)

1. [내국신용장 · 구매확인서전자발급명세서]

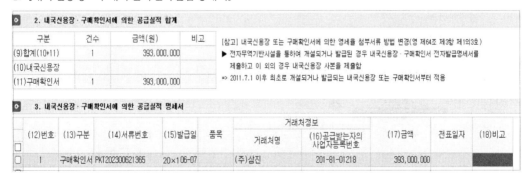

2. 내국신용장 · 구매확인서에 의한 공급실적 합계

구분	건수	금액(원)	비고
(9)합계(10+11)	1	393,000,000	
(10)내국신용장			
(11)구매확인서	1	393,000,000	

[참고] 내국신용장 또는 구매확인서에 의한 영세율 첨부서류 방법 변경(영 제64조 제3항 제1의3호)
▶ 전자무역기반시설을 통하여 개설되거나 발급된 경우 내국신용장 · 구매확인서 전자발급명세서를 제출하고 이 외의 경우 내국신용장 사본을 제출함
⇒ 2011.7.1 이후 최초로 개설되거나 발급되는 내국신용장 또는 구매확인서부터 적용

3. 내국신용장 · 구매확인서에 의한 공급실적 명세서

	(12)번호	(13)구분	(14)서류번호	(15)발급일	품목	거래처정보		(17)금액	전표일자	(18)비고
						거래처명	(16)공급받는자의사업자등록번호			
	1	구매확인서	PKT202300621365	20×106-07		(주)삼진	201-81-01218	393,000,000		

2. [영세율매출명세서]

부가가치세법	조세특례제한법		

(7)구분	(8)조문	(9)내용	(10)금액(원)
	제21조	직접수출(대행수출 포함)	
		중계무역 · 위탁판매 · 외국인도 또는 위탁가공무역 방식의 수출	
		내국신용장 · 구매확인서에 의하여 공급하는 재화	393,000,000
		한국국제협력단 및 한국국제보건의료재단에 공급하는 해외반출용 재화	

문제 3 결산

[1] [수동결산]

(차) 이자수익	3,000,000	(대) 선수수익	3,000,000

[2] [수동결산]

(차) 부가세예수금	25,700,000	(대) 부가세대급금	20,800,000
세금과공과(판)	500,000	미수금	3,000,000
		미지급세금	2,400,000

[3] [수동결산]

(차) 소모품비(판)	1,120,000	(대) 소모품	2,800,000
소모품비(제)	1,680,000		

[4] [수동결산]

(차) 감가상각비(제)	20,000,000	(대) 감가상각누계액(207)	20,000,000
국고보조금(217)	10,000,000	감가상각비(제)	10,000,000

- 감가상각비 : 200,000,000원÷5년×6/12 = 20,000,000원
- 국고보조금 : 100,000,000원÷5년×6/12 = 10,000,000원

문제 4 원천징수

[1] 기타소득 원천징수

1. [기타소득자등록]

(1) 정진우

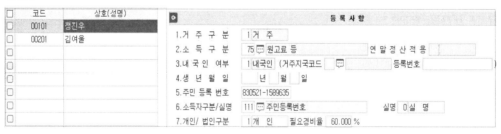

※ 소득구분 : 75. 원고료 등

122

(2) 김여울

	코드	상호(성명)
□	00101	정진우
□	00201	김여울
□		
□		
□		
□		
□		
□		

등록사항

1.거 주 구 분 1 거 주
2.소 득 구 분 72 ▣ 광업권 등   연말정산적용 [ ]
3.내 국 인 여부 1 내국인 (거주지국코드 ▣   등록번호 [   ])
4.생 년 월 일 [ ] 년 [ ] 월 [ ] 일
5.주민 등록 번호 660912-1532651
6.소득자구분/실명 111 ▣ 주민등록번호   실명 0 실 명
7.개인/ 법인구분 1 개 인   필요경비율 60.000 %

※ 소득구분 : 72. 광업권 등 또는 62.그 밖의 필요경비 있는 기타소득

2. [기타소득자자료입력]

(1) 정진우(지급년월일 5월 3일)

지급 및 계산내역

1.지 급(영 수) 일 자 20×1 년 05 월 03 일
2.귀 속 년 월 20×1 년 05 월
3.지 급 총 액   1,000,000
4.필 요 경 비   600,000
5.소 득 금 액   400,000
6.세   율(%)   20 %   7.세액감면및제한세율근거 [   ]
8.기타소득(법인)세액   80,000
9.지 방 소 득 세   8,000

(2) 김여울(지급년월일 5월 3일)

→ **입증되는 필요경비(1,000,000)가 추정필요경비(600,000)보다 크므로 입증되는 필요경비를 입력한다.**

지급 및 계산내역

1.지 급(영 수) 일 자 20×1년 05 월 03 일
2.귀 속 년 월 20×1년 05 월
3.지 급 총 액   1,500,000
4.필 요 경 비   1,000,000
5.소 득 금 액   500,000
6.세   율(%)   20 %   7.세액감면및제한세율근거 [   ]
8.기타소득(법인)세액   100,000
9.지 방 소 득 세   10,000

3. [원천징수이행상황신고서]귀속기간 5월, 지급기간 5월,1.정기신고

원천징수명세및납부세액	원천징수이행상황신고서 부표	원천징수세액환급신청서	기납부세액명세서	전월미환급세액 조정명세서	차월이월환급세액 승계명세

소득자 소득구분		코드	소득지급		징수세액			당월조정 환급세액	납부세액	
			인원	총지급액	소득세 등	농어촌특별세	가산세		소득세 등	농어촌특별세
주 자	연금계좌	A41								
기 타 소득	종교인매월	A43								
	종교인연말	A44								
	가상자산	A49								
	그 외	A42	2	2,500,000	180,000					
	가 감 계	A40	2	2,500,000	180,000				180,000	

[2] 연말정산(고민수)2024

1. [소득명세] 탭

근무 처명	사업자 등록번호	급여	보험료 명세				세액명세		근무 기간
			건강 보험	장기 요양	고용 보험	국민 연금	소득세	지방 소득세	
㈜진양물산	150-87-00121	35,000,000	1,280,000	256,000	350,000	1,500,000	300,000	30,000	1.1~7.31

2. [부양가족] 탭
(1) 인적공제

관계	요 건		기본 공제	추가 (자녀)	판 단
	연령	소득			
본인(세대주)	–	–	○		
부(63)	○	×	부		소득금액 1백만원 초과자
모(62)	○	○	○		일용근로소득은 분리과세소득
형(32)	×	○	○	장애(1)	장애인은 연령요건을 따지지 않는다.

(2) 연말정산 판단

항 목	요건		내역 및 대상여부	입력
	연령	소득		
보 험 료	○ (×)	○	• 본인 자동차보험료 • 형의 장애인전용보험료	○(일반 600,000) ○(장애인 700,000)
교 육 비	×	○ (×)	• 본인 직업능력 수강료(수강지원금 차감) • 모친 대학교 등록금(직계존속 제외) • 형 장애인 특수교육비	○(본인 1,000,000) × ○(장애 1,000,000)
의 료 비	×	×	• 본인 라식 수술 • 본인의 간병비(대상에서 제외)	○(본인 3,000,000) ×
월세	-본인 외		• 85㎡이하 또는 기준시가 4억이하	○(8,400,000)
주택저축외	-본인		• 주택청약저축 • 퇴직연금	○(2,400,000) ○(1,000,000)

(3) 보험료

• 고민수(본인)

보장성보험-일반	600,000
보장성보험-장애인	

• 고민율(형)

보장성보험-일반	
보장성보험-장애인	700,000

(4) 교육비

• 고민수(본인)

교육비	
일반	장애인특수
1,000,000 4.본인	

• 고민율(형)

교육비	
일반	장애인특수
	1,000,000

3. [의료비] 탭

의료비 공제대상자				지급처			지급명세					14.산후조리원
성명	내/외	5.주민등록번호	6.본인등해당여부	9.증빙코드	8.상호	7.사업자등록번호	10.건수	11.금액	11-1.실손보험수령액	12.미숙아선천성이상아	13.난임여부	
고민수	내	951021-1841215	1	0	1			3,000,000		X	X	X

4. [연금저축 등 I] 탭
(1) 퇴직연금

| 1 | 연금계좌 세액공제 | - 퇴직연금계좌(연말정산입력 탭의 58.과학기술인공제, 59.근로자퇴직연금) | | | | | 크게보기 |

퇴직연금 구분	코드	금융회사 등	계좌번호(증권번호)	납입금액	공제대상금액	세액공제금액
1.퇴직연금	308	(주) 신한은행	110121050	1,000,000	1,000,000	

(2) 주택청약저축

| 소득명세 | 부양가족 | 신용카드 등 | 의료비 | 기부금 | 연금저축 등I | 연금저축 등II | 월세액 | 연말정산입력 |

| 4 | 주택마련저축 공제(연말정산탭의 40.주택마련저축소득공제) | | | | | 크게보기 |

저축구분	코드	금융회사 등	계좌번호(증권번호)	납입금액	소득공제금액
1.청약저축	306	(주) 국민은행	1024521421	2,400,000	960,000

※ 저축구분 : 1.청약저축 또는 2.주택청약종합저축

5. [월세액] 탭

| 소득명세 | 부양가족 | 신용카드 등 | 의료비 | 기부금 | 연금저축 등I | 연금저축 등II | 월세액 | 연말정산입력 |

| 1 | 월세액 세액공제 명세(연말정산입력 탭의 70.월세액) | | | | | | | 크게보기 |

임대인명 (상호)	주민등록번호 (사업자번호)	유형	계약 면적(㎡)	임대차계약서 상 주소지	계약서상 임대차 계약기간		연간 월세액	공제대상금액	세액공제금액
					개시일	~ 종료일			
김아라	701210-2175453	오피스텔	52.00	충청남도 천안시 동남구 가마	2024-01-01	~ 2025-12-31	8,400,000	7,500,000	444,675

6. [연말정산입력] : F8 부양가족탭불러오기

특별소득공제					세액공제				
연금 보험 공제	사립학교교직원				59.근로자퇴직연금		1,000,000	1,000,000	
	별정우체국연금				60.연금저축				
33.보험료		2,327,500	2,327,500		60-1.ISA연금계좌전환				
	건강보험료	1,903,900	1,903,900		61.보장 일반		600,000	600,000	600,000	72,000
	고용보험료	423,600	423,600		성보험 장애인	700,000	700,000	700,000	105,000
34.주택차입금	대출기관				62.의료비	3,000,000	3,000,000	1,674,000	251,100
원리금상환액	거주자				63.교육비	2,000,000	2,000,000	2,000,000	300,000
34.장기주택저당차입금이자상					64.기부금				
35.기부금-2013년이전이월분					1)정치자금 10만원이하				
36.특별소득공제 계			2,327,500		기부금 10만원초과				
37.차감소득금액			21,578,500		2)특례기부금(전액)				
38.개인연금저축					3)우리사주조합기부금				
39.소기업,소상 2015년이전가입					4)일반기부금(종교단체외)				
공인 공제부금 2016년이후가입					5)일반기부금(종교단체)				
40.주택 청약저축	2,400,000	960,000			65.특별세액공제 계			728,100
마련저축 주택청약					66.표준세액공제				
소득공제 근로자주택마련					67.납세조합공제				
41.투자조합출자 등 소득공제					68.주택차입금				
42.신용카드 등 사용액					69.외국납부 ▶				
43.우리사주조합 일반 등					70.월세액		8,400,000	7,500,000	444,675

126

문제 5 세무조정

[1] 소득금액조정합계표 및 명세서

〈손금불산입〉기업업무추진비 대표이사 사용분	5,000,000원	(상여)
〈손금불산입〉기업업무추진비 한도초과액	10,000,000원	(기타사외유출)
〈 손 금 산 입 〉전기 감가상각비(A기계장치) 한도초과액	1,000,000원	(유보감소)
〈손금불산입〉법인세비용	20,000,000원	(기타사외유출)

☞ 재산세는 손금사항임.

[2] 기부금조정명세서

1. [1.기부금입력] 탭

(1) 기부금명세서

1.기부금명세서						월별로 전환	구분만 별도 입력하기	유형별 정렬

구분		3.과목	4.월일	5.적요	기부처		8.금액	비고
1.유형	2.코드				6.법인명등	7.사업자(주민)번호등		
「법인세법」 제24조제2항제1호에 따른 특례기부금	10	기부금	3	2	사립대학교 장학금			100,000,000	
「법인세법」 제24조제2항제1호에 따른 특례기부금	10	기부금	8	19	국방부 헌금			20,000,000	
「법인세법」 제24조제3항제1호에 따른 일반기부금	40	기부금	12	24	종교단체 기부금			15,000,000	
		가. 「법인세법」 제24조제2항제1호에 따른 특례기부금				코드 10	120,000,000	
		나. 「법인세법」 제24조제3항제1호에 따른 일반기부금				코드 40	15,000,000	

(2) 소득금액확정

1.결산서상 당기순이익	2.익금산입	3.손금산입	4.기부금합계	5.소득금액계(1+2-3+4)
100,000,000	120,000,000	110,000,000	135,000,000	245,000,000

2. [2.기부금조정] 탭

1.기부금 입력 2.기부금 조정			
1 1.「법인세법」 제24조제2항제1호에 따른 특례기부금 손금산입액 한도액 계산			
1.소득금액 계	245,000,000	5.이월잔액 중 손금산입액 MIN[4,23]	
2.법인세법 제13조제1항제1호에 따른 이월 결손금 합계액(기준소득금액의 80% 한도)	15,000,000	6.해당연도지출액 손금산입액 MIN[(④-⑤)>0, ③]	115,000,000
3.「법인세법」 제24조제2항제1호에 따른 특례기부금 해당 금액	120,000,000	7.한도초과액 [(3-6)>0]	5,000,000
4.한도액 {[(1-2) 0]X50%}	115,000,000	8.소득금액 차감잔액 [(①-②-⑤-⑥)>0]	115,000,000
2 2.「조세특례제한법」 제88조의4에 따라 우리사주조합에 지출하는 기부금 손금산입액 한도액 계산			
9.「조세특례제한법」 제88조의4제13항에 따른 우리사주조합 기부금 해당 금액		11. 손금산입액 MIN(9, 10)	
10. 한도액 (8×30%)	34,500,000	12. 한도초과액 [(9-10)>0]	
3 3.「법인세법」 제24조제3항제1호에 따른 일반기부금 손금산입 한도액 계산			
13.「법인세법」 제24조제3항제1호에 따른 일반기부금 해당금액	15,000,000	16. 해당연도지출액 손금산입액 MIN[(14-15)>0, 13]	11,500,000
14. 한도액 ((8-11)x10%, 20%)	11,500,000	17. 한도초과액 [(13-16)>0]	3,500,000
15. 이월잔액 중 손금산입액 MIN(14, 23)			
4 4.기부금 한도초과액 총액			
18. 기부금 합계액 (3+9+13)	19. 손금산입 합계 (6+11+16)		20. 한도초과액 합계 (18-19)=(7+12+17)
135,000,000	126,500,000		8,500,000
5 5.기부금 이월액 명세			

[3] 업무용승용차

1. [업무용승용차등록]
(1) ⟨101⟩ 382수3838 아폴로

취득일자는 20x1.03.10인데 업무용 전용자동차 보험가입은 20x1.04.10이므로
취득일 이후 보험여부에 대해서 자료를 주지 않았고 10.보험가입여부의 가입체크를 가답안으로 제시
했으나, **일부가입이 정확한 답안이라** 중복답안 처리하였다.

10. 보험가입여부 : 일부가입   **10. 보험가입여부 : 가입**

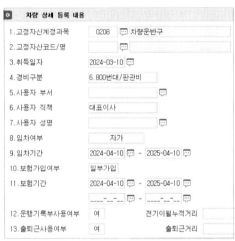

(2) ⟨102⟩ 160우8325 카이10

차량 상세 등록 내용	
1.고정자산계정과목	0208 차량운반구
2.고정자산코드/명	
3.취득일자	2021-01-01
4.경비구분	6.800번대/판관비
5.사용자 부서	
6.사용자 직책	부장
7.사용자 성명	
8.임차여부	자가
9.임차기간	____-__-__ ~ ____-__-__
10.보험가입여부	가입
11.보험기간	20x1-01-01 ~ 20x1-12-31
	____-__-__ ~ ____-__-__
12.운행기록부사용여부	여 전기이월누적거리 ____ km
13.출퇴근사용여부	여 출퇴근거리 ____ km

2. [업무용승용차관련비용명세서]

(1) 〈101〉 382수3838 아폴로

① 보험가입여부 : **일부가입, 업무사용비율 : 89.5623%**

1 업무용 사용 비율 및 업무용 승용차 관련 비용 명세		(운행기록부: 적용)	취득일: 2024-03-10							□ 부동산임대업등 법령42조②항		

(5) 총주행 거리(km)	(6) 업무용 사용 거리(km)	(7) 업무 사용비율	(8) 취득가액	(9) 보유또는 임차월수	(10)업무용 승용차 관련 비용								
					(11) 감가상각비	(12) 임차료 (감가상각비포함)	(13) 감가상 각비상당액	(14) 유류비	(15) 보험료	(16) 수선비	(17) 자동차세	(18) 기타	(19) 합계
22,000	22,000	89.5623	75,000,000	10	11,250,000			3,200,000	1,500,000		800,000		16,750,000
	합 계				22,500,000			6,400,000	3,000,000		1,600,000		33,500,000

2 업무용 승용차 관련 비용 손금불산입 계산									

(22) 업무 사용 금액			(23) 업무외 사용 금액			(30) 감가상각비 (상당액) 한도초과금액	(31) 손금불산입 합계	(32) 손금산입 합계
(24) 감가상각비 (상당액)[((11)또는 (13))X(7)]	(25) 관련 비용 [((19)-(11)또는 (19)-(13))X(7)]	(26) 합계 ((24)+(25))	(27) 감가상각비 (상당액)X(11)-(24) 또는(13)-(24))	(28) 관련 비용 [((19)-(11)또는 (19)-(13))-(25)]	(29) 합계 ((27)+(28))		((29)+(30))	((19)-(31))
10,075,758	4,925,926	15,001,684	1,174,242	574,074	1,748,316	3,409,091	5,157,407	11,592,593
21,325,758	10,425,926	31,751,684	1,174,242	574,074	1,748,316	7,992,424	9,740,740	23,759,260

3 감가상각비(상당액) 한도초과금액 이월 명세				

(37) 전기이월액	(38) 당기 감가상각비(상당액) 한도초과금액	(39) 감가상각비(상당액) 한도초과금액 누계	(40) 손금추인(산입)액	(41) 차기이월액((39)-(40))
	3,409,091	3,409,091		3,409,091
	7,992,424	7,992,424		7,992,424

② 보험가입여부 : **가입-업무사용비율 : 100%**

1 업무용 사용 비율 및 업무용 승용차 관련 비용 명세		(운행기록부: 적용)	취득일: 2024-03-10							□ 부동산임대업등 법령42조②항		

(5) 총주행 거리(km)	(6) 업무용 사용 거리(km)	(7) 업무 사용비율	(8) 취득가액	(9) 보유또는 임차월수	(10)업무용 승용차 관련 비용								
					(11) 감가상각비	(12) 임차료 (감가상각비포함)	(13) 감가상 각비상당액	(14) 유류비	(15) 보험료	(16) 수선비	(17) 자동차세	(18) 기타	(19) 합계
22,000	22,000	100.0000	75,000,000	10	11,250,000			3,200,000	1,500,000		800,000		16,750,000
	합 계				22,500,000			6,400,000	3,000,000		1,600,000		33,500,000

2 업무용 승용차 관련 비용 손금불산입 계산									

(22) 업무 사용 금액			(23) 업무외 사용 금액			(30) 감가상각비 (상당액) 한도초과금액	(31) 손금불산입 합계	(32) 손금산입 합계
(24) 감가상각비 (상당액)[((11)또는 (13))X(7)]	(25) 관련 비용 [((19)-(11)또는 (19)-(13))X(7)]	(26) 합계 ((24)+(25))	(27) 감가상각비 (상당액)X(11)-(24) 또는(13)-(24))	(28) 관련 비용 [((19)-(11)또는 (19)-(13))-(25)]	(29) 합계 ((27)+(28))		((29)+(30))	((19)-(31))
11,250,000	5,500,000	16,750,000				4,583,333	4,583,333	12,166,667
21,325,758	10,425,926	31,751,684	1,174,242	574,074	1,748,316	7,992,424	9,740,740	23,759,260

3 감가상각비(상당액) 한도초과금액 이월 명세				

(37) 전기이월액	(38) 당기 감가상각비(상당액) 한도초과금액	(39) 감가상각비(상당액) 한도초과금액 누계	(40) 손금추인(산입)액	(41) 차기이월액((39)-(40))
	4,583,333	4,583,333		4,583,333
	7,992,424	7,992,424		7,992,424

(2) 〈102〉 160우8325 카이10

| 1 | 업무용 사용 비율 및 업무용 승용차 관련 비용 명세 | 〈운행기록부: 적용〉 | 취득일: 2021-01-01 | □ 부동산임대업등 법령42조②항 |

(5) 총주행 거리(km)	(6) 업무용 사용 거리(km)	(7) 업무 사용비율	(8) 취득가액	(9) 보유또는 임차월수	(10)업무용 승용차 관련 비용								
					(11) 감가상각비	(12) 임차료 (감가상각비포함)	(13) 감가상 각비상당액	(14) 유류비	(15) 보험료	(16) 수선비	(17) 자동차세	(18) 기타	(19) 합계
15,000	15,000	100.0000	40,000,000	12	8,000,000			2,000,000	1,100,000		450,000		11,550,000
	합 계				19,250,000			5,200,000	2,600,000		1,250,000		28,300,000

2	업무용 승용차 관련 비용 손금불산입 계산										
(22) 업무 사용 금액			(23) 업무외 사용 금액			(30) 감가상각비 (상당액) 한도초과금액	(31) 손금불산입 합계 ((29)+(30))	(32) 손금산입 합계 ((19)-(31))			
(24) 감가상각비 (상당액)X((11)또는 (13))X(7))	(25) 관련 비용 [((19)-(11)또는 (19)-(13))X(7)]	(26) 합계 ((24)+(25))	(27) 감가상각비 (상당액)X(11)-(24) 또는(13)-(24))	(28) 관련 비용 [((19)-(11)또는 (19)-(13))-(25)]	(29) 합계 ((27)+(28))						
8,000,000	3,550,000	11,550,000						11,550,000			
19,250,000	9,050,000	28,300,000				4,583,333	4,583,333	23,716,667			

3	감가상각비(상당액) 한도초과금액 이월 명세				
(37) 전기이월액	(38) 당기 감가상각비(상당액) 한도초과금액	(39) 감가상각비(상당액) 한도초과금액 누계	(40) 손금추인(산입)액	(41) 차기이월액((39)-(40))
	4,583,333	4,583,333		4,583,333

4	업무용 승용차 처분 손실 및 한도초과금액 손금불산입액 계산						
(44) 양도가액	(45) 세무상 장부가액			(49) 합계 ((46)-(47)+(48))	(50) 처분손실 ((44)-(49)〈0)	(51) 당기손금산입액	(52) 한도초과금액 손금불산입 ((50)-(51))
	(46) 취득가액	(47) 감가상각비 누계액	(48) 감가상각비한도초과금액 차기이월액(=(41))				
6,000,000	40,000,000	24,000,000		16,000,000	10,000,000	8,000,000	2,000,000
6,000,000	40,000,000	24,000,000		16,000,000	10,000,000	8,000,000	2,000,000

3. 세무조정

1. 아폴로

① 일부가입 : 업무사용비율 89.5623%

〈손금불산입〉 감가상각비부인액   3,409,091 원 (유보발생)

〈손금불산입〉 업무전용자동차보험 미가입분 업무미사용금액   1,748,316 원 (상여)

② 가입 : 업무사용비율 100%

〈손금불산입〉 감가상각비부인액   4,583,333 원 유보발생)

2. 카이10

〈손금불산입〉 승용차처분손실 한도 초과액   2,000,000 원 (기타사외유출)

☞ 처분손실은 8백만원 한도이므로 초과분 손금불산입한다.

[4] [가지급금등인정이자조정명세서](366일)

1. [1.가지급금 · 가수금 입력] 탭

○가지급금, 가수금 선택: 1.가지급금 ∨   회계데이터불러오기

No	직책	성명	No	적요	년월일	차변	대변	잔액	일수	적수
1	대표이사	정삼진	1	1.전기이월	2024 1 1	20,000,000		20,000,000	366	7,320,000,000

2. [2.차입금 입력] 탭

No	거래처명	No	□ 적요	연월일	차변	대변	이자대상금액	이자율 %	이자
1	순양은행	1	□ 1.전기이월	2024 1 1		30,000,000	30,000,000	9.00000	2,700,000
2		2	□ 1.전기이월	2024 1 1		20,000,000	20,000,000	7.00000	1,400,000

☞연 12% 차입금은 특수관계인으로부터의 차입금이므로 제외한다.

3. [3.인정이자계산 : (을)지] 탭 대표이사 정삼진

No	대여기간		연월일	적요	5.차변	6.대변	7.잔액(5-6)	일수	가지급금적수(7X8)	가수금	11.차감적수	이자율(%)	13.인정이자(11X12)
	발생연월일	회수일											
1	2024 1 1	차기 이월	1 1	1.전기이월	20,000,000		20,000,000	366	7,320,000,000		7,320,000,000	8.20000	1,640,000

4. [4.인정이자조정 : (갑)지] 탭

2.가중평균차입이자율에 따른 가지급금 등의 인정이자 조정 (연일수 : 366일)

No	1.성명	2.가지급금적수	3.가수금적수	4.차감적수(2-3)	5.인정이자	6.회사계상액	시가인정범위		9.조정액(=7) 7>=3억,8>=5%
							7.차액(5-6)	8.비율(%)	
1	정삼진	7,320,000,000		7,320,000,000	1,640,000		1,640,000	100.00000	1,640,000

5. 세무조정

〈 익 금 산 입 〉가지급금 인정이자   1,640,000원 (상여)

[5] [퇴직연금부담금등조정명세서]

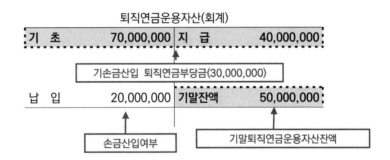

퇴직연금운용자산(회계)

기 초	70,000,000	지 급	40,000,000
		기손금산입 퇴직연금부당금(30,000,000)	
납 입	20,000,000	기말잔액	50,000,000

손금산입여부 / 기말퇴직연금운용자산잔액

기말퇴직연금예치금등의 계산

2.이미 손금산입한 부담금 등의 계산

1 나.기말 퇴직연금 예치금 등의 계산

19.기초 퇴직연금예치금 등	20.기중 퇴직연금예치금 등 수령 및 해약액	21.당기 퇴직연금예치금 등의 납입액	22.퇴직연금예치금 등 계 (19 - 20 + 21)
70,000,000	40,000,000	20,000,000	50,000,000

2. 손금산입대상 부담금 등 계산

2 가.손금산입대상 부담금 등 계산

13.퇴직연금예치금 등 계 (22)	14.기초퇴직연금충당금등 및 전기말 신고조정에 의한 손금산입액	15.퇴직연금충당금등 손금부인 누계액	16.기중퇴직연금등 수령 및 해약액	17.이미 손금산입한 부담금등 (14 - 15 - 16)	18.손금산입대상 부담금 등 (13 - 17)
50,000,000	70,000,000		40,000,000	30,000,000	20,000,000

3. 퇴직연금부담금조정

1.퇴직급여추계액	당기말 현재 퇴직급여충당금				6.퇴직부담금 등 손금산입 누적한도액 (① - ⑤)
	2.장부상 기말잔액	3.확정기여형퇴직연금자의 설정전 기계상된 퇴직급여충당금	4.당기말 부인 누계액	5.차감액 (② - ③ - ④)	
100,000,000	40,000,000		7,000,000	33,000,000	67,000,000
7.이미 손금산입한 부담금 등 (17)	8.손금산입액 한도액 (⑥ - ⑦)	9.손금산입 대상 부담금 등 (18)	10.손금산입범위액 (⑧과 ⑨중 적은 금액)	11.회사 손금 계상액	12.조정금액 (⑩ - ⑪)
30,000,000	37,000,000	20,000,000	20,000,000		20,000,000

4. 세무조정

〈 손 금 불 산 입 〉전기퇴직연금운용자산   40,000,000원 (유보감소)

〈 손 금 산 입 〉퇴직연금운용자산   20,000,000원 (유보발생)

제105회 전산세무 1급

합격율	시험년월
11%	2022.12

이 론

01. 다음 중 재무회계 개념체계에 대한 설명으로 가장 틀린 것은?

① 개념체계와 일반기업회계기준이 상충될 경우에는 일반기업회계기준이 개념체계보다 우선한다.
② 회계정보의 질적특성 중 신뢰성은 예측역할과 관련이 있다.
③ 회계정보의 질적특성 중 목적적합성은 적시성과 관련이 있다.
④ 재무제표의 기본가정 중 하나는 계속기업의 가정이다.

02. 유형자산 취득 후의 지출액은 자산(자본적지출) 또는 비용(수익적지출)으로 인식될 수 있다. 다음 중 가장 틀린 설명은?

① 자본적지출이란 내용연수의 연장 등 자산의 가치를 증대시키는 지출액을 말한다.
② 상가 건물 취득 후 지출된 벽면 도색을 위한 지출액은 수익적지출에 해당한다.
③ 자본적지출을 수익적지출로 처리한 경우 당기순이익은 과대계상된다.
④ 수익적지출을 자본적지출로 처리한 경우 자본은 과대계상된다.

03. 다음 중 일반기업회계기준에 따른 충당부채에 대한 설명으로 옳지 않은 것은?

① 과거 사건이나 거래의 결과에 따른 현재의무가 존재하여야 한다.
② 충당부채의 명목금액과 현재가치의 차이가 중요한 경우에는 현재가치로 평가한다.
③ 충당부채는 보고기간 말 현재 최선의 추정치를 반영하여 증감 조정한다.
④ 충당부채와 관련된 내용은 주석에 기재하지 않는다.

04. 기계장치에 대한 자료가 다음과 같을 때 20x1년 감가상각비로 계상하여야 할 금액은 얼마인가?

- 기계장치 취득원가 : 1,000,000원
- 취득일자 : 20x0년 7월 1일
- 상각방법 : 정액법
- 정부보조금 수령액 : 300,000원
- 내용연수 : 5년
- 잔존가치 : 없음
- 기계장치 취득과 관련하여 정부보조금을 수령하고, 이를 자산차감법으로 인식함.

① 70,000원　　　② 100,000원　　　③ 140,000원　　　④ 200,000원

05. 다음 중 회계변경에 관한 설명으로 틀린 것은?

① 일반기업회계기준에서 회계정책의 변경을 요구하는 경우 회계정책을 변경할 수 있다.
② 회계추정을 변경한 경우에는 변경내용, 그 정당성 및 그 변경이 당기 재무제표에 미치는 영향을 주석으로 기재한다.
③ 매기 동일한 회계정책 또는 회계추정을 사용하면 비교가능성이 증대되어 재무제표의 유용성이 향상된다.
④ 회계추정의 변경은 소급하여 적용하며, 전기 또는 그 이전의 재무제표를 비교목적으로 공시할 경우에는 소급적용에 따른 수정사항을 반영하여 재작성한다.

06. 다음 중 원가에 대한 설명으로 맞는 것은?

① 가공원가란 직접재료원가를 제외한 모든 원가를 말한다.
② 특정 제품 또는 특정 부문에 직접적으로 추적가능한 원가를 간접비라 한다
③ 변동원가 총액은 조업도에 비례하여 감소한다.
④ 직접재료원가와 직접노무원가는 가공원가에 해당한다.

07. 다음의 자료를 이용하여 직접재료원가와 직접노무원가를 구하시오.

- 기초 제품 재고액 : 2,000,000원
- 기초 재공품 원가 : 2,500,000원
- 가공원가 : 직접재료원가의 150%
- 매출원가 : 3,000,000원
- 기말 제품 재고액 : 3,000,000원
- 기말 재공품 원가 : 1,000,000원
- 제조간접가 : 직접노무원가의 200%

	직접재료원가	직접노무원가
①	500,000원	1,000,000원
②	800,000원	1,600,000원
③	1,000,000원	500,000원
④	1,600,000원	800,000원

08. 다음 중 결합원가계산에 대한 설명으로 틀린 것은?

① 부산물 회계처리에서 생산기준법은 부산물을 생산하는 시점에 부산물을 인식하나, 판매기준법은 부산물을 판매하는 시점에 부산물을 인식한다.

② 순실현가치법에서 배분 대상이 되는 원가는 분리점에 도달하는 시점까지 발생한 결합원가뿐만 아니라 분리점 이후에 발생한 추가가공원가도 포함된다.

③ 판매가치기준법은 연산품의 분리점에서의 판매가치를 기준으로 결합원가를 배분하는 방법이다.

④ 균등매출총이익율법은 모든 개별제품의 매출총이익률이 같아지도록 결합원가를 배분하는 방법이다.

09. 보조부문의 원가를 단계배분법에 따라 제조부문에 배분할 때 조립부문에 배분될 보조부문의 원가는 얼마인가? (단, 동력부문의 원가를 먼저 배분한다.)

소비부문 제공부문	보조부문		제조부문	
	동력부문	수선부문	절단부문	조립부문
배분 전 원가	200,000원	120,000원	350,000원	400,000원
동력부문		20%	50%	30%
수선부문	60%		10%	30%

① 90,000원   ② 96,000원   ③ 120,000원   ④ 180,000원

10. 다음 중 표준원가계산과 관련된 설명으로 가장 거리가 먼 것은?

① 표준원가계산제도를 채택하면 실제원가와는 관계없이 언제나 표준원가로 계산된 재고자산이 재무제표에 보고된다.

② 표준원가계산은 예산과 실제원가를 기초로 차이를 분석하여 예외에 의한 관리를 통해 효율적인 원가통제가 가능하다.

③ 제품의 완성량만 파악하면 표준원가를 산출할 수 있으므로 신속하게 원가정보를 제공할 수 있다.

④ 직접재료원가가격차이를 원재료 구입시점에서 분리하든 사용시점에서 분리하든 직접재료원가능률차이에는 영향을 주지 않는다.

11. 다음 중 부가가치세법상 의제매입세액공제에 대한 설명으로 가장 옳지 않은 것은?

① 면세농산물 등을 공급받은 날이 속하는 예정신고 또는 확정신고 시 매출세액에서 공제한다.

② 예정신고 시에는 공제 한도 계산 없이 매입세액공제가 가능하다.

③ 간이과세자는 의제매입세액공제를 받을 수 없다.

④ 공제대상이 되는 원재료의 매입가액은 운임 등 취득부대비용을 포함한다.

12. 다음 중 부가가치세법상 공제되는 매입세액이 아닌 것은?

① 사업자등록을 신청하기 전 매입세액으로서 대표자주민번호를 적은 세금계산서도 발급받지 아니한 경우 당해 매입세액

② 매입처별세금계산서합계표를 경정청구나 결정 시에 제출하는 경우 당해 매입세액

③ 예정신고 시 매입처별 세금계산서합계표를 제출하지 못하여 해당 예정신고기간이 속하는 과세기간의 확정신고 시에 제출하는 경우 당해 매입세액

④ 공급시기 이후에 발급하는 세금계산서로서 해당 공급시기가 속하는 과세기간에 대한 확정신고기한 경과 전 발급받은 경우 당해 매입세액

13. 다음 중 소득세법상 공동사업장에 대한 소득금액 계산과 관련한 설명으로 옳지 않은 것은?

① 사업소득이 있는 거주자의 공동사업장에 대한 소득금액 계산에 있어서는 그 공동사업장을 1거주자로 본다.

② 대표공동사업자는 당해 공동사업장에서 발생하는 소득금액과 가산세액 및 원천징수된 세액의 각 공동사업자별 분배명세서를 제출하여야 한다.

③ 중소기업이 아닌 경우 기업업무추진비한도액은 연간 12,000,000원에 공동사업자 구성원 수를 곱하여 계산된 금액을 한도로 한다.

④ 공동사업장에 관련되는 가산세는 각 공동사업자의 약정된 손익분배비율에 의해 배분한다.

14. 다음 중 근로소득만 있는 거주자로서 연말정산 시 산출세액에서 공제하는 세액공제에 대한 설명으로 틀린 것은?

① 의료비세액공제는 지출된 의료비가 총급여액의 3%를 초과하는 경우에만 공제한다.

② 자녀세액공제는 특별세액공제에 해당하여 표준세액공제와 중복적용될 수 없다.

③ 근로자 본인을 위하여 지출된 교육비로서 학자금대출원리금상환액에 대해서도 교육비 세액공제를 적용한다.

④ 월세액세액공제를 적용받으면 표준세액공제가 적용되지 않는다.

15. 다음 중 법인세법상 결산조정과 신고조정에 대한 설명으로 틀린 것은?

① 결산조정항목은 원칙적으로 결산서상 비용으로 계상하여야 손금 인정이 가능하다.

② 결산조정은 손금의 귀속시기를 선택할 수 없으나 신고조정은 손금의 귀속시기를 선택할 수 있다.

③ 퇴직연금충당금은 결산조정 및 신고조정이 가능하다.

④ 결산조정항목은 대부분 추정경비나 신고조정항목은 대부분 지출경비이다.

실 무

㈜서희전자(1050)은 제조 · 도소매업을 영위하는 중소기업이며, 당기 회계기간은 20x1.1.1.~20x1.12.31.이다. 전산세무회계 수험용 프로그램을 이용하여 다음 물음에 답하시오.

문제 1 다음 거래에 대하여 적절한 회계처리를 하시오.(12점)

[1] 08월 25일 당사는 제품인 컴퓨터를 ㈜성희에게 납품하고 총 대금 11,000,000원 중 5,000,000원을 보통예금으로 수령하였으며, 나머지 금액은 한 달 후에 수령하기로 하고 아래와 같은 전자세금계산서를 발급하였다. (3점)

전자세금계산서						승인번호		20220825 – 15454645 – 58811886			
공급자	등록번호	105-81-23608	종사업장번호		공급받는자	등록번호	126-87-10121	종사업장번호			
	상호(법인명)	㈜서희전자	성명	최서희		상호(법인명)	㈜성희	성명	하민우		
	사업장주소	서울특별시 동작구 여의대방로 28				사업장주소	경기도 이천시 가좌로1번길 21-26				
	업태	제조	종목	전자제품		업태	도소매	종목	전자제품		
	이메일					이메일					
						이메일					
작성일자		공급가액		세액		수정사유		비고			
20x1-08-25		10,000,000원		1,000,000원		해당 없음					
월	일	품목	규격	수량		단가	공급가액		세액		비고
8	25	전자제품		20		500,000원	10,000,000원		1,000,000원		

[2] 08월 31일 단기매매목적으로 보유 중인 주식회사 최강의 주식(장부가액 15,000,000원)을 전부 20,000,000원에 매각하였다. 주식처분 관련 비용 15,000원을 차감한 잔액이 보통예금 계좌로 입금되었다. (3점)

[3] 09월 30일 당사는 미국의 Amazon.com사에 제품을 직수출(FOB 조건 수출)하였다. 총 매출대금은 $40,000로, 9월 15일 계약금 $4,000를 외화로 수령하고, 선적일인 9월 30일에 계약금을 제외한 잔금을 보통예금 외화계좌로 수령하였다(단, 수출신고번호는 고려하지 말 것). (3점)

• 9월 15일 기준환율 : 1,000원/$	• 9월 30일 기준환율 : 1,200원/$

[4] 10월 12일 당사가 발행한 사채(액면가액 : 100,000,000원)의 70%를 상환하였으며, 상환대금 60,000,000원
은 보통예금으로 지급하였다(단, 상환일 현재 사채할증발행차금 잔액은 5,000,000원이다). (3점)

문제 2 다음 주어진 요구사항에 따라 부가가치세 신고서 및 부속서류를 작성하시오.(10점)

[1] 다음의 자료를 이용하여 ㈜서희전자의 제1기 확정 부가가치세 수정신고서를 작성하시오. 단, 법정신고
및 납부기한은 20x1년 7월 25일이며, 20x1년 8월 4일에 수정신고(1차) 및 납부하고자 한다. (6점)

> 1. 제1기 확정 부가가치세 신고서(정기신고하였으며, 납부세액은 기한 내 납부하였다.)
>   • 전자세금계산서 발급 매출액 : 공급가액 100,000,000원, 세액 10,000,000원
>   • 전자세금계산서 수취 매입액(일반매입) : 공급가액 50,000,000원, 세액 5,000,000원
> 2. 정기신고 시 누락된 자료(아래의 증빙자료는 법정기한 내 발급 및 수취하였다.)
>   • 종이세금계산서 발급 매출액 : 공급가액 20,000,000원, 세액 2,000,000원
>   • 종이세금계산서 수취 매입액(고정자산매입) : 공급가액 2,000,000원, 세액 200,000원
>   • 법인카드 사용 매입액(일반매입) : 5,500,000원(부가가치세 포함)
>   – 법인카드 사용액은 전액 사업 관련성이 있으며, 거래처와 식사한 금액 220,000원(부가가치세 포
>   함)이 포함되어 있다.
> 3. 누락된 매출액은 부당하게 누락된 것이 아니다.

[2] 다음 자료를 보고 20x1년 제2기 부가가치세 확정신고 시 납부세액(환급세액)재계산을 위한 [공제받지못
할매입세액명세서]를 작성하시오. (4점)

> 1. 과세사업과 면세사업에 공통으로 사용되는 자산의 구입내역
>
> | 계정과목 | 취득일자 | 공급가액 | 부가가치세 | 비고 |
> |---|---|---|---|---|
> | 토지 | 2021.01.01. | 300,000,000원 | – | |
> | 건물 | 2022.01.01. | 200,000,000원 | 20,000,000원 | |
> | 기계장치 | 2023.05.01. | 50,000,000원 | 5,000,000원 | |
> | 비품 | 2022.10.05. | 8,000,000원 | 800,000원 | |
>
> 2. 2023년 및 2024년의 공급가액 내역
>   (2023년 및 2024년 제1기까지 납부세액 재계산은 올바르게 신고되었다.)
>
> | 구분 | 2023년 제2기 | 2024년 제1기 | 2024년 제2기 |
> |---|---|---|---|
> | 과세사업 | 200,000,000원 | – | 400,000,000원 |
> | 면세사업 | 300,000,000원 | 400,000,000원 | 600,000,000원 |

문제 3 다음의 결산정리사항에 대하여 결산정리분개를 하거나 입력을 하여 결산을 완료하시오.(8점)

[1] 당사는 10월 1일 회계부서 직원에 대하여 확정급여형(DB) 퇴직연금에 가입하였으며 20,000,000원을 운용한 결과 6%(연 이자율)의 이자수익이 발생하였고, 12월 31일에 3개월분의 이자수익이 입금되었다. (단, 이자수익은 월할계산할 것) (2점)

[2] 장부의 외상매출금 계정에는 해외 거래처인 Gigs와의 거래로 인한 외화외상매출금 $10,000(거래일 당시 기준환율 ₩1,200/$)가 포함되어 있다. 결산일 현재 필요한 회계처리를 하시오(단, 결산일 현재 기준환율은 ₩1,250/$이다). (2점)

[3] 12월 31일 결산 마감 전 개발비(무형자산) 잔액이 12,000,000원이 있으며, 해당 무형자산은 20x1년 7월 31일에 취득하여 사용하고 있는 것이다(단, 회사는 무형자산에 대하여 5년간 월할 균등상각하며, 상각기간 계산 시 1월 미만의 기간은 1월로 한다). (2점)

[4] 다음의 재고자산 자료를 결산시점에 필요에 따라 [일반전표입력] 메뉴와 [결산자료입력]메뉴에 반영하시오. (2점)

구분	장부상			단위당 시가	실사 후 수량
	수량	단가	합계		
제품	10,000개	1,000원	10,000,000원	1,300원	9,800개

※ 장부상 수량과 실사 후 수량의 차이 중 40%만 정상적인 것이다.

문제 4 원천징수와 관련된 다음 물음에 답하시오.(10점)

[1] 아래의 자료를 바탕으로 회계팀 과장인 윤서준(사번 : 101번, 주민등록번호 : 890630-1123453, 입사일 : 2023.1.5.)을 ①[사원등록]하고, 필요한 ②[수당공제등록]을 하여 ③20x1년 7월분 [급여자료입력]과 ④20x1년 7월분 [원천징수이행상황신고서]를 작성하시오. 한편 윤서준은 중소기업취업자소득세감면 적용 대상자로서 최초로 소득세 감면 신청을 하였으며, 매월 급여입력에 반영하는 것으로 가정한다. (6점)

1. 7월분 급여자료(급여지급일 : 7월 25일)

급여항목		공제항목	
기본급	4,500,000원	국민연금	202,500원
자가운전보조금	300,000원	건강보험료	157,270원
식대	200,000원	장기요양보험료	19,290원
국외근로수당	1,000,000원	고용보험료	42,300원

2. 부양가족 사항

관계	이름	주민등록번호	소득현황
배우자	이윤아	901212-2451116	별도의 소득금액 없음
자녀	윤아준	200301-3021410	

3. 추가 자료
- 수당등록 시 사용하지 않는 항목은 '부'로 표시하고, 월정액 여부와 통상임금 여부는 무시한다.
- 자가운전보조금은 본인 소유 차량을 업무에 사용하는 것에 대한 보조금이다(별도 여비 미지급).
- 회사는 매월 정액 식대를 지급하고 있으며 별도의 현물식사는 제공하지 않는다.
- 국외근로수당은 중국에 소재한 지점으로 발령받아 근무함으로써 발생한 근로소득이다.
- 국민연금, 건강보험료, 고용보험료 등은 등급표를 적용하지 않고, 상기 자료를 적용한다.
- 소득세 및 지방소득세는 자동계산된 자료를 사용한다(소득세 적용률 100% 적용).

[2] 다음은 중간배당에 대한 원천징수 관련 자료이다. 다음 자료를 이용하여 [이자배당소득자료입력]을 하시오. (2점)

1. 배당소득자 관련 정보
- 성명 : 김세무(코드 : 101, 국적 : 대한민국, 거주자)
- 주민등록번호 : 801111-1012342
- 1주당 배당금 : 1,000원
- 소유 주식 수 : 5,000주
2. 20x1년 9월 1일 이사회의 결의로 중간배당을 결의하고, 즉시 배당금을 현금으로 지급함.
3. 주어진 자료 이외의 자료입력은 생략함.

[3] 전산에 입력된 다음의 자료를 이용하여 [원천징수이행상황신고서]를 작성 및 마감하고 국세청 홈택스에 전자신고를 하시오. (2점)

1. 소득자료

귀속월	지급월	소득구분	신고코드	인원	총지급액	소득세	비고
10월	11월	기타소득	A42	3명	6,000,000원	1,200,000원	매월신고, 정기신고

• 전월로부터 이월된 미환급세액 300,000원을 충당하기로 한다.

2. 유의사항

전자신고용 전자파일 제작 시 신고인 구분은 2.납세자 자진신고를 선택하고, 비밀번호는 자유롭게 설정한다.

문제 5 덕산기업㈜(1051)은 안전유리 등을 생산하고 제조 · 도매업 및 도급공사업을 영위하는 중소기업이며, 당해 사업연도는 20x1.1.1.~20x1.12.31.이다. [법인조정] 메뉴를 이용하여 기장되어 있는 재무회계 장부 자료와 제시된 보충자료에 의하여 해당 사업연도의 세무조정을 하시오. (30점) ※ 회사 선택 시 유의하시오.

[1] 다음 자료를 이용하여 [수입금액조정명세서] 및 [조정후수입금액명세서]를 작성하고, 필요한 세무조정을 하시오. (6점)

1. 손익계산서상 수입금액은 다음과 같다.

구분	계정과목	기준경비율코드	결산서상 수입금액
1	제품매출	261004	2,500,800,000원
2	공사수입금	452122	178,200,000원
	계		2,679,000,000원

2. 손익계산서상 공사수입금액에는 다음과 같이 작업진행률에 의해 가산되어야 하는 공사수입금액이 누락되었다.

• 공사명 : 제주도지하철공사	• 도급자 : 제주도도지사
• 도급금액 : 200,000,000원	• 총 공사예정비 : 100,000,000원
• 해당연도 말 총공사비 누적액 : 80,000,000원	• 전기말 누적수입계상액 : 150,000,000원

3. 기말 결산 시 제품판매누락(공급가액 2,200,000원, 원가 2,000,000원)이 있었으나, 손익계산서에는 반영하지 못하였다(부가가치세 수정신고는 적정하게 처리함).

4. 부가가치세법상 과세표준 내역

구분	금액	비고
제품매출	2,510,000,000원	사업상증여 시가 7,000,000원 포함 (매입세액공제를 정상적으로 받은 제품임)
공사수입금	178,200,000원	–
계	2,688,200,000원	–

[2] 다음의 자료를 이용하여 [선급비용명세서]를 작성하고, 관련된 세무조정을 [소득금액조정합계표및명세서]에 반영하시오(단, 세무조정은 각 건별로 행하는 것으로 한다). (6점)

1. 전기 자본금과적립금조정명세서(을)

사업 연도	20x0.01.01. ~ 20x0.12.31.	자본금과 적립금조정명세서(을)		법인명	덕산기업㈜

세무조정유보소득계산

① 과목 또는 사항	② 기초잔액	당기 중 증감		⑤ 기말잔액	비고
		③ 감소	④ 증가		
선급비용	–	–	500,000원	500,000원	–

※ 전기분 선급비용 500,000원이 당기에 보험기간의 만기가 도래하였다.

2. 당기 화재보험료 내역

구분	보험기간	납부금액	거래처	선급비용 계상액
본사	20x1.07.01.~20x2.06.30.	60,000,000원	㈜한화보험	–
공장	20x1.09.01.~20x2.08.31.	90,000,000원	㈜삼성보험	15,000,000원

[3] 다음 자료를 이용하여 [대손충당금및대손금조정명세서]를 작성하고 필요한 세무조정을 하시오. 단, 대손 설정률은 1%로 가정한다. (6점)

1. 당해연도 대손충당금 변동내역

내 역	금 액	비 고
전기이월 대손충당금	15,000,000원	전기대손충당금한도초과액 : 6,000,000원
회수불가능 외상매출금 상계 대손충당금	2,000,000원	8월 16일 상계 처리하였으며, 이는 상법에 따른 소멸시효가 완성된 채권이다.
당기 설정 대손충당금	4,500,000원	
기말 대손충당금 잔액	17,500,000원	

2. 채권 잔액으로 당기말 외상매출금 잔액은 300,000,000원 당기말 미수금 잔액은 25,000,000원이다.
3. 전기 이전에 대손처리한 외상매출금에 대한 대손 요건 미충족으로 인한 유보금액 잔액이 전기 자본 금과적립금조정명세서(을)에 7,000,000원이 남아있으며, 이는 아직 대손 요건을 충족하지 않는다.

[4] 아래의 자료를 바탕으로 [업무무관부동산등에관련한차입금이자조정명세서]를 작성하고, 필요한 세무조 정을 하시오. (6점)

1. 재무상태표 내역
   - 자산총계 : 1,000,000,000원
   - 부채총계 : 300,000,000원
   - 납입자본금 : 100,000,000원
2. 손익계산서상 이자비용 (당기에 상환된 차입금은 없다.)

이자율	이자비용	차입일	비고
8%	10,000,000원	20x0.07.01.	국민은행이자
12%	15,000,000원	20x0.06.13.	건설자금이자 (현재 진행 중인 공장건설공사를 위한 이자비용)
10%	20,000,000원	2020.01.01.	금융어음할인료
4%	40,000,000원	20x1.01.01.	신한은행이자
6%	30,000,000원	20x1.01.01.	채권자 불분명사채이자 (원천징수는 없는 것으로 가정한다.)

3. 대표이사 김세무의 가지급금 관련 자료
   - 20x0년 10월 1일 대표이사 김세무의 개인 주택 구입 목적으로 600,000,000원을 대여하였다.
   - 대표이사 김세무의 전기이월 가수금은 100,000,000원이다.
   - 해당 가지급금 및 가수금은 상환기간 및 이자율 등에 관한 약정이 없다.
4. 업무무관부동산 내역 (결산일 말 현재 보유중인 부동산)
   20x0년 11월 10일 회사는 업무와 관련없이 토지를 300,000,000원에 취득하고, 해당 토지의 취득세 50,000,000원을 세금과공과로 당기비용 처리하였으며, 이에 대한 세무조정은 적정하게 반영되었다.

[5] 다음은 덕산기업㈜의 법인차량 관련 자료이다. 아래의 차량은 모두 영업관리부에서 업무용으로 사용 중이며 임직원전용보험에 가입하였다. 다음 자료를 이용하여 [업무용승용차등록] 및 [업무용승용차관련비용명세서]를 작성하고 관련 세무조정을 하시오(단, 당사는 부동산임대업을 영위하지 않는다). (6점)

27로2727 소나타(자가)	• 코드 : 101 • 취득일 : 20x0년 5월 1일 • 취득가액 : 34,000,000원(부가가치세 포함) • 감가상각비 : 6,800,000원 • 유류비 : 2,000,000원(부가가치세 포함) • 보험료 : 1,400,000원(20x2년 01월~04월 보험료 400,000원이 포함되어 있다.) • 자동차세 : 520,000원 • 보험기간 : 20x0.05.01.~20x1.04.30. 　　　　　　　20x1.05.01.~20x2.04.30. • 20x1년 운행일지 : 미작성
38호2929 제네시스(렌트)	• 코드 : 102 • 임차일 : 20x1년 09월 01일 • 월 렌트료 : 1,320,000원(부가가치세 포함) • 렌트기간 : 20x1.09.01.~20x3.08.30. • 유류비 : 2,200,000원(부가가치세 포함) • 보험기간 : 20x1.09.01.~20x2.08.30. • 20x1년 운행일지 : 10,000㎞(업무용 사용거리 9,000㎞)

제105회 전산세무1급 답안 및 해설

이 론

1	2	3	4	5	6	7	8	9	10	11	12	13	14	15
②	③	④	③	④	①	③	②	④	①③	④	①	③	②	②

01. **회계정보의 질적특성 중 신뢰성은 표현의 충실성, 중립성, 검증가능성**과 관련된 개념이다.

02. 자본적지출을 수익적지출로 처리한 경우 **비용이 과대계상되어 당기순이익은 과소 계상**된다.

03. **충당부채와 관련하여 필요한 내용은 주석에 기재하여 공시**하여야 한다.

04. 정액법일 경우 **손익계산서에 반영되는 감가상각비는 순액으로 계산**해도 된다.

감가상각비 = [취득원가(1,000,000) - 정부보조금(300,000)] ÷ 5년 = 140,000원

05. **추정의 변경은 전진법으로 처리**한다.

06. **가공원가는 직접재료원가를 제외한 모든 원가**를 말한다.

07.

재고자산(재공품+제품)

기초재고(재공품+제품)	2,000,000+2,500,000	매출원가	3,000,000
당기총제조원가	**2,500,000**	기말재고(재공품+제품)	3,000,000+1,000,000
합　계	7,000,000	합　계	7,000,000

당기총제조원가(2,500,000)=직접재료원가+가공원가 = 직접재료원가+직접재료원가×150%

= 직접재료원가×250%　∴ 직접재료원가 : 1,000,000원

당기총제조원가(2,500,000) = 직접재료원가(1,000,000)+직접노무원가+직접노무원가 200%

∴ 직접노무원가 : 500,000원

08. 순실현가치법에서 배부 대상이 되는 원가는 분리점에 도달하는 시점까지 발생한 결합원가이고, **분리점 이후에 발생한 추가가공원가는 포함되지 않는다.**

09. 동력부문⇒수선부문 순으로 배분한다.

〈단계배분법〉	보조부문		제조부문	
	동력	수선	절단	조립
배분전 원가	200,000	120,000	350,000	400,000
동력부문(20% : 50% : 30%)	(200,000)	40,000	100,000	60,000
공장사무부문(0 : 10% : 30%)	－	(160,000)	40,000	120,000
보조부문 배부 원가			490,000	**580,000**

조립부문에 배분될 보조부문원가 = 동력부문(60,000)+수선부문(120,000) = 180,000원

10. 표준원가와 실제원가가 **상당한 차이가 있는 경우에는 표준원가를 실제의 상황에 맞게 조정**하여야 한다.

    제품의 실제 생산량만 파악하면 표준원가를 산출할 수 있으므로 신속하게 원가정보를 제공할 수 있다.

11. 의제매입세액 계산시 **운임 등 취득부대비용은 제외한 금액을 매입가액**으로 한다.

12. 사업자등록을 신청한 사업자가 사업자등록증 발급일까지 거래에 대하여 해당 사업자 또는 대표자의 주민번호를 적어 발급받은 경우, 당해 매입세액은 매입세액공제가 가능하다.

13. 공동사업장의 소득금액을 계산하는 경우 **기업업무추진비 및 기부금의 한도액은 공동사업자를 1거주자로 보아 적용**한다.

14. 자녀세액공제는 특별세액공제에 해당하지 않기 때문에 특별소득공제·특별세액공제·월세액세액공제를 신청하지 않은 경우 **표준세액공제와 중복 공제가 가능**하다.

15. 결산조정은 손금의 귀속시기를 선택할 수 있으나 신고조정은 손금의 귀속시기를 선택할 수 없다.

실 무

문제 1 전표입력

[1] 8월 25일 매입매출전표

유형	공급가액	부가세	거래처	전자세금
11.과세	10,000,000	1,000,000	㈜성희	여
분개유형	(차) 보통예금	5,000,000 (대)	부가세예수금	1,000,000
혼합	외상매출금	6,000,000	제품매출	10,000,000

[2] 8월 31일 일반전표

(차) 보통예금	19,985,000	(대) 단기매매증권	15,000,000
		단기매매증권처분이익	4,985,000

[3] 8월 25일 매입매출전표(환가여부가 불투명하나 미환가로 답안제시)

유형	공급가액	부가세	거래처	전자세금
16.수출(①)	48,000,000	0	Amazon.com	-
분개유형	(차) 보통예금	43,200,000 (대)	제품매출	48,000,000
	선수금	4,000,000		
혼합	외환차손	800,000		
☞인용된 답안	(차) 보통예금	43,200,000	(대) 제품매출 48,000,000	
	선수금	4,800,000		

[4] 10월 12일 일반전표

(차)	사채	70,000,000	(대)	보통예금	60,000,000
	사채할증발행차금	3,500,000		사채상환이익	13,500,000

☞상환손익 = 상환가액(60,000,000) − 장부가액(70,000,000 + 5,000,000 × 70%) = △13,500,000(이익)

문제 2 부가가치세

[1] 부가가치세 신고서(4~6월) 2.수정신고

1. 납부세액

구분			정기신고금액				수정신고금액		
			금액	세율	세액		금액	세율	세액
과세표준및매출세액	과세	세금계산서발급분	1	100,000,000	10/100	10,000,000	1	120,000,000	10/100	12,000,000
		매입자발행세금계산서	2		10/100		2		10/100	
		신용카드·현금영수증발행분	3				3		10/100	
		기타(정규영수증외매출분)	4		10/100		4			
	영세	세금계산서발급분	5		0/100		5		0/100	
		기타	6		0/100		6		0/100	
	예정신고누락분		7				7			
	대손세액가감		8				8			
	합계		9	100,000,000	㉮	10,000,000	9	120,000,000	㉮	12,000,000
매입세액	세금계산서수취분	일반매입	10	50,000,000		5,000,000	10	50,000,000		5,000,000
		수출기업수입분납부유예	10				10			
		고정자산매입	11				11	2,000,000		200,000
	예정신고누락분		12				12			
	매입자발행세금계산서		13				13			
	그 밖의 공제매입세액		14				14	4,800,000		480,000
	합계(10)-(10-1)+(11)+(12)+(13)+(14)		15	50,000,000		5,000,000	15	56,800,000		5,680,000
	공제받지못할매입세액		16				16			
	차감계 (15-16)		17	50,000,000	㉯	5,000,000	17	56,800,000	㉯	5,680,000
납부(환급)세액(매출세액㉮-매입세액㉯)					㉰	5,000,000			㉰	6,320,000

- 그 밖의 공제매입세액

14.그 밖의 공제매입세액				
신용카드매출	일반매입	41		
수령금액합계표	고정매입	42		

14.그 밖의 공제매입세액				
신용카드매출	일반매입	41	4,800,000	480,000
수령금액합계표	고정매입	42		

2. 가산세

〈매출매입신고누락분〉

구 분			공급가액	세액
매출	과세	세 금(전자)	20,000,000(종이)	2,000,000
		기 타		
	영세	세 금(전자)		
		기 타		
매입	세금계산서 등		2,000,000+4,800,000	680,000
미달신고(납부)←신고·납부지연 가산세				1,320,000

1. 전자세금계산서 미발급	20,000,000원 × 1%(종이세금계산서) = 200,000원
2. 신고불성실	1,320,000원 × 10% ×(1-90%) = 13,200원 * 1개월이내 수정신고시 90% 감면
3. 납부지연	1,320,000원 × 10일 ×2.2/10,000 = 2,904원
계	216,104원

25.가산세명세				
사업자미등록등	61		1/100	
세금계산서 지연발급 등	62		1/100	
세금계산서 지연수취	63		5/1,000	
세금계산서 미발급 등	64		뒤쪽참조	
전자세금발급명세 지연전송	65		3/1,000	
전자세금발급명세 미전송	66		5/1,000	
세금계산서합계표 제출불성실	67		5/1,000	
세금계산서합계표 지연제출	68		3/1,000	
신고불성실 무신고(일반)	69		뒤쪽	
신고불성실 무신고(부당)	70		뒤쪽	
신고불성실 과소·초과환급(일반)	71		뒤쪽	
신고불성실 과소·초과환급(부당)	72		뒤쪽	
납부지연	73		뒤쪽	
영세율과세표준신고불성실	74		5/1,000	

25.가산세명세				
사업자미등록등	61		1/100	
세금계산서 지연발급 등	62		1/100	
세금계산서 지연수취	63		5/1,000	
세금계산서 미발급 등	64	20,000,000	뒤쪽참조	200,000
전자세금발급명세 지연전송	65		3/1,000	
전자세금발급명세 미전송	66		5/1,000	
세금계산서합계표 제출불성실	67		5/1,000	
세금계산서합계표 지연제출	68		3/1,000	
신고불성실 무신고(일반)	69		뒤쪽	
신고불성실 무신고(부당)	70		뒤쪽	
신고불성실 과소·초과환급(일반)	71	1,320,000	뒤쪽	13,200
신고불성실 과소·초과환급(부당)	72		뒤쪽	
납부지연	73	1,320,000	뒤쪽	2,904
영세율과세표준신고불성실	74		5/1,000	

[2] 납부세액(환급세액)재계산(10~12월)

1. 면세공급가액비율

구분	2023년 제2기	2024년 제1기	2024년 제2기
과세사업	200,000,000원	–	400,000,000원
면세사업	300,000,000원	400,000,000원	600,000,000원
면세공급가액비율	60%	100%	60%

2. 납부(환급세액)대상

계정과목	취득일자	부가가치세	대상여부	경과된 과세기간
토지	2021.01.01.	–	감가상각자산만 대상	–
건물	2022.01.01.	20,000,000		5
기계장치	2023.05.01.	5,000,000		3
비품	2022.10.05.	800,000	**경과된 과세기간이 4기이므로 대상에서 제외**	4

3. 납부환급세액 재계산

공제받지못할매입세액내역	공통매입세액안분계산내역	공통매입세액의정산내역	납부세액또는환급세액재계산									

자산	(20)해당재화의 매입세액	(21)경감률 [1-(체감률×경과된과세기간의수)]				(22)증가 또는 감소된 면세공급가액(사용면적)비율					(23)가산또는 공제되는 매입세액 (20)×(21)×(22)
		취득년월	체감률	경과 과세기간	경감률	당기		직전		증가율	
						총공급	면세공급	총공급	면세공급		
1.건물,구축물	20,000,000	2022 -01	5	5	75	1,000,000,000.00	600,000,000.00	400,000,000.00	400,000,000.00	-40.000000	-6,000,000
2.기타자산	5,000,000	2023 -05	25	3	25	1,000,000,000.00	600,000,000.00	400,000,000.00	400,000,000.00	-40.000000	-500,000

문제 3 결산

[1] 〈수동결산〉

(차) 퇴직연금운용자산　　　　　　300,000　　(대) 퇴직연금운용수익　　　　300,000
　　　　　　　　　　　　　　　　　　　　　　　또는 이자수익

☞당기수익 = 20,000,000원 × 6% × 3/12 = 300,000원

[2] 〈수동결산〉

(차) 외상매출금(Gigs)　　　　　　500,000　　(대) 외화환산이익　　　　　　500,000

☞환산손익(자산) = 공정가액($10,000 × 1,250) − 장부가액($10,000 × 1,200) = 500,000원(이익)

[3] 〈수동/자동결산〉

(차) 무형자산상각비　　　　　　1,200,000　　(대) 개발비　　　　　　　　1,200,000
[결산자료입력] 〉 4. 판매비와 일반관리비 〉 6). 무형자산상각비
　　　　　　　　〉 개발비 결산반영금액란 1,200,000원 입력

☞무형자산상각비 = 취득가액(12,000,000) ÷ 5년 × 6개월/12개월 = 1,200,000원
　1월 미만의 기간을 포함한다고 하였으므로 6개월간 상각하여 한다.

[4] 〈수동⇒자동결산〉

① (차) 재고자산감모손실　　　　120,000　　(대) 제품(8.타계정대체)　　120,000
　　☞재고자산감모손실 = (10,000개 − 9,800개) × 1,000원 = 200,000원
　　정상적인감모손실 = 200,000원 × 40% = 80,000원(매출원가)
　　비정상적인감모손실 = 200,000원 − 80,000원 = 120,000원(영업외비용)

② [결산자료입력] 〉 기말제품 결산반영금액란 9,800,000원 입력 〉 F3 전표추가
　　☞기말재고자산 = 9,800개 × 1,000원(저가법) = 9,800,000원

문제 4   원천징수

[1] 사원등록, 급여자료입력, 원천징수이행상황신고서

1. 사원등록(윤서준)

(1) 기본사항 탭(101.윤서준)

기본사항	부양가족명세	추가사항

1.입사년월일   2023 년 1 월 5 일

2.내/외국인   1   내국인

3.외국인국적   KR 한국   체류자격

4.주민구분   1   주민등록번호   주민등록번호   890630-1123453

5.거주구분   1   거주자   6.거주지국코드   KR 대한민국

7.국외근로제공   1   월 100만원 비과세   8.단일세율적용   0   부   9.외국법인 파견근로자   0   부

10.생산직등여부   0   부   연장근로비과세   0   부   전년도총급여

(2) 부양가족명세

관계	요 건		기본 공제	추가 (자녀)	판 단
	연령	소득			
본인(세대주)	–	–	○		
배우자	–	○	○		
아들(4)	○	○	○		

(3) 추가사항

11.중소기업취업감면여부	1	여		나이(만)	35	세

감면기간   2023-01-05 ~ 2028-01-31   감면율 4   90   %   감면입력 1   급여입력

12.소득세 적용률   1   100%

☞ 감면기간 종료일 : 취업일로부터 5년이 되는 날이 속하는 달의 말일

2. 수당공제등록

No	코드	과세구분	수당명	근로소득유형			월정액	통상임금	사용여부
				유형	코드	한도			
1	1001	과세	기본급	급여			정기	여	여
2	1002	과세	상여	상여			부정기	부	부
3	1003	과세	직책수당	급여			정기	부	부
4	1004	과세	월차수당	급여			정기	부	부
5	1005	비과세	식대	식대	P01	(월)200,000	정기	부	여
6	1006	비과세	자가운전보조금	자가운전보조금	H03	(월)200,000	부정기	부	여
7	1007	비과세	야간근로수당	야간근로수당	001	(년)2,400,000	부정기	부	부
8	2001	비과세	국외근로수당	국외근로 월100만원	M01	(월)1,000,000	정기	부	여

3. 급여자료입력(귀속년월 7월, 지급년월일 7월 25일)

사번	사원명	감면율		급여항목	금액		공제항목	금액
101	윤서준	90%		기본급	4,500,000		국민연금	202,500
				식대	200,000		건강보험	157,270
				자가운전보조금	300,000		장기요양보험	19,290
				국외근로수당	1,000,000		고용보험	43,200
							소득세(100%)	20,120
							지방소득세	2,010
							농특세	
				과 세	4,600,000			
				비 과 세	1,400,000		공 제 총 액	444,390
총인원(퇴사자)	1(0)			지 급 총 액	6,000,000		차 인 지 급 액	5,555,610

☞ 비과세금액 = 식대(200,000) + 자가운전보조금(200,000) + 국외근로(1,000,000) = 1,400,000원
 소득세 등은 자동계산되어집니다.

4. 원천징수이행상황신고서(귀속기간 7월, 지급기간 7월, 1.정기신고)

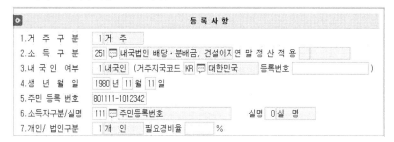

			소득지급		징수세액			당월조정 환급세액	납부세액	
소득자 소득구분	코드	인원	총지급액	소득세 등	농어촌특별세	가산세			소득세 등	농어촌특별세
간이세액	A01	1	5,600,000	20,120						
중도퇴사	A02									

[2] 이자배당소득자료 입력

1. 기타소득자등록(101.김세무)

등 록 사 항	
1.거 주 구 분	1 거 주
2.소 득 구 분	251 내국법인 배당·분배금, 건설이자 연 말 정 산 적 용
3.내 국 인 여 부	1 내국인 (거주지국코드 KR 대한민국 등록번호)
4.생 년 월 일	1980 년 11 월 11 일
5.주 민 등 록 번 호	801111-1012342
6.소득자구분/실명	111 주민등록번호 실명 0 실 명
7.개인/ 법인구분	1 개 인 필요경비율 %

2. 이자배당소득자료입력(지급년월일 9월 1일)

◈	구 분			입력내용				
1.소득자 구분/실명	111	주민등록번호				실명	0.실명	
2.개인/법인구분	1.개인							
3.지급(영수)일자	년 09 월 01 일							
4.귀속년월	년 09 월							

◈ 지급및계산내역								
채권이자 구분	이자지급대상기간	이자율	금액	세율 (%)	세액	지방소득세	농특세
	----`--`--~----`--`--		5,000,000	14	700,000	70,000	

[3] 전자신고

1. [원천징수이행상황신고서] 조회 및 마감(**귀속기간 10월, 지급기간 11월**, 1.정기신고)

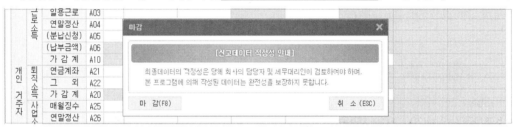

2. [전자신고] 비밀번호 자유롭게 8자(11111111)

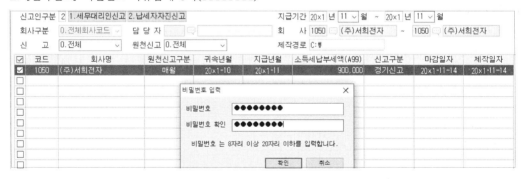

3. [국세청 홈택스 전자신고변환(교육용)]

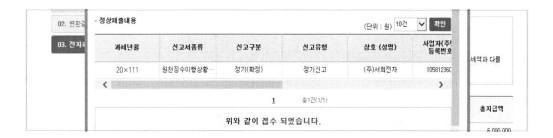

과세년월	신고서종류	신고구분	신고유형	상호 (성명)	사업자(주)등록번호
20×111	원천징수이행상황…	정기(확정)	정기신고	(주)서회전자	1058123600

1

총1건(1/1)

위와 같이 접수 되었습니다.

문제 5 세무조정

[1] 수입금액조정명세서, 조정후수입금액명세서

1. 수입금액조정명세서

(1) 작업진행률에 의한 수입금액 탭

No	⑦공사명	⑧도급자	⑨도급금액	⑩해당사업연도말 총공사비누적액 (작업시간등)	⑪총공사 예정비 (작업시간등)	⑫진행율 (⑩/⑪)	⑬누적익금 산입액 (⑨×⑫)	⑭전기말누적 수입계상액	⑮당기회사 수입계상액	(16)조정액 (⑬-⑭-⑮)
1	제주도지하철공사	제주도도지사	200,000,000	80,000,000	100,000,000	80.00	160,000,000	150,000,000		10,000,000

(2) 기타수입금액조정 탭

No	(23)구 분	(24)근 거 법 령	(25)수 입 금 액	(26)대 응 원 가	비 고
1	제품매출		2,200,000	2,000,000	

(3) 수입금액조정계산 탭

수입금액조정계산 | 작업진행률에 의한 수입금액 | 중소기업 등 수입금액 인식기준 적용특례에 의한 수입금액 | 기타수입금액조정

1 1.수입금액 조정계산

No	계정과목 ①항 목	②계정과목	③결산서상 수입금액	조 정 ④가 산	⑤차 감	⑥조정후 수입금액 (③+④-⑤)	비 고
1	매 출	제품매출	2,500,800,000	2,200,000		2,503,000,000	
2	매 출	공사수입금	178,200,000	10,000,000		188,200,000	
		계	2,679,000,000	12,200,000		2,691,200,000	

2 2.수입금액조정명세

가.작업 진행률에 의한 수입금액	10,000,000
나.중소기업 등 수입금액 인식기준 적용특례에 의한 수입금액	
다.기타 수입금액	2,200,000
계	12,200,000

2. 조정후수입금액명세서

(1) 업종별 수입금액 명세서 탭

업종별 수입금액 명세서	과세표준과 수입금액 차액검토

1 1.업종별 수입금액 명세서

①업 태	②종 목	순번	③기준(단순)경비율번호	수 입 금 액			
				수입금액계정조회	내 수 판 매		⑦수 출(영세율대상)
				④계(⑤+⑥+⑦)	⑤국내생산품	⑥수입상품	
제조.도매업,도급	안전유리	01	261004	2,503,000,000	2,503,000,000		
건설업	철도 궤도 전문공사업	02	452122	188,200,000	188,200,000		
(111)기 타		11					
(112)합 계		99		2,691,200,000	2,691,200,000		

(2) 과세표준과 수입금액 차액검토 탭

업종별 수입금액 명세서	과세표준과 수입금액 차액검토

2 2.부가가치세 과세표준과 수입금액 차액 검토   부가가치세 신고 내역보기

(1) 부가가치세 과세표준과 수입금액 차액

⑧과세(일반)	⑨과세(영세율)	⑩면세수입금액	⑪합계(⑧+⑨+⑩)	⑫조정후수입금액	⑬차액(⑪-⑫)
2,688,200,000			2,688,200,000	2,691,200,000	-3,000,000

(2) 수입금액과의 차액내역(부가세과표에 포함되어 있으면 +금액, 포함되지 않았으면 -금액 처리)

⑭구 분	코드	(16)금 액	비 고	⑭구 분	코드	(16)금 액	비 고
자가공급(면세전용등)	21			거래(공급)시기차이감액	30		
사업상증여(접대제공)	22	7,000,000		주세·개별소비세	31		
개인적공급(개인적사용)	23			매출누락	32		
간주임대료	24				33		
자산 유형자산 및 무형자산 매각액	25				34		
매각 그밖의자산매각액(부산물)	26				35		
폐업시 잔존재고재화	27				36		
작업진행률 차이	28	-10,000,000			37		
거래(공급)시기차이가산	29			(17)차 액 계	50	-3,000,000	
				(13)차액과(17)차액계의차이금액			

3. 세무조정

〈 익금산입 〉   제품매출   2,200,000 원 (유보발생)

〈 손금산입 〉   제품매출원가   2,000,000 원 (유보발생)

〈 익금산입 〉   공사수입금   10,000,000 원 (유보발생)

[2] 선급비용명세서

	계정구분	거래내용	거래처	대상기간 시작일	대상기간 종료일	지급액	선급비용	회사계상액	조정대상금액
☐	선급 보험료	본사화재보험료	(주)한화보험	2024-07-01	2025-06-30	60,000,000	29,753,424		29,753,424
☐	선급 보험료	공장화재보험료	(주)삼성보험	2024-09-01	2025-08-31	90,000,000	59,917,808	15,000,000	44,917,808

〈 손 금 산 입 〉   전기선급비용   500,000 원 (유보감소)

〈 손금불산입 〉   당기 선급보험료   29,753,424 원 (유보발생)

〈 손금불산입 〉   당기 선급보험료   44,917,808 원 (유보발생)

[3] 대손충당금및대손금조정명세서

1. 대손금 조정

No	22. 일자	23.계정 과목	24.채권 내역	25.대손 사유	26.금액	대손충당금상계액			당기 손비계상액		
						27.계	28.시인액	29.부인액	30.계	31.시인액	32.부인액
1	08.16	외상매출금	1.매출채권	6.소멸시효완성	2,000,000	2,000,000	2,000,000				

2. 대손금조정 — 크게보기

2. 채권잔액

No	16.계정 과목	17.채권잔액의 장부가액	18.기말현재대손금부인누계		19.합계 (17+18)	20.충당금설정제외채권 (할인,배서,특수채권)	21.채 권 잔 액 (19-20)
			전기	당기			
1	외상매출금	300,000,000	7,000,000		307,000,000		307,000,000
2	미수금	25,000,000			25,000,000		25,000,000
3							
	계	325,000,000	7,000,000		332,000,000		332,000,000

2 채권잔액 — 크게보기

3. 대손충당금조정

대손충당금(외상매출금+받을어음)

대손	2,000,000	기 초	15,000,000	←	8.기초충당금
	(시인액)		(유보 6,000,000) ←		10.충당금부인
12.(기말잔액-설정액) =5. 보충액 →	**기말잔액** 17,500,000	설 정	4,500,000 ←		4.당기계상액

손금 산입액 조정	1.채권잔액 (21의금액)	2.설정률(%)			3.한도액 (1×2)	회사계상액			7.한도초과액 (6-3)
		●기본율	○실적율	○적립기준		4.당기계상액	5.보충액	6.계	
	332,000,000	1			3,320,000	4,500,000	13,000,000	17,500,000	14,180,000
익금 산입액 조정	8.장부상 충당금기초잔액	9.기중 충당금환입액	10.충당금부인 누계액	11.당기대손 상계액(27의금액)	12.충당금보충액 (충당금장부잔액)	13.환입할금액 (8-9-10-11-12)	14.회사환입액 (회사기말환입)	15.과소환입 · 과다 환입(△)(13-14)	
	15,000,000		6,000,000	2,000,000	13,000,000	-6,000,000		-6,000,000	

3 1.대손충당금조정

4. 세무조정

〈 익금불산입 〉　전기대손충당금한도초과　　　　6,000,000 원 (유보감소)

〈 손금불산입 〉　대손충당금한도초과　　　　14,180,000 원 (유보발생)

[4] 업무무관부동산등에관련한차입금이자조정명세서

1. 업무무관부동산 적수

| 1.업무무관부동산 | 2.업무무관산 | 3.가지급금 | 4.가수금 | 5.그밖의 | | | 불러오기 | 적요수정 |

No	①월일	②적요	③차변	④대변	⑤잔액	⑥일수	⑦적수
1	1 1	전기이월	350,000,000		350,000,000	366	128,100,000,000

6. 자기자본 적수 계산 — 불러오기

⑩재무상태표자산총계	⑪재무상태표부채총계	⑫자기자본 (⑩-⑪)	⑬납입자본금	⑭사업연도 일수	⑮적수
1,000,000,000	300,000,000	700,000,000	100,000,000	366	256,200,000,000

2. 업무무관가지급금 적수

| 1.업무무관부동산 | 2.업무무관산 | 3.가지급금 | 4.가수금 | 5.그밖의 | | | 불러오기 | 적요수정 |

No	①월일	②적요	③차변	④대변	⑤잔액	⑥일수	⑦적수
1	1 1	전기이월	600,000,000		600,000,000	366	219,600,000,000

3. 가수금 적수

| 1.업무무관부동산 | 2.업무무관산 | 3.가지급금 | 4.가수금 | 5.그밖의 | | | 불러오기 | 적요수정 |

No	①월일	②적요	③차변	④대변	⑤잔액	⑥일수	⑦적수
1	1 1	전기이월		100,000,000	100,000,000	366	36,600,000,000

4. 지급이자 손금불산입(갑)

① 지급이자 및 차입금적수계산

2. 지급이자 및 차입금 적수 계산 [연이율 일수 현재: 366일] — 단수

No	(9) 이자율(%)	(10)지급이자	(11)차입금적수	(12)채권자불분명 사채이자 / 수령자불분명 사채이자 (13)지급이자	(14)차입금적수	(15)건설 자금 이자 / 국조법 14조에 따른 이자 (16)지급이자	(17)차입금적수	차 감 (18)지급이자 (10-13-16)	(19)차입금적수 (11-14-17)
1	12.00000	15,000,000	45,750,000,000			15,000,000	45,750,000,000		
2	10.00000	20,000,000	73,200,000,000					20,000,000	73,200,000,000
3	8.00000	10,000,000	45,750,000,000					10,000,000	45,750,000,000
4	6.00000	30,000,000	183,000,000,000	30,000,000	183,000,000,000				
5	4.00000	40,000,000	366,000,000,000					40,000,000	366,000,000,000
합계		115,000,000	713,700,000,000	30,000,000	183,000,000,000	15,000,000	45,750,000,000	70,000,000	484,950,000,000

② 업무무관부동산 등에 관련한 차입금 지급이자

1.업무무관부동산 등에 관련한 차입금 지급이자

①지급 이자	적 수 ②업무무관 부동산	③업무무관 동 산	④가지급금 등	⑤계(②+③+④)	⑥차입금 (=⑲)	⑦ ⑤와 ⑥중 적은 금액	⑧손금불산입 지급이자 (①×⑦÷⑥)
70,000,000	128,100,000,000			183,000,000,000	311,100,000,000	484,950,000,000	311,100,000,000	44,905,660

5. 세무조정

〈손금불산입〉	업무무관자산지급이자	44,905,660 원 (기타사외유출)
〈손금불산입〉	채권자불분명사채이자(원천세 제외)	30,000,000 원 (상여)
〈손금불산입〉	건설자금이자	15,000,000 원 (유보발생)

[5] 업무용승용차관련 비용명세서

1. 소나타(27로2727)⇒자가

① 업무사용비율 : 0%(업무일지 작성안함.)

② 감가상각시부인

- 한도액 = 취득가액(34,000,000)÷내용연수(5년) = 6,800,000원

- 회사계상각비 = 6,800,000원

- 시부인 없음

③ 업무용승용차관련비용 = 감가상각비(6,800,000) + 유류비(2,000,000) + 보험료(1,000,000)
+자동차세(520,000) = 10,320,000원

③ 업무미사용금액의 손금불산입: 업무용승용차관련비용이 15백만원이므로 없음

(1) 업무용승용차 등록

차량 상세 등록 내용

항목	내용
1. 고정자산계정과목	0208 차량운반구
2. 고정자산코드/명	
3. 취득일자	20×0-05-01
4. 경비구분	6.800번대/판관비
5. 사용자 부서	
6. 사용자 직책	
7. 사용자 성명	
8. 임차여부	자가
9. 임차기간	____-__-__ ~ ____-__-__
10. 보험가입여부	가입
11. 보험기간	20×0-05-01 ~ 20×1-04-30
	20×1-05-01 ~ 20×2-04-30
12. 운행기록부사용여부	부 전기이월누적거리 ____km
13. 출퇴근사용여부	여 출퇴근거리 ____km

(2) 업무용승용차 관련 비용명세서

1 업무용 사용 비율 및 업무용 승용차 관련 비용 명세 (운행기록부: 미적용) 취득일: 20×0-05-01 ☐ 부동산임대업등 법령39조 ③항

(5) 총주행거리(km)	(6) 업무 사용 거리(km)	(7) 업무 사용비율	(8) 취득가액	(9) 보유또는 임차월수	(10)업무 승용차 관련 비용								
					(11) 감가상각비	(12) 임차료 (감가상각비포함)	(13) 감가상 각비상당액	(14) 유류비	(15) 보험료	(16) 수선비	(17) 자동차세	(18) 기타	(19) 합계
100.0000			34,000,000	12	6,800,000			2,000,000	1,000,000		520,000		10,320,000
합 계					6,800,000	5,280,000	3,696,000	4,200,000	1,000,000		520,000		17,800,000

2 업무용 승용차 관련 비용 손금불산입 계산

(22) 업무 사용 금액			(23) 업무외 사용 금액			(30) 감가상각비 (상당액) 한도초과금액	(31) 손금불산입 합계 ((29)+(30))	(32) 손금산입 합계 ((19)-(31))
(24) 감가상각비 (상당액)][((11)또는 (13))X(7)]	(25) 관련 비용 [((19)-(11)또는 (19)-(13))X(7)]	(26) 합계 ((24)+(25))	(27) 감가상각비 (상당액)X(11)-(24) 또는(13)-(24))	(28) 관련 비용 [((19)-(11)또는 (19)-(13))-(25)]	(29) 합계 ((27)+(28))			
6,800,000	3,520,000	10,320,000						10,320,000
10,126,400	6,925,600	17,052,000	369,600	378,400	748,000	659,733	1,407,733	16,392,267

3 감가상각비(상당액) 한도초과금액 이월 명세

(37) 전기이월액	(38) 당기 감가상각비(상당액) 한도초과금액	(39) 감가상각비(상당액) 한도초과금액 누계	(40) 손금추인(산입)액	(41) 차기이월액((39)-(40))
	659,733	659,733		659,733

2. 제네시스(38호2929)⇒렌트

① 업무사용비율 : 9,000/10,000 = 90%

② 업무용승용차관련비용 = 렌트료(1,320,000×4개월) + 유류비(2,200,000) = 7,480,000원

③ 업무미사용금액 = 7,480,000 × (1 - 90%) = 748,000원(손불, 상여)

④ 감가상각비 상당액 중 800만원초과분

    - 감가상각비 상당액 = 5,280,000 × 70%(감가상각비 상당비율) × 90%(업무사용비율) = 3,326,400원

    - 한도(4개월분) = 8,000,000 × 4/12 = 2,666,667원

    - 한도초과 = 상당액(3,326,400) - 한도(2,666,667) = 659,733원(손불, 기타사외유출)

(1) 업무용승용차 등록

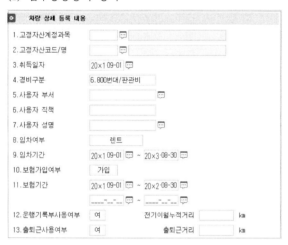

(2) 업무용승용차관련비용명세서

1 업무용 사용 비율 및 업무용 승용차 관련 비용 명세	《운행기록부: 적용》		임차기간: 20x1-09-01 ~ 20x3-08-30				□ 부동산임대업등 법령39조③항					
(5) 총주행 거리(km)	(6) 업무용 사용 거리(km)	(7) 업무 사용비율	(8) 취득가액	(9) 보유또는 임차월수	(10)업무용 승용차 관련 비용							
					(11) 감가상각비	(12) 임차료 (감가상각비포함)	(13) 감가상 각비상당액	(14) 유류비	(15) 보험료	(16) 수선비	(17) 자동차세	(18) 기타	(19) 합계
10,000	9,000	90.0000		4		5,280,000	3,696,000	2,200,000					7,480,000
합 계					6,800,000	5,280,000	3,696,000	4,200,000	1,000,000		520,000		17,800,000

2 업무용 승용차 관련 비용 손금불산입 계산									
(22) 업무 사용 금액			(23) 업무외 사용 금액			(30) 감가상각비 (상당액) 한도초과금액	(31) 손금불산입 합계 ((29)+(30))	(32) 손금산입 합계 ((19)-(31))	
(24) 감가상각비 (상당액)[((11)또는 (13))×(7)]	(25) 관리 비용 [((19)-(11)또는 (19)-(13))×(7)]	(26) 합계 ((24)+(25))	(27) 감가상각비 (상당액)×(11)-(24) 또는(13)-(24)	(28) 관리 비용 [((19)-(11)또는 (19)-(13))-(25)]	(29) 합계 ((27)+(28))				
3,320,400	3,405,000	6,702,000	060,600	378,400	749,000	659,733	1,407,733	6,072,267	
10,126,400	6,925,600	17,052,000	369,600	378,400	748,000	659,733	1,407,733	16,392,267	

3 감가상각비(상당액) 한도초과금액 이월 명세				
(37) 전기이월액	(38) 당기 감가상각비(상당액) 한도초과금액	(39) 감가상각비(상당액) 한도초과금액 누계	(40) 손금추인(산입)액	(41) 차기이월액((39)-(40))
	659,733	659,733		659,733
659,733	659,733	659,733		659,733

(3) 세무조정

〈 손금불산입 〉 감가상각비상당액 한도초과액   659,733 원 (기타사외유출)

〈 손금불산입 〉 업무용승용차 업무미사용분   748,000 원 (상여)

제104회 전산세무 1급

합격율	시험년월
14%	2022.10

▣ 이 론

01. 다음 중 일반기업회계기준상 재무제표에 대한 설명으로 잘못된 것은?

① 유동자산은 당좌자산과 재고자산으로 구분하고, 비유동자산은 투자자산, 유형자산, 무형자산, 기타비유동자산으로 구분한다.

② 정상적인 영업주기 내에 판매되는 재고자산은 보고기간종료일부터 1년 이내에 실현되지 않더라도 유동자산으로 분류한다.

③ 자본은 자본금, 자본잉여금, 자본조정, 기타포괄손익누계액 및 이익잉여금(또는 결손금)으로 구분한다.

④ 원칙적으로 당기 재무제표에 보고되는 모든 계량정보에 대해 전기 비교정보를 공시하지만 비계량정보의 경우에 비교정보는 재무제표에 이를 포함할 수 없다.

02. 일반기업회계기준에 따른 수익인식기준에 대한 설명 중 옳지 않은 것은?

① 광고제작수수료는 광고 제작 진행률에 따라 인식한다.

② 할부판매는 판매시점에 인식한다.

③ 반품권이 부여된 거래의 경우 판매한 시점에 인식한다.

④ 부동산의 판매수익은 법적 소유권이 구매자에게 이전되는 시점에 인식한다.

03. 재고자산에 대한 설명 중 옳지 않은 것은?

① 원재료의 현행대체원가는 순실현가능가치에 대한 최선의 이용가능한 측정치로 활용될 수 있다.

② 저가법 적용에 따라 평가손실을 초래한 상황이 해소되어 시가가 최초의 장부금액을 초과하는 경우 시가금액으로 평가손실을 환입한다.

③ 정상적으로 발생한 감모손실은 매출원가에 가산한다.

④ 특정 프로젝트별로 생산되는 제품의 원가는 개별법을 사용하여 결정한다.

04. 기말 현재 당기순이익은 10,000,000원으로 계상되어 있다. 아래의 내용을 추가로 고려할 경우 최종적으로 계상될 당기순이익은 얼마인가?

> ㉠ 보통예금으로 외상매입금 20,000,000원을 지출하였다.
> ㉡ 외상매출금 5,000,000원을 보통예금으로 수령하였다.
> ㉢ 사무실 화재보험료 1,200,000원을 12월 1일에 일시납입했고, 이에 대한 선급비용은 1,100,000원으로 계상되어 있다(보험기간은 20x1년 12월 1일~20x2년 11월 30일이며, 선급비용은 월할계산하였다).

① (-)10,000,000원
② (-)5,000,000원
③ 8,900,000원
④ 10,000,000원

05. 사채의 시장이자율보다 액면이자율이 높은 사채를 발행하고, 매년 유효이자율법에 의해 사채할증발행차금을 상각하는 경우 다음 설명 중 가장 옳지 않은 것은?

① 사채는 할증발행되고, 사채의 장부가액은 액면가액보다 높다.
② 사채의 장부가액은 매년 감소한다.
③ 사채할증발행차금의 상각액은 매년 감소한다.
④ 유효이자율법에 의한 이자비용은 매년 감소한다.

06. 일정기간 관련범위 내에서 조업도 수준의 변동에 따라 총원가 일정한 모습으로 변동할 때 그 모습을 원가행태라고 한다. 원가행태에 대한 설명으로 틀린 것은?

① 변동원가는 관련범위 내에서 조업도의 변동에 정비례하여 총원가가 변동하는 원가를 말하며, 단위당 변동원가는 조업도의 변동에 관계없이 일정하다.
② 준고정원가는 조업도와 관계없이 발생하는 고정원가와 조업도의 변동에 비례하여 발생하는 변동원가로 구성된 원가를 말한다.
③ 고정원가의 단위당 원가는 조업도의 증감과 반대로 변동한다.
④ 관련범위 내에서 조업도의 변동에 관계없이 총원가가 일정한 원가를 고정원가라고 하며, 총원가가 조업도의 변동에 아무런 영향을 받지 않는다.

07. 다음 중 개별원가계산과 종합원가계산에 대한 설명으로 가장 틀린 것은?

① 개별원가계산은 다품종소량생산에, 종합원가계산은 소품종대량생산에 적합한 원가계산방식이다.
② 개별원가계산은 정확한 원가계산이 가능하나, 종합원가계산은 원가계산의 정확도가 떨어진다.
③ 개별원가계산은 완성품환산량을 산정해야 하며, 종합원가계산은 제조간접비를 배부해야 한다.
④ 개별원가계산은 조선업, 항공기제조업 등의 업종에 주로 사용되나, 종합원가계산은 자동차, 전자제품 등의 업종에서 주로 사용되는 원가계산 방식이다.

08. 다음의 자료에 의하여 종합원가계산에 의한 가공비의 완성품환산량을 계산하시오(단, 가공비는 가공 과정 동안 균등하게 발생한다고 가정한다).

- 기초재공품 : 400개(완성도 40%)
- 기말재공품 : 300개(완성도 60%)
- 당기 착수량 : 800개
- 당기 완성량 : 900개

	평균법	선입선출법		평균법	선입선출법
①	1,000개	900개	②	1,080개	920개
③	920개	1,080개	④	1,080개	900개

09. 부문별원가계산시 보조부문원가를 제조부문에 배분하는 방법에 대한 설명으로 틀린 것은?

① 보조부문 상호 간의 용역수수를 인식하는지 여부에 따라 직접배분법, 단계배분법, 상호배분법으로 구분된다.

② 보조부문 간의 용역수수관계가 중요한 경우 직접배분법을 적용하여 부문별원가를 배분하게 되면 원가배분의 왜곡을 초래할 수 있다.

③ 제조간접비를 부문별 제조간접비 배부율에 따라 배부하는 경우 각 제조부문의 특성에 따라 제조간접원가를 배부하기 때문에 공장 전체 제조간접원가 배부율에 따라 배부하는 것보다 정확한 제품원가를 계산할 수 있다.

④ 상호배분법은 보조부문의 원가배분 순서에 따라 배분원가가 달라진다.

10. ㈜시후의 20x1년 11월 직접노무비에 관한 내용이 다음과 같을 경우, 직접노무비 임률차이는 얼마인가?

(1) 실제 직접노무비 발생액 : 180,000원
(2) 실제 직접노동시간 : 33,000시간
(3) 표준 직접노동시간 : 34,000시간
(4) 직접노무비 능률차이 : 5,000원(유리)

① 유리한 차이 5,000원
② 불리한 차이 5,000원
③ 불리한 차이 12,000원
④ 불리한 차이 15,000원

11. 다음 중 부가가치세법상 수정(전자)세금계산서 발급사유와 발급절차에 관한 설명으로 잘못된 것은?

① 상대방에게 공급한 재화가 환입된 경우 수정(전자)세금계산서의 작성일은 재화가 환입된 날을 적는다.

② 계약의 해제로 재화·용역이 공급되지 않은 경우 수정(전자)세금계산서의 작성일은 계약해제일을 적는다.

③ 계약의 해지 등에 따라 공급가액에 추가 또는 차감되는 금액이 발생한 경우 수정(전자)세금계산서의 작성일은 증감사유가 발생한 날을 적는다.

④ 재화·용역을 공급한 후 공급시기가 속하는 과세기간 종료 후 25일 이내에 내국신용장이 개설된 경우 수정(전자)세금계산서의 작성일은 내국신용장이 개설된 날을 적는다.

12. 다음 중 부가가치세법상 면세와 영세율에 대한 설명으로 가장 틀린 것은?

① 면세의 경우 매입세액이 환급되지 않으나 영세율의 경우 매입세액의 전액 환급이 가능할 수 있다.

② 면세 대상은 주로 기초생활필수품 등의 재화의 공급이나 영세율 대상은 주로 수출 등 외화획득 재화의 공급이다.

③ 면세는 완전면세 제도이나 영세율은 부분면세 제도이다.

④ 면세사업자는 부가가치세법상 사업자가 아니나 영세율 사업자는 부가가치세법상 사업자이다.

13. 다음 중 소득세법상 종합소득과세표준 확정신고 대상자는?

① 공적연금소득과 양도소득이 있는 자

② 퇴직소득과 연말정산대상 근로소득이 있는 자

③ 일용근로소득과 연말정산대상 사업소득이 있는 자

④ 분리과세 이자소득과 사업소득에서 결손금이 발생한 자

14. 다음 중 소득세법상 결손금과 이월결손금에 관한 내용으로 틀린 것은?

① 사업소득의 이월결손금은 사업소득→근로소득→연금소득→기타소득→이자소득→배당소득의 순서로 공제한다.

② 사업소득의 이월결손금은 해당 이월결손금이 발생한 과세기간의 종료일부터 15년 이내에 끝나는 과세기간의 소득금액을 계산할 때 과거에 발생한 과세기간의 이월결손금부터 순서대로 공제한다.

③ 결손금 및 이월결손금을 공제할 때 해당 과세기간에 결손금이 발생하고 이월결손금이 있는 경우에는 결손금을 먼저 소득금액에서 공제한다.

④ 주거용 건물 임대 외의 부동산임대업에서 발생한 이월결손금은 타소득에서 공제할 수 있다.

15. 법인세법상 손익귀속시기에 관한 다음의 설명 중 가장 옳지 않은 것은?

① 지급기간이 1년 이하인 단기임대료는 원칙적으로 계약상 지급일을 귀속사업연도로 하나, 기간경과분에 대하여 임대료를 수익으로 계상한 경우에는 이를 익금으로 인정한다.

② 용역제공에 의한 손익 귀속사업연도에서 기업회계기준에 근거하여 인도기준으로 회계처리한 경우 이를 인정한다.

③ 중소기업의 계약기간 1년 미만인 건설의 경우라 하여도 수익과 비용을 각각 그 목적물의 인도일이 속하는 사업연도의 익금과 손금에 산입할 수 없다.

④ 자산을 타인에게 위탁하여 판매하는 경우에는 수탁자가 그 자산을 판매한 날이 속하는 사업연도를 귀속사업연도로 한다.

실 무

㈜진산산업(1040)은 제조 · 도소매업을 영위하는 중소기업이며, 당기 회계기간은 20x1.1.1.~20x1.12.31. 이다. 전산세무회계 수험용 프로그램을 이용하여 다음 물음에 답하시오.

문제 1 다음 거래에 대하여 적절한 회계처리를 하시오.(12점)

[1] 01월 15일 ㈜진산산업은 영업부에서 사용할 업무용승용차(2,000cc)를 이용하기 위하여 현주캐피탈㈜ 과 리스계약(운용리스)을 체결하고 다음의 전자계산서를 수취하였다. 임차료는 익월 5일, 보 통예금에서 지급된다. (3점)

전자계산서					승인번호		20220115-15454645-58811886		
공급자	등록번호	123-88-78774	종사업장번호		공급받는자	등록번호	321-81-00129	종사업장번호	
	상호(법인명)	현주캐피탈㈜	성명	박현주		상호(법인명)	㈜진산산업	성명	오현경
	사업장주소	경기도 성남시 분당구				사업장주소	서울시 마포구 상암동 1605		
	업태	금융업	종목	시설대여업		업태	제조 외	종목	전자제품
	이메일					이메일			
						이메일			
작성일자		공급가액		수정사유			비고		
20x1-01-15		700,000원		해당 없음					
월	일	품목		규격	수량	단가		공급가액	비고
01	15	리스료(123하1234)				700,000원		700,000원	
합계금액		현금		수표		어음		외상미수금	위 금액을 (청구) 함
700,000원								700,000원	

[2] 02월 01일 만기 3년짜리 액면금액 50,000,000원인 사채를 48,000,000원에 할인발행하여 50,000원 의 사채발행비를 제외한 금액이 보통예금으로 입금되었다. (3점)

[3] 03월 03일 회사는 사용 중이던 차량운반구를 중고차상사인 ㈜사랑최고사에 매각하고 전자세금계산서를 발급하였으며 매각대금은 당일 전액 보통예금으로 이체받았다. 결산서상 해당 차량운반구의 내역은 다음과 같다. (3점)

- 장부상 취득가액 55,000,000원
- 매각 시 감가상각누계액 40,000,000원

	전자세금계산서					승인번호		20220303-15454645-58811886			
공급자	등록번호	321-81-00129		종사업장번호		공급받는자	등록번호	126-87-10121		종사업장번호	
	상호(법인명)	㈜진산산업		성명	오현경		상호(법인명)	㈜사랑최고사		성명	이차량
	사업장주소	서울시 마포구 상암동 1605					사업장주소	경기도 이천시 가좌로1번길 21-26			
	업태	제조 외	종목	전자제품			업태	도소매	종목	중고차	
	이메일						이메일				
							이메일				

작성일자	공급가액	세액	수정사유	비고
20x1-03-03	20,000,000원	2,000,000원	해당 없음	

월	일	품목	규격	수량	단가	공급가액	세액	비고
03	03	10수3325 차량대금		1	20,000,000원	20,000,000원	2,000,000원	

합계금액	현금	수표	어음	외상미수금	위 금액을 (영수) 함
22,000,000원	22,000,000원				

[4] 03월 21일 1월 21일에 2개월 후 상환조건으로 ㈜최강에 외화로 단기 대여한 $5,000에 대하여 만기가 도래하여 회수한 후 원화로 환전하여 보통예금 계좌에 이체하였다(대여 시 환율은 $1당 1,800원, 회수 시 환율은 $1당 1,860원이다). (3점)

문제 2 다음 주어진 요구사항에 따라 부가가치세 신고서 및 부속서류를 작성 하시오.(10점)

[1] 다음 자료를 바탕으로 제2기 부가가치세 예정신고기간(20x1년 7월 1일~20x1년 9월 30일)의 [수출실적명세서](거래처명은 생략) 및 [영세율매출명세서]를 작성하시오(단, 매입매출전표 입력은 생략한다). (4점)

1. 20x1년 기준환율

일자	7월 14일	7월 31일	9월 25일	9월 30일
환율	₩1,250/$	₩1,230/$	₩1,210/$	₩1,200/$

2. 매출 내역
   (1) 수출실적내용

수출신고번호	선적일자	대금결제일	통화	금액
34554-67-7698012	20x1년 7월 14일	20x1년 7월 31일	USD	$10,000

   (2) 기타영세율(국내에서 외국법인에게 공급한 재화에 해당함)

서류명	발급자	발급일자	공급일자	통화	금액
외화입금증명서	신한은행	20x1년 9월 30일	20x1년 9월 25일	USD	$20,000

[2] 다음 자료는 20x1년 제1기 부가가치세 확정신고에 대한 매입 관련 전자세금계산서 내역이다. [공제받지 못할매입세액명세서]를 작성하시오(단, 전표 입력은 생략한다). (4점)

- 20x1년 4월 10일 원재료(공급가액 5,000,000원, 부가가치세 500,000원)를 구입하고 세금계산서를 수취하였다(세금계산서에 공급받는자의 상호가 누락된 점이 발견되었다).
- 20x1년 4월 12일 대표이사가 개인적 용도로 사용하기 위하여 승용차(배기량 990cc)를 15,000,000원 (부가가치세 별도)에 구입하고 세금계산서를 발급받았다.
- 20x1년 4월 20일 거래처에 접대목적으로 제공하기 위하여 접대용 물품을 500,000원(부가가치세 별도)에 구입하고 세금계산서를 발급받았다.
- 20x1년 5월 10일 공장용 토지의 취득과 관련하여 지출한 중개수수료 3,000,000원(부가가치세 별도)을 지출하고 세금계산서를 발급받았다.
- 20x1년 5월 29일 복리후생목적으로 상품(공급가액 2,000,000원, 부가가치세 200,000원)을 구입하였으나 공급시기에 세금계산서를 수취하지 못하였다. 하지만 20x1년 제1기 확정 신고기한 이내에 세금계산서를 수취하였다.

[3] 다음의 전산에 입력된 자료를 이용하여 20x1년 제2기 확정신고기간의 [부가가치세신고서]를 작성하여 마감하고 국세청 홈택스에 전자신고 하시오. (2점)

---

1. 매출 및 매입자료(아래의 자료 외 다른 매출 및 매입은 없으며, 세액공제는 고려하지 않는다.)
   • 매출전자세금계산서 공급가액 : 90,000,000원(부가가치세 별도)
   • 매입전자세금계산서 공급가액 : 75,000,000원(부가가치세 별도, 일반매입분)
2. 유의사항
   • 부속서류 및 부가가치세신고서는 입력된 자료를 조회하여 사용한다.
   • 마감 및 전자신고 시 오류는 발생하지 않아야 한다.
   • 신고서 마감 → [전자신고] → [국세청 홈택스 전자신고변환(교육용)] 순으로 진행한다.
   • 전자신고용 전자파일 제작 시 신고인 구분은 2.납세자 자진신고로 선택하고, 비밀번호는 "**12345678**"로 입력한다.
   • 전자신고용 전자파일 저장경로는 로컬디스크(C :)이며, 파일명은 "**enc작성연월일.101.v3218100129**"이다.
   • 최종적으로 국세청 홈택스에서 [전자파일 제출하기]를 완료한다.

문제 3 다음의 결산정리사항에 대하여 결산정리분개를 하거나 입력을 하여 결산을 완료하시오.(8점)

[1] 다음의 자료를 이용하여 제2기 부가가치세 확정신고기간에 대한 부가세대급금과 부가세예수금을 정리하는 분개를 입력하시오(납부세액은 미지급세금으로 계상하고 환급세액은 미수금으로 계상하되, 거래처는 입력하지 말 것). (2점)

| • 부가세대급금 : 7,500,000원 | • 부가세예수금 : 9,000,000원 |

---

[2] 20x1년 7월 1일 50,000,000원을 차입하고 연 10%의 이자율로 이자를 지급하기로 하였다. 이자는 1년이 되는 날에 지급하기로 하여 20x1년 12월 31일 현재 미지급하였다(단, 이자비용은 월할 계산할 것). (2점)

[3] 보유 중인 매도가능증권의 자료는 다음과 같다. 결산일의 필요한 회계처리를 하시오. (2점)

1. 매도가능증권 취득내역
   - 취득일 및 취득한 주식수 : 20x1년 12월 1일, 300주
   - 취득가액(주당) : 30,000원
   - 취득 시 직접 관련된 거래원가 : 주당 1,000원
2. 결산일 현재 공정가치(주당) : 32,000원
3. 회사는 매도가능증권 취득 시 일반기업회계기준에 따라 취득원가를 계상하였다.

[4] 당사는 9월 1일 제조공장에서 사용할 기계장치(120,000,000원)를 취득하였는데 취득 시 국고보조금 40,000,000원을 수령하였다. 해당 기계장치는 정액법(내용연수 5년, 잔존가치 없음)으로 월할 상각한다 (단, 기계장치는 10월 2일부터 사용이 개시되었다). (2점)

문제 4 원천징수와 관련된 다음 물음에 답하시오.(10점)

[1] 당회사는 20x1년 9월 귀속, 10월 지급의 원천징수 신고를 11월 10일에 수행하였다. 다만, 회계담당자의 실수로 인하여 11월 20일에 다음의 사업소득자료가 누락된 것을 발견하였다. 누락된 사업소득자료를 [원천징수이행상황신고서]에 입력하고, 원천징수 관련 가산세를 반영하여 20x1년 9월 귀속, 10월 지급 [원천징수이행상황신고서]를 작성하시오(단, 수정신고서를 작성하며 수정차수는 1차이고 추가납부세액은 11월 30일에 신고 · 납부하는 것으로 하고, 납부지연가산세는 1일 2.2/10,000으로 가정한다). (3점)

1. 정기급여신고 자료

인원	총급여	징수세액
6	30,000,000원	2,632,350원

2. 중간퇴사자 자료

인원	총급여	징수세액
1	5,000,000원	△880,000원

3. 사업소득 자료(귀속연월일 9월 30일)

코드	성명	지급일	주민등록번호	지급액	내용	소득구분코드
100	김미영	20x1.10.31	790101 – 1234567	3,000,000원	강사료	940903

[2] 다음의 자료와 유의사항을 토대로 이준혁(사번 : 16)의 연말정산과 관련된 자료를 [연말정산추가자료입력] 메뉴에 입력하시오. 모든 자료는 국세청 홈페이지에서 조회금액이다. (7점)

1. 부양가족 현황

성명	관계	연령(만)	비 고
이준혁	본인	46세	세대주, **총급여액 7,500만원**
이혁진	아버지	72세	총급여액 500만원
최민순	어머니	66세	장애인복지법상 장애인
장미정	배우자	42세	소득 없음
이미숙	여동생	34세	소득 없음
이시연	자녀	14세	중학생, 소득 없음
이채연	자녀	6세	취학전아동, 소득 없음

2. 연말정산 관련 자료

항목	내 용
보험료	• 본인 : 보장성보험료 60만원 • 자녀(이시연) : 상해보험료 100만원
의료비	• 어머니 : 보청기 구입비 150만원, 질병 치료 목적 한약구입비 30만원 • 배우자 : 질병치료비 100만원(실손의료보험금 40만원을 지급받음)
교육비	• 자녀(이시연) : 방과후학교 수업비 70만원, 교복구입비용 60만원 • 자녀(이채연) : 유치원 수업료 250만원, 합기도장 수업료(월 단위 실시, 1주 5일 수업) 30만원
기부금	• 본인 : 정치자금기부금 10만원
월세, 주택임차차입금	• 임대인 : 김정순(530820 – 2045891) • 임차인 : 이준혁 • 주택유형 : 단독주택 • 주택계약면적 : 84.56㎡ • 임대차계약서상 주소지(주민등록표 등본의 주소지) : 서울시 서초구 서초로 45 • 임대차계약 기간 : 20x0.06.01~20x2.05.31 • 매월 월세액 : 100만원(20x1년 총 지급액 1,200만원)
신용카드 등 사용액	• 신용카드 : 2,500만원(전통시장사용분 100만원 및 회사경비로 처리한 150만원 포함) • 현금영수증 : 중고자동차 구입비 1,400만원, 합기도장 수업료 30만원(위 자녀 이채연의 교육비 지출액임) • 위 신용카드 등 사용액은 모두 본인이 지출한 것임

3. 유의사항

• 부양가족의 소득 · 세액공제 내용 중 이준혁이 공제받을 수 있는 내역은 모두 이준혁이 공제받는 것으로 한다.

• [월세, 주택임차차입] 탭은 월세액 세액공제 대상이 아니면 작성하지 말 것.

문제 5 장수기업㈜(1041)은 금속제품을 생산하고 제조·도매업을 영위하는 중소기업이며, 당해 사업연도는 20x1.1.1.~20x1.12.31.이다. [법인조정] 메뉴를 이용하여 기장되어 있는 재무회계 장부 자료와 제시된 보충자료에 의하여 해당 사업연도의 세무조정을 하시오. (30점) ※ 회사 선택 시 유의하시오.

[1] 아래의 내용을 바탕으로 당사의 [기업업무추진비조정명세서]를 작성하고, 필요한 세무조정을 하시오(단, 세무조정은 각 건별로 행하는 것으로 한다). (6점)

1. 손익계산서상 매출액과 영업외수익은 아래와 같다.

구분	매출액	특이사항
제품매출	2,000,000,000원	
상품매출	1,202,000,000원	특수관계자에 대한 매출액 100,000,000원 포함
영업외수익	50,000,000원	부산물 매출액
합계	3,252,000,000원	

2. 손익계산서상 기업업무추진비(판) 계정의 내역은 아래와 같다.

구분	금액	비고
상무이사 개인경비	1,000,000원	현금 지출분
법인신용카드 사용분	45,000,000원	전액 3만원 초과분
법정증빙서류 없는 기업업무추진비	500,000원	간이영수증 수취 1건
합계	46,500,000원	

3. 한편 당사는 자사 상품(원가 1,000,000원, 시가 1,500,000원)을 거래처에 사업상 증정하고 아래와 같이 회계처리하였다.

(차) 광고선전비(판)　　　　　　　　1,150,000원　　　(대) 제품　　　　　　　1,000,000원
　　　　　　　　　　　　　　　　　　　　　　　　　　　　부가세예수금　　　　150,000원

[2] 다음의 고정자산에 대하여 감가상각비조정에서 [고정자산등록], [미상각자산감가상각조정명세서] 및 [감가상각비조정명세서합계표]를 작성하고 세무조정을 하시오. (6점)

구분	코드	자산명	취득일	취득가액	전기말 감가상각누계액	회사계상 상각비	구분	업종
건물	101	공장건물	2019.03.20.	400,000,000원	27,500,000원	8,000,000원	제조	연와조
기계장치	102	절단기	2020.07.01.	30,000,000원	20,000,000원	5,000,000원	제조	제조업

- 회사는 감가상각방법을 무신고하였다.
- 회사가 신고한 내용연수는 건물(연와조) 40년, 기계장치 5년이며, 이는 세법에서 정하는 범위 내의 기간이다.
- 회사는 공장건물의 승강기 설치비용(자본적지출) 30,000,000원을 당기 수선비로 회계처리하였다.
- 기계장치(절단기)의 전기말 상각부인액은 5,000,000원이다.

[3] 다음 자료를 토대로 [외화자산등평가차손익조정명세서(갑),(을)]를 작성하고, 관련 세무조정을 [소득금액합계표]에 반영하시오. (6점)

1. 외화예금	2. 외화차입금
• 발생일자 : 20x1년 07월 10일	• 발생일자 : 20x1년 09월 17일
• 외화종류 : USD	• 외화종류 : USD
• 외화금액 : $12,000	• 외화금액 : $7,500
• 발생 시 적용환율 : $1 = 1,800원	• 발생 시 적용환율 : $1 = 1,890원
• 사업연도 종료일 매매기준율 : $1 = 1,960원	• 사업연도 종료일 매매기준율 : $1 = 1,960원

1. 20x1년 결산 회계처리 시 외화자산과 외화부채에 대한 평가를 하지 않았다.
2. 법인세 신고 시 외화자산 및 외화부채의 평가에 적용되는 환율은 사업연도 종료일의 매매기준율로 신고되어 있다.
3. 당기 화폐성 외화자산과 외화부채는 위의 자료뿐이다.
4. 세무조정은 각 자산 및 부채별로 한다.

[4] 다음의 자료를 이용하여 각 세무조정사항을 [소득금액조정합계표]에 반영하시오. (6점)

계정과목	금액	비고
임차료	12,600,000원	업무용승용차(렌트차량)에 대한 감가상각비상당액 : 12,600,000 원업무용승용차 감가상각비 한도액 : 8,000,000원
매도가능증권평가손실	3,000,000원	기말 현재 자본에 계상되어 있다.
법인세비용	7,200,000원	당기 손익계산서상에는 법인세 및 법인분지방소득세 합계금액 7,200,000원이 계상되어 있다.
세금과공과금	72,000원	부가가치세 납부지연가산세가 계상되었다.
선급비용	1,200,000원	20x1년 12월 1일 선불로 지급한 1년분(20x1.12.01.~20x2.11.30.) 사무실 임차료 총액이며, 전액 선급비용으로 계상하였다.

[5] 다음은 장수기업㈜의 기부금과 관련된 자료이다. 다음 자료를 보고 [기부금조정명세서]를 작성하고 필요한 세무조정을 하시오(단, 기존 자료는 무시하고 주어진 자료만을 이용하도록 한다). (6점)

1. 손익계산서상 기부금 내역
   - 03월 20일 천재지변으로 피해를 입은 이재민 구호금 4,000,000원
   - 05월 08일 어버이날을 맞아 인근 아파트 경로당 후원 2,000,000원
   - 10월 10일 교회 건물신축을 위하여 교회에 당사가 발행하여 지급한 약속어음(만기 20x2년 1월) 10,000,000원
   - 11월 11일 사회복지사업법에 따른 사회복지법인에 지급한 고유목적사업비 7,500,000원
2. 손익계산서상 당기순이익은 45,000,000원이다.
3. 기부금 세무조정 전 손금불산입액은 1,800,000원이며, 손금산입액은 0원이다.

제104회 전산세무1급 답안 및 해설

이 론

1	2	3	4	5	6	7	8	9	10	11	12	13	14	15
④	③	②	④	③	②	③	②	④	④	④	③	④	④	③

01. 전기의 **비계량정보가 당기 재무제표 이해에 필요한 경우** 이를 당기와 비교하여 주석에 기재할 수 있다.

02. 반품부 판매는 **구매자가 인수를 수락한 시점 또는 반품 기간이 종료된 시점에** 인식한다.

03. 평가손실환입시 **최초의 장부금액을 초과하지 않는 범위 내에서 평가손실을 환입**한다.

04.

1. 수정전 당기순이익	10,000,000	
① 외상매입금 지급	0	손익에 영향이 없다.
② 외상매출금 수령	0	손익에 영향이 없다.
③ 선급비용계상분	0	선급비용=1,200,000×11개월/12개월=1,100,000원 따라서 손익에 영향이 없다.
2. 수정후 당기순이익	10,000,000	

05. 할증발행이건 할인발행이건 **사채할증발행차금의 상각(환입)액은 매년 증가**한다.

06. 조업도와 관계없이 발생하는 **고정원가와 조업도의 변동에 비례하여 발생하는 변동원가**로 구성된 원가는 준변동원가를 의미한다..

07. 개별원가계산은 제조간접비의 배부를 해야 하며, 종합원가계산은 완성품환산량을 산정해야 한다.

08. **평균법과 선입선출법의 차이는 기초재공품의 완성품환산량차이이다.**

〈1단계〉물량흐름파악(평균법)		〈2단계〉완성품환산량 계산	
재공품		재료비	가공비
완성품	900(100%)		900
기말재공품	300(60%)		180
계	1,200		*1,080*

선입선출법 = 평균법 완성품환산량(1,080) – 기초재공품의 완성품환산량(400개×40%) = 920개

09. **상호배분법은 원가배분 순서에 관계없이 배분원가가 일정**하다.

10. 능률차이(△5,000원) = AQ(33,000) × SP - SQ(34,000) × SP

∴ 표준가격(SP) = 능률차이 △5,000원÷(33,000시간 - 34,000시간) = 5원

AQ	AP	SQ	SP
33,000시간	??	34,000시간	5원
180,000원		170,000원	

AQ × AP(Ⓐ)	AQ × SP(Ⓑ)	SQ × SP(ⓒ)
180,000원	165,000원	170,000원

임률차이(Ⓐ - Ⓑ) 15,000원(불리)　　**능률차이**(Ⓑ - ⓒ) △5,000원(유리)

11. 공급시기가 속하는 과세기간 종료 후 25일 이내에 **내국신용장이 개설된 경우 당초 세금계산서 작성일**을 적는다.

12. 면세는 부분면세 제도이나 영세율은 완전면세 제도이다.

13. **사업소득에서 결손금이 발생한 경우에도 종합소득세 확정신고대상자에 해당**한다.

14. **부동산임대업에서 발생한 이월결손금은 부동산임대업의 소득금액만에서 공제**한다.

15. **중소기업인 경우 단기건설(1년 미만)의 경우에는 인도기준에 따라 수익과 비용을 인도일이 속하는 사업연도의 익금과 손금**에 산입할 수 있다.(특례조항)

■■■■■ 실 무

문제 1　전표입력

문항	일자	유형	공급가액	부가세	거래처	전자
[1]	1/15	53.면세	700,000	0	현주캐피탈㈜	여
분개유형		(차) 임차료(판)	700,000　(대) 미지급금			700,000
혼합						

☞ 운용리스이므로 비용처리 하여야한다.

[2]　일반전표입력(2/01)

　　(차) 보통예금　　　　　　　　47,950,000　(대) 사채　　　　　　　　50,000,000

　　사채할인발행차금　　　　2,050,000

☞ 발행가액(48,000,000 - 50,000) - 액면가액(50,000,000) = △2,050,000원(할인발행)

문항	일자	유형	공급가액	부가세	거래처	전자세금
[3]	3/3	11.과세	20,000,000	2,000,000	㈜사랑최고사	여
분개유형		(차) 보통예금	22,000,000	(대) 부가세예수금		2,000,000
혼합		감가상각누계액(209)	40,000,000	차량운반구		55,000,000
				유형자산처분이익		5,000,000

☞ 처분손익 = 처분가액(20,000,000) − 장부가액(55,000,000 − 40,000,000) = +5,000,000원(이익)

[4] 일반전표입력(3/21)

(차) 보통예금	9,300,000	(대) 단기대여금(㈜최강)	9,000,000
		외환차익	300,000

☞ 외환차손익 = 상환가액($5,000×1,860) − 장부가액($5,000×1,800) = 300,000원(이익)

문제 2 부가가치세

[1] 수출실적명세서 및 영세율 매출명세서

1. [수출실적명세서](7~9월)

구분	건수	외화금액	원화금액	비고
⑨합계	2	30,000.00	36,700,000	
⑩수출재화[=⑫합계]	1	10,000.00	12,500,000	
⑪기타영세율적용	1	20,000.00	24,200,000	

No	(13)수출신고번호	(14)선(기)적일자	(15)통화코드	(16)환율	(17)외화	(18)원화	거래처코드	거래처명
1	34554-67-7698012	20x1-07-14	USD	1,250.0000	10,000.00	12,500,000		

2. [영세율매출명세서](7~9월)

(7)구분	(8)조문	(9)내용	(10)금액(원)
부가가치	제21조	직접수출(대행수출 포함)	12,500,000
		중계무역·위탁판매·외국인도 또는 위탁가공무역 방식의 수출	
		내국신용장·구매확인서에 의하여 공급하는 재화	
		한국국제협력단 및 한국국제보건의료재단에 공급하는 해외반출용 재화	
		수탁가공무역 수출용으로 공급하는 재화	
	제22조	국외에서 제공하는 용역	
	제23조	선박·항공기에 의한 외국항행용역	
		국제복합운송계약에 의한 외국항행용역	
		국내에서 비거주자·외국법인에게 공급되는 재화 또는 용역	24,200,000
		수출재화임가공용역	

[2] [공제받지못할매입세액명세서](4~6월)

공제받지못할매입세액내역	공통매입세액안분계산내역	공통매입세액의정산내역	납부세액또는환급세액재계산

매입세액 불공제 사유	세금계산서		
	매수	공급가액	매입세액
①필요적 기재사항 누락 등			
②사업과 직접 관련 없는 지출	1	15,000,000	1,500,000
③비영업용 소형승용자동차 구입·유지 및 임차			
④접대비 및 이와 유사한 비용 관련	1	500,000	50,000
⑤면세사업등 관련			
⑥토지의 자본적 지출 관련	1	3,000,000	300,000
합계	3	18,500,000	1,850,000

☞ **공급받는자의 상호는 필요적기재사항이 아니므로 매입세액공제대상**이 되고, 사업과 관련없는 차량의 매입세액은 불공제대상입니다.

[3] 홈택스 부가가치세전자신고(확정신고 10~12월)

1. 전자신고파일생성	1. 신고서 및 부속서류 작성 및 마감
	2. 전자신고서 제작(비밀번호 입력 12345678)
	3. C드라이브에 파일(파일명 메모)이 생성
2. 홈택스 전자신고	1. 전자신고파일 불러오기
	2. 형식검증하기(비밀번호 입력 12345678)→확인
	3. 내용검증하기→확인
	4. 전자파일 제출
	5. 접수증 확인

1. [부가가치세신고서] 및 부속서류 마감(10~12월)

구분			정기신고금액			구분		금액	세율	세액
			금액	세율	세액	7.매출(예정신고누락분)				
과세표준및매출세액	과세	세금계산서발급분	1	90,000,000	10/100	9,000,000	예정누락분	과세	세금계산서	33	10/100
		매입자발행세금계산서	2		10/100				기타	34	10/100
		신용카드·현금영수증발행분	3		10/100			영세	세금계산서	35	0/100
		기타(정규영수증외매출분)	4		10/100				기타	36	0/100
	영세	세금계산서발급분	5		0/100			합계	37		
		기타	6		0/100		12.매입(예정신고누락분)				
	예정신고누락분		7				예정누락분	세금계산서	38		
	대손세액가감		8					그 밖의 공제매입세액	39		
	합계		9	90,000,000	㉮	9,000,000		합계	40		
매입세액	세금계산서수취분	일반매입	10	75,000,000		7,500,000		신용카드매출	일반매입		
		수출기업수입분납부유예	10					수령금액합계	고정매입		
		고정자산매입	11					의제매입세액			
	예정신고누락분		12					재활용폐자원등매입세액			
	매입자발행세금계산서		13					과세사업전환매입세액			
	그 밖의 공제매입세액		14					재고매입세액			
	합계(10)-(10-1)+(11)+(12)+(13)+(14)		15	75,000,000		7,500,000		변제대손세액			
	공제받지못할매입세액		16					외국인관광객에대한환급/			
	차감계 (15-16)		17	75,000,000	㉯	7,500,000		합계			
납부(환급)세액(매출세액㉮-매입세액㉯)					㉰	1,500,000	14.그 밖의 공제매입세액				
경감공제세액	그 밖의 경감·공제세액		18				신용카드매출	일반매입	41		
	신용카드매출전표등 발행공제등		19				수령금액합계표	고정매입	42		
	합계		20		㉱		의제매입세액		43	뒤쪽	
소규모 개인사업자 부가가치세 감면세액			20		㉲		재활용폐자원등매입세액		44	뒤쪽	
예정신고미환급세액			21		㉳		과세사업전환매입세액		45		
예정고지세액			22		㉴		재고매입세액		46		
사업양수자의 대리납부 기납부세액			23		㉵		변제대손세액		47		
매입자 납부특례 기납부세액			24		㉶		외국인관광객에대한환급세액		48		
신용카드업자의 대리납부 기납부세액			25		㉷						
가산세액계			26		㉸						
차가감하여 납부할세액(환급받을세액)㉰-㉱-㉲-㉳-㉴-㉵-㉶-㉷+㉸			27			1,500,000					
총괄납부사업자가 납부할 세액(환급받을 세액)											

175

2. 전자신고 데이터 제작

3. 홈택스 전자신고파일 제출

문제 3 **결산**

[1] [수동결산]

| (차) 부가세예수금 | 9,000,000 | (대) 부가세대급금 | 7,500,000 |
| | | 미지급세금 | 1,500,000 |

[2] [수동결산]

| (차) 이자비용 | 2,500,000 | (대) 미지급비용 | 2,500,000 |

☞이자비용(7.1~12.31) = 50,000,000원 × 10% × 6/12 = 2,500,000원

[3] [수동결산]

| (차) 매도가능증권(178) | 300,000 | (대) 매도가능증권평가이익 | 300,000 |

· 평가손익(매도) = 공정가액(300주×32,000) − 취득가액(300주×31,000) = 300,000원(이익)

[4] [수동결산]

| (차) 감가상각비(제) | 4,000,000원[1] | (대) 감가상각누계액(207) | 6,000,000원 |
| 국고보조금(217) | 2,000,000원 | | |

*1 취득가액 120,000,000원×1/5×3/12 = 6,000,000원
*2 국고보조금 40,000,000원×1/5×3/12 = 2,000,000원
· 고정자산의 감가상각은 취득시점(9월 1일)이 아닌 사용개시일(10월 2일)부터 시작한다.

문제 4 원천징수

[1] [원천징수이행상황신고서](귀속기간 9월, 지급기간 10월, 2.수정신고,1차)

		코드	소득지급		징수세액			당월조정환급세액	납부세액	
			인원	총지급액	소득세 등	농어촌특별세	가산세		소득세 등	농어촌특별세
개인거주자	근로소득	간이세액	A01	6	30,000,000	2,632,350					
			A01	6	30,000,000	2,632,350					
		중도퇴사	A02	1	5,000,000	-880,000					
			A02	1	5,000,000	-880,000					
		일용근로	A03								
			A03								
		연말정산	A04								
			A04								
		(분납신청)	A05								
			A05								
		(납부금액)	A06								
			A06								
		가 감 계	A10	7	35,000,000	1,752,350				1,752,350	
			A10	7	35,000,000	1,752,350				1,752,350	
	퇴직소득	연금계좌	A21								
			A21								
		그 외	A22								
			A22								
		가 감 계	A20								
			A20								
	사업	매월징수	A25								
			A25	1	3,000,000	90,000		3,096			

- 납부할 세액 = 3,000,000원(사업소득) × 3% = 90,000원
- 원천징수납부지연가산세 = Min(① 3,096원, ② 9,000원) = 3,096원
  ① 90,000원 × 3% + 90,000원 × 2.2(가정)/10,000 × 20일 = 3,096원
  ② 한도 : 90,000원 × 10% = 9,000원

[2] 연말정산(이준혁, 총급여액 8천만원 이하자)

항 목	요건		내역 및 대상여부	입력
	연령	소득		
보 험 료	○ (×)	○	• 본인 보장성보험료 • 자1(14) 상해보험료	○(일반 600,000) ○(일반 1,000,000)
의 료 비	×	×	• 모친 보청기, 치료목적 한약 구입 • 배우자 질병치료비(실손의료보험금 40만원 차감)	○(장애 1,800,000) ○(일반 600,000)
교 육 비	×	○	• 자1 방과후 수업료, 중학생 교복구입비 (한도 50만원) • 자2(6) 유치원 및 학원비	○(중학 1,200,000) ○(취학전 2,800,000)
기부금	×	○	• 본인 정치자금 기부금	○(10만원 이하 100,000)
신용카드	×	○	• 본인 신용카드(회사경비 제외) • 본인 현금영수증(중고자동차 한도 10%)	○(신용 22,500,000 전통시장 1,000,000) ○(현금 1,700,000)
월세	본인외		• 총급여액 8천만원 이하자	○(월세 12,000,000)

1. 부양가족 : 보험료 및 교육비 입력

① 본인(이준혁)

자료구분	보험료			
	건강	고용	일반보장성	장
국세청			600,000	
기타	2,942,844	600,000		

③ 자녀(이채연)

	교육비	
	일반	장애인특수
2,800,000	1.취학전	

② 자녀(이시연)

자료구분	보험료				의료비					교육비	
	건강	고용	일반보장성	장애인전용	일반	실손	선천성이상아	난임	65세,장애인	일반	장애인특수
국세청			1,000,000							1,200,000 2.초중고	
기타											

2. 신용카드 등

내/외 관계	성명 생년월일	자료 구분	신용카드	직불,선불	현금영수증	도서등 신용	도서등 직불	도서등 현금	전통시장	대중교통
내	이준혁	국세청	22,500,000		1,700,000				1,000,000	

3. 의료비

의료				지급처			지급명세				
성명	내/외	6.본인등 해당여부	9.증빙 코드	8.상호	7.사업자 등록번호	10. 건수	11.금액	11-1.실손 보험수령액	12.미숙아 선천성이상아	13.난임 여부	
최민순	내	2	0	1			1,800,000		X	X	
장미정	내	3	X	1			1,000,000	400,000	X	X	

4. 기부금

① 기부금 입력(본인, 이준혁)

구분		9.기부내용	기부처		기부명세				자료 구분
7.유형	8.코드		10.상호 (법인명)	11.사업자 번호 등	건수	13.기부금합계 금액 (14+15)	14.공제대상 기부금액	15.기부장려금 신청 금액	
정치자금	20	금전			1	100,000	100,000		국세청

② 기부금 조정 : 상단의 공제금액계산 클릭→불러오기→공제금액반영

코드	구분	지출액	공제대상금액	공제율1 (15%, 20%)	공제율2 (25%,30%,35%)	소득/세액공제액	공제초과이월액
20	정치자금(10만원 이하)	100,000	100,000			90,909	

구분		기부연도	16.기부금액	17.전년도까지 공제된금액	18.공제대상 금액(16-17)	해당연도 공제금액	해당연도에 공제받지 못한 금액	
유형	코드						소멸금액	이월금액
정치자금	20	20×1	100,000		100,000	100,000		

5. 월세액(총급여액 8천만원 이하자-개정세법 24)

1 월세액 세액공제 명세(연말정산입력 탭의 70.월세액)										크게보기
임대인명 (상호)	주민등록번호 (사업자번호)	유형	계약 면적(㎡)	임대차계약서 상 주소지	계약서상 임대차 계약기간		연간 월세액	공제대상금액	세액공제금액	
					개시일	종료일				
김정순	530820-2045891	단독주택	84.56	서울시 서초구 서초로 45	2023-06-01	2025-05-31	12,000,000			

6. 연말정산입력

상단 F8부양가족탭 불러오기 실행 후 기 입력된 화면을 불러온다.

[소득공제]		
1. 신용카드	① 신용카드	22,500,000
	② 현금영수증	1,700,000
	③ 전통시장	1,000,000
[특별세액공제]		
1. 보장성 보험료	① 일반	1,600,000
2. 의료비	① 특정(장애인외)	1,800,000
	② 일반(실손의료보험금 40만원 차감)	600,000
3. 교육비	① 취학전	2,800,000
	② 초중고	1,200,000
4. 기부금	① 정치자금 - 10만원 이하	100,000
[월세세액공제]	총급여액 8천만원 이하자(개정세법 24)	12,000,000 (한도 10,000,000)

문제 5 세무조정

[1] [기업업무추진비조정명세서]

1. 수입금액 명세

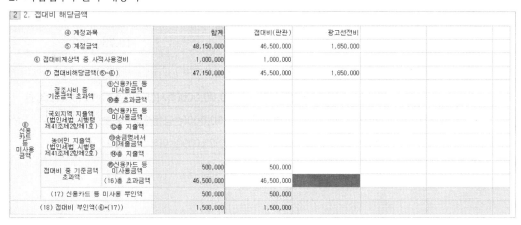

1.접대비 입력 (을)	2.접대비 조정 (갑)			
1 1. 수입금액명세				
구 분	① 일반수입금액	② 특수관계인간 거래금액	③ 합 계(①+②)	
금 액	3,152,000,000	100,000,000	3,252,000,000	

2. 기업업무추진비 해당액

2 2. 접대비 해당금액			합계	접대비(판관)	광고선전비		
④ 계정과목							
⑤ 계정금액			48,150,000	46,500,000	1,650,000		
⑥ 접대비계상액 중 사적사용경비			1,000,000	1,000,000			
⑦ 접대비해당금액(⑤-⑥)			47,150,000	45,500,000	1,650,000		
⑧ 신용카드 등 미사용금액	경조사비 중 기준금액 초과액	⑨신용카드 등 미사용금액					
		⑩총 초과액					
	국외지역 지출액 (법인세법 시행령 제41조제2항제1호)	⑪신용카드 등 미사용금액					
		⑫총 지출액					
	농어민 지출액 (법인세법 시행령 제41조제2항제2호)	⑬송금명세서 미제출금액					
		⑭총 지출액					
	접대비 중 기준금액 초과액	⑮신용카드 등 미사용금액	500,000	500,000			
		(16)총 초과금액	46,500,000	46,500,000			
(17) 신용카드 등 미사용 부인액			500,000	500,000			
(18) 접대비 부인액(⑥+(17))			1,500,000	1,500,000			

· 접대비(판)의 (16)총 초과금액 : 46,500,000원 또는 45,500,000원

☞ (16)총초과금액은 46,500,000원중 사적경비(1,000,000)가 3만원 초과라면 정확한 답안임.

3. [기업업무추진비조정(갑)] 탭

3	접대비 한도초과액 조정			
중소기업				□ 정부출자법인 □ 부동산임대업등 ⑧한도액 50%적용
		구분		금액
① 접대비 해당 금액				47,150,000
② 기준금액 초과 접대비 중 신용카드 등 미사용으로 인한 손금불산입액				500,000
③ 차감 접대비 해당금액(①-②)				46,650,000
일반 접대비 한도		④ 12,000,000 (중소기업 36,000,000) X 월수(12) / 12		36,000,000
	총수입금액 기준	100억원 이하의 금액 X 30/10,000 (2020년 사업연도 분은 35/10,000)		9,756,000
		100억원 초과 500억원 이하의 금액 X 20/10,000 (2020년 사업연도 분은 25/10,000)		
		500억원 초과 금액 X 3/10,000 (2020년 사업연도 분은 6/10,000)		
		⑤ 소계		9,756,000
	일반수입금액 기준	100억원 이하의 금액 X 30/10,000 (2020년 사업연도 분은 35/10,000)		9,456,000
		100억원 초과 500억원 이하의 금액 X 20/10,000 (2020년 사업연도 분은 25/10,000)		
		500억원 초과 금액 X 3/10,000 (2020년 사업연도 분은 6/10,000)		
		⑥ 소계		9,456,000
	⑦ 수입금액기준	(⑤-⑥) X 10/100		30,000
	⑧ 일반접대비 한도액 (④+⑥+⑦)			45,486,000
문화접대비 한도 (「조특법」 제136조제3항)	⑨ 문화접대비 지출액			
	⑩ 문화접대비 한도액(⑨와 (⑧ X 20/100) 중 작은 금액)			
⑪ 접대비 한도액 합계(⑧+⑩)				45,486,000
⑫ 한도초과액(③-⑪)				1,164,000
⑬ 손금산입한도 내 접대비 지출액(③과⑪ 중 작은 금액)				45,486,000

4. 세무조정

〈손금불산입〉 　상무이사 개인경비 　　　　　　　　1,000,000 원 (상여)

〈손금불산입〉 　법정증빙서류 없는 기업업무추진비 　　500,000 원 (기타사외유출)

〈손금불산입〉 　기업업무추진비 한도초과액 　　　　1,164,000 원 (기타사외유출)

[2] [감가상각비 조정]

1. 감가상각 한도계산

(1) 건물(정액법)→내용연수 40년

세무상취득가액(A)		상각범위액(B)	
=기말 재무상태표 취득가액 +즉시상각의제액(전기) +즉시상각의제액(당기)	400,000,000 30,000,000	상각율	10,750,000
430,000,000		0.025	
회사계상상각비(C)	8,000,000(감가상각비) + 30,00,000(즉시상각의제액)=38,000,000원		
시부인액(B-C)	부인액 27,250,000(손금불산입, 유보)		

☞소액수선비 요건 = 장부가액(400,000,000 − 27,500,000)×5% = 18,625,000원 이하

(2) 기계장치(정률법)→내용연수 5년

세무상취득가액(A)		세무상 기초감가상각누계액(B)	
=기말 재무상태표상 취득가액 +즉시상각의제액(당기)	30,000,000	기초 재무상태표상 감가상각누계액 (-) 전기상각부인누계액	20,000,000 △5,000,000
30,000,000		15,000,000	
미상각잔액(C=A-B)=15,000,000			
상각범위액(D)	세무상미상각잔액(C) × 상각률(0.451) = 6,765,000		
회사계상상각비(E)	5,000,000원(상각비)		
시부인액(D-E)	**시인액 1,765,000(손금산입, 유보추인)**		

2. [고정자산등록]

① 공장건물(101, 2019.03.20., 정액법)

② 기계장치(102, 20200.07.01., 정률법)

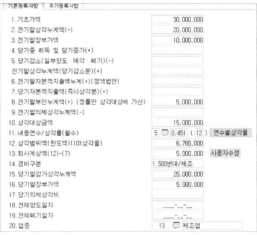

3. [미상각자산감가상각조정명세서]

① 공장건물

입력내용		금액
업종코드/명 02	연와조, 블럭조	
합계표 자산구분	1. 건축물	
(4)내용연수(기준,신고)		40
상각 계산 의 기초 가액	재무상태표 자산가액	(5)기말현재액	400,000,000
		(6)감가상각누계액	35,500,000
		(7)미상각잔액(5)-(6)	364,500,000
	회사계산 상각비	(8)전기말누계	27,500,000
		(9)당기상각비	8,000,000
		(10)당기말누계(8)+(9)	35,500,000
	자본적 지출액	(11)전기말누계	
		(12)당기지출액	30,000,000
		(13)합계(11)+(12)	30,000,000
(14)취득가액((7)+(10)+(13))		430,000,000
(15)일반상각률.특별상각률		0.025
상각범위 액계산	당기산출 상각액	(16)일반상각액	10,750,000
		(17)특별상각액	
		(18)계((16)+(17))	10,750,000
	(19) 당기상각시인범위액		10,750,000
(20)회사계상상각액((9)+(12))		38,000,000
(21)차감액((20)-(19))		27,250,000
(22)최저한세적용에따른특별상각부인액		
조정액	(23) 상각부인액((21)+(22))		27,250,000
	(24) 기왕부인액중당기손금추인액		
부인액 누계	(25) 전기말부인누계액		
	(26) 당기말부인누계액 (25)+(23)-|24|		27,250,000
당기말	(27) 당기의제상각액 |△(21)|-|(24)|	

② 기계장치

입력내용		금액
업종코드/명 13	제조업	
합계표 자산구분	2. 기계장치	
(4)내용연수		5
상각 계산 의 기초 가액	재무상태표 자산가액	(5)기말현재액	30,000,000
		(6)감가상각누계액	25,000,000
		(7)미상각잔액(5)-(6)	5,000,000
	(8)회사계산감가상각비		5,000,000
	(9)자본적지출액		
	(10)전기말의제상각누계액		
	(11)전기말부인누계액		5,000,000
	(12)가감계((7)+(8)+(9)-(10)+(11))		15,000,000
(13)일반상각률.특별상각률		0.451
상각범위 액계산	당기산출 상각액	(14)일반상각액	6,765,000
		(15)특별상각액	
		(16)계((14)+(15))	6,765,000
	취득가액	(17)전기말현재취득가액	30,000,000
		(18)당기회사계산증가액	
		(19)당기자본적지출액	
		(20)계((17)+(18)+(19))	30,000,000
	(21) 잔존가액		1,500,000
	(22) 당기상각시인범위액		6,765,000
(23)회사계상상각액((8)+(9))		5,000,000
(24)차감액 ((23)-(22))		-1,765,000
(25)최저한세적용에따른특별상각부인액		
조정액	(26) 상각부인액 ((24)+(25))		
	(27) 기왕부인액중당기손금추인액		1,765,000
(28) 당기말부인누계액((11)+(26)-|(27)|)		3,235,000
당기말	(29) 당기의제상각액 |△(24)|-|(27)|	

4. 세무조정

〈손금산입〉 기계장치 감가상각비 시인부족액   1,765,000 원 (유보감소)

〈손금불산입〉 공장건물 감가상각비 한도초과액   27,250,000 원 (유보발생)

5. [감가상각비조정명세서합계표]

1.자 산 구 분		코드	2.합 계 액	유형자산			6.무형자산
				3.건 축 물	4.기계장치	5.기타자산	
재무 상태표 상가액	101.기말현재액	01	430,000,000	400,000,000	30,000,000		
	102.감가상각누계액	02	60,500,000	35,500,000	25,000,000		
	103.미상각잔액	03	369,500,000	364,500,000	5,000,000		
	104.상각범위액	04	17,515,000	10,750,000	6,765,000		
	105.회사손금계상액	05	43,000,000	38,000,000	5,000,000		
조정 금액	106.상각부인액 (105-104)	06	27,250,000	27,250,000			
	107.시인부족액 (104-105)	07	1,765,000		1,765,000		
	108.기왕부인액 중 당기손금추인액	08	1,765,000		1,765,000		
	109.신고조정손금계상액	09					

[3] 외화자산등 평가차손익조정명세서

계정과목	발생일 기준 환율	장부상 평가 환율	외화 금액($)	장부상 평가손익 (A)	세무상 평가환율	세무상 평가손익 (B)	차이 (B-A)
외화예금	1,800	좌동	12,000	0	1,960	1,920,000	1,920,000
외화차입금	1,890		7,500	0		−525,000	−525,000
회사손익금계상액				0	세무상손익금	1,395,000	1,395,000

1. [외화자산,부채의 평가(을지)] 탭

① 외화자산(외화예금)

No	②외화종류(자산)	③외화금액	④장부가액		⑦평가금액		⑩평가손익
			⑤적용환율	⑥원화금액	⑧적용환율	⑨원화금액	자 산(⑨-⑥)
1	USD	12,000.00	1,800.0000	21,600,000	1,960.0000	23,520,000	1,920,000

② 외화부채(외화차입금)

No	②외화종류(부채)	③외화금액	④장부가액		⑦평가금액		⑩평가손익
			⑤적용환율	⑥원화금액	⑧적용환율	⑨원화금액	부 채(⑥-⑨)
1	USD	7,500.00	1,890.0000	14,175,000	1,960.0000	14,700,000	−525,000

2. [환율조정차,대등(갑지)]

①구분		②당기손익금 해당액	③회사손익금 계상액	조정		⑥손익조정금액 (②-③)
				④차익조정(③-②)	⑤차손조정(②-③)	
가.화폐성 외화자산.부채 평가손익		1,395,000				1,395,000
나.통화선도,통화스왑,환변동보험 평가손익						
다.환율조정 계정손익	차익					
	차손					
계		1,395,000				1,395,000

3. 세무조정

〈익금산입〉　외화예금 환산　　　1,920,000 원　(유보발생)
〈손금산입〉　외화차입금 환산　　 525,000 원　(유보발생)

[4] 소득금액조정합계표

〈손금불산입〉 업무용승용차 감가상각비 한도초과액　　4,600,000 원　(기타사외유출)
〈 익 금 산 입 〉 매도가능증권　　　　　　　　　　　3,000,000 원　(유보발생)
〈 손 금 산 입 〉 매도가능증권평가손실　　　　　　　3,000,000 원　(기타)
〈손금불산입〉 법인세비용　　　　　　　　　　　　7,200,000 원　(기타사외유출)
〈손금불산입〉 세금과공과금　　　　　　　　　　　　 72,000 원　(기타사외유출)
〈 손 금 산 입 〉 선급비용(임차료)　　　　　　　　 100,000 원　(유보발생)

　　　☞당기비용(12.01~12.31)=1,200,000÷12개월×1개월=100,000원

[5] [기부금조정명세서]

1. 기부금명세서

1.기부금 입력	2.기부금 조정

1.기부금명세서 　　　　　　　　　　　　　月별로 전환　　구분만 별도 입력하기　　유형별 정렬

구분		3.과목	4.월일		5.적요	기부처		8.금액	비고
1.유형	2.코드					6.법인명등	7.사업자(주민)번호등		
특례기부금	10	기부금	3	20	천재지변 이재민 구호금			4,000,000	
일반기부금	40	기부금	5	8	아파트 경로당 후원금			2,000,000	
기타	50	기부금	10	10	어음지급분 미지급기부금			10,000,000	
일반기부금	40	기부금	11	11	사회복지법인 고유목적사업			7,500,000	
9.소계		가. [법인세법] 특례기부금				코드 10		4,000,000	
		나. [법인세법] 일반기부금				코드 40		9,500,000	
		다. [조세특례제한법] 제88조의4제13항의 우리사주조합 기부금				코드 42			
		라.그 밖의 기부금				코드 50		10,000,000	
		계						23,500,000	

☞ 경로당 후원금은 일반기부금에 해당합니다. 법인세법 시행령 4호 나목에 따른 시설에 해당하고 무료 또는 실
비로 이용하는 경우 일반기부금단체에 해당합니다. 비지정기부금도 정답 인용하였으나, 아파트단지 안이나 마
을에 있는 경로당(또는 노인정)은 어르신들이 무료로 이용합니다. **현실을 모르고 경로당을 비지정기부금으로
답안을 인용한 것은 수험생들에게 잘못된 정보를 제공할 소지가 있습니다.**

⟨손금불산입⟩　　어음지급기부금　　　　　10,000,000원　(유보발생)

2. 소득금액 확정

2.소득금액확정　　　　　　　　　　　　　　　　　　　　　　새로 불러오기　　수정

1.결산서상 당기순이익	2.익금산입	3.손금산입	4.기부금합계	5.소득금액계(1+2-3+4)
45,000,000	11,800,000		13,500,000	70,300,000

3. [2.기부금 조정] 탭

① 특례기부금 한도 계산

1.기부금 입력	2.기부금 조정

1　1. 「법인세법」 제24조제2항제1호에 따른 기부금 손금산입액 한도액 계산			
1.소득금액 계	70,300,000	5.이월잔액 중 손금산입액 MIN[4,23]	
2.법인세법 제13조제1항제1호에 따른 이월 결손금 합계액(기준소득금액의 60% 한5		6.해당연도지출액 손금산입액 MIN[(④-⑤)>0, ③]	4,000,000
3. 「법인세법」 제24조제2항제1호에 따른 기부금 해당 금액	4,000,000	7.한도초과액 [(3-6)>0]	
4.한도액 {[(1-2)〉0]X50%}	35,150,000	8.소득금액 차감잔액 [(①-②-⑤-⑥)>0]	66,300,000

② 일반기부금 한도 계산

3　3. 「법인세법」 제24조제3항제1호에 따른 기부금 손금산입 한도액 계산			
13. 「법인세법」 제24조제3항제1호에 따른 기부금 해당금액	9,500,000	16. 해당연도지출액 손금산입액 MIN[(14-15)>0, 13]	6,630,000
14. 한도액 ((8-11)x10%, 20%)	6,630,000	17. 한도초과액 [(13-16)>0]	2,870,000
15. 이월잔액 중 손금산입액 MIN(14, 23)			

③ 기부금지출액 명세(자동계산)-일반기부금 이월액 2,870,000원

6　6. 해당 사업연도 기부금 지출액 명세				
사업연도	기부금 종류	26.지출액 합계금액	27.해당 사업연도 손금산입액	28.차기 이월액(26-27)
합계	「법인세법」 제24조제2항제1호에 따른 기부금	4,000,000	4,000,000	
	「법인세법」 제24조제3항제1호에 따른 기부금	9,500,000	6,630,000	2,870,000

합격율	시험년월
11%	2022.08

제103회 전산세무 1급

■■■■■■■ 이 론

01. 다음 중 현금및현금성자산과 장기금융자산에 대한 설명으로 틀린 것은?

① 현금성자산은 이자율의 변동에 따른 가치변동이 커야 한다.

② 취득일로부터 3개월 이내 만기가 도래하는 정기예금은 현금성자산으로 분류한다.

③ 결산일로부터 1년 이후 만기가 도래하는 금융상품은 장기금융자산으로 분류한다.

④ 타인발행수표는 현금으로 분류한다.

02. 다음 중 유형자산의 취득원가에 포함되지 않는 것은?

> 가. 새로운 상품과 서비스를 소개하는 데에 발생하는 지출액
> 나. 유형자산이 정상적으로 작동하는지 여부를 시험하는 과정에서 발생하는 지출액
> 다. 유형자산의 설치장소 준비를 위하여 발생하는 지출액
> 라. 자산을 보유하면서 원상복구를 위해 발생되는 지출액

① 가   ② 나, 다   ③ 다, 라   ④ 가, 라

03. 다음은 자산과 부채의 유동성과 비유동성 구분에 대한 설명이다. 가장 옳지 않은 것은?

① 보고기간종료일로부터 1년 이내에 상환되어야 하는 채무는 보고기간종료일과 재무제표가 사실상 확정된 날 사이에 보고기간종료일로부터 1년을 초과하여 상환하기로 합의한 경우에는 비유동부채로 분류한다.

② 투자자산에 속하는 매도가능증권 또는 만기보유증권 등의 비유동자산 중 1년 이내에 실현되는 부분은 유동자산으로 분류한다.

③ 정상적인 영업주기 내에 판매되거나 사용되는 재고자산은 보고기간종료일로부터 1년 이내에 실현되지 않더라도 유동자산으로 분류한다.

④ 단기차입금 및 유동성장기차입금 등은 보고기간종료일로부터 1년 이내에 상환되어야 하므로 영업주기와 관계없이 유동부채로 분류한다.

04. ㈜세무는 아래의 조건으로 사채를 발행하였다. 사채의 발행방법 및 장부가액, 상각(환입)액, 이자비용의 변동으로 올바른 것은? (단, 사채이자는 유효이자율법에 따라 상각 및 환입한다.)

- 발행일 : 20x1년 1월 1일
- 액면가액 : 2,000,000원
- 만기 : 3년
- 이자는 매년 말 지급
- 액면이자율 : 연 12%
- 유효이자율 : 연 10%

	발행방법	장부가액	상각(환입)액	이자비용
①	할인발행	매년 증가	매년 감소	매년 감소
②	할인발행	매년 증가	매년 증가	매년 증가
③	할증발행	매년 감소	매년 감소	매년 증가
④	할증발행	매년 감소	매년 증가	매년 감소

05. 다음 중 재무상태표상의 자본에 대한 설명으로 옳은 것은?

① 자본금은 법정자본금으로 발행주식 수에 발행금액을 곱하여 계산한다.

② 보통주자본금과 우선주자본금은 자본금으로 통합하여 표시할 수 있다.

③ 자본잉여금은 주주와의 거래에서 발생하여 자본을 증가시키는 잉여금으로, 주식발행초과금, 자기주식처분이익, 감자차익, 감자차손을 포함한다.

④ 자본조정은 당해 항목의 성격으로 보아 자본거래에 해당하나 최종 납입된 자본으로 볼 수 없거나 자본의 가감 성격으로 자본금이나 자본잉여금으로 분류할 수 없는 항목이다.

06. 다음 중 원가행태에 대한 설명으로 가장 틀린 것은?

① 변동원가는 조업도의 변동에 비례하여 총원가가 변동하는 원가로써 직접재료비, 직접노무비가 이에 해당한다.

② 변동원가는 조업도의 증감에 따라 총변동원가는 증감하지만, 단위당 변동원가는 조업도의 변동에 영향을 받지 않는다.

③ 고정원가는 조업도의 변동과 관계없이 총원가가 일정하게 발생하는 원가를 말한다.

④ 준고정원가는 변동원가와 고정원가가 혼합된 원가를 말한다.

07. 다음 자료를 이용하여 직접재료원가와 직접노무원가를 계산하면 얼마인가?

구분	금액
직접재료원가	?　원
직접노무원가	?　원
제조간접원가	직접노무원가의 150%
가공원가	직접재료원가의 300%
당기총제조원가	1,400,000원

	직접재료원가	직접노무원가
①	350,000원	420,000원
②	350,000원	630,000원
③	420,000원	630,000원
④	420,000원	350,000원

08. 다음 중 부문별 원가계산에 대한 설명으로 가장 틀린 것은?

① 단계배분법은 보조부문 상호 간의 용역수수 관계를 일부만 반영한다.

② 제조간접비를 정확하게 배부하기 위해 부문별로 분류 및 집계하는 절차이고, 재고가 존재할 경우 배분방법에 따라 총이익이 달라진다.

③ 상호배분법은 보조부문원가의 배분이 배분 순서에 의해 영향을 받는다.

④ 보조부문이 하나인 경우 변동제조간접비와 고정제조간접비의 구분에 따라 단일배부율법과 이중배부율법을 적용할 수 있다.

09. 당사는 선입선출법에 따른 종합원가계산에 의하여 제품의 원가를 계산한다. 당기에 발생한 가공비는 15,000,000원이고 가공비 완성품 단위당 원가는 10,000원이다. 다음의 재공품 완성도를 참고하여 기말재공품 완성도를 구하시오(단, 가공비는 공정 전반에 걸쳐 균등하게 발생한다).

구분	수량	완성도
기초재공품	400개	30%
당기완성품	1,600개	100%
기말재공품	50개	?

① 20%　　　　② 30%　　　　③ 40%　　　　④ 70%

10. 다음 중 표준원가계산에 대한 설명으로 가장 틀린 것은?

① 표준원가계산은 사전에 객관적이고 합리적인 방법에 의하여 산정한 원가를 이용하되 그 표준원가는 회사 사정을 고려하여 현실적으로 달성 가능하도록 설정하여야 한다.

② 표준원가계산제도는 내부 의사결정을 위한 제도이다.

③ 예산과 실제원가의 차이분석을 통하여 효율적인 원가 통제의 정보를 제공한다.

④ 기말에 원가차이를 매출원가에서 조정할 경우 불리한 차이는 매출원가에서 차감하고 유리한 차이는 매출원가에 가산한다.

11. 다음 중 법인세법상 신고조정사항과 결산조정사항에 대한 설명으로 가장 틀린 것은?

① 신고조정사항은 객관적인 외부거래 없이 내부적인 계상항목들에 대하여 손금산입 여부를 임의로 선택할 수 있도록 규정하고 있다.

② 신고조정사항에 해당하는 항목에 대하여 결산서상 수익·비용 금액과 세법상 익금·손금이 다른 경우에는 세무조정을 하여야 한다.

③ 결산조정사항에 해당하는 항목은 결산서에 반드시 손비로 계상하여야만 세법상 손금으로 인정된다.

④ 결산조정사항을 제외한 모든 세무조정사항은 신고조정사항에 해당한다.

12. 다음 중 법인세법상 중간예납의무에 대한 설명으로 가장 틀린 것은?

① 사업연도의 기간이 6개월을 초과하는 내국법인은 원칙적으로 각 사업연도 중 중간예납기간에 대한 법인세 중간예납세액을 납부할 의무가 있다.

② 중간예납기간은 해당 사업연도의 개시일부터 6개월이 되는 날까지로 한다.

③ 합병이나 분할에 의하지 아니하고 새로 설립된 법인의 설립 후 최초 사업연도는 제외한다.

④ 직전 사업연도에 중소기업인 내국법인은 직전 사업연도의 산출세액을 기준으로 계산한 중간예납세액이 30만원 미만인 경우 중간예납세액을 납부할 의무가 없다.

13. 다음 중 소득세법상 비과세소득에 해당하지 않는 것은?

① 1개의 주택을 소유하는 자의 주택임대소득(기준시가가 12억원을 초과하는 주택 및 국외에 소재하는 주택의 임대소득은 제외)

② 발명진흥법에 따른 종업원이 사용자로부터 받는 직무발명보상금으로서 연 700만원 이하의 금액

③ 대금업을 영업으로 하지 않는 자가 타인에게 일시적·우발적으로 금전을 빌려주고 그 대가로 받은 이자 또는 수수료

④ 기타소득 중 서화·골동품을 박물관 또는 미술관에 양도함으로써 발생하는 소득

14. 다음 중 부가가치세법상 공급시기에 대한 설명으로 가장 틀린 것은?

① 사업자가 공급시기가 되기 전에 재화 또는 용역에 대한 대가의 전부를 받고, 그 받은 대가에 대하여 세금계산서를 발급하면 그 세금계산서를 발급하는 때를 공급시기로 본다.

② 공급 단위를 구획할 수 없는 용역을 계속적으로 공급하는 경우 대가의 각 부분을 받기로 한 때를 용역의 공급시기로 본다.

③ 사업자가 폐업 전에 공급한 재화의 공급시기가 폐업일 이후에 도래하는 경우에는 재화를 사용하거나 소비하는 때를 공급시기로 본다.

④ 재화의 공급의제 중 개인적 공급의 경우 재화를 사용하거나 소비하는 때를 공급시기로 본다.

15. 다음 중 부가가치세법상 수정세금계산서의 사유에 따른 절차가 바르게 나열되지 않은 것은?

	사유	발급매수	작성일자	수정신고 유무
①	재화의 환입	1매	환입된 날	수정신고 없음
②	내국신용장 사후개설	2매	내국신용장 개설일	수정신고 없음
③	공급가액 변동	1매	변동된 날	수정신고 없음
④	이중발급(착오)	1매	처음 작성일자	과세기간이 다를 경우 수정신고

실 무

㈜사천전자(1030)는 제조 및 도매업을 영위하는 중소기업이며, 당기 회계기간은 20x1.1.1.~20x1.12.31. 이다. 전산세무회계 수험용 프로그램을 이용하여 다음의 물음에 답하시오.

문제 1 다음 거래에 대하여 적절한 회계처리를 하시오.(12점)

[1] 03월 31일 ㈜세무캐피탈로부터 03월 01일에 5년 할부 지급 조건으로 구입하고 장기미지급금으로 처리한 업무용 승용차의 매입대금과 이자를 아래의 예정상환일에 보통예금 계좌에서 이체하여 지급하였다. (3점)

원리금상환스케쥴표

거래처 : ㈜세무캐피탈

회차	예정상환일	할부원리금	원금	이자	잔액
1회차	20x1.03.31.	700,000원	650,000원	50,000원	29,350,000원

[2] 04월 20일 다음은 전기분 이익잉여금처분계산서 내역의 일부이다. 02월 28일에 열린 주주총회에서 확정된 배당을 실시하여 개인 주주에게 소득세 등 원천징수세액 3,080,000원을 차감한 16,920,000원을 보통예금에서 지급하였다. (3점)

과목	금액	
- 중간생략 -		
Ⅲ 이익잉여금 처분액		29,000,000원
1. 이익준비금	2,000,000원	
2. 기업합리화적립금	-	
3. 배당금	20,000,000원	
가. 현금배당	20,000,000원	
4. 사업확장적립금	7,000,000원	

[3] 07월 01일 국고보조금에 의해 취득한 기계장치를 파란상사에 12,000,000원(부가가치세 별도)에 매각하고 전자세금계산서를 발급하였으며, 대금 중 7,700,000원은 보통예금 계좌로 송금받고 차액은 다음 달에 수령하기로 하였다. 처분 전까지의 감가상각과 관련한 회계처리는 적정하게 처리하였다고 가정하며 관련 자료는 다음과 같다. (3점)

• 기계장치 취득원가 : 35,000,000원	• 감가상각누계액 : 15,000,000원
• 국고보조금(기계차감) : 10,000,000원	

[4] 08월 10일 수년간 거래해온 함박식당(직전 연도 공급대가가 7천만원인 간이과세자)에서 당사의 제품생산부 소속 직원들이 회식을 하고 식대 550,000원(공급대가)을 법인카드(하나카드)로 결제하였다. (3점)

문제 2 다음 주어진 요구사항에 따라 부가가치세 신고서 및 부속서류를 작성하시오.(10점)

[1] ㈜사천전자는 20x1년 제1기 부가가치세 확정신고를 기한 내에 정상적으로 마쳤으나, 신고기한이 지난 후 다음의 오류를 발견하여 정정하고자 한다. 아래의 자료를 이용하여 매입매출전표입력에서 오류사항을 수정 또는 입력하고 제1기 확정신고기간의 [부가가치세신고서(수정신고)]와 [과세표준및세액결정(경정) 청구서]를 작성하시오. (7점)

1. 제1기 확정 부가가치세신고서

일반과세자 부가가치세	[ ]예정 [v]확정 [ ]기한후과세표준 신고서 [ ]영세율 등 조기환급			

관리번호				처리기간 즉시		

신고기간 20x1년 제 1기 (4월1일 ~ 6월30일)

사업자	상 호 (법인명)	(주)사천전자	성 명 (대표자명)	윤정호	사업자등록번호	6 1 3 - 8 6 - 1 2 3 4 4
	생년월일	1969-03-03		전화번호	사업장 주소지 휴대전화 051-1000-1234 - - - -
	사업장 주소	경상남도 사천시 용현면 시청로 37-8			전자우편 주소	

❶ 신 고 내 용

구 분				금 액	세율	세 액
과세 표준 및 매출 세액	과세	세금계산서 발급분	(1)	32,500,000	10/100	3,250,000
		매입자발행 세금계산서	(2)		10/100	
		신용카드·현금영수증 발행분	(3)	500,000	10/100	50,000
		기타(정규영수증 외 매출분)	(4)			
	영세율	세금계산서 발급분	(5)		0/100	
		기 타	(6)		0/100	
	예정신고 누락분		(7)			
	대손세액 가감		(8)			
	합계		(9)	33,000,000	㉓	3,300,000
매입 세액	세금계산서 수취분	일반매입	(10)	15,000,000		1,500,000
		수출기업 수입분 납부유예	(10-1)			
		고정자산 매입	(11)			
	예정신고 누락분		(12)			
	매입자발행 세금계산서		(13)			
	그 밖의 공제매입세액		(14)			
	합계(10)-(10-1)+(11)+(12)+(13)+(14)		(15)	15,000,000		1,500,000
	공제받지 못할 매입세액		(16)			
	차감계 (15)-(16)		(17)	15,000,000	㉤	1,500,000
납부(환급)세액 (매출세액㉓-매입세액㉤)					㉢	1,800,000
경감 공제 세액	그 밖의 경감·공제세액		(18)			
	신용카드매출전표등 발행공제 등		(19)	550,000		
	합 계		(20)		㉦	
소규모 개인사업자 부가가치세 감면세액			(20-1)		㉧	
예정신고 미환급 세액			(21)		㉨	
예정고지세액			(22)		㉩	
사업양수자의 대리납부 기납부세액			(23)		㉪	
매입자 납부특례 기납부세액			(24)		㉫	
신용카드업자의 대리납부 기납부세액			(25)		㉬	
가산세액 계			(26)		㉭	
차감·가감하여 납부할 세액(환급받을 세액)(㉢-㉦-㉧-㉨-㉩-㉪-㉫-㉬+㉭)			(27)			1,800,000
총괄 납부 사업자가 납부할 세액(환급받을 세액)						

2. 오류사항
   - 04월 30일 전자세금계산서를 발급한 외상매출금 중 550,000원(부가가치세 포함)을 신용카드로 결제받 았는데, 이를 매출로 이중신고함.
   - 05월 31일 영업부의 운반비 110,000원(부가가치세 포함)을 한주상사에 현금으로 지급하고 종이세금계 산서를 발급받았으나 이를 누락함.
3. 경정청구이유는 매출 : 신용카드 매출 과다 신고, 매입 : 매입세금계산서합계표 누락으로 한다.
4. 국세환급금 계좌신고는 공란으로 둔다.

[2] 다음은 20x1년 제2기 부가가치세 예정신고기간(07.01.~09.30.)의 자료이다. 매입매출전표입력은 생략하고, [신용카드매출전표등발행금액집계표]를 작성하시오. (3점)

> 1. 7월 7일 : 제품을 김씨에게 공급하고 현금영수증을 발행하였다.
>   (공급가액 : 1,500,000원, 부가가치세 : 150,000원)
> 2. 8월 8일 : 제품을 나씨에게 판매하고 세금계산서를 발급하였으며 신용카드로 결제받았다. (공급가액 : 1,000,000원, 부가가치세 : 100,000원)
> 3. 9월 3일 : 면세제품(공급가액 : 500,000원)을 한씨에게 판매하고 계산서를 발급하였다.대금 중 200,000원은 현금영수증을 발급하고, 나머지는 한씨의 신용카드로 결제받았다.

문제 3 다음의 결산정리사항에 대하여 결산정리분개를 하거나 입력을 하여 결산을 완료하시오.(8점)

[1] 다음 자료를 이용하여 재무제표의 장기성예금에 대하여 결산일의 적절한 회계처리를 하시오. (2점)

은행명	예금종류	금액	개설일	만기일
대한은행	정기예금	30,000,000원	2020.05.01.	20x2.04.30.

[2] 04월 01일 생산부 공장의 1년치 화재보험료(보험기간 : 20x1.4.1.~20x2.3.31.) 7,500,000원을 동남화재보험에 일시불로 지급하고 선급비용으로 회계처리하였다. 당기분 보험료를 월할로 계산하여 기말 수정분개를 수행하시오. (2점)

[3] 연말 재고실사 과정에서 다음의 누락 사실을 발견하였다. (2점)

> • 광고 선전 목적으로 불특정다수인에게 전달한 제품 12,000,000원
> • 훼손으로 인해 가치를 상실하여 원가성이 없는 제품 3,500,000원

[4] 다음 자료는 회사의 실제 당기 법인세 과세표준 및 세액조정계산서의 일부 내용이다. 입력된 데이터는 무시하며, 법인세비용(법인지방소득세 포함)에 대한 회계처리를 하시오. (2점)

법인세과세표준 및세액조정계산서 일부내용	②과세 표준계산	⑩ 각사업연도소득금액(⑩ – ⑩)		300,000,000
		⑩ 이월결손금	07	50,000,000
		⑩ 비과세소득	08	
		⑪ 소득공제	09	
		⑫ 과세표준(⑩ – ⑩ – ⑪ – ⑪)	10	250,000,000
기타	위의 모든 자료는 법인세법상 적절하게 산출된 금액이고, 법인세중간예납은 기한 내에 납부하여 선납세금 20,000,000원으로 회계처리하였다.			

문제 4 원천징수와 관련된 다음 물음에 답하시오.(10점)

[1] 다음은 ㈜사천전자 영업부서의 신유리(201)에 대한 연말정산자료이다. 신유리의 연말정산 관련 자료를 이용하여 세부담이 최소화되는 방향으로 [연말정산추가자료입력] 메뉴에서 연말정산을 완료하시오. (8점)

1. 신유리 급여 현황

근무지	근무기간	총급여	공제금액	
㈜영빌리지 152-88-11562	20x1.1.1.~20x1.6.30. (종전 근무지)	15,000,000원	국민연금보험료 건강보험료 장기요양보험료 고용보험료 근로소득세 지방소득세	675,000원 526,250원 64,320원 135,000원 249,780원 24,960원
㈜사천전자 613-86-12344	20x1.7.1.~계속 근무 중 (현재 근무지)	18,000,000원	– 자동계산 –	

2. 가족현황(아래 소득 외 다른 소득은 없으며 세대주는 신유리이다.)

관계	성명(주민등록번호)	(만)나이	소득 여부
본인	신유리(740101-2156110)	50세	상기 총급여액에 대한 근로소득금액은 22,800,000원 이다.
배우자	박진혁(730501-1234565)	51세	일용근로소득 7,000,000원
장녀	박은서(111101-4516589)	13세	기타소득금액 1,000,000원(퀴즈 대회 상금)
장남	박태수(050601-3456781)	19세	사업소득금액 5,000,000원(청소년 배우)
부친주1)	신장군(520207-1278511)	72세	즉석 복권 당첨금 20,000,000원, 장애인
모친주1)	김은정(530410-2584563)	71세	소득 없음

주1) 부친과 모친은 신유리의 집에서 함께 생활하고 있으며, 부친은 장애인복지법상 장애인에 해당한다.

3. 연말정산자료(모두 국세청 연말정산간소화서비스를 통해 조회된 자료이다.)

(1) 보험료 지출액
- 본인 : 자동차보험료 600,000원, 보장성보험료 700,000원
- 장남 : 보장성보험료 500,000원
- 부친 : 장애인전용보장성보험료 2,000,000원

(2) 의료비 지출액
- 배우자 : 건강증진 목적의 보약 300,000원, 시력보정용 콘택트렌즈 300,000원
- 장녀 : 시력보정용 안경 600,000원
- 부친 : 장애인 의료기기 임차료 1,000,000원

(3) 교육비 지출액
- 장녀 : 초등학교 수업료 1,000,000원, 교복 구입비 500,000원
- 부친 : 장애인 특수교육비 4,000,000원

[2] 다음 자료는 당사의 4월 급여대장과 사업소득지급대장 일부다. 해당 자료를 참조하여 [원천징수이행상황 신고서]를 조회하여 마감한 후 국세청 홈택스 기능을 이용하여 전자신고를 수행하시오(단, 당사는 반기별 신고 특례 대상자가 아니다). (2점)

〈자료1〉

20x1년 4월 급여대장

지급일 : 20x1년 04월 30일

성명	지 급 내 용				공 제 내 용	
	기본급	직책수당	상여금	급여 계	소득세	지방소득세
홍길동	5,500,000원			5,500,000원	420,000원	42,000원
김정석	2,800,000원			2,800,000원	67,000원	6,700원

〈자료2〉

사업소득 지급대장

지급연월 : 20x1년 4월

성명	귀속연월	지급연월일	지급액	소득세	지방소득세	차인지급액
이동자	20x1.04.	20x1.04.30.	1,000,000원	30,000원	3,000원	967,000원

〈전자신고 관련 유의사항〉

• 전자신고용 전자파일 제작 시 신고인 구분은 2.납세자 자진신고로 선택하고, 비밀번호는 "12341234"로 입력한다.

• 전자신고용 전자파일 저장경로는 로컬디스크(C:)이며, 파일명은 "작성연월일.01.t6138612344"이다.

문제 5 ㈜신화정밀(1031)은 자동차부품 제조 및 도매업을 영위하는 중소기업이며, 당해 사업연도
는 20x1.1.1.~20x1.12.31.이다. [법인조정] 메뉴를 이용하여 기장되어 있는 재무회계 장
부 자료와 제시된 보충자료에 의하여 해당 사업연도의 세무조정을 하시오. (30점)
※ 회사 선택 시 유의하시오.

[1] 다음 자료를 참조하여 [대손충당금및대손금조정명세서]를 작성하고 필요한 세무조정을 하시오. (6점)
1. 대손 관련 명세서 내용

일자	내역	비고
20x1.01.22.	㈜부실의 외상매출금 25,000,000원 대손 확정	회수기일이 2년 경과
20x1.07.01.	㈜한심의 받을어음 30,000,000원 부도 처리	부도발생일(22.7.1.)로부터 6개월 미경과
20x1.11.05.	㈜대단의 외상매출금 20,000,000원 대손 확정	강제집행으로 인하여 회수할 수 없음

2. 대손충당금 계정내역

대손충당금

외상매출금	45,000,000원	전기이월	82,000,000원
받을어음	30,000,000원	당기설정액	30,000,000원
차기이월액	37,000,000원		
계	112,000,000원	계	112,000,000원

3. 당기말 채권잔액

내역	금액	비고
외상매출금	2,420,000,000원	
받을어음	125,500,000원	
계	2,545,500,000원	

4. 전기말 자본금과 적립금 조정명세서(을) 일부

①과목 또는 사항	②기초잔액	③감 소	④증 가	⑤기말잔액
대손충당금	15,250,500원	15,250,500원	8,820,000원	8,820,000원

5. 기타내역
• 대손설정률은 1%로 가정한다.

[2] 아래 자료만을 이용하여 [업무무관부동산등에관련한차입금이자조정명세서(갑)(을)]을 작성하고 관련 세무조정을 하시오(단, 주어진 자료 외의 자료는 무시할 것). (6점)

1. 차입금에 대한 이자지급 내역

이자율	지급이자	차입금	비 고
4%	312,000원	7,800,000원	사채할인발행차금 상각액
5%	2,500,000원	50,000,000원	채권자 불분명 사채이자(원천징수세액 없음)
7%	14,840,000원	212,000,000원	

2. 대표이사(서태인)에 대한 업무무관 가지급금 증감내역

일 자	차 변	대 변	잔 액
전기이월	35,000,000원		35,000,000원
20x1.03.05	15,000,000원		50,000,000원
20x1.10.20		30,000,000원	20,000,000원

3. 대표이사(서태인)에 대한 가수금 증감내역

일 자	차 변	대 변	잔 액
20x1.05.30		7,000,000원	7,000,000원

4. 회사는 20x1년 7월 1일 업무와 관련없는 토지를 100,000,000원에 취득하였다.
5. 기타사항
   • 대표이사 서태인의 가지급금과 가수금은 기간 및 이자율에 대한 별도의 약정은 없다.
   • 자기자본 적수 계산은 무시하고 가지급금 인정이자조정명세서 작성은 생략한다.

[3] 당사는 확정급여형(DB)퇴직연금에 가입하였다. 다음 자료를 이용하여 [퇴직연금부담금조정명세서]를 작성하고 이와 관련된 세무조정이 있는 경우 [소득금액조정합계표]를 작성하시오. (6점)

1. 퇴직급여추계액
   • 기말 현재 퇴직급여지급 대상이 되는 임·직원에 대한 퇴직급여 추계액은 60,000,000원이다.
2. 퇴직연금운용자산 현황
   • 기초 잔액 : 23,000,000원
   • 당기납입액 : 51,000,000원
   • 당기감소액 : 16,000,000원
3. 당기 감소액에 대한 회계처리를 아래와 같이 하였다.
   (차) 퇴직급여   16,000,000 원   (대) 퇴직연금운용자산   16,000,000 원
4. 장부상 퇴직급여충당부채 및 퇴직연금충당부채를 설정하지 않고 신고조정에 의하여 손금에 산입하고 있으며, 직전 사업연도말 현재 신고조정으로 손금산입한 퇴직연금부담금은 23,000,000원이다.

[4] 아래의 고정자산에 대하여 [감가상각비조정] 메뉴에서 [고정자산등록] 및 [미상각자산감가상각조정명세서]를 작성하고 세무조정을 하시오. (6점)

구분	자산명/ 자산코드	취득일	취득가액	전기말 상각누계액	회사계상상각비 (제조)
건물	공장건물/1	2019.07.01.	300,000,000원	25,000,000원	10,000,000원
기계장치	기계장치/1	2021.07.01.	60,000,000원	26,250,000원	7,500,000원

1. 회사는 기계장치의 감가상각방법을 세법에서 정하는 적법한 시기에 정액법으로 신고하였다.
2. 회사는 감가상각대상자산의 내용연수를 세법에서 정한 범위 내의 최단기간으로 적법하게 신고하였다.
3. 회사의 감가상각대상자산의 내용연수와 관련된 자료는 다음과 같고, 상각률은 세법이 정한 기준에 의한다.

구분	기준내용연수	내용연수범위
건물	40년	30년 ~ 50년
기계장치	8년	6년 ~ 10년

4. 건물관리비 계정에는 건물에 대한 자본적 지출액 30,000,000원이 포함되어 있다.
5. 기계장치의 전기 말 상각부인액은 4,000,000원이다.

[5] 당사는 소기업으로써 「중소기업에 대한 특별세액감면」을 적용받으려 한다. 불러온 자료는 무시하고, 다음 자료만을 이용하여 [법인세과세표준및세액조정계산서]를 작성하시오. (6점)

1. 표준손익계산서 일부

Ⅷ.법인세비용차감전손익	217	315,000,000원
Ⅸ.법인세비용	218	42,660,000원
Ⅹ.당기순손익	219	272,340,000원

2. 소득금액조정합계표

익금산입 및 손금불산입			손금산입 및 익금불산입		
과 목	금 액	소득처분	과 목	금 액	소득처분
법인세비용	42,660,000원	기타사외유출	선급비용	2,300,000원	유보감소
기업업무추진비	19,800,000원	기타사외유출			
잡손실	4,500,000원	기타사외유출			
합계	66,960,000원		합계	2,300,000원	

3. 감면소득금액은 337,000,000원이고 감면율은 20%이며, 당사는 전년 대비 상시근로자수는 변동없고 최저한세 적용 감면배제금액도 없다.
4. 법인세 중간예납세액은 10,000,000원이고, 분납을 최대한 적용받고자 한다.

제103회 전산세무1급 답안 및 해설

■ 이 론

1	2	3	4	5	6	7	8	9	10	11	12	13	14	15
①	④	①	④	④	④	①	③	③	④	①	④	③	③	②

01. **현금성자산은 이자율의 변동에 따른 가치변동이 작아야** 한다.

02. 상품소개비와 원상복구비는 자산의 취득가액에 포함되지 않는다.

☞ 복구원가가 취득원가가 되기 위해서는 유형자산의 경제적 사용이 종료된 후에 원상회복을 위하여 그 자산을 제거, 해체하거나 또는 부지를 복원하는데 소요될 것으로 추정되는 원가가 **충당부채의 인식요건을 충족하는 경우 그 지출의 현재가치**를 의미합니다. 지문의 복구원가는 자산의 원상복구를 위한 지출을 의미한 것으로 비용처리해야 합니다.

03. 보고기간종료일로부터 1년 이내에 상환되어야 하는 채무는 **보고기간종료일과 재무제표가 사실상 확정된 날 사이에 보고기간종료일로부터 1년을 초과하여 상환하기로 합의하더라도 유동부채로 분류** 한다.

04. **액면이자율이 유효이자율보다 높으므로 할증발행에 해당**한다. 사채 할증발행의 경우 장부가액은 매년 감소하고, 상각액은 매년 증가하며, 이자비용은 매년 감소한다.

05. 자본금은 발행주식 수에 액면가액을 곱하여 계산한다.

보통주자본금과 우선주자본금은 권리와 배당액이 틀리기 때문에 구분하여 표시하여야 한다.

감자차손은 자본조정에 해당한다.

06. **변동원가와 고정원가가 혼합된 원가는 준변동원가**이다. 준고정원가는 특정 범위 내의 조업도에서는 총원가가 일정하지만 조업도가 특정 범위를 벗어나면 일정액만큼 증감되는 원가를 말한다.

07. 당기총제조원가 = 직접재료원가(A) + 가공원가(3 × A) = 1,400,000원

직접재료원가(A) = 350,000원

가공원가 = 직접노무원가(B) + 제조간접원가(1.5 × B) = 직접재료원가(350,000) × 3 = 1,050,000원

∴ **직접노무원가(B) = 420,000원**

08. **상호배부법은 보조부문비의 배부가 배부순서에 의해 영향을 받지 않는다.**

09.

	〈1단계〉 물량흐름파악(선입선출법)		〈2단계〉 완성품환산량 계산	
	재공품		재료비	가공비
	완성품	1,600		
	−기초재공품	400(70%)	0	280
	−당기투입분	1,200(100%)	1,200	1,200
	기말재공품	**50(??%)**	50	**??(20)**
	계	1,650	**1,250**	1,500

〈3단계〉 원가요약(당기투입원가)   15,000,000

                                     1,500개

〈4단계〉 완성품환산량당 단위원가   = @10,000

∴기말재공품완성도=20개/50개=40%

10. **불리한 차이는 매출원가에 가산**하고 **유리한 차이는 매출원가에서 차감**한다.

11. 객관적인 외부거래 없이 **내부적인 계상항목들에 대하여 손금산입 여부를 임의로 선택할 수 있도록 규정**하고 있는 것은 결산조정사항에 대한 설명이다.

12. 직전 사업연도에 중소기업인 내국법인은 **직전 사업연도의 산출세액을 기준으로 계산한 중간예납세액이 50만원미만**인 경우 중간예납세액을 납부할 의무가 없다.

13. 비영업대금이익으로 이자소득에 해당되며, 대부업자의 금전대여 등 사업성이 있는 경우는 사업소득으로 과세한다.

14. 사업자가 폐업 전에 공급한 재화의 **공급시기가 폐업일 이후에 도래하는 경우에는 그 폐업일을 공급시기**로 본다.

15. **내국신용장 사후개설의 작성일자는 처음 세금계산서 작성일**이다.

실 무

문제 1 전표입력

[1] (차) 장기미지급금(㈜세무캐피탈)   650,000   (대) 보통예금   700,000
     이자비용   50,000

[2] (차) 미지급배당금   20,000,000   (대) 보통예금   16,920,000
                                      예수금   3,080,000

문항	일자	유형	공급가액	부가세	거래처	전자세금
[3]	7/01	11.과세	12,000,000	1,200,000	파란상사	여
분개유형		(차) 감가상각누계액	15,000,000	(대) 기계장치		35,000,000
		국고보조금(217)	10,000,000	부가세예수금		1,200,000
혼합		보통예금	7,700,000	유형자산처분이익		2,000,000
		미수금	5,500,000			

☞처분손익 = 처분가액(12,000,000) − 장부가액(35,000,000 − 15,000,000 − 10,000,000) = +2,000,000(이익)

문항	일자	유형	공급가액	부가세	거래처	신용카드
[4]	8/10	57.카과	500,000	50,000	함박식당	하나카드
분개유형		(차) 복리후생비(제)	500,000 (대) 미지급금(하나카드)			550,000
혼합(카드)		부가세대급금	50,000			

☞직전연도 공급대가의 합계액이 4,800만원 이상인 간이과세자는 세금계산서 발급대상이므로 신용카드매출전표를 발행하더라도 매입세액공제가 대상이 됩니다. 따라서 카드과세로 입력해야 합니다.

문제 2 부가가치세

[1] 부가가치세 신고서(4월~6월)경정청구서

1. 매입매출전표입력

·수정 전 : 4월 30일 매입매출전표 이중입력 →

수정 후 : 삭제 또는 매입매출전표 (-)입력과 회계처리는 가능

·추가입력 :

일자	유형	공급가액	부가세	거래처	전자세금
5/31	51.과세	100,000	10,000	한주상사	부
분개유형	(차) 운반비(판)	100,000 (대) 현금			110,000
혼합(현금)	부가세대급금	10,000			

2. [부가가치세신고서(수정신고)](4월~6월)

〈매출매입신고누락분〉

구 분			공급가액	세액
매출	과세	세 금(전자)		
		기 타	-500,000	-50,000
	영세	세 금(전자)		
		기 타		
매입	세금계산서 등		100,000	10,000
미달신고(납부)←신고·납부지연 가산세				△60,000

☞신고 및 납부지연가산세는 (-)이므로 계산대상에서 제외하고, 세금계산서 합계표 관련사항이 아니므로 가산세 대상에서 제외됩니다.

구분				정기신고금액				수정신고금액		
				금액	세율	세액		금액	세율	세액
과세표준및매출세액	과세	세금계산서발급분	1	32,500,000	10/100	3,250,000	1	32,500,000	10/100	3,250,000
		매입자발행세금계산서	2		10/100		2		10/100	
		신용카드·현금영수증발행분	3	500,000	10/100	50,000	3		10/100	
		기타(정규영수증외매출분)	4		10/100		4		10/100	
	영세	세금계산서발급분	5		0/100		5		0/100	
		기타	6		0/100		6		0/100	
	예정신고누락분		7				7			
	대손세액가감		8				8			
	합계		9	33,000,000	㉮	3,300,000	9	32,500,000	㉮	3,250,000
매입세액	세금계산서수취분	일반매입	10	15,000,000		1,500,000	10	15,100,000		1,510,000
		수출기업수입분납부유예	10				10			
		고정자산매입	11				11			
	예정신고누락분		12				12			
	매입자발행세금계산서		13				13			
	그 밖의 공제매입세액		14				14			
	합계(10)+(10-1)+(11)+(12)+(13)+(14)		15	15,000,000		1,500,000	15	15,100,000		1,510,000
	공제받지못할매입세액		16				16			
	차감계 (15-16)		17	15,000,000	㉯	1,500,000	17	15,100,000	㉯	1,510,000
납부(환급)세액(매출세액㉮-매입세액㉯)					㉰	1,800,000			㉰	1,740,000
경감공제세액	그 밖의 경감·공제세액		18				18			
	신용카드매출전표등 발행공제등		19	550,000			19			
	합계		20		㉱		20		㉱	
소규모 개인사업자 부가가치세 감면세액			20		㉲		21		㉲	
예정신고미환급세액			21		㉳		21		㉳	
예정고지세액			22		㉴		22		㉴	
사업양수자의 대리납부 기납부세액			23		㉵		23		㉵	
매입자 납부특례 기납부세액			24		㉶		24		㉶	
신용카드업자의 대리납부 기납부세액			25		㉷		25		㉷	
가산세액계			26		㉸		26		㉸	
차가감하여 납부할세액(환급받을세액)㉰-㉱-㉲-㉳-㉴-㉵-㉶-㉷+㉸			27			1,800,000	27			1,740,000
총괄납부사업자가 납부할 세액(환급받을 세액)										

3. 과세표준및세액결정(경정)청구서(4월~6월)

신고내용								
법정신고일	20×1 년 7 월 25 일			최초신고일		20×1 년 7 월 25 일		
경정청구이유1		4102013 💬 신용카드, 현금영수증 매출 과다 신고						
경정청구이유2		4103020 💬 매입세금계산서합계표 단순 누락, 착오기재(세금계산서에 의해 확인되는 경						
구 분	최 초 신 고				경정(결정)청구 신 고			
과 세 표 준 금 액	33,000,000				32,500,000			
산 출 세 액	3,300,000				3,250,000			
가 산 세 액								
공제 및 감면세액	1,500,000				1,510,000			
납 부 할 세 액	1,800,000				1,740,000			
국세환급금 계좌신고	거래은행				계좌번호			
환 급 받 을 세 액					60,000			

[2] [신용카드매출전표등발행금액집계표](7~9월)

2. 신용카드매출전표 등 발행금액 현황				
구 분	합 계	신용·직불·기명식 선불카드	현금영수증	직불전자지급 수단 및 기명식선불 전자지급수단
합 계	3,250,000	1,400,000	1,850,000	
과세 매출분	2,750,000	1,100,000	1,650,000	
면세 매출분	500,000	300,000	200,000	
봉 사 료				

3. 신용카드매출전표 등 발행금액중 세금계산서 교부내역			
세금계산서발급금액	1,100,000	계산서발급금액	500,000

| 문제 3 | 결산 |

[1] 〈수동결산〉 유동성 대체

(차) 정기예금(유동)   30,000,000   (대) 장기성예금(비유동)   30,000,000

[2] 〈수동결산〉

(차) 보험료(제)   5,625,000   (대) 선급비용   5,625,000

☞당기비용 = 7,500,000원×9개월(4.1~12.31)/12개월 = 5,625,000원

[3] 〈수동결산〉

(차) 광고선전비(판)   12,000,000   (대) 제품(8.타계정대체)   15,500,000
     재고자산감모손실   3,500,000

[4] 〈수동/자동결산〉

(차) 법인세등   30,500,000   (대) 선납세금   20,000,000
                                       미지급세금   10,500,000

☞ 법인세 산출세액 = 18,000,000 + 50,000,000원×19% = 27,500,000원
법인지방소득세 = 2억×1% + 50,000,000×2% = 3,000,000원

또는 [결산자료입력] 〉 9.법인세등 〉

· 1).선납세금 20,000,000원 · 2).추가계상액 10,500,000원 입력 〉 F3전표추가

| 문제 4 | 원천징수 |

[1] 연말정산(신유리)

1. [소득명세] 탭

근무처명	사업자 등록번호	급여	보험료 명세				세액명세		근무기간
			건강보험	장기요양	고용보험	국민연금	소득세	지방소득세	
㈜영빌리지	152-88-11562	15,000,000	526,250	64,320	135,000	675,000	249,780	24,960	1.1~6.30

2. 연말정산 대상여부 판단

항 목	요건		내역 및 대상여부	입력
	연령	소득		
보 험 료	○ (×)	○	• 본인 자동차 보험료 및 보장성보험료 • 장남은 소득요건을 충족하지 못함. • 부친 장애인 전용보장성보험료	○(일반 1,300,000) × ○(장애인 2,000,000)
의 료 비	×	×	• 배우자 시력보정용 렌즈구입 ☞ 건강증진보약은 제외 • 장녀 안경구입비(안경은 500,000한도) • 부친 장애인의료기기 임차료	○(일반 300,000) ○(일반 500,000) ○(장애 1,000,000)
교 육 비	×	○	• 장녀 초등학교 수업료 ☞ 교복은 중고등학생만 대상 • 부친 장애인 특수교육비	○(초등 1,000,000) ○(장애 4,000,000)

3. [부양가족] 탭 : 보험료와 교육비 입력

관계	요 건		기본 공제	추가 (자녀)	판 단
	연령	소득			
본인(세대주)	–	–	○	부녀자	맞벌이 여성으로 종합소득금액 3천만원이하자
배우자	–	○	○	–	일용근로소득은 분리과세소득
장녀(13)	○	○	○	자녀	기타소득금액 1백만원 이하자
장남(19)	○	×	부	–	종합소득금액 1백만원 초과자
부(72)	○	○	○	경로,장애	복권당첨금은 분리과세소득
모(71)	○	○	○	경로	

① 본인(신유리)

자료구분	보험료			
	건강	고용	일반보장성	장
국세청			1,300,000	
기타	706,260	162,000		

② 부친(신장군)

교육비	
일반	장애인특수
	4,000,000

③ 장녀(박은서)

교육비	
일반	장애인특수
1,000,000 2.초중 고	

4. 의료비

의료비 공제대상자			6.본인등 해당여부	지급처			지급명세					14.산후 조리원
성명	내/외	5.주민등록번호		9.증빙 코드	8.상호	7.사업자 등록번호	10. 건수	11.금액	11-1.실손 보험수령액	12.미숙아 선천성이상아	13.난임 여부	
박진현	내	730501-1234565	3	X			1		300,000		X	X	X
박은서	내	111101-4516589	3	X			1		500,000		X	X	X
신장군	내	520207-1278511	2	0					1,000,000		X	X	X

5. 연말정산입력

상단 F8부양가족탭 불러오기 실행 후 기 입력된 화면을 불러온다.

- 특별세액공제 확인

구분			지출액	공제대상금액	공제금액
특 별 세 액	61.보장 성보험	일반	1,300,000	1,300,000	1,000,000	
		장애인	2,000,000	2,000,000	1,000,000	
	62.의료비		1,800,000	1,800,000	1,260,000	
	63.교육비		5,000,000	5,000,000	5,000,000	

[2] 홈택스 원천징수이행상황신고서(4월)전자신고

1. 원천징수이행상황신고서 조회 후 마감

2. 전자신고용 파일 제작(비밀번호 12341234)

3. 국세청 홈택스 전자신고변환(교육용)

문제 5 세무조정

[1] 대손충당금 및 대손금조정명세서

1. 대손금조정

대손내역	신고/결산	회사대손계상액	세법상 시인액	세법상부인액
1. 회수기일 2년 지난 중소기업 외상매출금	결산	25,000,000	25,000,000	
2. 6월 미경과부도어음	–	30,000,000		30,000,000
3. 강제집행	결산	20,000,000	20,000,000	
계		75,000,000	45,000,000	30,000,000

〈 손금불산입 〉 대손금 부인액   30,000,000 원   (유보발생)

1	2. 대손금조정											이전화면
No	22. 일자	23.계정 과목	24.채권 내역	25.대손 사유	26. 금액	대손충당금상계액			당기 손비계상액			
						27.계	28.시인액	29.부인액	30.계	31.시인액	32.부인액	
1	01.22	외상매출금	1.매출채권	회수기일 2년...	25,000,000	25,000,000	25,000,000					
2	07.01	받을어음	1.매출채권	5.부도(6개월경...	30,000,000	30,000,000		30,000,000				
3	11.05	외상매출금	1.매출채권	2.강제집행	20,000,000	20,000,000	20,000,000					
4												
		계			75,000,000	75,000,000	45,000,000	30,000,000				

2. 채권잔액

2	채권잔액						크게보기
No	16.계정 과목	17.채권잔액의 장부가액	18.기말현재대손금부인누계		19.합계 (17+18)	20.충당금설정제외채권 (할인,배서,특수채권)	21.채 권 잔 액 (19-20)
			전기	당기			
1	외상매출금	2,420,000,000			2,420,000,000		2,420,000,000
2	받을어음	125,500,000		30,000,000	155,500,000		155,500,000
3							
4							
	계	2,545,500,000		30,000,000	2,575,500,000		2,575,500,000

☞ 미경과부도어음 당기대손금부인액 30,000,000원 입력

3. 대손충당금및대손금조정명세서

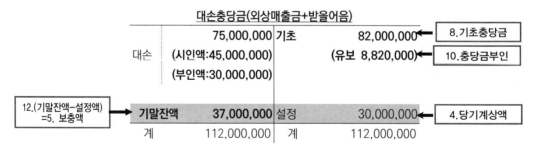

3	1.대손충당금조정								
손금 산입액 조정	1 채권잔액 (21의금액)	2.설정률(%) ◉기본율 ○실적율 ○적립기준		3.한도액 (1×2)	호사계상액				7.한:도초과액 (6-3)
					4.당기계상액	5.보충액	6.계		
	2,575,500,000	1		25,755,000	30,300,000	7,000,000	37,000,000		11,245,000
익금 산입액 조정	8.장부상 충당금기초잔액	9.기중 충당금환입액	10.충당금부인 누계액	11.당기대손금 상계액('27의금액)	12.충당금보충액 (충당금장부잔액)	13.환입할금액 (8-9-10-11-12)	14.회사환입액 (회사기말훈·입)		15.과소환입·과다 환입(△)(13-14)
	82,000,000		8,820,000	75,000,000	7,000,000	-8,820,000			-8,820,000

〈 손금산입 〉 전기대손충당금 한도초과   8,820,000 원   (유보감소)
〈 손금불산입 〉 대손충당금 한도초과   11,245,000 원   (유보발생)

[2] 업무무관부동산등에 관련한 차입금이자조정명세서

1. 업무무관부동산등에관련한차입금이자조정명세서(을)

(1) [1.업무무관부동산] 탭

	1 적수입력(을)	2.지급이자 손금불산입(갑)						불러오기 적요수정
	1.업무무관부동산	2.업무무관동산	3 가지급금	4.가수금	5.그밖의			
No	①월일	②조요	③차·변	④대변	⑤잔액	⑥일수	⑦적수	
1	7	취 득	100,000,000		130,000,000	184	18,400,000,000	

(2) [3.가지급금] 탭

	1.업무무관부동산	2.업무무관동산	3.가지급금	4.가수금	5.그밖의			불러오기 적요수정
No	①월일	②적요	③차변	④대변	⑤잔액	⑥일수	⑦적수	
1	1 1	전기이월	35,000,000		35,000,000	64	2,240,000,000	
2	3 5	지 급	15,000,000		50,000,000	229	11,450,000,000	
3	10 20	회 수		30,000,000	20,000,000	73	1,460,000,000	

(3) [4.가수금] 탭

	1.업무무관부동산	2.업무무관동산	3.가지급금	4.가수금	5.그밖의			불러오기 적요수정
No	①월일	②적요	③차변	④대변	⑤잔액	⑥일수	⑦적수	
1	5 30	가 수		7,000,000	7,000,000	216	1,512,000,000	

· 동일인에 대한 가수금은 별도의 약정이 없는 경우 가지급금과 상계 가능

2. 업무무관부동산등에관련한차입금이자조정명세서(갑) : [2.지급이자 손금불산입(갑)] 탭

(1) 지급이자 및 차입금적수계산

				(12)채권자불분명 사채이자 수령자불분명 사채이자		(15)건설 자금 이자 국조법 14조에 따른 이자		차 감	
No	(9) 이자율 (%)	(10)지급이자	(11)차입금적수	(13)지급이자	(14)차입금적수	(16)지급이자	(17)차입금적수	(18)지급이자 (10-13-16)	(19)차입금적수 (11-14-17)
1	4.00000	312,000	2,854,800,000					312,000	2,854,800,000
2	5.00000	2,500,000	18,300,000,000	2,500,000	18,300,000,000				
3	7.00000	14,840,000	77,592,000,000					14,840,000	77,592,000,000
	합계	17,652,000	98,746,800,000	2,500,000	18,300,000,000			15,152,000	80,446,800,000

(2) 업무무관부동산 등에 관련한 차입금 지급이자

② 1.업무무관부동산 등에 관련한 차입금 지급이자							
①지급이자	적 수				⑥차입금(=19)	⑦ ⑤와 ⑥중 적은 금액	⑧손금불산입 지급이자 (①×⑦÷⑥)
	②업무무관부동산	③업무무관동산	④가지급금 등	⑤계(②+③+④)			
15,152,000	18,400,000,000		13,638,000,000	32,038,000,000	80,446,800,000	32,038,000,000	6,034,295

3. 세무조정

〈 손금불산입 〉 채권자불분명사채이자   2,500,000 원   (상여)
〈 손금불산입 〉 업무무관자산지급이자   6,034,295 원   (기타사외유출)

[3] 퇴직연금부담금등조정명세서
→세무상 퇴충잔액=0

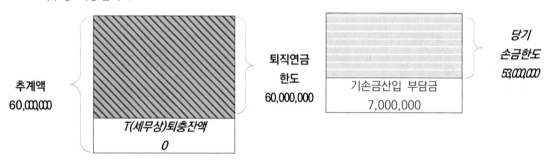

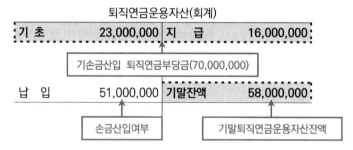

1. 이미손금산입한 부담금등의 계산

⑩ 2.이미 손금산입한 부담금 등의 계산			
① 나.기말 퇴직연금 예치금 등의 계산			
19.기초 퇴직연금예치금 등	20.기중 퇴직연금예치금 등 수령 및 해약액	21.당기 퇴직연금예치금 등의 납입액	22.퇴직연금예치금 등 계 (19 - 20 + 21)
23,000,000	16,000,000	51,000,000	58,000,000
② 가.손금산입대상 부담금 등 계산			

13.퇴직연금예치금 등 계 (22)	14.기초퇴직연금충당금등 및 전기말 신고조정에 의한 손금산입액	15.퇴직연금충당금등 손금부인 누계액	16.기중퇴직연금등 수령 및 해약액	17.이미 손금산입한 부담금등 (14 - 15 - 16)	18.손금산입대상 부담금 등 (13 - 17)
58,000,000	23,000,000		16,000,000	7,000,000	51,000,000

2. 퇴직연금 등의 부담금 조정

1.퇴직연금 등의 부담금 조정					
1.퇴직급여추계액	당기말 현재 퇴직급여충당금				6.퇴직부담금 등 손금산입 누적한도액 (② - ⑤)
	2.장부상 기말잔액	3.확정기여형퇴직연금자의 설정전 기계상된 퇴직급여충당금	4.당기말 부인 누계액	5.차감액 (② - ③ - ④)	
60,000,000					60,000,000
7.이미 손금산입한 부담금 등 (17)	8.손금산입액 한도액 (⑥ - ⑦)	9.손금산입 대상 부담금 등 (18)	10.손금산입범위액 (⑧과 ⑨중 적은 금액)	11.회사 손금 계상액	12.조정금액 (⑩ - ⑪)
7,000,000	53,000,000	51,000,000	51,000,000		51,000,000

3. 세무조정

〈 손금불산입 〉　전기 퇴직연금충당금　　　　　16,000,000 원　　（유보감소）

〈 손 금 산 입 〉　퇴직연금충당금　　　　　　　51,000,000 원　　（유보발생）

[4] 감가상각비조정

1. 감가상각한도계산

(1) 건물(정액법)→내용연수 30년

세무상취득가액(A)		상각범위액(B)	
=기말B/S상 취득가액	300,000,000	상각율	11,220,000
+즉시상각의제액(전기)			
+즉시상각의제액(당기)	30,000,000		
330,000,000		0.034	
회사계상상각비(C)		10,000,000(감가상각비) + 30,000,000(당기즉시상각의제액)=40,000,000	
시부인액(B-C)		부인액 28,780,000(손금불산입, 유보)	

☞소액수선비요건 = MAX[6,000,000원, 13,750,000(장부가액×5%)] = 13,750,000원

　장부가액 = 취득가액(300,000,000) - 전기말상각누계액(25,000,000) = 275,000,000원

(2) 기계장치(정액법)→내용연수 6년(상각률 0.166)

세무상취득가액(A)		상각범위액(B)	
=기말B/S상 취득가액	60,000,000	상각율	9,960,000
60,000,000		0.166	
회사계상상각비(C)		7,500,000(감가상각비)	
시부인액(B-C)		시인액 2,460,000(손금산입, 유보추인)	

2. 고정자산등록

① 공장건물(00001, 2019.07.01., 정액법)

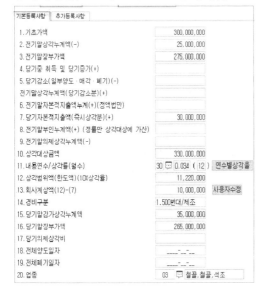

기본등록사항	추가등록사항	
1.기초가액		300,000,000
2.전기말상각누계액(-)		25,000,000
3.전기말장부가액		275,000,000
4.당기중 취득 및 당기증가(+)		
5.당기감소(일부양도 · 매각 · 폐기)(-)		
전기말상각누계액(당기감소분)(+)		
6.전기말자본적지출액누계(+)(정액법만)		
7.당기자본적지출액(즉시상각분)(+)		30,000,000
8.전기말부인누계액(+) (정률만 상각대상에 가산)		
9.전기말의제상각누계액(-)		
10.상각대상금액		330,000,000
11.내용연수/상각률(월수)	30 □ 0.034 (12) 연수별상각률	
12.상각범위액(한도액)(10X상각율)		11,220,000
13.회사계상액(12)-(7)	10,000,000 사용자수정	
14.경비구분	1.500번대/제조	
15.당기말감가상각누계액		35,000,000
16.당기말장부가액		265,000,000
17.당기의제상각비		
18.전체양도일자	---- -- --	
19.전체폐기일자	---- -- --	
20.업종	03 □ 철골,철골,석조	

② 기계장치(00001, 2021.07.01., 정액법)

1.기초가액	60,000,000
2.전기말상각누계액(-)	26,250,000
3.전기말장부가액	33,750,000
4.당기중 취득 및 당기증가(+)	
5.당기감소(일부양도 · 매각 · 폐기)(-)	
전기말상각누계액(당기감소분)(+)	
6.전기말자본적지출액누계(+)(정액법만)	
7.당기자본적지출액(즉시상각분)(+)	
8.전기말부인누계액(+) (정률만 상각대상에 가산)	
9.전기말의제상각누계액(-)	
10.상각대상금액	60,000,000
11.내용연수/상각률(월수)	6 □ 0.166 (12) 연수별상각률
12.상각범위액(한도액)(10X상각율)	9,960,000
13.회사계상액(12)-(7)	7,500,000 사용자수정
14.경비구분	1.500번대/제조
15.당기말감가상각누계액	33,750,000
16.당기말장부가액	26,250,000
17.당기의제상각비	
18.전체양도일사	---- -- --
19.전체폐기일자	---- -- --
20.업종	13 □ 제조업

☞ 전기말 부인누계액에 4,000,000원 입력(인용)
→ 이게 정확한 입력방법임.

3. [미상각자산감가상각조정명세서]

① 공장건물

입력내용			금액
업종코드/명	03	철골,철골,석조	
합계표 자산구분		1. 건축물	
(4)내용연수(기준.신고)			30
상각 계산 의 기초 가액	재무상태표 자산가액	(5)기말현재액	300,000,000
		(6)감가상각누계액	35,000,000
		(7)미상각잔액(5)-(6)	265,000,000
	회사계산 상각비	(8)전기말누계	25,000,000
		(9)당기상각비	10,000,000
		(10)당기말누계(8)+(9)	35,000,000
	자본적 지출액	(11)전기말누계	
		(12)당기지출액	30,000,000
		(13)합계(11)+(12)	30,000,000
(14)취득가액((7)+(10)+(13))			330,000,000
(15)일반상각률.특별상각률			0.034
상각범위 액계산	당기산출 상각액	(16)일반상각액	11,220,000
		(17)특별상각액	
		(18)계((16)+(17))	11,220,000
	(19) 당기상각시인범위액		11,220,000
(20)회사계상상각액((9)+(12))			40,000,000
(21)차감액((20)-(19))			28,780,000
(22)최저한세적용에따른특별상각부인액			
조정액	(23) 상각부인액((21)+(22))		20,780,000
부인액 누계	(24) 기왕부인액중당기손금추인액		
	(25) 전기말부인누계액		
	(26) 당기말부인누계액 (25)+(23)-|24|		28,780,000
당기말	(27) 당기의제상각액	-|(21)|-|(24)|	

② 기계장치

입력내용			금액
업종코드/명	13	제조업	
합계표 자산구분		2. 기계장치	
(4)내용연수(기준.신고)			6
상각 계산 의 기초 가액	재무상태표 자산가액	(5)기말현재액	60,000,000
		(6)감가상각누계액	33,750,000
		(7)미상각잔액(5)-(6)	26,250,000
	회사계산 상각비	(8)전기말누계	26,250,000
		(9)당기상각비	7,500,000
		(10)당기말누계(8)+(9)	33,750,000
	자본적 지출액	(11)전기말누계	
		(12)당기지출액	
		(13)합계(11)+(12)	
(14)취득가액((7)+(10)+(13))			60,000,000
(15)일반상각률.특별상각률			0.166
상각범위 액계산	당기산출 상각액	(16)일반상각액	9,960,000
		(17)특별상각액	
		(18)계((16)+(17))	9,960,000
	(19) 당기상각시인범위액		9,960,000
(20)회사계상상각액((9)+(12))			7,500,000
(21)차감액((20)-(19))			-2,460,000
(22)최저한세적용에따른특별상각부인액			
조정액	(20) 상각부인액((21)+(22))		
부인액 누계	(24) 기왕부인액중당기손금추인액		2,460,000
	(25) 전기말부인누계액		4,000,000
	(26) 당기말부인누계액 (25)+(23)-|24|		1,540,000
당기말	(27) 당기의제상각액	-|(21)|-|(24)|	

4. 소득금액조정합계표(세무조정)

〈 손금불산입 〉	건물감가상각비한도초과액	28,780,000 원	(유보발생)
〈 손금산입 〉	전기 기계장치 감가상각비 부인액	2,460,000 원	(유보감소)

[5] [법인세과세표준및세액조정계산서]

$$※중소기업특별세액감면 = 법인세산출세액(44,030,000) \times 감면소득(337,000,000) / 과세표준(337,000,000)원 \times 20\% = 8,806,000원$$

① 각사업연도소득계산			
101. 결산서상 당기순손익	01	272,340,000
소득조정금액 102. 익금산입	02	66,960,000
103. 손금산입	03	2,300,000
104. 차가감소득금액 (101+102-103)	04	337,000,000
105. 기부금한도초과액	05	
106. 기부금한도초과 이월액 손금산입	54	
107. 각사업연도소득금액 (104+105-106)	06	337,000,000

② 과세표준계산			
108. 각사업연도소득금액 (108=107)		337,000,000
109. 이 월 결 손 금	07	
110. 비 과 세 소 득	08	
111. 소 득 공 제	09	
112. 과 세 표 준 (108-109-110-111)	10	337,000,000
159. 선 박 표 준 이 익	55	

③ 산출세액계산			
113. 과 세 표 준 (113=112+159)	56	337,000,000
114. 세 율	11	19%
115. 산 출 세 액	12	44,030,000
116. 지 점 유 보 소 득 (법제96조)	13	
117. 세 율	14	
118. 산 출 세 액	15	
119. 합 계 (115+118)	16	44,030,000

④ 납부할세액계산			
120. 산 출 세 액 (120=119)		44,030,000
121. 최저한세 적용대상 공제감면세액	17	8,806,000
122. 차 감 세 액	18	35,224,000
123. 최저한세 적용제외 공제감면세액	19	
124. 가 산 세 액	20	
125. 가 감 계 (122-123+124)	21	35,224,000
기납부세액 126. 중 간 예 납 세 액	22	10,000,000
127. 수 시 부 과 세 액	23	
128. 원 천 납 부 세 액	24	
129. 간접회사등 외국납부세액	25	
130. 소 계 (126+127+128+129)	26	10,000,000
131. 신 고 납 부 전 가 산 세 액	27	
132. 합 계 (130+131)	28	10,000,000
133. 감 면 분 추 가 납 부 세 액	29	
134. 차 가 감 납 부 할 세 액 (125-132+133)	30	25,224,000

⑤토지등 양도소득, ⑥미환류소득 법인세 계산 (TAB로 이동)			
151. 차 가 감 납 부 할 세 액 계 (134+150)	46	25,224,000
⑦ 152. 사실과 다른 회계 처리 경정 세액공제	57	
153. 분 납 세 액 계 산 범 위 액 (151-124-133-145-152+131)	47	25,224,000
분납할세액 154. 현 금 납 부	48	12,612,000
155. 물 납	49	
156. 계 (154+155)	50	12,612,000
차감납부세액 157. 현 금 납 부	51	12,612,000
158. 물 납	52	
160. 계 (157+158) [160=(151-152-156)]	53	12,612,000

제102회 전산세무 1급

합격율	시험년월
4%	2022.06

■ 이 론

01. 다음 중 회계변경으로 인정되는 구체적인 사례로 가장 적절하지 않은 것은?

① 과거에는 발생한 경우가 없는 새로운 사건이나 거래에 대한 회계정책을 선택하거나 회계추정을 하는 경우
② 기업환경의 중대한 변화에 의하여 종전의 회계정책을 적용하면 재무제표가 왜곡되는 경우
③ 동종산업에 속한 대부분의 기업이 채택한 회계정책 또는 추정방법으로 변경함에 있어서 새로운 회계정책 또는 추정방법이 종전보다 더 합리적이라고 판단되는 경우
④ 일반기업회계기준의 제·개정으로 인하여 새로운 해석에 따라 회계변경을 하는 경우

02. 다음의 자료를 참조하여 계산한 20x0년 대손상각비와 20x1년 대손상각비는 각각 얼마인가?

구분	20x0년 말	20x1년 말
외상매출금	550,000원	300,000원
대손충당금	40,000원	20,000원
장부가액	510,000원	280,000원

• 20x1년 기말 대손충당금 잔액은 기중에 외상매출금 50,000원이 대손 확정된 후의 잔액임.
• 20x1년 기중에 18,000원의 외상매출금이 대손 확정 후, 기말 대손충당금 잔액은 12,000원임.

	20×0년 대손상각비	20×1년 대손상각비
①	20,000원	12,000원
②	30,000원	12,000원
③	20,000원	10,000원
④	30,000원	10,000원

03. 다음은 ㈜세계의 20x1.12.31. 현재 고정자산명세서의 일부이다. 빈칸에 들어갈 금액으로 맞는 것은? 단, 해당 자산의 잔존가치는 없다.

고정자산명세서

(20x1.12.31. 현재)

㈜세계 (단위 : 원)

자산명	취득일자	기초가액	당기증감	기말잔액	감가상각누계액	내용연수	상각방법
비품	20x1.10.01.	(1)	0	2,375,000	(2)	5년	정액법

	(1)	(2)		(1)	(2)
①	3,000,000원	625,000원	②	2,500,000원	125,000원
③	2,750,000원	375,000원	④	2,666,667원	291,667원

04. 다음 중 일반기업회계기준에 따른 수익의 인식기준에 대한 설명으로 가장 틀린 것은?

① 상품권의 발행과 관련된 수익은 재화를 인도하거나 판매한 시점에 인식하여야 하므로 상품권을 판매한 시점에는 수익을 인식하지 아니하고 선수금으로 처리한다.

② 재고자산의 판매거래 이후에도 판매자가 관련 재화의 소유에 따른 위험의 대부분을 부담하는 경우에는 그 거래를 아직 판매로 보지 아니하며 수익을 인식하지 않는다.

③ 정기간행물은 구독신청에 의하여 판매하는 경우에는 구독신청시에 수익을 인식한다.

④ 광고제작수수료는 광고제작의 진행률에 따라 인식한다.

05. 다음 중 자본금과 자본총계의 변동이 없는 거래를 모두 고른 것은?

가. 이익잉여금 적립	나. 주식병합	다. 주식배당	라. 현금배당

① 가, 나, 다, 라 ② 가, 나, 다

③ 가, 나 ④ 가

06. 다음 중 원가에 대한 설명으로 맞는 것은 모두 몇 개인가?

ㄱ. 매몰원가는 이미 발생한 과거의 원가로서 의사결정과정에 영향을 주지 못 하는 원가이다.

ㄴ. 고정원가는 관련범위 내에서 조업도의 증감에 상관없이 단위당 원가는 동일하다.

ㄷ. 종합원가계산은 제조원가를 직접재료비와 가공비로 구분하여 원가를 계산한다.

ㄹ. 표준원가계산에서 유리한 차이란 실제원가가 표준원가보다 큰 것을 말한다.

① 1개 ② 2개 ③ 3개 ④ 4개

07. 아래의 제조원가명가명세서에 대한 설명으로 다음 중 틀린 것은?

제조원가명세서		
Ⅰ. 재료비		85,000,000원
기초원재료재고액	25,000,000원	
( )	? 원	
기말원재료재고액	10,000,000원	
Ⅱ. 노무비		13,000,000원
Ⅲ. 제조경비		20,000,000원
Ⅳ. ( )		? 원
Ⅴ. 기초재공품재고액		? 원
Ⅵ. 합계		130,500,000원
Ⅶ. ( )		3,000,000원
Ⅷ. ( )		? 원

① 당기원재료매입액은 70,000,000원이다.   ② 당기제품제조원가는 133,500,000원이다.

③ 기초재공품재고액은 12,500,000원이다.   ④ 당기총제조원가는 118,000,000원이다.

08. ㈜세무는 선입선출법에 의한 종합원가제도를 채택하고 있다. 다음 자료를 참고하여 직접재료원가의 완성품환산량을 계산하면 얼마인가?

- 직접재료는 공정초기에 40%가 투입되고, 나머지는 공정이 60% 진행된 시점에 투입된다.
- 공손은 없는 것으로 가정한다.
- 기초재공품은 2,000단위이며 완성도는 20%이다.
- 당기착수량은 10,000단위이고 완성품 수량은 8,000단위이다
- 기말재공품은 4,000단위이며 완성도는 50%이다.

① 8,800단위   ② 9,200단위   ③ 10,800단위   ④ 12,000단위

09. 다음의 자료를 이용하여 계산한 직접재료원가의 가격차이와 수량차이로 올바른 것은?

- 실제 구입량 : 22,000kg
- 실제 구입단가 : 30원/kg
- 제품생산량 : 10,000개
- 표준수량 : 2kg
- 표준가격 : 27.5원/kg
- 표준원가 : 55원

	가격차이	수량차이		가격차이	수량차이
①	55,000원 불리	55,000원 불리	②	55,000원 유리	55,000원 유리
③	550,000원 유리	550,000원 유리	④	550,000원 불리	550,000원 불리

10. 다음 자료를 이용하여 계산한 정상공손 수량과 비정상공손 수량은 각각 몇 개인가? 단, 정상공손은 완성품 수량의 2%라 가정한다.

• 기초 재공품 수량 : 25,000개	• 기초 제품 수량 : 20,000개
• 당기 착수량 : 90,000개	• 제품 판매 수량 : 90,000개
• 기말 재공품 수량 : 12,500개	• 기말 제품 수량 : 30,000개

	정상공손	비정상공손		정상공손	비정상공손
①	1,200개	1,300개	②	2,000개	500개
③	1,000개	1,000개	④	2,300개	200개

11. 다음 중 아래의 (㉠), (㉡)에 들어갈 숫자를 바르게 나열한 것은?

> 내국법인의 각 사업연도의 소득에 대한 법인세의 과세표준은 각 사업연도의 소득의 범위에서 각 사업연도의 개시일 전 (㉠)년 이내에 개시한 사업연도에서 발생한 결손금을 공제한 금액으로 한다. 다만, 결손금은 각 사업연도 소득의 100분의 (㉡)(중소기업과 회생계획을 이행 중인 기업 등 제외)을 한도로 한다.

	㉠	㉡		㉠	㉡
①	10	50	②	10	60
③	15	50	④	15	80

12. 다음 중 조세특례제한법상 중소기업특별세액감면에 대한 설명으로 틀린 것은?

① 복식부기의무자(개인)가 중소기업특별세액감면을 받기 위해서는 사업용계좌를 신고해야 한다.
② 전년 대비 고용인원이 감소하지 않은 경우 감면한도는 1억원이다.
③ 중소기업 지원을 목적으로 하는 중소기업특별세액감면은 최저한세 적용배제 대상이다.
④ 법인의 본점이 수도권에 있는 경우 본점을 기준으로 감면율을 적용한다.

13. 다음 중 해당 과세기간의 총급여액이 7천만원을 초과하는 경우 적용받을 수 없는 소득공제 및 세액공제는 어느 것인가?

> 가. 신용카드 등 사용금액에 대한 소득공제 중 도서 · 신문 · 공연비 등 지출분에 대한 추가공제액
> 나. 월세 세액공제
> 다. 특별소득공제 중 장기주택저당차입금의 이자상환액 소득공제
> 라. 의료비 세액공제 중 산후조리원에 지출한 비용(출산 1회당 200만원 이내의 금액)

① 가, 나, 다, 라   ② 나   ③ 나, 라   ④ 가

14. 근로자인 백남봉 씨는 20x1년 귀속 연말정산 시 생계를 같이하는 부양가족에 대하여 인적공제(기본공제)를 적용하고자 한다. 다음 중 인적공제(기본공제) 대상이 아닌 것은? 단, 다른 소득은 없는 것으로 가정한다.

① 전업주부인 배우자는 로또(복권)에 당첨되어 1,000만원을 수령하였다.

② 구청에서 일용직으로 근무하시는 62세 어머니는 일용직 급여가 600만원이다.

③ 올해 초 퇴직하신 65세 아버지는 총급여가 300만원이고, 퇴직소득이 90만원이다.

④ 17세인 아들은 포스터 공모전에서 입상하여 시청으로부터 상금 500만원을 수령하였다.

15. 다음 중 부가가치세법상 과세기간에 대한 설명으로 틀린 것은?

① 신규사업자가 사업 개시 전 사업자등록을 하는 경우, 과세기간은 사업자등록일(등록신청일)로부터 해당 과세기간의 종료일까지이다.

② 간이과세자가 일반과세자로 변경되는 경우, 일반과세자로서 적용받게 되는 과세기간은 그 변경시점부터 12월 31일까지이다.

③ 폐업자의 과세기간은 해당 과세기간 개시일로부터 폐업일까지이다.

④ 간이과세자의 과세기간은 1월 1일부터 12월 31일까지이다.

실 무

㈜강진테크(1020)은 제조·도소매업을 영위하는 중소기업이며, 당기 회계기간은 20x1.1.1.~20x1.12.31. 이다. 전산세무회계 수험용 프로그램을 이용하여 다음 물음에 답하시오.

문제 1 다음 거래에 대하여 적절한 회계처리를 하시오.(12점)

[1] 02월 15일 당사는 업무에 사용하기 위하여 중고자동차 매매상으로부터 레이(경차)를 매입하고 법인카드로 결제하였다. 별도의 세금계산서는 받지 않았다. (3점)

카드매출전표	
카드종류	: 국민카드
회원번호	: 2224-1222-****-1349
거래일시	: 20x1.02.15. 13:05:16
거래유형	: 신용승인
공급가액	: 3,500,000원
부가세액	: 350,000원
합계	: 3,850,000원
결제방법	: 일시불
승인번호	: 71999995
은행확인	: 국민은행

가맹점명 : ㈜생생자동차유통
사업자등록번호 : 130-86-23540
- 이 하 생 략 -

[2] 03월 10일 주주총회에서 아래와 같이 배당을 실시하기로 결의하였다. (3점)

• 현금배당 30,000,000원	• 주식배당 50,000,000원
• 이익준비금은 현금배당의 10%를 적립하기로 한다.	

[3] 04월 10일 제일투자㈜에서 차입한 장기차입금 100,000,000원의 상환기일이 도래하여 30,000,000원은 보통예금으로 바로 상환하고, 40,000,000원은 이에 상당하는 시가의 주식으로 출자전환을 하기로 하였으며, 잔액 30,000,000원은 채무면제를 받았다. 동일자에 출자전환을 위하여 보통주 6,000주(액면가액 5,000원)를 발행하여 교부하고, 자본 증자등기를 마쳤다(하나의 전표로 입력할 것). (3점)

[4] 09월 30일 당사는 ㈜백운기업로부터 기계장치(공급가액 20,000,000원, 세액 2,000,000원)를 구입하고 전자세금계산서를 발급받았다. 대금 중 5,000,000원은 보통예금에서 지급하고, 나머지는 외상으로 하였다. 단, 기계장치는 면세사업에만 사용하기로 한다. (3점)

문제 2 다음 주어진 요구사항에 따라 부가가치세 신고서 및 부속서류를 작성 하시오.(10점)

[1] 다음의 자료를 이용하여 20x1년 제1기 확정신고 기간(4월 1일~6월 30일)의 [대손세액공제신고서]를 작성하시오. (4점)

거래일자[주1)]	채권액 (부가가치세 포함)	거래처	채권의 종류	대손 사유
20x0년 8월 1일	5,500,000원	㈜태백	외상매출금	거래상대방의 실종이 입증됨. (실종선고일 : 20x1년 5월 10일)
20x0년 7월 1일	16,500,000원	백두공업	단기대여금	거래상대방의 파산이 입증됨. (파산선고일 : 20x1년 6월 1일)
20x0년 9월 1일	7,700,000원	㈜상성	받을어음	어음 부도 발생 (부도 발생일 : 20x0년 11월 1일)
2019년 5월 1일	11,000,000원	㈜한라	외상매출금	소멸시효의 완성 (소멸시효 완성일 : 20x1년 5월 1일)
20x1년 3월 7일	6,600,000원	㈜지구	받을어음	어음 부도 발생 (부도 발생일 : 20x1년 5월 1일)

주1) 세금계산서 작성일자를 의미함.

[2] 본 문제에 한하여 당사는 고등어 통조림 제조업을 영위하는 중소기업 법인으로 가정한다. 다음은 20x1년 제1기 확정신고기간(20x1.4.1.~20x1.6.30.)에 매입한 면세품목에 관한 자료이다. 의제매입세액공제와 관련한 거래만 **[매입매출전표]([의제류매입] 탭을 활용할 것)에 입력하고, [의제매입세액공제신고서(관리용)]를 작성하시오**(단, 수량은 모두 "1"로 기재하고, 고등어는 원재료 계정을 사용할 것). (4점)

1. 면세품목 매입내역

구분	일자	상호	사업자등록번호	매입가격	품명
전자계산서 매입분 (현금거래)	04.02.	㈜수상	108-81-49188	384,000원	수도요금
	05.08.	㈜한상	109-81-31809	7,080,000원	고등어
신용카드 매입분 (보람카드)	05.18.	㈜두상	107-81-69876	2,750,000원	고등어
	06.12.	㈜세상	208-81-61880	564,000원	방역비(면세)

2. 추가자료
- 제1기 예정분 과세표준은 40,000,000원, 제1기 확정분 과세표준은 60,000,000원이며, 과세표준은 의제매입세액공제신고서 상에 직접 입력한다.
- 제1기 예정신고 시 의제매입세액을 240,000원(매입가액 6,240,000원) 공제받은 것으로 가정한다.
- 관련 없는 다른 자료는 무시한다.

[3] 다음의 자료를 이용하여 20x1년 제2기 확정신고기간의 [부가가치세신고서]를 마감하고, 부가가치세신고서와 관련 부속서류를 국세청 홈택스에 전자신고하시오. (2점)

1. 부속서류 및 부가가치세신고서는 입력된 자료를 조회하여 사용한다.
2. 마감 및 전자신고 시 오류는 발생하지 않아야 한다.
3. 신고서 마감 → [전자신고] → [국세청 홈택스 전자신고변환(교육용)] 순으로 진행한다.
4. 전자신고용 전자파일 제작 시 신고인 구분은 2.납세자 자진신고로 선택하고, 비밀번호는 "**12345678**"로 입력한다.
5. 전자신고용 전자파일 저장경로는 로컬디스크(C:)이며, 파일명은 "**enc작성연월일.101.v8808612342**"이다.
6. 최종적으로 국세청 홈택스에서 [전자파일 제출하기]를 완료한다.

문제 3 다음의 결산정리사항에 대하여 결산정리분개를 하거나 입력을 하여 결산을 완료하시오.(8점)

[1] 다음의 사채할증발행차금 환입표를 참조하여 일반기업회계기준에 따라 당기 기말 이자비용에 대한 회계처리를 하시오. 단, 표시이자는 보통예금으로 지급하였다. (2점)

〈환입표〉

(단위 : 원)

연도	사채이자비용		사채할증발행차금		장부금액
	표시이자	유효이자	당기환입액	미환입잔액	
20x0.01.01.				5,151	105,151
20x0.12.31.	10,000	8,412	1,588	3,563	103,563
20x1.12.31.	10,000	8,285	1,715	1,848	101,848
20x2.12.31	10,000	8,152	1,848	0	100,000

[2] 다음은 장기투자목적으로 보유하고 있는 매도가능증권(시장성 있는 주식)에 관한 자료이다. 기말 현재 필요한 회계처리를 하시오. (2점)

- 취득 수량 : 700주(보통주)
- 1주당 취득원가 : 18,000원
- 20x0년 12월 31일 1주당 시가 : 20,000원
- 20x1년 7월 1일 : 50% 매각(1주당 19,000원)
- 20x1년 12월 31일 1주당 시가 : 17,500원
- 위 매도가능증권에 대한 수정전 재무상태표상 기타포괄손익누계액은 700,000원이며, 다른 매도가능 증권은 없다.

[3] 결산일 현재 장기차입금에 관한 내용이다. 일반기업회계기준에 따라 회계처리를 하시오. 단, 이자계산은 월할계산으로 하되 1월 미만은 1월로 계산한다. (2점)

과목	거래처	발생일자	만기일자	금액(원)	이자율	이자지급일
장기차입금	㈜우리캐피탈	20x0.03.01	20x5.02.28	100,000,000	연 6%	• 매년 3월 1일과 9월 1일 • 후불로 6개월분씩 지급

[4] 재고자산 실지 조사 결과 기말재고자산 내역은 다음과 같고, 위수탁계약을 맺어 당기에 발송한 제품 중 수탁자가 아직 판매하지 않은 제품 3,000,000원은 실지재고조사 결과에 포함되어 있지 않다. (2점)

재고자산	기말재고액
원재료	35,000,000원
재공품	17,500,000원
제 품	55,000,000원

문제 4 **원천징수와 관련된 다음 물음에 답하시오.(10점)**

[1] 다음은 영업부 과장 김과장(사원코드 : 5, 주민등록번호 : 831013-1687411, 입사일 : 2018.03.02.)의 20x0년 연말정산 결과와 20x1년 2월 급여자료이다. 아래의 자료를 참고로 2월 귀속 급여자료를 입력하고, [원천징수이행상황신고서]를 작성하시오. 필요할 경우 수당 및 공제항목을 추가로 등록하되, 사용하지 않는 수당 및 공제항목은 사용 여부를 "부"로 반영하시오. (5점)

1. 김과장의 20x0년 귀속 총급여는 72,000,000원이며, 연말정산 결과는 다음과 같다.

구 분	소득세	지방소득세
결정세액	5,023,168원	502,316원
기납부세액	6,193,170원	619,320원
차가감징수세액	- 1,170,000원	- 117,000원

2. 20x1년 2월 급여명세서(급여지급일 : 매월 25일)

이름	김과장	지급일	20x1.02.25.
기본급여	5,000,000원	소 득 세	564,510원
직책수당	500,000원	지방소득세	56,450원
월차수당	270,000원	고용보험	48,560원
자가운전보조금	300,000원	국민연금	225,000원
식대	100,000원	건강보험	171,500원
귀하의 노고에 감사드립니다.		장기요양보험	21,040원

3. 특이사항
 - 본인 차량을 업무에 사용하고 시내출장 등에 소요된 실제 여비를 자가운전보조금과 별도로 정산받음.
 - 식대와 별도로 현물식사를 제공받지 않음.
 - 사회보험료와 소득세 및 지방소득세 공제액은 요율표를 무시하고 주어진 자료를 이용할 것.
 - 연말정산 결과는 2월분 급여에 전액 반영하기로 함.

[2] 다음의 자료를 바탕으로 배당소득자료를 입력하시오. (3점)

1. ㈜강진테크의 소득자별 배당소득 지급내역
   • ㈜강진테크의 주주는 다음과 같다.

소득자코드번호	주주	주민등록번호	거주자/비거주자 구분	지분율
00010	이사장	740102 – 1025122	거주자	100%

   • 제14기 배당금은 처분결의일에 지급할 예정이다.
   • 배당금을 결의한 이익잉여금처분계산서는 다음과 같다(전산에 입력된 자료는 무시할 것).

2. 20x0년 이익잉여금처분계산서

이익잉여금처분계산서		
처분결의일 20x1.03.25. 제14기 20x0.01.01.~20x0.12.31. (단위 : 원)		
과목		금액
Ⅰ. 미처분이익잉여금		360,000,000
1. 전기이월 미처분이익잉여금	300,000,000	
2. 당기순이익	60,000,000	
Ⅱ. 이익잉여금처분액		44,000,000
1. 이익준비금	4,000,000	
2. 배당금		
가. 현금배당	40,000,000	
나. 주식배당	0	
Ⅲ. 차기이월 미처분이익잉여금		316,000,000

[3] 다음 자료는 중도 퇴사한 영업부 과장 박철민(사번 : 302)에 관한 자료이다. 자료를 이용하여 필요한 [사원등록] 내용을 추가하고, [퇴직소득자료] 입력 및 [퇴직소득원천징수영수증]을 작성하시오. (2점)

• 입사일 : 2017년 11월 1일	• 퇴사일 : 20x1년 11월 30일
• 퇴식금 : 14,800,000원(전액 과세)	
• 퇴직사유 : 자발적 퇴직	• 퇴직금 지급일 : 20x1년 12월 5일

문제 5 장흥기업㈜(1021)은 전자부품을 생산하고 제조·도매업을 영위하는 중소기업이며, 당해 사업연도는 20x1.1.1.~20x1.12.31.이다. [법인조정] 메뉴를 이용하여 기장되어 있는 재무회계 장부 자료와 제시된 보충자료에 의하여 해당 사업연도의 세무조정을 하시오. (30점)

[1] 다음의 자료를 이용하여 [기업업무추진비조정명세서(갑),(을)]를 작성하고 세무조정사항이 있는 경우 [소득금액조정합계표]를 작성하시오. (6점)

1. 당사는 중소기업이다.
2. 수입금액조정명세서 내역은 다음과 같다.
   (1) 상품매출액 : 200,000,000원(특수관계인에 대한 매출액 50,000,000원 포함)
   (2) 제품매출액 : 2,350,000,000원(특수관계인에 대한 매출액 20,000,000원 포함)
3. 손익계산서 및 제조원가명세서에 기업업무추진비로 회계처리된 금액은 다음과 같다. 단, 전액 건당 3만원 초과분에 해당한다.

계정과목	법인카드 사용액		현금 지출액	합계
	일반기업업무추진비	문화기업업무추진비	경조금	
접대비(판관비)	25,000,000원	2,300,000원^{주1)}	200,000원^{주2)}	27,500,000원
접대비(제조경비)	20,000,000원	3,500,000원	–	23,500,000원

주1) 문화기업업무추진비 사용액 중 300,000원은 대표자와 그 가족이 박물관 관람을 위하여 사용하였다.
주2) 주요 거래처에 현금으로 경조사비를 지출하고, 적격증빙서류를 받지 않았다.

[2] 다음 관련 자료를 이용하여 [가지급금등의인정이자조정명세서]를 작성하고, 관련된 세무조정사항을 [소득금액조정합계표및명세서]에 반영하시오. (6점)

1. 차입금과 지급이자 내역

이자율	지급이자	차입금	비고
15%	3,000,000원	20,000,000원	기업은행 차입금
10%	4,000,000원	40,000,000원	농협은행 차입금
8%	8,000,000원	100,000,000원	자회사인 ㈜일등으로부터 차입금
계	15,000,000원	160,000,000원	

2. 가지급금과 이자수익 내역

구분	일자	가지급금	받을 이자수익
대표이사 : 장흥도	20x1.05.01.	40,000,000원	1,600,000원
감사 : 이감사	20x1.07.15.	15,000,000원	1,575,000원

3. 기획재정부령으로 정하는 당좌대출이자율은 연간 4.6%이며, 당 회사는 금전대차거래에 대해 시가 적용방법을 신고한 바 없다고 가정한다.

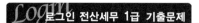
[3] 20x0년 5월 3일 ㈜굿모닝캐피탈과 대표이사(장홍도) 전용 5인승 승용차 제네시스(14러4813)의 장기운용리스계약을 체결하였다. 아래의 자료를 이용하여 [업무용승용차등록]및 [업무용승용차관련비용명세서]를 작성하여 관련 세무조정을 [소득금액조정합계표 및 명세서]에 반영하시오. (6점)

구분	금액	비고
리스료	24,000,000원	• 매월 2,000,000원, 계산서 수령함 • 리스료에는 보험료 500,000원, 자동차세 350,000원, 수선유지비 1,620,500원이 포함됨.
유류비	4,100,000원	
리스계약기간	20x0.05.03.~20x2.05.02.	
보험기간 (업무전용자동차보험 가입)	20x0.05.03.~20x1.05.02. 20x1.05.03.~20x2.05.02.	
거리	1. 전기이월누적거리 21,000km 2. 출퇴근거리 6,400km 3. 출퇴근 외 비업무거리 1,600km 4. 당기 총주행거리 8,000km	
기타사항	• 코드 0003, 판매관리부의 차량으로 등록할 것 • 업무전용보험 가입하고, 운행기록부는 작성하였다고 가정함 • 전기 감가상각비(상당액) 한도 초과 이월액 18,000,000원 있음	

[4] 입력된 자료는 무시하고 다음의 자료만을 이용하여 20x1년 말 [자본금과적립금조정명세서(을)]을 작성하시오. (6점)

1. 20x1년 말 [소득금액조정합계표]

익금산입 및 손금불산입		
과목	금액	비고
법인세비용	12,000,000원	당기 법인세비용 계상액
선급비용	500,000원	전기 선급비용 과대계상액
대손충당금	5,000,000원	당기 대손충당금 한도초과액
임차료	3,500,000원	렌트한 업무용승용차 관련 감가상각비상당액 한도초과금액
단기매매증권	2,000,000원	당기 단기매매증권평가손실금액

손금산입 및 익금불산입		
과목	금액	비고
선급비용	1,000,000원	당기 선급비용 과대계상액
대손충당금	4,000,000원	전기 대손충당금 한도초과액
감가상각비	800,000원	전기 비품상각부인액
제품	2,700,000원	전기 제품평가감금액

2. 20x0년 말 [자본금과적립금조정명세서(을)]

과목	기초	감소	증가	기말
선급비용	-800,000원	-800,000원	-500,000원	-500,000원
대손충당금	2,000,000원	2,000,000원	4,000,000원	4,000,000원
감가상각비			1,500,000원	1,500,000원
제품			2,700,000원	2,700,000원

[5] 다음의 자료를 참조하여 [세액공제조정명세서(3)] 중 [3.당기공제 및 이월액계산] 탭과 [최저한세조정계산서], [법인세과세표준및세액조정계산서]를 작성하시오(당사는 <u>중소기업이며</u>, 불러온 자료는 무시하고 아래의 자료만 참조한다). (6점)

---

1. 당기 표준손익계산서 일부

Ⅰ.매출액	01	5,330,600,000원
2.제품매출	05	5,330,600,000원
중략		
Ⅹ.당기순손익	219	272,385,400원

2. 당기 소득금액조정합계표및명세서 일부

익금산입 및 손금불산입				손금산입 및 익금불산입			
①과목	②금액	③소득처분		④과목	⑤금액	⑥소득처분	
		처분	코드			처분	코드
합계	12,400,200원			합계	17,326,000원		

3. 당기 공제감면세액 및 추가납부세액합계표(갑) 일부

1. 최저한세 적용제외 공제감면세액

① 구　　　　분	② 근 거 법 조 항	코드	③ 대상세액	④ 감면(공제)세액
⑭ 일반 연구·인력개발비세액공제	「조세특례제한법」 제10조제1항제3호	16B	5,500,000원	5,500,000원

2. 최저한세 적용대상 공제감면세액

① 구　　　　분	② 근 거 법 조 항	코드	③ 대상세액	④ 감면세액
⑭ 중소기업에 대한 특별세액감면	「조세특례제한법」 제7조	112	8,925,930원	8,925,930원

4. 선납세금 원장 일부

일자	적요	차변	대변	잔액
08-30	법인세 중간예납	1,360,000원		1,360,000원
[누 계]		1,360,000원		1,360,000원

5. 기타사항

- 2021년에 이월된 중소기업 등 투자세액공제 잔액 6,650,000원이 있다.
- 최저한세에 따른 공제감면 배제는 납세자에게 유리한 방법으로 한다.
- 분납가능한 금액은 분납하기로 한다.
- 위 자료 외에 세무조정, 세액공제감면은 없는 것으로 한다.

제102회 전산세무1급 답안 및 해설

이 론

1	2	3	4	5	6	7	8	9	10	11	12	13	14	15
①	④	②	③	③	②	②	①	①	②	④	③	④	③	②

01. 새로이 회계정책을 선택하거나 추정하는 경우는 회계변경으로 인정되는 사유에 해당하지 않는다.

02.

대손충당금(20x0)

대손	50,000	기초	40,000
기말	20,000	**대손상각비(20x0)**	**30,000**
계	70,000	계	70,000

대손충당금(20x0)

대손	18,000	기초	20,000
기말	12,000	**대손상각비(20x1)**	**10,000**
계	30,000	계	30,000

03. 기초가액(취득가액) - 감가상각누계액(2) = 기말잔액(2,375,000)

내용연수=5년=60개월, 경과된 내용연수=3개월

기초가액 - 기초가액×3개월/60개월 = 2,375,000원   ∴ **(1) 기초가액 = 2,500,000원**

(2) 감가상각누계액 = 기초가액(2,500,000) - 기말잔액(2,375,000) = 125,000원

04. 정기간행물 등과 같이 그 가액이 매기간 비슷한 품목을 구독신청에 의해 판매하는 경우에는 **구독기간에 걸쳐 정액법으로 수익을 인식**한다.

05. 주식배당은 자본금이 증가하고, 자본총계는 변동이 없다. 현금배당은 자본금의 변동은 없으나 자본총계는 감소한다.

06. ㄴ. 고정원가는 **조업도의 증감에 따라 단위당 원가가 증감**한다.

ㄹ. 실제원가가 표준원가보다 큰 것은 **이익을 감소시키므로 불리한 차이다.**

07. 제조원가명세서는 원재료 T계정과 재공품 T계정을 합쳐 놓은 것이다.

	원재료			⇒		재공품		
기초	25,000,000	직접재료비	85,000,000		*기초③*	*12,500,000*	당기제품제조원가②	*127,500,000*
매입①	*70,000,000*	기말	10,000,000		*당기총제조원가④*	*118,000,000*	기말	3,000,000
계	95,000,000	계	95,000,000		계	130,500,000	계	130,500,000

당기총제조원가 = 직·재(85,000,000) + 직·노(13,000,000) + 제·간(20,000,000) = 118,000,000원

08.

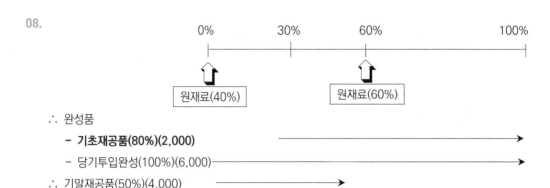

∴ 완성품

- **기초재공품(80%)(2,000)**
- 당기투입완성(100%)(6,000)
∴ 기말재공품(50%)(4,000)

완성품환산량(직접재료원가) = 2,000단위×60%+6,000단위×100%+4,000단위×40% = 8,800단위

09.

AQ	AP	SQ	SP
22,000kg	30원/kg	10,000개×2=20,000kg	27.5/kg

AQ×AP	AQ×SP	SQ×SP
22,000kg×@30	22,000kg×@27.5	10,000개×2kg×@27.5
=660,000원	=605,000원	=550,000원
가격차이 55,000원 불리		**수량차이 55,000원 불리**

10.

제품			
기초	20,000개	판매	90,000개
완성품	100,000개	기말	30,000개
계	120,000개	계	120,000개

정상공손수량 = 완성품(100,000)×2% = 2,000개

재공품			
기초재공품	25,000개	완성품	100,000개
		공손품 *정상공손*	*2,000개*
		(2,500개) *비정상공손*	*500개*
당기투입	90,000개	기말재공품	12,500개
계	115,000개	계	115,000개

11. 이월결손금은 15년간 공제가 되고, <u>일반기업의 이월결손금 공제한도는 각사업연도소득의 80/100</u>

12. <u>중소기업특별세액감면은 최저한세 적용대상</u>이다.

13. 특별소득공제 중 <u>장기주택저당차입금 이자상환액 소득공제와 의료비 중 산후조리비용(개정세법 24) 은 총급여액에 관계없이 공제 가능</u>하다. <u>월세 세액공제도 총급여액 8천만원 이하자(개정세법 24)도 적용이 가능하다.</u>

14. 소득금액의 합계액은 종합소득, 퇴직소득, 양도소득을 합하여 판단하고, 비과세소득 및 분리과세소득 은 제외한다. <u>아버지의 총소득금액은 180만원(300만원×30%+90만원)이므로 기본공제 대상이 아니다.</u> 배우자 복권당첨금과 어머니의 일용근로소득은 분리과세소득이고, 아들의 국가등으로 받은 상 금은 비과세 기타소득에 해당한다.

15. 간이과세자가 일반과세자로 변경되는 경우, 간이과세로 적용되는 과세기간은 그 변경 이전 1월 1일 부터 6월 30일까지이다. 따라서 **일반과세자로서 적용받게 되는 과세기간은 7월 1일부터 12월 31일 까지**이다.

■ 실 무

문제 1 전표입력

문항	일자	유형	공급가액	부가세	거래처	신용카드
[1]	2/15	57.카과	3,500,000	350,000	㈜생생자동차유통	국민카드
분개유형		(차) 부가세대급금	350,000	(대) 미지급금(국민카드)		3,850,000
카드(혼합)		차량운반구	3,500,000			

[2] (차) 미처분이익잉여금(377)   83,000,000   (대) 미지급배당금   30,000,000
　　　　　　　　　　　　　　　　　　　　　　미교부주식배당금   50,000,000
　　　　　　　　　　　　　　　　　　　　　　이익준비금   3,000,000

〈문제1의 [2]에 대한 필자 주〉

당초 가답안에는 이월이익잉여금 계정으로 제시하였고 확정답안에는 미처분이익잉여금(377)으로 제시하 였다. **"미처분이익잉여금(377) 계정이 처분 대상이 되는 이익잉여금에 해당하고, 이월이익잉여금(375)은 이익잉 여금 처분 후 남은 잉여금으로 사내에 유보하여 차기로 이월하는 잉여금입니다"**라 주장하면서 답안을 정정 하였는데 기존 과거 답안을 뒤집어 놓았다.

〈과거 이익잉여금 처분문제〉

TAT1급(한국공인회계사)	전산세무1급(한국세무사회)
45회 실무 문제 1 [1]	87회 전산세무1급 (문제1) [1]
43회 실무 문제 1 [1]	85회 전산세무1급 (문제1) [2]
41회 실무 문제 1 [1]	80회 전산세무1급 (문제1) [1]
36회 실무 문제 1 [1]	

저자가 ㈜강진테크의 처분전 합계잔액시산표와 처분후 합계잔액시산표를 조회해보았다.

〈처분전 합계잔액 시산표〉

기간	년 03 월 10 일

관리용 / 제출용

차　변		계정과목	대　변	
잔액	합계		합계	잔액
		9.이 익 잉 여 금	208,915,695	208,915,695
		이 익 준 비 금	5,000,000	5,000,000
		이 월 이 익 잉 여 금	203,915,695	203,915,695

〈처분후 합계잔액 시산표〉

| 기간 | | 년 | 03 ∨ 월 | 10 일 💬 | | | |

관리용 | 제출용

차 변		계정과목	대 변	
잔액	합계		합계	잔액
	83,000,000	9.이 익 잉 여 금	211,915,695	128,915,695
		이 익 준 비 금	8,000,000	8,000,000
		이 월 이 익 잉 여 금	203,915,695	203,915,695
	83,000,000	미 처 분 이 익 잉 여 금		-83,000,000

결국 3월 10일 기준에서 이익잉여금중 이월이익잉여금에 계상되어 있는 금액을 처분해야 한다.

해당 답안의 정당성을 가지기 위해서는 다음과 같은 회계처리를 해야 하나 불필요한 회계처리가 된다.

(차) 이월이익잉여금   83,000,000   (대) 미처분이익잉여금   83,000,000

전산세무1급 & TAT1급 자격증을 취득한 세무사들이 출제해야 일관성있는 답을 제시할 것이다.

[3] (차) 장기차입금(제일투자㈜)   100,000,000   (대) 보통예금   30,000,000
　　　　　　　　　　　　　　　　　　　　　　　　　　　　　　　자본금   30,000,000
　　　　　　　　　　　　　　　　　　　　　　　　　　　　　　　주식할인발행차금   2,000,000
　　　　　　　　　　　　　　　　　　　　　　　　　　　　　　　주식발행초과금   8,000,000
　　　　　　　　　　　　　　　　　　　　　　　　　　　　　　　채무면제이익   30,000,000

〈4월 10일 합계잔액시산표 조회〉

차 변		계정과목	대 변	
잔액	합계		합계	잔액
2,000,000	2,000,000	주 식 할 인 발 행 차 금		
700,000	700,000	자 기 주 식		

☞**문제에서 주식할인발행차금잔액을 제시 않아 가답안 주식발행초과금 10,000,000으로 한 것도 정답처리하였음.**

문항	일자	유형	공급가액	부가세	거래처	전자세금
[4]	9/30	54.불공(⑤)	20,000,000	2,000,000	㈜백운기업	여
분개유형		(차) 기계장치	22,000,000	(대) 보통예금		5,000,000
혼합				미지급금(㈜백운기업)		17,000,000

문제 2 부가가치세

[1] [대손세액공제신고서](4~6월)

당초공급일	대손확정일	대손금액	공제율	대손세액	거래처		대손사유
20×1-08-01	2022-05-10	5,500,000	10/110	500,000	(주)태백	3	사망,실종
20×1-09-01	2022-05-02	7,700,000	10/110	700,000	(주)상성	5	부도(6개월경과)
2019-05-01	2022-05-01	11,000,000	10/110	1,000,000	(주)한라	6	소멸시효완성

☞ 단기대여금에 대해서는 대손세액공제를 받을 수 없다.
　　부도가 발생한 어음(1기 5월 1일)에 대해서는 부도발생일부터 6개월이 지난 날이 속하는 확정신고기한(2기)에 대손세액공제를 받을 수 있다.

[2] 의제매입세액공제신고서(4~6월)

1. 매입매출전표입력

(1) ㈜한상

유형: 면세 공급가액: 7,080,000 원   의제구분및매입액: 1. 7,080,000 원 세율: 4/104 공제세액: 272,307원

공급처명: ㈜한상   전자: 여 분개: 현금 또는 혼합

(차) 부가세대급금	272,307	(대) 현금	7,080,000
원재료	6,807,693		

(2) ㈜두상

유형: 카면 공급가액: 2,750,000 원 의제구분및매입액: 1. 2,750,000 원 세율: 4/104 공제세액: 105,769원

공급처명: ㈜두상   분개: 카드 또는 혼합   신용카드사:보람카드

(차) 부가세대급금	105,769	(대) 외상매입금(보람카드)	2,750,000
원재료	2,644,231		

2. 의제매입세액공제신고서(**제조기업영위 중소기업 4/104**)

(1) ㈜한상

취득일자	구분	물품명	수량	매입가액	공제율	의제매입세액	건수
-05-18	신용카드등	고등어	1	2,750,000	4/104	105,769	1

(2) ㈜두상

취득일자	구분	물품명	수량	매입가액	공제율	의제매입세액	건수
-05-08	계산서	고등어	1	7,080,000	4/104	272,307	1

(3) 한도계산

면세농산물등	제조업 면세농산물등

가. 과세기간 과세표준 및 공제가능한 금액등   **불러오기**

과세표준			대상액 한도계산		B. 당기매입액	공제대상금액 [MIN (A,B)]
합계	예정분	확정분	한도율	A.한도액		
100,000,000	40,000,000	60,000,000	50/100	50,000,000	16,070,000	16,070,000

나. 과세기간 공제할 세액

공제대상세액		이미 공제받은 금액			공제(납부)할세액 (C-D)
공제율	C.공제대상금액	D.합계	예정신고분	월별조기분	
4/104	618,076	240,000	240,000		378,076

☞ 당기매입액 = 예정신고 매입액(6,240,000) + 확정신고 매입액(9,830,000) = 16,070,000원

[3] 홈택스 부가가치세전자신고(확정신고 10~12월)

1. 전자신고파일생성	1. 신고서 및 부속서류 작성 및 마감
	2. 전자신고서 제작(비밀번호 입력 12345678)
	3. C드라이브에 파일(파일명 메모)이 생성
2. 홈택스 전자신고	1. 전자신고파일 불러오기
	2. 형식검증하기(비밀번호 입력 12345678)→확인
	3. 내용검증하기→확인
	4. 전자파일 제출
	5. 접수증 확인

문제 3 결산

[1]~[3] 수동결산, [4]는 자동결산

[1]　(차) 이자비용　　　　　　　　　　8,285　　(대) 보통예금　　　　　　　　　10,000
　　　　사채할증발행차금　　　　　　 1,715

[2]　(차) 매도가능증권평가이익　　　 700,000　　(대) 매도가능증권(178)　　　 875,000
　　　　매도가능증권평가손실　　　 175,000

　　• 취득가액 = 350주 × 18,000원 = 6,300,000원→처분수량에 대해서는 감안하지 말고 잔여수량으로 계산

	취득가액 (350주)	공정가액		평가이익	평가손실
		주당	가액		
전기	6,300,000	20,000	7,000,000	700,000	0
당기		17,500	6,125,000	△700,000	175,000
계				0	175,000

[3]　(차) 이자비용　　　　　　　　　2,000,000　　(대) 미지급비용　　　　　　　2,000,000
　　　☞기간경과분 이자비용=100,000,000원×6%×4/12 = 2,000,000원
　　　미지급비용도 채무계정이므로 거래처㈜우리캐피탈을 입력하는 것이 정확한 답안이다.

[4]　[결산자료입력]
　　• 기말원재료재고액 : 35,000,000원,　• 기말재공품재고액 : 17,500,000원
　　• 기말제품재고액 : 58,000,000원(적송품 3,000,000원 포함) 입력 후 〉 F3 전표추가

문제 4   원천징수

[1] 급여자료 및 원천징수 이행상황신고서

1. 수당등록

No	코드	과세구분	수당명	근로소득유형			월정액	통상임금	사용여부
				유형	코드	한도			
1	1001	과세	기본급	급여			정기		여
2	1002	과세	상여	상여			부정기		부
3	1003	과세	직책수당	급여			정기		여
4	1004	과세	월차수당	급여			정기		여
5	1005	비과세	식대	식대	P01	(월)200,000	정기		여
6	1006	비과세	자가운전보조금	자가운전보조금	H03	(월)200,000	부정기		부
7	1007	비과세	야간근로수당	야간근로수당	O01	(년)2,400,000	부정기		부
8	2001	과세	자가운전보조금	급여			정기	부	여

- **자가운전보조금은 별도의 시내출장 등에 소요된 실제 여비를 별도로 정산받기 때문**에 비과세근로소득
  에 해당하지 않으므로 수당등록에 **과세수당으로 추가 입력한다.**

2. 급여자료입력(김과장 귀속년월 2월, 지급년월일 2월 25일)

급여항목	금액	공제항목	금액
기본급	5,000,000	국민연금	225,000
직책수당	500,000	건강보험	171,500
월차수당	270,000	장기요양보험	21,040
식대	100,000	고용보험	48,560
자가운전보조금	300,000	소득세(100%)	564,510
		지방소득세	56,450
		농특세	
		연말정산소득세	-1,170,000
		연말정산지방소득세	-117,000
과 세	6,070,000		
비 과 세	100,000	공 제 총 액	-199,940
지 급 총 액	6,170,000	차 인 지 급 액	6,369,940

- Shift + F6 연말정산 〉 연말정산소득세와 연말정산지방소득세 환급액 반영

3. 원천징수이행상황신고서(귀속기간 2월, 지급기간 2월, 1.정기신고)

원천징수명세및납부세액	원천징수이행상황신고서 부표	원천징수세액환급신청서	기납부세액명세서	전월미환급세액 조정명세서	차월이월환급세액 승계명세

		코드	소득지급		징수세액			당월조정환급세액	납부세액	
			인원	총지급액	소득세 등	농어촌특별세	가산세		소득세 등	농어촌특별세
근로소득	간이세액	A01	1	6,070,000	564,510					
	중도퇴사	A02								
	일용근로	A03								
	연말정산	A04	1	72,000,000	-1,170,000					
	(분납신청)	A05								
	(납부금액)	A06			-1,170,000					
	가 감 계	A10	2	78,070,000	-605,490					

[2] 배당소득

1. 기타소득자등록(이사장)

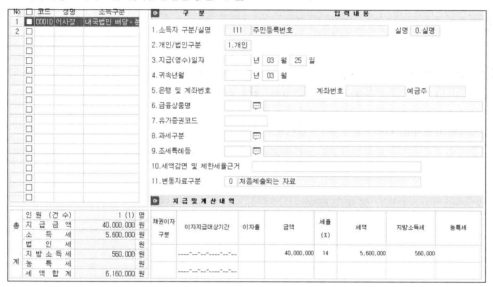

2. 이자배당소득자료입력(지급년월일 3월 25일)

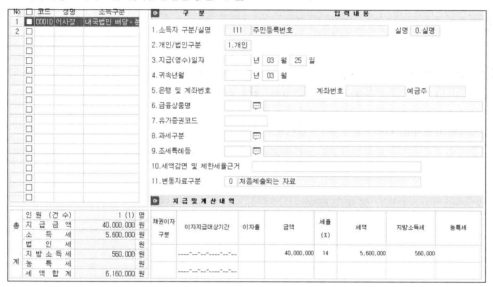

[3] 퇴직소득

1. 사원등록([기본사항] 탭) : 퇴사년월일(20x1.11.30) 입력

2. 퇴직소득자료입력(**지급년월 12월, 귀속년월 11월**, 영수일자 12월 05일)

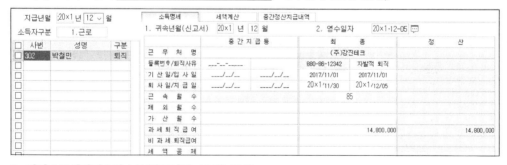

3. **퇴직소득원천징수영수증(지급년월 12월) 조회**

☞ 퇴직소득세는 프로그램이 자동 계산합니다.

문제 5 세무조정

[1] 기업업무추진비조정명세서

1. 기업업무추진비입력(을)

① 수입금액 명세

구　　분	① 일반수입금액	② 특수관계인간 거래금액	③ 합　　계(①+②)
금　　액	2,480,000,000	70,000,000	2,550,000,000

② 기업업무추진비해당금액

	④ 계정과목		합계	접대비(제조)	접대비(판관)		
	⑤ 계정금액		51,000,000	23,500,000	27,500,000		
	⑥ 접대비계상액 중 사적사용경비		300,000		300,000		
	⑦ 접대비해당금액(⑤-⑥)		50,700,000	23,500,000	27,200,000		
⑧ 신용카드 등 미사용금액	경조사비 중 기준금액 초과액	⑨신용카드 등 미사용금액					
		⑩총 초과액					
	국외지역 지출액 (법인세법 시행령 제41조제2항제1호)	⑪신용카드 등 미사용금액					
		⑫총 지출액					
	농어민 지출액 (법인세법 시행령 제41조제2항제2호)	⑬송금명세서 미제출금액					
		⑭총 지출액					
	접대비 중 기준금액 초과액	⑮신용카드 등 미사용금액					
		(16)총 초과액	50,800,000	23,500,000	27,300,000		

☞ 사적경비 300,000원은 건당 기준금액(3만원) 초과여부가 불투명하므로(16) 총초과금액에 27,000,000원 차감
한 것도 정답으로 인용

2. 기업업무추진비조정(갑)(문화기업업무추진비 사적경비 300,000원 차감한 5,500,000원 입력)

중소기업			☐　　　　정부출자법인 ☐ 부동산임대업등 ⑧한도액 50%적용
		구분	금액
① 접대비 해당 금액			50,700,000
② 기준금액 초과 접대비 중 신용카드 등 미사용으로 인한 손금불산입액			
③ 차감 접대비 해당금액(①-②)			50,700,000
일반 접대비 한도	④ 12,000,000 (중소기업 36,000,000) X 월수(12) / 12		36,000,000
	총수입금액 기준	100억원 이하의 금액 X 30/10,000 (2020년 사업연도 분은 35/10,000)	7,650,000
		100억원 초과 500억원 이하의 금액 X 20/10,000 (2020년 사업연도 분은 25/10,000)	
		500억원 초과 금액 X 3/10,000 (2020년 사업연도 분은 6/10,000)	
		⑤ 소계	7,650,000
	일반수입금액 기준	100억원 이하의 금액 X 30/10,000 (2020년 사업연도 분은 35/10,000)	7,440,000
		100억원 초과 500억원 이하의 금액 X 20/10,000 (2020년 사업연도 분은 25/10,000)	
		500억원 초과 금액 X 3/10,000 (2020년 사업연도 분은 6/10,000)	
		⑥ 소계	7,440,000
	⑦ 수입금액기준	(⑤-⑥) X 10/100	21,000
	⑧ 일반접대비 한도액 (④+⑥+⑦)		43,461,000
문화접대비 한도 (「조특법」 제136조제3항)	⑨ 문화접대비 지출액		5,500,000
	⑩ 문화접대비 한도액(⑨와 (⑧ X 20/100) 중 작은 금액)		5,500,000
⑪ 접대비 한도액 합계(⑧+⑩)			48,961,000
⑫ 한도초과액(③-⑪)			1,739,000
⑬ 손금산입한도 내 접대비 지출액(③과⑪ 중 작은 금액)			48,961,000

3. 세무조정

〈 손금불산입 〉 기업업무추진비 중 사적경비　　300,000 원　(상여)

〈 손금불산입 〉 기업업무추진비 한도 초과액　1,739,000 원　(기타사외유출)

[2] 가지급금등의인정이자조정명세서

1. 가지급금·가수금 입력

1.가지급금.가수금 입력	2.차입금 입력	3.인정이자계산 : (을)지	4.인정이자조정 : (갑)지		이자율선택 : [2] 가중평균차입이자율로 계산

○가지급금,가수금 선택: 1.가지급금 ∨

회계데이터불러오기

No	직책	성명	No	적요	년월일	차변	대변	잔액	일수	적수
1	대표이사	장홍도	1	2.대여	5 1	40,000,000		40,000,000	245	9,800,000,000

No	직책	성명	No	적요	년월일	차변	대변	잔액	일수	적수
1	대표이사	장홍도	1	2.대여	7 15	15,000,000		15,000,000	170	2,550,000,000
2	감사	이감사	2							

2. 차입금입력

No	거래처명	No	☐	적요	연월일	차변	대변	이자대상금액	이자율 %	이자
1	기업은행	1	☐	1.전기이월	1 1		20,000,000	20,000,000	15.00000	3,000,000

No	거래처명	No	☐	적요	연월일	차변	대변	이자대상금액	이자율 %	이자
1	기업은행	1	☐	1.전기이월	1 1		40,000,000	40,000,000	10.00000	4,000,000
2	농협은행	2	☐							

3. 인정이자조정 : (갑)지

1.가지급금.가수금 입력	2.차입금 입력	3.인정이자계산 : (을)지	4.인정이자조정 : (갑)지		이자율선택 : [2] 가중평균차입이자

◉ 2.가중평균차입이자율에 따른 가지급금 등의 인정이자 조정 (연일수 : 366일)

No	1.성명	2.가지급금적수	3.가수금적수	4.차감적수(2-3)	5.인정이자	6.회사계상액	시가인정범위		9.조정액(=7) 7>=3억,8>=5%
							7.차액(5-6)	8.비율(%)	
1	장홍도	9,800,000,000		9,800,000,000	3,123,859	1,600,000	1,523,859	48.78129	1,523,859
2	이감사	2,550,000,000		2,550,000,000	812,841	1,757,000	-944,159		

4. 세무조정

〈 익금산입 〉 대표이사 가지급금 인정이자   1,523,859 원   (상여)

[3] 업무용승용차관련 비용명세서

1. 업무용승용차등록

2. 업무용승용차관련비용명세서

1	업무용 사용 비율 및 업무용 승용차 관련 비용 명세	(운행기록부: 적용)		임차기간: 2021-05-03 ~ 2023-05-02		□ 부동산임대업등 법령39조③항						

(5) 총주행 거리(km)	(6) 업무용 사용 거리(km)	(7) 업무 사용비율	(8) 취득가액	(9) 보유또는 임차월수	(10)업무용 승용차 관련 비용								
					(11) 감가상각비	(12) 임차료 (감가상각비포함)	(13) 감가상 각비상당액	(14) 유류비	(15) 보험료	(16) 수선비	(17) 자동차세	(18) 기타	(19) 합계
8,000	6,400	80.0000		12		24,000,000	21,529,500	4,100,000					28,100,000
합 계						24,000,000	21,529,500	4,100,000					28,100,000

2	업무용 승용차 관련 비용 손금불산입 계산

(22) 업무 사용 금액			(23) 업무외 사용 금액				(30) 감가상각비 (상당액) 한도초과금액	(31) 손금불산입 합계	(32) 손금산입 합계
(24) 감가상각비 (상당액)[((11)또는 (13))X(7)]	(25) 관련 비용 [(((19)-(11)또는 (19)-(13))X(7)]	(26) 합계 ((24)+(25))	(27) 감가상각비 (상당액)X((11)-(24) 또는(13)-(24))	(28) 관련 비용 (((19)-(11)또는 (19)-(13))-(25))	(29) 합계 ((27)+(28))			(29)+(30)	((19)-(31))
17,223,600	5,256,400	22,480,000	4,305,900	1,314,100	5,620,000		9,223,600	14,843,600	13,256,400
17,223,600	5,256,400	22,480,000	4,305,900	1,314,100	5,620,000		9,223,600	14,843,600	13,256,400

3	감가상각비(상당액) 한도초과금액 이월 명세

(37) 전기이월액	(38) 당기 감가상각비(상당액) 한도초과금액	(39) 감가상각비(상당액) 한도초과금액 누계	(40) 손금추인(산입)액	(41) 차기이월액((39)-(40))
18,000,000	9,223,600	27,223,600		27,223,600
18,000,000	9,223,600	27,223,600		27,223,600

☞ 업무용사용비율 : 6,400/8,000 = 80%

☞ **감가상각비상당액(13) = 리스료(24,000,000) - 보험료(500,000) + 자동차세(350,000) + 수선유지비(1,620,500)**
   = 21,529,500원

3. 세무조정

〈 손금불산입 〉 업무용승용차 업무미사용분   5,620,000 원   (상여)

〈 손금불산입 〉 업무용승용차 감가상각비상당액 한도 초과액   9,223,600 원   (기타사외유출)

[4] 자본금과 적립금 조정명세서(을)

1. 자본금과적립금조정명세서(을)

자본금과적립금조정명세서(을)	자본금과적립금조정명세서(병)	자본금과적립금조정명세서(갑)	이월결손금

ⓓ I.세무조정유보소득계산

①과목 또는 사항	②기초잔액	당 기 중 증 감		⑤기말잔액 (=②-③+④)	비 고
		③감 소	④증 가		
선급비용	-500,000	-500,000	-1,000,000	-1,000,000	
대손충당금	4,000,000	4,000,000	5,000,000	5,000,000	
감가상각비	1,500,000	800,000		700,000	
제품	2,700,000	2,700,000			
단기매매증권			2,000,000	2,000,000	
합 계	7,700,000	7,000,000	6,000,000	6,700,000	

☞ 법인세비용과 임차료는 기타사외유출에 해당한다.

[5] 최저한세조정계산서 및 법인세과세표준 및 세액조정계산서

> 1.세액공제조정명세서(공제세액) → 2.세액조정계산서(산출세액) → 3.최저한세
> → 4.세액공제조정명세서(이월세액) → 5.세액조정계산서(최종)

1. 세액공제조정명세서(3) 중소기업투자세액공제는 2021년도분 임.

(105)구분	(106)사업연도	요공제액		당기공제대상세액			
		(107)당기분	(108)이월분	(109)당기분	(110)1차연도	(112)3차연도	(120)계
중소기업 등 투자세액	2021		6,650,000		6,650,000		6,650,000
연구·인력개발비세액	20×1	5,500,000		5,500,000			5,500,000

2. 세액조정계산서

① 각 사 업 연 도 소 득 계 산	101. 결 산 서 상 당 기 순 손 익		01		272,385,400
	소 득 조 정 금 액	102.익 금 산 입	02		12,400,200
		103.손 금 산 입	03		17,326,000
	104. 차 가 감 소 득 금 액 (101+102-103)		04		267,459,600
	105. 기 부 금 한 도 초 과 액		05		
	106. 기 부 금 한 도 초 과 이월액 손금산입		54		
	107. 각 사 업 연 도 소 득 금 액(104+105-106)		06		267,459,600
② 과 세 표 준 계 산	108. 각 사 업 연 도 소 득 금 액 (108=107)				267,459,600
	109. 이 월 결 손 금		07		
	110. 비 과 세 소 득		08		
	111. 소 득 공 제		09		
	112. 과 세 표 준 (108-109-110-111)		10		267,459,600
	159. 선 박 표 준 이 익		55		
③ 산 출	113. 과 세 표 준 (113=112+159)		56		267,459,600
	114. 세 율		11		19%
	115. 산 출 세 액		12		30,817,324

3. 최저한세조정계산서(최저한세 배제금액 3,480,778원)

①구분		코드	②감면후세액	③최저한세	④조정감	⑤조정후세액
(101)결 산 서 상 당 기 순 이 익		01	272,385,400			
소득조정금액	(102)익 금 산 입	02	12,400,200			
	(103)손 금 산 입	03	17,326,000			
(104)조 정 후 소 득 금 액 (101+102-103)		04	267,459,600	267,459,600		267,459,600
최저한세적용대상 특 별 비 용	(105)준 비 금	05				
	(106)특별상각, 특례상각	06				
(107)특별비용손금산입전소득금액(104+105+106)		07	267,459,600	267,459,600		267,459,600
(108)기 부 금 한 도 초 과 액		08				
(109)기부금 한도초과 이월액 손 금 산 입		09				
(110)각 사 업 년 도 소 득 금 액 (107+108-109)		10	267,459,600	267,459,600		267,459,600
(111)이 월 결 손 금		11				
(112)비 과 세 소 득		12				
(113)최저한세적용대상 비 과 세 소 득		13				
(114)최저한세적용대상 익금불산입 손금산입		14				
(115)차가감 소 득 금 액(110-111-112+113+114)		15	267,459,600	267,459,600		267,459,600
(116)소 득 공 제		16				
(117)최저한세적용대상 소 득 공 제		17				
(118)과 세 표 준 금 액(115-116+117)		18	267,459,600	267,459,600		267,459,600
(119)선 박 표 준 이 익		24				
(120)과 세 표 준 금 액(118+119)		25	267,459,600	267,459,600		267,459,600
(121)세 율		19	19 %	7 %		19 %
(122)산 출 세 액		20	30,817,324	18,722,172		30,817,324
(123)감 면 세 액		21	8,925,930			8,925,930
(124)세 액 공 제		22	6,650,000		3,480,778	3,169,222
(125)차 감 세 액 (122-123-124)		23	15,241,394			18,722,172

4. 세액공제조정명세서(3) 최저한세 미공제액 입력

(105)구분	(106)사업연도	요공제액					(121)최저한세적용에따른 미공제액	(122)기타사유로인한 미공제액	(123)공제세액 (120-121-122)	(124)소멸	(125)이월액 07+108-123-12
		(107)당기분	(108)이월분	(109)당기분	)1차	(111)2차연도					
중소기업 등 투자세액	2021		6,650,000			6,650,000	3,480,778		3,169,222		3,480,778

5. 법인세과세표준및세액조정계산서(최종)

① 각사업연도소득계산	101. 결산서상 당기순손익	01	272,385,400
	소득조정 102.익 금 산 입	02	12,400,200
	금 액 103.손 금 산 입	03	17,326,000
	104. 차 가 감 소 득 금 액 (101+102-103)	04	267,459,600
	105. 기 부 금 한 도 초 과 액	05	
	106. 기 부 금 한 도 초 과 이월액 손금산입	54	
	107. 각 사 업 연 도 소 득 금 액(104+105-106)	06	267,459,600
② 과세표준계산	108. 각 사 업 연 도 소 득 금 액 (108=107)		267,459,600
	109. 이 월 결 손 금	07	
	110. 비 과 세 소 득	08	
	111. 소 득 공 제	09	
	112. 과 세 표 준 (108-109-110-111)	10	267,459,600
	159. 선 박 표 준 이 익	55	
③ 산출세액계산	113. 과 세 표 준 (113=112+159)	56	267,459,600
	114. 세 율	11	19%
	115. 산 출 세 액	12	30,817,324
	116. 지 점 유 보 소 득 (법 제96조)	13	
	117. 세 율	14	
	118. 산 출 세 액	15	
	119. 합 계 (115+118)	16	30,817,324

④ 납부할세액계산	120. 산 출 세 액 (120=119)		30,817,324
	121. 최저한세 적 용 대 상 공 제 감 면 세 액	17	12,095,152
	122. 차 감 세 액	18	18,722,172
	123. 최저한세 적 용 제 외 공제 감 면 세 액	19	5,500,000
	124. 가 산 세 액	20	
	125. 가 감 계 (122-123+124)	21	13,222,172
	기한내납부세액 126. 중 간 예 납 세 액	22	1,360,000
	127. 수 시 부 과 세 액	23	
	128. 원 천 납 부 세 액	24	
	129. 간접 회사등 외국 납부세액	25	
	130. 소 계 (126+127+129+129)	26	1,360,000
	131. 신 고 납 부전 가 산 세 액	27	
	132. 합 계 (130+131)	28	1,360,000
	133. 감 면 분 추 가 납 부 세 액	29	
	134. 차 가 감 납 부 할 세 액(125-132+133)	30	11,862,172
	⑤토지등 양도소득, ⑥미환류소득 법인세 계산 (TAB로 이동)		
⑦ 세액계	151. 차 가 감 납 부할 세 액 계(134+150)	46	11,862,172
	152. 사 실 과 다 른 회계 처리 경정 세액공제	57	
	153. 분 납 세 액 계 산 범 위 액 (151-124-133-145-152+131)	47	11,862,172
	분납할세액 154. 현 금 납 부	48	1,862,172
	155. 물 납	49	
	156. 계 (154+155)	50	1,862,172
	차감납부세액 157. 현 금 납 부	51	10,000,000
	158. 물 납	52	
	160. 계 (157+158) [160=(151-152-156)]	53	10,000,000

제101회 전산세무 1급

합격율	시험년월
9%	2022.04

이 론

01. 다음 중 유가증권에 대한 설명으로 가장 틀린 것은?

① 만기까지 보유할 적극적인 의사와 능력이 있는 채무증권을 만기보유증권이라 한다.
② 단기매매증권을 취득하기 위하여 부담한 증권거래수수료 등은 취득원가에 포함하지 않는다.
③ 단기매매증권과 매도가능증권은 공정가치로 평가한다.
④ 공정가치로 평가한 매도가능증권의 평가손익은 당기손익으로 인식한다.

02. 다음 중 재고자산에 대한 설명으로 가장 옳지 않은 것은?

① 재고자산이란 정상적인 영업활동 과정에서 판매를 목적으로 보유하고 있는 상품 또는 제품, 생산 과정에 있는 자산 또는 생산이나 용역 제공과정에 사용될 자산을 말한다.
② 재고자산의 매입원가는 매입가격에 수입관세, 매입운임 등 취득과정에서 정상적으로 발생한 부대원가를 가산한 금액이다.
③ 재고자산의 가격이 계속 상승하고 재고자산 매입 수량이 판매 수량보다 큰 경우에 재고자산을 가장 낮게 보수적으로 평가하는 방법은 선입선출법이다.
④ 기초재고 수량과 기말재고 수량이 같고 물가가 상승할 때 선입선출법은 현재의 수익에 과거의 원가가대응되므로 후입선출법보다 높은 이익을 계상하게 된다.

03. ㈜세무는 20x1년 새로 취득한 차량의 감가상각방법으로 정률법을 채택하였으나 회계부서의 실수로 정액법으로 감가상각비를 인식하였다. 이로 인해 20x1년 기말 재무제표에 미치는 영향으로 옳은 것은?

	감가상각비	당기순이익	차량의 장부가액
①	감소	증가	감소
②	감소	증가	증가
③	증가	감소	감소
④	증가	감소	증가

04. ㈜디엘은 20x0년 1월 1일부터 3년간 ㈜미래의 사옥을 신축하는 계약을 체결하고 공사를 진행하고 있으며 관련 자료는 다음과 같다. 해당 공사의 수익인식기준으로 진행기준을 적용할 경우 ㈜디엘이 인식할 20x1년의 공사손실은 얼마인가?

1. 계약금액 : 100,000,000원			
2. 사옥 신축 관련 원가 자료는 다음과 같다.			

구 분	20x0년	20x1년	20x2년
당기발생공사원가	38,000,000원	46,000,000원	21,000,000원
추가소요추정원가	57,000,000원	21,000,000원	
누적 진행률	40%	80%	100%

3. 20x0년에 인식한 공사이익은 2,000,000원이다.

① 5,000,000원　　　　　　　　　② 6,000,000원
③ 7,000,000원　　　　　　　　　④ 8,000,000원

05. 다음 중 퇴직연금제도에 대한 설명으로 가장 틀린 것은?

① 확정기여제도에서 기업은 납부하여야 할 부담금을 퇴직급여비용으로 계상한다.
② 확정기여제도에서 기업은 추가적인 출연의무가 발생한다.
③ 확정급여제도에서 종업원은 확정된 퇴직급여를 받게 된다.
④ 확정급여제도에서 보고기간말 현재 모든 종업원이 일시에 퇴직할 경우 지급하여야 할 퇴직금이 부채로 확정된다.

06. ㈜트리는 목재를 원재료로 하는 4가지 종류의 제품생산을 고려 중이다. 총 두 번의 공정을 거쳐 제품을 완성하는데 제2공정의 작업량에 따라 최종제품이 결정된다. ㈜트리가 완제품에 대한 최선안을 선택할 때 기회원가는 얼마인가?

구분	침대	책상	의자	연필
판매가격	200,000원	150,000원	100,000원	90,000원
제1공정 원가	50,000원	50,000원	50,000원	50,000원
제2공정 원가	110,000원	50,000원	15,000원	10,000원

① 30,000원　　　　　　　　　② 35,000원
③ 40,000원　　　　　　　　　④ 110,000원

07. 다음은 원가계산방법에 대한 설명으로 아래의 빈칸에 각각 들어갈 말로 옳은 것은?

> 동일한 제조공정에서 동일한 종류의 원재료를 투입하여 서로 다른 2종 이상의 제품이 생산되는 것을
> 연산품이라 한다. 이러한 연산품이 개별적으로 식별 가능한 시점을 (㉠)이라 하고, (㉠)에
> 도달하기 전까지 연산품을 제조하는 과정에서 발생한 원가를 (㉡)라 한다.

	(㉠)	(㉡)
①	식별가능점	결합원가
②	식별가능점	추가가공원가
③	분리점	추가가공원가
④	분리점	결합원가

08. ㈜한세는 보조부문의 제조간접원가를 이중배분율법에 의해 제조부문에 배분하고자 한다. 보조부문에서 발생한 변동제조간접원가는 3,000,000원, 고정제조간접원가는 4,200,000원이다. 이 경우 수선부문에 배분될 보조부문의 제조간접원가를 구하시오.

제조부문	실제기계시간	최대기계시간
조립부문	2,000시간	3,000시간
수선부문	1,000시간	2,000시간

① 2,600,000원   ② 2,680,000원

③ 3,080,000원   ④ 3,520,000원

09. 선입선출법에 의한 종합원가계산을 적용할 경우 아래의 자료를 참고하여 당기 가공원가 발생액을 구하면 얼마인가?

> • 당기 가공원가에 대한 완성품 단위당원가는 12원이다.
> • 기초재공품은 250단위 (완성도 20%)이다.
> • 기발새공품은 450단위 (완싱도 80%)이다.
> • 당기착수 수량은 2,300단위이며, 당기완성품 수량은 2,100단위이다.

① 21,480원   ② 28,920원

③ 30,120원   ④ 36,120원

10. 표준원가계산을 채택하고 있는 ㈜세무의 직접노무원가 관련 자료는 다음과 같다. 직접노무원가의 능률차이는 얼마인가?

- 직접노무원가 임률차이 : 20,000원(불리)
- 실제 직접노동시간 : 4,800시간
- 실제 직접노무원가 발생액 : 500,000원
- 표준 직접노동시간 : 4,900시간

① 10,000원 유리
② 10,000원 불리
③ 20,000원 불리
④ 20,000원 유리

11. 다음은 법인세법상 가산세에 대한 설명이다. 올바른 항목을 모두 고른 것은?

가. 주식등변동상황명세서 제출 불성실 가산세는 산출세액이 없으면 적용하지 않는다.

나. 과세소득이 있는 내국법인이 복식부기 방식으로 장부로 기장을 하지 않으면 산출세액의 20%와 수입금액의 0.07% 중 큰 금액을 가산세로 납부해야 한다.

다. 내국법인이 기업업무추진비(접대비)를 지출하면서 적격증명서류를 받지 않아 손금불산입된 경우에도 증명서류 수취 불성실 가산세를 납부해야 한다.

라. 이자소득을 지급한 법인이 지급명세서를 제출기한이 지난 후 3개월 이내에 제출하는 경우 지급금액의 0.5%를 가산세로 납부해야 한다.

① 가, 라
② 나, 다
③ 가, 다
④ 나, 라

12. 다음 중 빈칸에 들어갈 금액이 다른 것은?

① 일반과세자의 부가가치세 예정고지세액이 (　　　)원 미만인 경우에는 부가가치세를 징수하지 않는다.

② 직전 사업연도에 중소기업인 내국법인은 직전 사업연도의 산출세액을 기준으로 계산한 중간예납세액이 (　　　)원 미만인 경우 중간예납세액을 납부할 의무가 없다.

③ 간이과세자의 부가가치세 예정부과금액이 (　　　)원 미만인 경우에는 부가가치세를 징수하지 않는다.

④ 종합소득이 있는 거주자의 소득세 중간예납세액이 (　　　)원 미만인 경우 중간예납세액을 징수하지 않는다.

13. 다음 중 소득세법상 납세의무에 대한 설명으로 가장 틀린 것은?

① 비거주자는 국내 및 국외 원천소득에 대한 소득세 납부의무를 진다.

② 법인으로 보는 단체가 아닌 단체로서 구성원 간 이익의 분배비율이 정해져 있지 않고 사실상 구성원별로 이익이 분배되지 않은 경우 1거주자로 보아 소득세 납세의무를 진다.

③ 공동사업장의 경우 원칙상 공동사업자별로 납세의무를 진다.

④ 피상속인의 소득금액에 대해 과세하는 경우에는 그 상속인이 납세의무를 진다.

14. 다음 중 부가가치세법상 공통매입세액의 안분계산에 대한 설명으로 가장 틀린 것은?

① 해당 과세기간의 총공급가액 중 면세공급가액이 5% 미만인 경우의 공통매입세액은 예외 없이 공통매입세액 전부를 매출세액에서 공제한다.

② 공통매입세액 안분계산 시 과세사업과 면세사업의 공급가액이 없는 경우에는 원칙적으로 면세사업의 매입가액비율, 예정공급가액비율, 예정사용면적비율의 순으로 적용한다. 다만, 예정사용면적비율을 우선 적용하는 예외가 있다.

③ 공통매입세액을 ②의 경우와 같이 안분하여 계산한 경우 과세사업과 면세사업의 공급가액 또는 사용면적이 확정되는 과세기간에 대한 납부세액을 확정신고를 할 때에 정산한다.

④ 해당 과세기간 중의 공통매입세액이 5만원 미만인 경우 안분계산 없이 공통매입세액 전부를 매출세액에서 공제한다.

15. 다음 중 부가가치세법상 간이과세자에 대한 설명으로 가장 틀린 것은?

① 간이과세자는 의제매입세액공제를 적용하지 않는다.

② 해당 과세기간에 발급받은 세금계산서상 공급대가의 0.5%를 매입세액공제 한다.

③ 일반과세를 적용받으려는 자는 언제든지 간이과세 포기신고를 할 수 있다.

④ 해당 과세기간에 대한 공급대가의 합계액이 4,800만원 미만이면 납부의무를 면제한다.

실 무

㈜하나전자(1010)는 제조·도소매업을 영위하는 중소기업이며, 당기 회계기간은 20x1.1.1.~20x1.12.31. 이다. 전산세무회계 수험용 프로그램을 이용하여 다음 물음에 답하시오.

문제 1 다음 거래에 대하여 적절한 회계처리를 하시오.(12점)

[1] 02월 15일 ㈜한라기계로부터 기계장치(공급가액 60,000,000원, 부가가치세액 6,000,000원)를 취득하고 전자세금계산서를 발급받았으며, 대금은 보통예금으로 지급하였다. 당사는 설비자산 취득을 위해 1월 30일에 정부로부터 상환의무가 없는 국고보조금 50,000,000원을 보통예금 계좌로 수령하였다(단, 국고보조금 회계처리를 포함한 모든 입력은 매입매출전표에서 할 것). (3점)

[2] 07월 05일 개인 소비자에게 제품 10대(대당 공급가액 300,000원, 부가가치세 별도)를 판매하고 대금을 현금으로 수령하였다. 소비자가 현금영수증의 발급을 원하지 않은 관계로 동 금액에 대해 국세청 지정번호(010-0000-1234)로 현금영수증을 발급하였다(단, 거래처 입력은 생략할 것). (3점)

[3] 08월 10일 당사와 김부자 씨가 체결한 자본투자 계약의 약정에 따라 보통예금으로 자본납입을 받았다. (신주인수대금이 보통예금 계좌로 입금되었으며, 즉시 신주 교부와 증자등기를 완료하였다.) 다음은 투자계약서의 일부 내용이다. (3점)

제1조 (신주의 발행과 인수)

① 회사는 본 계약에 따라 다음과 같은 본 건 주식을 발행하여 증자등기를 하고, 투자자는 이를 인수한다.
 1. 발행할 주식의 총수(수권주식수) : 1,000,000주
 2. 금회의 신주발행 내역
  가. 신주의 종류와 수 : 기명식 (보통주) 10,000주
  나. 1주의 금액(액면가) : 금 500원
  다. 본건 주식의 1주당 발행가액 : 금 3,000원
  라. 본건 주식의 총 인수대금 : 금 30,000,000원
  마. 본건 주식의 납입기일(증자등기일) : 20x1년 08월 10일

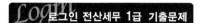

[4] 12월 20일 당사가 보유하고 있던 매도가능증권을 다음과 같은 조건으로 처분하고 대금은 보통예금계좌로 입금되었다(단, 20x0.12.31. 기말평가는 일반기업회계기준에 따라 적절히 이루어졌다). (3점)

취득원가	20x0.12.31. 공정가액	20x1.12.20. 양도가액	비고
15,000,000원	19,000,000원	17,000,000원	시장성 있음

문제 2 다음 주어진 요구사항에 따라 부가가치세 신고서 및 부속서류를 작성 하시오.(10점)

[1] 다음 자료에 근거하여 20x1년 제1기(4월 1일~6월 30일)의 [신용카드매출전표등수령명세서(갑)(을)]을 작성하고, 매입세액공제가 불가능한 세금계산서 매입의 경우 [공제받지못할매입세액명세서]를 작성하시오. 단, 신용카드매출전표 수령분은 모두 법인 명의의 신한카드(1111-2222-3333-4444)를 사용하였다. (5점)

사용일자	상호	유형	사업자등록번호	공급대가	수취 증빙	비고
05월 01일	㈜문구사랑	일반	115-81-00451	220,000원	세금계산서	경리부 문구 구입
05월 07일	과일나라	면세	323-90-11890	55,000원	신용카드매출전표	직원 간식 구입
05월 11일	㈜착한마트	일반	551-87-33392	165,000원	신용카드매출전표	영업부 소모품 구입
05월 27일	㈜기프트	일반	505-87-22155	550,000원	세금계산서	거래처 접대물품 구입
06월 07일	구인천국㈜	일반	516-88-25450	330,000원	현금영수증	직원 채용 광고비
06월 16일	커피세상	간이[1]	165-77-15608	52,250원	현금영수증	직원 간식 구입
06월 27일	쎈수학학원	면세	245-90-67890	220,000원	신용카드매출전표	대표자 자녀 학원비

1) 세금계산서는 발급이 금지되어 있고, 영수증만을 발급해야 하는 자임.

[2] 당사는 20x1년 제2기 확정신고기간(10.1.~12.31.)의 부가가치세 신고를 기한 내에 하지 않아 20x2년 2월 10일에 기한후신고를 하고 납부를 하고자 한다. **다음 자료를 매입매출전표에 입력(분개는 생략)하고, [부가가치세신고서]를 작성하시오.** 단, 전자세금계산서는 모두 적정하게 작성 및 전송하였으며, 가산세는 미납일수를 16일, 1일 2.2/10,000로 하고, 일반무신고가산세를 적용한다. (5점)

- 11월 30일 : 원재료(공급가액 10,000,000원, 부가가치세액 1,000,000원)를 ㈜하나물산으로부터 매입하고 전자세금계산서를 발급받았다.
- 12월 15일 : 제품(공급가액 15,000,000원, 부가가치세액 1,500,000원)을 ㈜삼일전자에 판매하고 전자세금계산서를 발급하였다.

문제 3 **다음의 결산정리사항에 대하여 결산정리분개를 하거나 입력을 하여 결산을 완료하시오.(8점)**

[1] 제2기 부가가치세 확정신고기간의 부가가치세와 관련된 내용이 아래와 같다. 입력된 다른 데이터는 무시하고 12월 31일 현재 부가세예수금과 부가세대급금의 정리분개를 수행하시오(단, 납부세액일 경우 미지급세금, 환급세액일 경우에는 미수금으로 회계처리할 것). (2점)

- 부가세예수금 : 48,000,000원　　• 부가세대급금 : 63,500,000원　　• 전자신고세액공제 : 10,000원

[2] 당사는 ㈜금성이 20x1년 1월 1일 발행한 액면금액 2,000,000원인 채권(만기 3년, 표시 이자율 연 7%, 유효이자율 연 10%, 만기 3년)을 1,850,787원에 만기보유목적으로 현금을 지급하고 취득하였다. 20x1년 12월 31일 회계처리를 하시오(단, 표시이자는 매년 말 현금으로 수령하고, 기말 공정가치 측정은 고려하지 않으며, 소수점 미만은 절사한다). (2점)

[3] 다음은 대표이사가 당사로부터 차입한 금전소비대차 관련 자료이다. 20x1년 12월 31일 현재 가지급금 인정이자에 대한 회계처리를 하시오. (2점)

- 대여일 : 20x1.05.01.　　　　　　　　　• 대여금액 : 24,000,000원
- 적용이자율 : 당좌대출이자율 (연간 4.6%)　　• 적수 계산은 편의상 월할 계산함

[4] 당사는 20x0년 7월 1일에 영업권을 취득하였다. 영업권의 내용연수는 5년이고, 상각방법은 정액법, 표시 방법은 직접법을 채택하고 있다. 20x0년 회계연도 결산 시 무형자산상각비는 월할상각하여 적절히 반영 하였으며, 영업권의 20x0년 기말잔액은 45,000,000원이다. 영업권에 대한 결산분개를 하시오. (2점)

문제 4 원천징수와 관련된 다음 물음에 답하시오.(10점)

[1] 다음은 20x1년 4월 22일에 입사한 조지욱(사번:222번, 세대주)과 관련된 자료이다. [사원등록] 메뉴의 [부양가족명세] 탭을 수정하여 작성하고(기본공제 대상이 아닌 경우 반드시 기본공제를 "부"로 입력), [연말정산추가자료입력] 메뉴에서 연말정산을 완료하시오(단, 소득세 부담 최소화를 가정한다). (8점)

1. 종전 근무지 관련 자료
 • 근무처명 : ㈜재무(106-87-42541)
 • 근무기간 : 20x1.01.01.~20x1.03.31.
 • 급여내역 : 급여 20,000,000원, 상여 2,000,000원
 • 사회보험 :

국민연금	건강보험	장기요양	고용보험
707,400원	768,900원	53,740원	198,000원

 • 세액명세 :

구분		소득세	지방소득세
결정세액	결정세액	630,530원	63,050원
	기납부세액	2,101,770원	210,170원
	차감징수세액	-1,471,240원	-147,120원

2. 부양가족

가족관계증명서

등록기준지	서울특별시 성북구 장위동 324-4			

구분	성 명	출생연월일	주민등록번호	성별
본인	조지욱	1977년 04월 28일	770428-1072227	남

가족사항

구분	성 명	출생연월일	주민등록번호	성별
부	조유성	1947년 08월 02일	470802-1028226	남
모	우유순	1948년 01월 14일	480114-2033216	여
배우자	이미지	1979년 09월 01일	790901-2245303	여
자녀	조지예	2011년 03월 31일	110331-4274315	여
자녀	조지근	2022년 03월 15일	220315-3044219	남

- 배우자는 프리랜서 사업소득자로 연간 사업소득금액이 15,000,000원이다.
- 본인의 부모님은 소득이 없으며, 다른 가족의 기본공제 대상자가 아니다.
- 아버지(조유성)는 장애인복지법상 지체장애4급 장애인이다.
- 장인(이기진 520730-1052118)은 무직이나 20x1년 주택처분으로 인한 양도소득금액 10,000,000원이 발생하였고, 다른 가족의 기본공제 대상자가 아니다.
- 장모(유이자 531212-2033101)는 소득이 없으며, 다른 가족의 기본공제 대상자가 아니다.
- 그 외 부양가족은 소득이 없고, 주민등록번호는 모두 정상으로 가정한다.

3. 국세청 연말정산간소화서비스 자료
- 조지욱 본인과 가족들의 자료이며, 의료비는 조지욱이 전부 지출하였다.
- 위 자료 외의 다른 국세청 연말정산간소화서비스 자료는 없는 것으로 한다.

20x1년 귀속 소득 · 세액공제증명서류 : 기본(지출처별)내역 [보장성보험, 장애인전용보장성보험]

■ 계약자 인적사항

성명	조지욱	주민등록번호	770428-*******

■ 보장성보험(장애인전용보장성보험)납입내역 (단위 : 원)

종류	상호	보험종류		납입금액 계
	사업자번호	증권번호	주피보험자	
	종피보험자1	종피보험자2	종피보험자3	
보장성	현다화재	자동차보험		1,200,000
	101-82-*****	8282882	770428-******* 조지욱	
보장성	현다화재	보장성보험		500,000
	101-82-******	MM82882	110331-******* 조지예	
인별합계금액		1,700,000		

20x1년 귀속 소득 · 세액공제증명서류 : 기본(지출처별)내역 [의료비]

■ 환자 인적사항

성명	조지근	주민등록번호	220315-*******

■ 의료비 지출내역 (단위 : 원)

사업자번호	상호	종류	납입금액 계
0-90-14*	삼숭****	일반	3,600,000
의료비 인별합계금액	3,600,000		
안경구입비 인별합계금액			
인별합계금액	3,600,000		

20x1년 귀속 소득 · 세액공제증명서류 : 기본(지출처별)내역 [기부금]

■ 기부자 인적사항

성명	조지예	주민등록번호	110331-*******

■ 기부금 지출내역 (단위 : 원)

사업자번호	단체명	기부유형	기부금액 합계	공제대상 기부금액	기부장려금 신청금액
102-82-07606	(사)세프	종교단체외 일반기부금	800,000	800,000	
인별합계금액	800,000				

[2] 다음 자료를 이용하여 이미 작성된 [원천징수이행상황신고서]를 조회하여 마감하고, 국세청 홈택스에 전자신고하시오. (2점)

1. 전산에 입력되어 있는 기본자료

귀속월	지급월	소득구분	신고코드	인원	총지급액	소득세	비고
5월	5월	근로소득	A01	5명	20,000,000원	1,000,000원	매월신고, 정기신고

2. 유의사항

- 위 자료를 바탕으로 원천징수이행상황신고서가 작성되어 있다.
- [원천징수이행상황신고서] 마감→[전자신고]→[국세청 홈택스 전자신고 변환(교육용)] 순으로 진행한다.
- 전자신고용 전자파일 제작 시 신고인 구분은 2.납세자 자진신고를 선택하고, 비밀번호는 "12345678"을 입력한다.
- 전자신고용 전자파일 저장경로는 로컬디스크 (C:)이며, 파일명은 "작성연월일.01.t1258110126"이다.
- 최종적으로 국세청 홈택스에서 [전자파일 제출하기]를 완료하여야 한다.

문제 5 진주물산㈜(1011)은 제조업을 영위하는 중소기업으로 전자부품을 생산하며, 당해 사업연도)는 20x1.1.1.~20x1.12.31.이다. [법인조정] 메뉴를 이용하여 기장되어 있는 재무회계 장부 자료와 제시된 보충자료에 의하여 해당 사업연도의 세무조정을 하시오. (30점)
※ 회사 선택 시 유의하시오.

[1] 다음 자료를 참조하여 [수입금액조정명세서]와 [조정후수입금액명세서]를 작성하시오(단, 세무조정은 각 건별로 처리한다). (6점)

1. 재고 실사 반영 전 손익계산서 일부

Ⅰ. 매출액		3,730,810,900원
제품매출	3,730,810,900원	

※ 제품매출액에는 수출액 582,809,400원이 포함되어 있다.

2. 20x1년 제1기 예정 부가가치세신고서 중 과세표준명세

④ 과세표준명세			
업태	종목	업종코드	금액
(27) 제조	그 외 기타 전자 부품 제조	321001	872,400,600원
(28)			
(29)			
(30) 수입금액제외	그 외 기타 전자 부품 제조	321001	12,000,000원
(31) 합 계			884,400,600원

※ 과세표준명세상 수입금액제외는 업무용승용차 처분에 따른 전자세금계산서 발급분이다.

3. 20x1년 귀속 부가가치세 신고 내역

기수	일반과표	영세율과표	면세수입금액	합계
제1기 예정	733,511,000원	150,889,600원	0	884,400,600원
제1기 확정	795,515,000원	138,591,200원	0	934,106,200원
제2기 예정	802,445,000원	147,600,500원	0	950,045,500원
제2기 확정	828,530,500원	145,728,100원	0	974,258,600원
계	3,160,001,500원	582,809,400원	0	3,742,810,900원

4. 재고 실사 보고서 일부

- 제품재고 중 15,200,000원(판매가 18,000,000원)은 시송품으로 거래처에 반출하였으며, 20x1.12.29. 국내 구매자가 해당 제품의 구입의사를 전달했으나 재무제표에 반영되지 않았다.
- 제품재고 중 8,500,000원(판매가 10,000,000원)은 위탁판매를 위해 수탁자에게 전달되었으며, 20x1.12.31. 국내 수탁자가 해당 제품이 판매되었다고 출고장을 보내왔으나 재무제표에 반영되지 않았다.

[2] 세금과공과금의 계정별원장을 조회하여 [세금과공과금명세서]를 작성하고 관련 세무조정을 [소득금액조정합계표및명세서]에 반영하시오(단, 아래의 항목 중 다른 세무조정명세서에 영향을 미치는 사항은 관련된 조정명세서에서 적정하게 처리되었다고 가정하고, 세무조정은 건별로 처리하도록 한다). (6점)

월 일	적 요	금 액
01월 12일	주민세(종업원분)	1,700,000원
02월 15일	산재보험료 연체금	300,000원
03월 12일	국민연금 회사부담분	3,200,000원
03월 24일	사업과 관련없는 불공제매입세액	1,200,000원
04월 30일	법인세분 법인지방소득세	3,500,000원
05월 08일	대표자 개인의 양도소득세 납부	5,000,000원
06월 25일	폐수 초과배출부담금	750,000원
07월 03일	지급명세서미제출가산세	1,500,000원
09월 15일	간주임대료에 대한 부가가치세	650,000원
10월 05일	업무상 교통위반 과태료	100,000원
12월 09일	법인분 종합부동산세	5,700,000원

[3] 아래 당기의 외화거래자료를 이용하여 [외화자산등평가차손익조정명세서](갑),(을)를 작성하고, 세무조정 사항이 있는 경우 [소득금액조정합계표및명세서]를 작성하시오. (6점)

계정과목	발생일자	외화금액(USD)	발생일 매매기준율	기말 매매기준율
외상매출금	2022.03.02.	$20,000	$1 = 1,150원	$1 = 1,250원
외상매입금	2022.05.05.	$12,000	$1 = 1,200원	$1 = 1,250원

• 당사는 외화자산 및 부채의 평가방법으로 사업연도 종료일 현재의 매매기준율을 관할 세무서장에게 신고하였지만, 실제 결산 시 1,200원/$의 환율을 적용하여 외화자산 및 부채를 평가하였다.
• 화폐성외화자산 및 부채는 위에 제시된 자료뿐이다.
• 세무조정 발생 시 세무조정은 각 자산 및 부채별로 하기로 한다.

[4] 다음의 자료를 이용하여 [소득금액조정합계표및명세서]를 추가로 작성하시오. (6점)

1. 손익계산서상 임원 상여금 5,000,000원, 제조원가명세서상 직원 상여금 25,000,000원이 계상되어 있다. 단, 당사는 임원 및 직원에 대한 상여금 지급 규정이 없다.
2. 업무용 화물트럭의 자동차세 과오납금에 대한 환급금 200,000원과 환부이자 10,000원을 모두 잡이익으로 회계처리 하였다.
3. 당기 손익계산서상 법인세등 12,000,000원이 계상되어 있다.
4. 회사가 계상한 감가상각비는 20,000,000원이며, 세법상 감가상각범위액은 25,000,000원이다. 단, 전기 감가상각부인액 8,000,000원이 있다.
5. 채권자가 불분명한 사채이자를 지급하면서 다음과 같이 회계처리하고, 예수금은 원천징수세액으로 납부하였다

• 이자 지급 시	: (차) 이자비용	2,000,000 원	(대) 보통예금	1,450,000 원
			예수금	550,000 원
• 원천징수세액 납부 시	: (차) 예수금	550,000 원	(대) 현금	550,000 원

[5] 다음 자료를 이용하여 [기부금조정명세서]의 [1.기부금입력] 탭과 [2.기부금조정] 탭을 작성하고 세무조정을 하시오(단, 기부처의 사업자(주민)번호 입력은 생략하되, 기부금 입력 시 불러오기를 이용하고, 불러온 자료를 수정하여 완성할 것). (6점)

1. 기부금 등 관련 내역

발생일	금액	지출처[주1]	내용
03월 11일	5,000,000원	일반기부금단체	종교단체 기부금
05월 23일	20,000,000원	특례기부금단체	국립대학병원에 연구비로 지출한 기부금
07월 21일	?	특례기부금단체	이재민 구호물품 (시가 : 4,000,000원, 장부가액 : 5,000,000원)
09월 10일	?	비지정기부금단체	보유 중인 토지를 양도 (시가 : 100,000,000원, 양도가액 : 60,000,000원)[주2]

※ 특례정기부금은 법인세법 제24조 제2항 1호, 일반기부금은 법인세법 제24조 제3항 1호에 해당한다.
주1) 당사와 특수관계가 없는 단체이며, 사업과 직접적인 관계가 없는 지출이다.
주2) 토지는 정당한 사유 없이 저가 양도하였다.

2. 법인세과세표준 및 세액조정계산서상 차가감소득금액

결산서상 당기순손익		270,000,000원
소득조정 금액	익금산입	25,000,000원
	손금산입	10,000,000원

※ 기부금에 대한 세무조정 전 금액이다.

3. 세무상 미공제 이월결손금 및 이월기부금

구분	이월결손금	이월기부금(일반기부금)
2021년 발생분	15,000,000원	3,000,000원

제101회 전산세무1급 답안 및 해설

이 론

1	2	3	4	5	6	7	8	9	10	11	12	13	14	15
④	③	②	③	②	③	④	②	②	①	④	모두	①	①	③

01. **매도가능증권에 대한 미실현보유손익은 기타포괄손익누계액**으로 처리하고, 당해 유가증권에 대한 기타포괄손익누계액은 그 유가증권을 처분하거나 손상차손을 인식하는 시점에 일괄하여 당기손익에 반영한다.

02. 재고자산의 원가흐름 가정 중 **후입선출법은 현행수익에 대하여 현행원가가 대응되는 평가**방법으로 기말재고액이 오래전에 구입한 원가로 계상되므로 **물가 상승 시 기말재고액이 낮게 계상**된다.

03. 유형자산을 신규로 취득한 회계연도의 감가상각비는 정률법보다 정액법이 작다. 그러므로 감가상각비는 감소하고, 당기순이익과 차량의 장부가액은 증가한다.

04. 계약금액 = 100,000,000원(총계약수익)

총공사예정원가(20X1) = 20X0발생(38,000,000) + 20X1발생(46,000,000)
　　　　　　　　　　　　 + 추가소요(21,000,000) = 105,000,000원

당기추정예상이익 = 총계약수익(100,000,000) − 예정원가(105,000,000) = △5,000,000원

당기공사손실 = 총공사손실(5,000,000) + 전기공사이익인식액(2,000,000) = 7,000,000원

⇒ 이미 발생한 원가와 그 거래를 완료하기 위해 추가로 발생할 것으로 **추정되는 원가의 합계액 (105,000,000)이 해당 용역거래의 총수익(100,000,000)을 초과하는 경우에는 그 초과액 (5,000,000)과 이미 인식한 이익의 합계액(2,000,000)을 전액 당기손실(7,000,000)으로 인식**

05. 확정기여제도 : 기업이 별개의 실체(기금)에 고정 기여금을 납부하고, 기여금을 납부할 법적의무나 의제의무가 더는 없는 퇴직급여제도이다. 즉 그 기금에서 당기와 과거기간에 제공된 종업원 근무용역과 관련된 모든 **종업원급여를 지급할 수 있을 정도로 자산을 충분히 보유하지 못하더라도 기업에는 추가로 기여금을 납부 할 의무가 없다**(확정기여형퇴직연금제도).

06.

구분	침대	책상(선택)	의자	연필
판매가격	200,000원	150,000원	100,000원	90,000원
제1공정 원가	50,000원	50,000원	50,000원	50,000원
제2공정 원가	110,000원	50,000원	15,000원	10,000원
이익	**40,000원** (차선안 중 최대)	50,000원	35,000원	30,000원

07. 연산품이 개별적으로 **식별 가능한 시점을 분리점**이라 하고, 분리점에 도달하기 전까지 연산품을 제조하는 과정에서 발생한 원가를 결합원가라 한다. 추가가공원가는 분리점 이후의 추가가공과 관련하여 발생하는 원가이다.

08. 변동원가는 실제기계시간으로 고정원가는 최대기계시간으로 배분한다.

$$\frac{변동제조간접원가}{3,000,000원} \times \frac{1,000시간}{3,000시간} + \frac{고정제조간접원가}{4,200,000원} \times \frac{2,000시간}{5,000시간} = 2,680,000원$$

09.

〈1단계〉 물량흐름파악(선입선출법)		〈2단계〉 완성품환산량 계산	
재공품		재료비	가공비
완성품	2,100		
−기초재공품	250(80%)		200
−당기투입분	1,850(100%)		1,850
기말재공품	450(80%)		360
계	2,550		**2,410**

〈3단계〉 원가요약(당기투입원가) 가공비=@12×2,410개=28,920원

〈4단계〉 완성품환산량 단위원가 = @12

10.

AQ	AP	SQ	SP
4,800시간	?	4,900시간	?
500,000원		−	

실제 발생액	AQ × SP	SQ × SP
	4,800시간 × **100원**	4,900시간 × 100원
500,000원	=480,000원	=490,000원

임률차이 20,000원 불리   **능률차이 △10,000원 유리**

11. 가. 주식등변동상황명세서는 주주들의 변동명세서이므로 제출 불성실 가산세는 **산출세액이 없는 경우에도 적용**한다.

다. 적격증명서류를 구비하지 않은 **기업업무추진비로서 손금불산입된 경우 증명서류 수취 불성실가산세를 적용하지 않는다.**

12. 사업연도의 기간이 6개월을 초과하는 내국법인은 각 사업연도 중 중간예납기간에 대한 법인세액을 납부할 의무가 있다. 다만, **직전 사업연도의 중소기업으로서 중간예납세액이 50만원미만인 내국법인은 중간예납세액을 납부할 의무가 없다.**

- 관할 세무서장은 개인사업자(간이과세자 포함)에 대하여는 각 예정신고(부과)기간마다 직전 과세기간에 대한 납부세액의 50퍼센트를 예정신고(부과)기간의 납부세액으로 결정하여 해당 예정신고(부과)기간이 끝난 후 25일까지 징수한다. 다만, **징수하여야 할 금액이 50만원 미만인 경우에는 징수하지 아니한다.**

- **중간예납세액이 50만원 미만인 경우 해당 소득세를 징수하지 아니한다.**

13. 비거주자는 **국내원천소득에 대한 소득세를 납부할 의무**를 진다.

14. 해당 과세기간의 총공급가액 중 면세공급가액이 5퍼센트 미만인 경우의 공통매입세액은 공제되는 매입세액으로 한다. 다만, **공통매입세액이 5백만원 이상인 경우는 제외**한다.

15. 간이과세를 포기하고 일반과세를 적용받으려는 자는 일반과세자에 관한 규정을 적용받으려는 달의 **전달의 마지막 날까지 간이과세 포기신고**를 해야 한다.

실 무

문제 1 전표입력

문항	일자	유형	공급가액	부가세	거래처	전자세금
[1]	2/15	51.과세	60,000,000	6,000,000	㈜한라기계	여
분개유형	(차) 기계장치		60,000,000	(대) 보통예금		66,000,000
혼합	부가세대급금		6,000,000	국고보조금(217)		50,000,000
	국고보조금(122)		50,000,000			

문항	일자	유형	공급가액	부가세	거래처	전자세금
[2]	7/05	22.현과	3,000,000	300,000	–	–
분개유형	(차) 현금		3,300,000	(대) 제품매출		3,000,000
혼합(현금)				부가세예수금		300,000

[3] (차) 보통예금   30,000,000   (대) 자본금   5,000,000

                                                        주식발행초과금   25,000,000

[4] (차) 보통예금   17,000,000   (대) 매도가능증권(178)   19,000,000

      매도가능증권평가이익   4,000,000   매도가능증권처분이익   2,000,000

☞처분손익(매도) = 처분가액(17,000,000) − 취득가액(15,000,000) = 2,000,000원(이익)
    제거되는 평가손익 = 전기말공정가액(19,000,000) − 취득가액(15,000,000) = 4,000,000원(평가이익)

문제 2 부가가치세

[1] [신용카드매출전표등수령명세서(갑)(을)](4~6월)

2. 신용카드 등 매입내역 합계

구분	거래건수	공급가액	세액
합 계	2	450,000	45,000
현금영수증	1	300,000	30,000
화물운전자복지카드			
사업용신용카드	1	150,000	15,000
그 밖의 신용카드			

3. 거래내역입력

No		월/일	구분	공급자	공급자(가맹점)사업자등록번호	카드회원번호	그 밖의 신용카드 등 거래내역 합계		
							거래건수	공급가액	세액
1	☐	05-11	사업	(주)착한마트	551-87-33392	1111-2222-3333-4444	1	150,000	15,000
2	☐	06-07	현금	구인천국(주)	516-88-25450		1	300,000	30,000

☞ 영수증만을 발급해야 하는 간이과세자로부터 매입한 품목에 대해서는 매입세액 공제를 받을 수 없다.
면세는 매입세액이 없으므로 입력하면 안된다.

[2] 확정신고서(10~12월)

1. 매입매출전표입력

· 20x1.11.30. 유형: 51.과세 공급가액: 10,000,000원 부가세: 1,000,000원 거래처: ㈜하나물산   전자: 여   분개: 없음
· 20x1.12.15. 유형: 11.과세 공급가액: 15,000,000원 부가세: 1,500,000원 거래처: ㈜삼일전자   전자: 여   분개: 없음

2. [부가가치세신고서](10~12월)

구분				정기신고금액		
				금액	세율	세액
과세표준및매출세액	과세	세금계산서발급분	1	15,000,000	10/100	1,500,000
		매입자발행세금계산서	2		10/100	
		신용카드·현금영수증발행분	3			
		기타(정규영수증외매출분)	4		10/100	
	영세	세금계산서발급분	5		0/100	
		기타	6		0/100	
	예정신고누락분		7			
	대손세액가감		8			
	합계		9	15,000,000	㉮	1,500,000
매입세액	세금계산서수취분	일반매입	10	10,000,000		1,000,000
		수출기업수입분납부유예	10			
		고정자산매입	11			
	예정신고누락분		12			
	매입자발행세금계산서		13			
	그 밖의 공제매입세액		14			
	합계(10)-(10-1)+(11)+(12)+(13)+(14)		15	10,000,000		1,000,000
	공제받지못할매입세액		16			
	차감계 (15-16)		17	10,000,000	㉯	1,000,000
납부(환급)세액(매출세액㉮-매입세액㉯)					㉰	500,000

3. 가산세

1. 신고불성실	**500,000원** × 20%(무신고) × (1-50%) = 50,000원
2. 납부지연	**500,000원** ×16일 ×2.2(가정)/10,000 = 1,760원
계	51,760원

4. 납부할 세액 : 551,760원

문제 3 결산

[1]~[3] 수동결산   [4] 자동/수동결산

[1] (차) 부가세예수금   48,000,000   (대) 부가세대급금   63,500,000
　　　　미수금   15,510,000   　　　잡이익   10,000

[2] (차) 현금   140,000   (대) 이자수익 또는   185,078
　　　　만기보유증권(181)   45,078   　　　만기보유증권이자(902)
　　☞ 이자수익 = 만기보유증권 장부가액(1,850,787)×유효이자율(10%) = 185,078원
　　　　액면(표시)이자 = 만기보유증권 액면금액(2,000,000)×표시이자율(7%) = 140,000원

[3] (차) 미수수익   736,000   (대) 이자수익   736,000
　　☞ 이자수익 : 가지급금 24,000,000원×당좌대출이자율 4.6%×8/12 = 736,000원

[4]   · 영업권 취득가액=전기말 장부금액(45,000,000)×60개월/54개월=50,000,000원(6개월상각)

　　　 · 무형자산상각비=영업권 취득가액(50,000,000)÷5년=10,000,000원/년

　　1. [결산자료입력] 〉 4.판매비와관리비 〉 6)무형자산상각비 〉 영업권 결산반영금액란 10,000,000원

　　입력 〉 F3 전표추가

　　또는 2. (차) 무형자산상각비 　　　　　10,000,000 　　(대) 영업권 　　　　　10,000,000

문제 4 원천징수

[1] 연말정산(조지욱)(2024)

1. [소득명세] 탭

근무 처명	사업자 등록번호	급여	상여	보험료 명세				세액명세		근무 기간
				건강 보험	장기 요양	국민 연금	고용 보험	소득세	지방 소득세	
㈜재무	106-87 -42541	20,000,000	2,000,000	768,900	53,740	707,400	198,000	630,530	63,050	1.1~3.31

2. 연말정산 입력

(1) 부양가족 탭 또는 사원등록 메뉴에서 입력해도 된다.

관계	요 건		기본 공제	추가 (자녀)	판 단
	연령	소득			
본인(세대주)	-	-	○		
부(77)	○	○	○	경로,장애(1)	
모(76)	○	○	○	경로	
배우자	-	×	부	-	사업소득금액 1백만원 초과자
자1(13)	○	○	○	자녀	
자2(2)	○	○	○		
장인(72)	○	×	부	-	양도소득금액 1백만원 초과자
장모(71)	○	○	○	경로	

〈연말정산 대상 여부 판단〉

항 목	요건		내역 및 대상여부	입력
	연령	소득		
보 험 료	○ (×)	○	•본인 자동차보험료 •자1 보장성보험료	○(일반 1,200,000) ○(일반 500,000)
의 료 비	×	×	•자2 의료비(6세 이하)	○(특정 3,60,000)
기부금	×	○	•자1 종교단체외 일반기부금	○(종교단체외 800,000)

(2) 부양가족 탭(보험료)

① 본인(조지욱) 보험료

자료구분	보험료			
	건강	고용	일반보장성	장애인전용
국세청			1,200,000	
기타	3,647,740	854,000		

② 자녀(조지예) 보험료

자료구분	보험료			
	건강	고용	일반보장성	장애인전용
국세청			500,000	
기타				

(3) 의료비(조지근)

의료비 공제대상자				지급처			지급명세					14.산후
성명	내/외	5.주민등록번호	6.본인등 해당여부	9.증빙 코드	8.상호	7.사업자 등록번호	10. 건수	11.금액	11-1.실손 보험수령액	12.미숙아 선천성이상아	13.납입 여부	조리원
조지근	내	220315-3044219	2 ○	1				3,600,000		X	X	X

(4) 기부금

① 기부금 입력(조지예)

구분		9.기부내용	기부처		기부명세				자료
7.유형	8.코드		10.상호 (법인명)	11.사업자 번호 등	건수	13.기부금합계 금액 (14+15)	14.공제대상 기부금액	15.기부장려금 신청 금액	구분
일반	40	금전				800,000	800,000		국세청

② 기부금 조정 : 상단의 공제금액계산 클릭→불러오기→공제금액반영

40	일반기부금(종교외) 당기	800,000	800,000	800,000		120,000

(5) [연말정산입력] 탭 : 상단 F8부양가족탭 불러오기 실행 후 기 입력된 화면을 불러온다.

구분			지출액	공제대상금액	공제금액
특 별 세 액 공	61.보장 성보험	일반	1,700,000	1,700,000	1,000,000	120,000
		장애인			
	62.의료비		3,600,000	3,600,000	480,000	72,000
	63.교육비				
	64.기부금		800,000	800,000	800,000	120,000
	1)정치자금 기부금	10만원이하			
		10만원초과			
	2)특례기부금(전액)				
	3)우리사주조합기부금				
	4)일반기부금(종교단체외)		800,000	800,000	120,000

259

[2] 홈택스 [원천징수이행상황신고서] 전자신고(귀속기간 5월, 지급기간 5월, 1.정기신고)

1. 전자신고파일생성	1. 신고서 및 부속서류 작성 및 마감
	2. 전자신고서 제작(비밀번호 입력 12345678)
	3. C드라이브에 파일(파일명 메모)이 생성
2. 홈택스 전자신고	1. 전자신고파일 불러오기
	2. 형식검증하기(비밀번호 입력 12345678)→확인
	3. 내용검증하기→확인
	4. 전자파일 제출
	5. 접수증 확인

문제 5 세무조정

[1] [수입금액조정명세서]

1. [수입금액조정계산] 탭

수입금액조정계산	작업진행률에 의한 수입금액	중소기업 등 수입금액 인식기준 적용특례에 의한 수입금액	기타수입금액조정

1.수입금액 조정계산

No	계정과목		③결산서상 수입금액	조정		⑥조정후 수입금액 (③+④-⑤)	비 고
	①항 목	②계정과목		④가 산	⑤차 감		
1	매 출	제품매출	3,730,810,900	28,000,000		3,758,810,900	

2. [기타수입금액조정] 탭

수입금액조정계산	작업진행률에 의한 수입금액	중소기업 등 수입금액 인식기준 적용특례에 의한 수입금액	기타수입금액조정

2.수입금액 조정명세
다.기타 수입금액

No	(23)구 분	(24)근 거 법 령	(25)수 입 금 액	(26)대 응 원 가	비 고
1	제품매출(시송품매출)		18,000,000	15,200,000	
2	제품매출(위탁매출)		10,000,000	8,500,000	

3. 세무조정

〈 익금산입 〉	제품매출(시송품매출)	18,000,000 원	(유보발생)
〈 손금산입 〉	제품매출원가	15,200,000 원	(유보발생)
〈 익금산입 〉	제품매출(위탁매출)	10,000,000 원	(유보발생)
〈 손금산입 〉	제품매출원가	8,500,000 원	(유보발생)

4. [조정후수입금액명세서]

(1) [업종별 수입금액 명세서] 탭

1.업종별 수입금액 명세서

①업 태	②종 목	순번	③기준(단순) 경비율번호	수 입 금 액			
				수입금액계정조회	내 수 판 매		⑦수 출 (영세율대상)
				④계(⑤+⑥+⑦)	⑤국내생산품	⑥수입상품	
제조	전자부품	01	321001	3,758,810,900	3,176,001,500		582,809,400

(2) [과세표준과 수입금액 차액검토] 탭

업종별 수입금액 명세서	과세표준과 수입금액 차액검토

2 2.부가가치세 과세표준과 수입금액 차액 검토   부가가치세 신고 내역보기

(1) 부가가치세 과세표준과 수입금액 차액

⑧과세(일반)	⑨과세(영세율)	⑩면세수입금액	⑪합계(⑧+⑨+⑩)	⑫조정후수입금액	⑬차액(⑪-⑫)
3,160,001,500	582,809,400		3,742,810,900	3,758,810,900	-16,000,000

(2) 수입금액과의 차액내역(부가세과표에 포함되어 있으면 +금액, 포함되지 않았으면 -금액 처리)

⑭구 분	코드	(16)금 액	비 고	⑭구 분	코드	(16)금 액	비 고
자가공급(면세전용등)	21			거래(공급)시기차이감액	30		
사업상증여(접대제공)	22			주세 · 개별소비세	31		
개인적공급(개인적사용)	23			매출누락	32	-28,000,000	
간주임대료	24				33		
자산 유형자산 및 무형자산 매각액	25	12,000,000			34		
매각 그밖의자산매각액(부산물)	26				35		
폐업시 잔존재고재화	27				36		
작업진행률 차이	28				37		
거래(공급)시기차이가산	29			(17)차 액 계	50	-16,000,000	
				(13)차액과(17)차액계의차이금액			

[2] [세금과공과금명세서]

☐	코드	계정과목	월	일	거래내용	코드	지급처	금 액	손금불산입표시
☐	0817	세금과공과금	1	12	주민세(종업원분)			1,700,000	
☐	0817	세금과공과금	2	15	산재보험료 연체금			300,000	
☐	0817	세금과공과금	3	12	국민연금회사부담금		국민연금관리공단	3,200,000	
☐	0817	세금과공과금	3	24	사업과 관련없는 불공제매입세액	00120	신세상백화점	1,200,000	손금불산입
☐	0817	세금과공과금	4	30	법인세분 법인지방소득세			3,500,000	손금불산입
☐	0817	세금과공과금	5	8	대표자 개인의 양도소득세 납부		강남구청	5,000,000	손금불산입
☐	0517	세금과공과금	6	25	폐수 초과배출부담금		진주시청	750,000	손금불산입
☐	0817	세금과공과금	7	3	지급명세서미제출가산세		진주세무서	1,500,000	손금불산입
☐	0817	세금과공과금	9	15	간주임대료에대한부가세		진주세무서	650,000	
☐	0817	세금과공과금	10	5	업무상 교통위반과태료		진주경찰서	100,000	손금불산입
☐	0817	세금과공과금	12	9	법인분 종합부동산세			5,700,000	
			손 금 불 산 입 계					12,050,000	
			합 계					23,600,000	

■ 세무조정

⟨ 손금불산입 ⟩   사업과 관련 없는 불공제매입세액   1,200,000 원   (기타사외유출)

⟨ 손금불산입 ⟩   법인지방소득세(법인세분)   3,500,000 원   (기타사외유출)

⟨ 손금불산입 ⟩   대표자 개인 양도소득세   5,000,000 원   (상여)

⟨ 손금불산입 ⟩   폐수 초과배출부담금   750,000 원   (기타사외유출)

⟨ 손금불산입 ⟩   지급명세서 미제출가산세   1,500,000 원   (기타사외유출)

⟨ 손금불산입 ⟩   업무상 교통위반 과태료   100,000 원   (기타사외유출)

[3] [외화자산등평가차손익조정명세서]

1. [외화자산,부채의평가(을지)] 탭

계정과목	발생일 기준 환율	장부상 평가 환율	외화 금액 ($)	장부상 평가손익 (A)	세무상 평가환율	세무상 평가손익 (B)	차이 (B-A)
외상매출금	1,150	1,200	20,000	1,000,000	1,250	2,000,000	1.000,000
외상매입금	1,200		12,000	0		-600,000	-600,000
회사손익금계상액				1,000,000	세무상손익금	1,400,000	+400,000

(1) 외상매출금

No	②외화종류(자산)	③외화금액	④장부가액		⑦평가금액		⑩평가손익
			⑤적용환율	⑥원화금액	⑧적용환율	⑨원화금액	자 산(⑨-⑥)
1	USD	20,000.00	1,150.0000	23,000,000	1,250.0000	25,000,000	2,000,000

(2)외상매입금

No	②외화종류(부채)	③외화금액	④장부가액		⑦평가금액		⑩평가손익
			⑤적용환율	⑥원화금액	⑧적용환율	⑨원화금액	부 채(⑥-⑨)
1	USD	12,000.00	1,200.0000	14,400,000	1,250.0000	15,000,000	-600,000

(3) 환율조정차,대등(갑지)

①구분		②당기손익금 해당액	③회사손익금 계상액	조정		⑥손익조정금액 (②-③)
				④차익조정(③-②)	⑤차손조정(②-③)	
가. 화폐성 외화자산, 부채 평가손익		1,400,000	1,000,000			400,000
나. 통화선도, 통화스왑, 환변동보험 평가손익						
다. 환율조정 계정손익	차익					
	차손					
계		1,400,000	1,000,000			400,000

2. 세무조정

〈 익금산입 〉   외상매출금   1,000,000 원 (유보발생)

〈 손금산입 〉   외상매입금   600,000 원 (유보발생)

[4] 소득금액 조정합계표

〈 손금불산입 〉 임원상여금 한도초과액   5,000,000 원 (상여)

〈 익금불산입 〉 자동차세 과오납금 환부이자   10,000 원 (기타)

〈 손금불산입 〉 법인세등   12,000,000 원 (기타사외유출)

〈 손금산입 〉 전기 감가상각비 손금부인액 추인   5,000,000 원 (유보감소)

〈 손금불산입 〉 채권자불분명사채이자   1,450,000 원 (상여)

〈 손금불산입 〉 채권자불분명사채이자 원천징수세액   550,000 원 (기타사외유출)

[5] 기부금조정

1. [1.기부금 입력] 탭

(1) 기부금명세서

1.기부금 입력	2.기부금 조정

1.기부금명세서 　　　　　　　　　　　　　　월별로 전환　구분만 별도 입력하기　유형별 정렬

구분		3.과목	4.월일		5.적요	기부처		8.금액	비고
1.유형	2.코드					6.법인명등	7.사업자(주민)번호등		
일반기부금	40	기부금	3	11	종교단체기부금	종교단체		5,000,000	
특례기부금	10	기부금	5	23	연구비기부	국립대학병원		20,000,000	
특례기부금	10	기부금	7	21	이재민구호물품	이재민단체		5,000,000	
기타	50	기부금	9	10	간주기부금	비지정기부금단체		10,000,000	
9.소계		가. 〔법인세법〕특례기부금					코드 10	25,000,000	
		나. 〔법인세법〕일반기부금					코드 40	5,000,000	
		다. 〔조세특례제한법〕제88조의4제13항의 우리사주조합 기부금					코드 42		
		라. 그 밖의 기부금					코드 50	10,000,000	
		계						40,000,000	

☞ 간주기부금 : (100,000,000원 × 70%) – 60,000,000원 = 10,000,000원

2. 세무조정

〈 손금불산입 〉　　비지정기부금　　　　　　　10,000,000 원 (기타사외유출)

3. 소득금액 확정[익금산입 = 25,000,000 + 비지정기부금(10,000,000) = 35,000,000원]

2.소득금액확정 　　　　　　　　　　　　　　　　　새로 불러오기　수정

1.결산서상 당기순이익	2.익금산입	3.손금산입	4.기부금합계	5.소득금액계(1+2-3+4)
270,000,000	35,000,000	10,000,000	30,000,000	325,000,000

4. [2.기부금 조정] 탭

1.기부금 입력	2.기부금 조정

1 1. 「법인세법」 제24조제2항제1호에 따른 기부금 손금산입액 한도액 계산

1.소득금액 계	325,000,000	5.이월잔액 중 손금산입액 MIN[4,23]	
2.법인세법 제13조제1항제1호에 따른 이월 결손금 합계액(기준소득금액의 60% 한5	15,000,000	6.해당연도지출액 손금산입액 MIN[(④-⑤)>0, ③]	25,000,000
3. 「법인세법」 제24조제2항제1호에 따른 기부금 해당 금액	25,000,000	7.한도초과액 [(3-6)>0]	
4.한도액 {[(1-2) 0]X50%}	155,000,000	8.소득금액 차감잔액 [(①-②-⑤-⑥)>0]	285,000,000

2 2. 「조세특례제한법」 제88조의4에 따라 우리사주조합에 지출하는 기부금 손금산입액 한도액 계산

9.「조세특례제한법」 제88조의4제13항에 따라 우리사주조합 기부금 해당 금액		11.손금산입액 MIN(9, 10)	
10. 한도액 (8 × 30%)	85,500,000	12. 한도초과액 [(9-10)>0]	

3 3. 「법인세법」 제24조제3항제1호에 따른 기부금 손금산입 한도액 계산

13. 「법인세법」 제24조제3항제1호에 따른 기부금 해당금액	5,000,000	16. 해당연도지출액 손금산입액 MIN[(14-15)>0, 13]	5,000,000
14. 한도액 ((8-11)×10%, 20%)	28,500,000	17.한도초과액 [(13-16)>0]	
15. 이월잔액 중 손금산입액 MIN(14, 23)	3,000,000		

4 4. 기부금 한도초과액 총액

18. 기부금 합계액 (3+9+13)	19. 손금산입 합계 (6+11+16)	20. 한도초과액 합계 (18-19)=(7+12+17)
30,000,000	30,000,000	

5 5.기부금 이월액 명세

사업연도	기부금 종류	23.한도초과 손금불산입액	24.기공제액	25.공제가능 잔액(23-24)	26.해당연도 손금추인액	27.차기이월액 (25-26)
합계	「법인세법」 제24조제2항제1호에 따른 기부금					
	「법인세법」 제24조제3항제1호에 따른 기부금	3,000,000		3,000,000	3,000,000	
2021	「법인세법」일반기부금 　　따른	3,000,000		3,000,000	3,000,000	

6 6. 해당 사업연도 기부금 지출액 명세

사업연도	기부금 종류	26.지출액 합계금액	27.해당 사업연도 손금산입액	28.차기 이월액(26-27)
합계	「법인세법」 제24조제2항제1호에 따른 기부금	25,000,000	25,000,000	
	「법인세법」 제24조제3항제1호에 따른 기부금	5,000,000	5,000,000	

제100회 전산세무 1급

합격율	시험년월
16%	2022.02

이 론

01. 다음 중 재무제표의 수정을 요하는 보고기간후사건으로 볼 수 있는 것은 모두 몇 개인가?

> 가. 보고기간말 현재 이미 자산의 가치가 하락되었음을 나타내는 정보를 보고기간말 이후에 입수하는 경우
> 나. 보고기간말 이전에 존재하였던 소송사건의 결과가 보고기간 후에 확정되어 이미 인식한 손실금액을 수정하여야 하는 경우
> 다. 유가증권의 시장가격이 보고기간말과 재무제표가 사실상 확정된 날 사이에 하락한 경우

① 0개   ② 1개   ③ 2개   ④ 3개

02. 다음 중 유형자산에 대한 설명으로 옳은 것은 모두 몇 개인지 고르시오.

> ㉠ 동종자산 간에 교환하는 경우에 취득하는 자산의 원가는 제공하는 자산의 장부금액으로 처리한다.
> ㉡ 감가상각비는 다른 자산의 제조와 관련된 경우에는 관련 자산의 제조원가로 처리하고, 그 밖의 경우에는 영업외비용으로 처리한다.
> ㉢ 건물을 신축하기 위하여 사용 중인 기존 건물을 철거하는 경우, 기존 건물의 장부가액은 제거하여 처분손실로 반영하고, 철거비용은 전액 당기비용으로 처리한다.
> ㉣ 정부보조금을 받아 취득하는 유형자산의 경우 취득원가는 취득일의 공정가액으로 한다.
> ㉤ 감가상각대상금액은 취득원가에서 취득부대비용을 차감한 금액을 말한다.

① 2개   ② 3개   ③ 4개   ④ 5개

03. ㈜성진의 당기 중 대손충당금의 변동내역은 아래와 같다. 당기 말 현재 매출채권 잔액의 1%를 대손충당금으로 설정한다고 가정할 때, 다음 중 옳지 않은 것은?

대손충당금			
매출채권	250,000원	기초잔액	270,000원
기말잔액	250,000원	현금	80,000원
		대손상각비	150,000원

① 당기 말 매출채권 잔액은 25,000,000원이다.
② 전기 말 매출채권 잔액은 27,000,000원이다.
③ 당기 중 대손발생액은 170,000원이다.
④ 당기 말 손익계산서상 대손상각비는 150,000원이다.

04. ㈜두인의 당기말 수정전시산표와 수정후시산표의 일부이다. 빈칸에 들어갈 금액으로 옳지 않은 것은?

계정과목	수정 전 시산표		수정 후 시산표	
	차변	대변	차변	대변
미수수익	50,000원		(가)	
선급보험료	0원		(나)	
미지급급여				1,000,000원
선수임대료				150,000원
이자수익		3,000원		13,000원
수입임대료		300,000원		(다)
보험료	120,000원		60,000원	
급여	1,000,000원		(라)	

① (가) 40,000원
② (나) 60,000원
③ (다) 150,000원
④ (라) 2,000,000원

05. 다음 중 정당한 회계변경의 사유가 아닌 것은?

① 합병, 대규모 투자 등 기업환경의 중대한 변화로 종전의 회계정책을 적용하면 재무제표가 왜곡되는 경우
② 주식회사의 외부감사에 관한 법률에 의해 최초로 회계감사를 받는 경우
③ 일반기업회계기준의 제정, 개정 또는 기존의 일반기업회계기준에 대한 새로운 해석에 따라 회계변경을 하는 경우
④ 동종산업에 속한 대부분의 기업이 채택한 회계정책 또는 추정방법으로 변경함에 있어서 새로운 회계정책 또는 추정방법이 종전보다 더 합리적이라고 판단되는 경우

06. 다음 중 원가에 관한 설명으로 틀린 것은?

① 표준원가는 정기적으로 검토하여야 하며, 필요한 경우 현재의 상황에 맞게 조정하여야 한다.

② 표준원가계산은 미리 표준으로 설정된 원가자료를 사용하여 원가를 계산하는 방법으로 원가관리에 유용하다.

③ 순실현가치법은 분리점에서 중간제품의 판매가치를 알 수 없는 경우에도 적용할 수 있다.

④ 전부원가계산은 변동제조원가만을 계산하며 고정제조원가를 포함하지 아니한다.

07. ㈜경기의 원가 관련 자료가 아래와 같을 때 당기제품제조원가는 얼마인가?

• 기초재공품 : 20,000원	• 기초원가 : 50,000원
• 기말재공품 : 30,000원	• 가공원가 : 70,000원
• 제조간접원가는 직접노무원가의 1.5배만큼 비례하여 발생한다.	

① 79,000원 ② 80,000원
③ 81,000원 ④ 82,000원

08. 다음 중 개별원가계산에 대한 설명으로 옳지 않은 것은?

① 개별원가계산은 조선업, 건설업 등 고객의 요구에 따라 소량으로 주문생산하는 기업의 원가계산에 적합한 원가계산 방식이다.

② 종합원가계산과는 달리 개별원가계산은 완성품환산량을 산정할 필요가 없다.

③ 개별원가계산은 제조원가가 각 작업별로 집계되며 그 작업에서 생산된 제품단위에 원가를 배분한다.

④ 개별원가계산은 상대적으로 원가계산과정이 부정확하다.

09. 다음은 선입선출법에 의한 종합원가계산을 적용하고 있는 ㈜한세의 당기 생산 관련 자료이다. 아래의 자료를 이용하여 기초재공품의 완성도를 계산하면 얼마인가? 단, 가공비는 균등하게 발생하고, 당기 발생 가공비는 200,000원, 완성품의 가공비 단위당 원가는 20원이다.

구분	수량	완성도
기초재공품	2,000개	?
당기착수	9,000개	
기말재공품	1,000개	80%

① 40% ② 50% ③ 60% ④ 70%

10. 다음 중 관련 범위 내에서 단위당 변동원가와 총고정원가를 설명한 것으로 옳은 것은?

	단위당 변동원가	총고정원가
①	생산량이 증가함에 따라 감소한다.	각 생산수준에서 일정하다.
②	생산량이 증가함에 따라 증가한다.	생산량이 증가함에 따라 감소한다.
③	각 생산수준에서 일정하다.	생산량이 증가함에 따라 감소한다.
④	각 생산수준에서 일정하다.	각 생산수준에서 일정하다.

11. 다음 중 법인세법상 기업업무추진비(접대비)에 대한 설명으로 가장 옳지 않은 것은?

① 기업업무추진비가 1만원(경조금 20만원)을 초과하는 경우에는 적격증명서류를 수취하여야 한다.

② 사업연도가 12개월인 중소기업 법인의 기업업무추진비 한도를 계산할 때 기본한도는 3천6백만원이다.

③ 금전 외의 자산으로 기업업무추진비를 제공한 경우 해당 자산의 가액은 제공한 때의 시가와 장부가액 중 큰 금액으로 산정한다.

④ 증빙을 누락하여 귀속이 불분명한 기업업무추진비는 손금불산입하고, 대표자 상여로 소득처분한다.

12. 다음 중 법인세법상 세무조정 및 소득처분으로 틀린 것은?

① 임원상여금 한도초과액 : 손금불산입 〈상여〉

② 기업업무추진비 한도초과액 : 손금불산입 〈기타사외유출〉

③ 감가상각비 부인액 : 손금불산입 〈유보〉

④ 임직원이 아닌 지배주주에 대한 여비교통비 지급액 : 손금불산입 〈상여〉

13. 다음 중 종합소득에 대한 설명으로 틀린 것은?

① 기타소득금액이 2,500,000원인 경우는 반드시 종합과세할 필요는 없다.

② 세무서에 사업자등록을 한 사업자의 사업소득은 금액과 관계없이 종합과세되는 소득이다.

③ 퇴직소득만 25,000,000원이 발생한 경우에는 종합소득세를 신고할 필요가 없다.

④ 종합소득금액에서 종합소득공제를 차감한 금액을 기준소득금액이라고 한다.

14. 다음 중 부가가치세법상 납세지에 대한 설명으로 틀린 것은?

① 원칙적으로 사업자는 각 사업장마다 부가가치세를 신고 및 납부하여야 한다.

② 사업자 단위 과세 사업자는 그 사업자의 본점 또는 주사무소에서 총괄하여 신고 및 납부할 수 있다.

③ 주사업장 총괄 납부제도는 주된 사업장에서 납부세액 또는 환급세액을 통산하여 납부 또는 환급 받을 수 있는 제도를 말한다.

④ 하치장 또한 사업장으로써 납세지의 기능을 할 수 있다.

15. 다음 중 부가가치세법상 대손세액공제와 관련된 설명으로 옳지 않은 것은?

① 대손세액공제는 일반과세자에게 적용되며, 간이과세자에게는 적용하지 아니한다.

② 재화·용역을 공급한 후 그 공급일로부터 5년이 지난 날이 속하는 과세기간에 대한 확정신고기 한까지 대손이 확정되어야 한다.

③ 예정신고시에는 대손세액공제를 적용할 수 없다.

④ 대손세액공제를 받은 사업자가 그 대손금액의 전부 또는 일부를 회수한 경우에는 회수한 대손금 액에 관련된 대손세액을 회수한 날이 속하는 과세기간의 매출세액에 더한다.

실 무

홍도전기㈜(1000)는 제조·도소매업을 영위하는 중소기업이며, 당기 회계기간은 20x1.1.1.~20x1.12.31. 이다. 전산세무회계 수험용 프로그램을 이용하여 다음 물음에 답하시오.

문제 1 다음 거래에 대하여 적절한 회계처리를 하시오.(12점)

[1] 01월 25일 당사가 개발 중인 신제품이 20x1년 9월 말에 개발이 완료될 것으로 예상하였으나 경쟁력 미비로 신제품 개발을 중단하기로 하였다. 해당 제품 개발과 관련하여 개발비 계정에 20,000,000원이 계상되어 있다. 개발비 계정의 잔액을 일반기업회계기준과 법인세법의 규 정을 충족하도록 회계처리하시오. (3점)

[2] 06월 20일 원재료 운반용으로 사용하는 법인 명의 화물차에 주유하고 대금은 법인카드(비씨카드)로 결제하면서 아래의 증빙을 수취하였다(해당 주유소는 일반과세자에 해당한다). (3점)

회원번호	9430-0302-3927-1230				
성명	㈜성동				
가맹점 번호	7 0 1 5 0 6 0 0 2	매출취소시 당초매출일			
가맹점명	남대문주유소	매출일자	20x1.6.20.		
사업자 등록번호	106-81-56311	매장명		취급자	
대표자명	최준석	판매 구분	☑ 일반 ☐ 할부	할부 기간	
주소	서울 용산 효창 5-86	승인 번호	9 2 6 5 9 7 8 3		

●ARS거래승인절차
1588-4500➡1번 선택➡가맹전번호 9자리 입력
➡전화안내에 따라 진행

🅑🅒 비씨카드주식회사

종합상담1588-4000
거래승인1588-4500
www.bccard.com

🅑🅒	비씨카드 매출표				
품명	금액				
		백	천	원	
경유		7	0 0 0	0	
부가세			7 0	0	
봉사료					
합계		7	7 0 0	0	

※할부거래는 회원매출표를 참조하십시오

회원서명(CARDHOLDER SIGNATURE)
홍도전기 주식회사

B 가맹점용

[3] 09월 08일 XYZ.Co에 직수출하는 제품의 선적을 완료하고, 당일에 $50,000을 보통예금 외화통장으로 받았다. 제품 수출금액은 $100,000으로서 잔액은 다음 달 20일에 받기로 하였다. 20x1년 9월 8일의 기준환율은 1,400원/$이다(단, 수출신고번호 입력은 생략한다). (3점)

[4] 09월 30일 다음은 20x0년 12월 31일 현재 자본구성을 표시한 것이다. 20x1년 9월 30일에 보유하던 자기주식 300주를 1,700,000원에 처분하고 대금은 보통예금으로 수령하였다. (3점)

부분 재무상태표

20x0년 12월 31일 현재

자본금(보통주 12,000주, @5,000원)		60,000,000원
자본잉여금		4,000,000원
주식발행초과금	3,000,000원	
자기주식처분이익	1,000,000원	
자본조정		(3,000,000원)
자기주식(500주, @6,000원)	3,000,000원	
기타포괄손익누계액		
이익잉여금		100,000,000원
자본총계		161,000,000원

문제 2 다음 주어진 요구사항에 따라 부가가치세 신고서 및 부속서류를 작성 하시오.(10점)

[1] 아래의 거래를 매입매출전표에 입력(서류번호는 생략)하고, 20x1년 1기 예정신고 기간의 [내국신용장·구매확인서전자발급명세서]를 작성하시오. (4점)

전자세금계산서					승인번호	20210328-31000013-44346631		
공급자	사업자 등록번호	123-86-11105	종사업장 번호		공급받는자	사업자 등록번호	130-86-55834	종사업장 번호	
	상호 (법인명)	홍도전기㈜	성명 (대표자)	김은정		상호 (법인명)	㈜두인테크	성명 (대표자)	두나무
	사업장 주소	경기도 안양시 만안구 경수대로 995				사업장 주소	서울시 금천구 가산디지털1로		
	업태	도소매업	종목	가전		업태	도소매업	종목	가전
	이메일					이메일			

작성일자	공급가액	세액	수정사유
20x1-03-15	94,638,000원		해당 없음
비고			

월	일	품목	규격	수량	단가	공급가액	세액	비고
3	15	가전				94,638,000원		

합계금액	현금	수표	어음	외상미수금	이 금액을 **청구** 함
94,638,000원				94,638,000원	

외화획득용원료 · 기재구매확인서

※ 구매확인서번호 : PKT202103150011

(1) 구매자   (상호)   ㈜두인테크
         (주소)   서울시 금천구 가산디지털1로
         (성명)   두나무
         (사업자등록번호)   130-86-55834
(2) 공급자   (상호)   홍도전기㈜
         (주소)   경기도 안양시 만안구 경수대로 995
         (성명)   김은정
         (사업자등록번호)   123-86-11105

1. 구매원료의 내용

(3) HS부호	(4) 품명 및 규격	(5) 단위수량	(6) 구매일	(7) 단가	(8) 금액	(9) 비고
5171230	USED SMART PHONE	10 BOX	20x1-03-15	KRW 9,463,800	94,638,000원	
TOTAL		10 BOX			94,638,000원	

2. 세금계산서(외화획득용 원료 · 기재를 구매한 자가 신청하는 경우에만 기재)

(10) 세금계산서번호	(11) 작성일자	(12) 공급가액	(13) 세액	(14) 품목	(15) 규격	(16) 수량

(17) 구매원료 · 기재의 용도명세 : 완제품

위의 사항을 대외무역법 제18조에 따라 확인합니다.

      확인일자   20x1년 03월 28일
      확인기관   한국무역정보통신
      전자서명   1208102920

     제출자 : ㈜두인테크 (인)

[2] 아래의 자료를 이용하여 20x1년 제2기 확정신고 기간의 [부가가치세신고서]를 작성하시오. 다만, 모두 10월~12월에 발생한 거래로 가정하고, 전표입력 및 과세표준명세작성은 생략한다). (6점)

---

1. 수출내역(공급가액)
   - 직수출 : 500,000,000원
   - 국내거래 : 50,000,000원(구매확인서 발급일 : 20x2년 1월 20일)
2. 국내할부판매
   - 제품인도일 : 20x1년 10월 01일(원칙적인 재화의 공급시기에 세금계산서를 발급하기로 한다.)
   - 대금지급일

구분	1차 할부	2차 할부	3차 할부 (최종)
대금 지급 약정일	20x1.10.01.	20x2.06.30.	20x2.11.01.
공급가액	5,000,000원	5,000,000원	5,000,000원
세액	500,000원	500,000원	500,000원

3. 거래처에 무상 견본품 제공 : 원가 1,000,000원, 시가 2,000,000원(당초 매입세액공제를 받은 제품)
4. 자녀에게 사무실 무상 임대 : 월 임대료 적정 시가 1,000,000원, 무상임대기간 10월 1일~12월 31일
※국내할부판매분과 수출내역 중 국내거래분은 전자세금계산서를 모두 적법하게 발급하였다고 가정함

문제 3 다음의 결산정리사항에 대하여 결산정리분개를 하거나 입력을 하여 결산을 완료하시오.(8점)

[1] 공장건물의 화재보험료(보험기간 : 20x1.5.1.~20x2.4.30.) 2,400,000원을 지불하고 전액 선급비용으로 회계처리 하였다(단, 기간은 월할 계산한다). (2점)

[2] 장부의 외상매입금 계정에는 Biden사와의 거래로 인한 대금 $75,000(당시 기준환율 ₩1,100/$)이 포함되어 있다. 결산일 현재의 기준환율이 ₩1,080/$일 경우 필요한 회계처리를 하시오. (2점)

[3] 당사는 20x1년 7월 1일 영업 관리용 시설장치 1대를 40,000,000원에 신규 취득하였으며, 해당 시설장 치 취득과 관련하여 국고보조금 20,000,000원을 수령하였다. 해당 시설장치에 대한 감가상각비를 계상 하시오. 단, 시설장치의 감가상각방법은 정액법, 내용연수는 5년, 잔존가치는 없으며, 월할 상각한다(음 수로 입력하지 말 것). (2점)

[4] 재고자산 실지조사 결과 기말재고 내역은 다음과 같으며, 한주상사와 위수탁판매계약을 맺고 당기에 발송한 제품 중 수탁자가 아직 판매하지 않은 제품 1,500,000원은 실지재고조사 결과에 포함되어 있지 않다. (2점)

• 원재료 3,000,000원	• 재공품 5,000,000원	• 제품 4,800,000원

문제 4 **원천징수와 관련된 다음 물음에 답하시오.(10점)**

[1] 다음은 20x1년 7월분 사업소득 지급내역이다. 아래의 자료를 이용하여 [사업소득자등록] 및 [사업소득자 료입력]을 하시오. 한편 사업소득자는 모두 내국인 및 거주자이며, 주어진 주민등록번호는 모두 옳은 것으로 가정한다. (3점)

코드	수령자	지급일	주민등록번호	세전지급액(원)	내역
101	김수연	20x1.07.31.	850505-2455744	2,500,000	1인 미디어콘텐츠 창작자
102	한소희	20x1.07.25.	890102-2415657	3,000,000	모델

[2] 다음 자료를 이용하여 종업원 금나라를 [사원등록](사번:102번)하고, 3월분 급여자료를 입력하시오. 다만, 사원등록 상의 부양가족명세를 금나라의 세부담이 최소화되도록 입력하고, 수당공제등록 시 사용하지 않는 항목은 '부'로 표시한다. (7점)

1. 3월분 급여자료(급여지급일 : 3월 31일)

급여항목			
기본급	식대	자가운전보조금	육아수당
2,000,000원	100,000원	200,000원	100,000원

2. 추가 자료
- 홍도전기㈜는 근로자 5인 이상 10인 미만의 소규모 사업장이다.
- 금나라는 여태까지 실업 상태였다가 홍도전기㈜에 생애 최초로 입사한 것으로 국민연금 등의 사회보험에 신규 가입하는 자이며, 본인 명의의 재산은 전혀 없다. 금나라의 20x1년 월평균급여는 위에서 제시된 급여와 정확히 같고, 위의 근로소득 외 어떤 다른 소득도 없다고 가정한다.
- **두루누리사회보험여부 및 적용률(80%)을 반드시 표시**한다.
- 건강보험료경감은 부로 표시한다.
- 회사는 구내식당에서 점심 식사(현물)를 지원한다.
- 자가운전보조금은 직원 개인 소유의 차량을 업무 목적으로 사용하는 것에 대한 지원금으로 시내 출장 등에 소요된 실제 경비는 정산하여 지급하지 않는다.
- 국민연금, 건강보험, 장기요양보험, 고용보험, 소득세, 지방소득세는 자동계산된 자료를 사용하고, 소득세 적용률은 100%를 적용한다.)

3. 부양가족 명세(인적공제 대상에 해당하지 않는 경우, **부양가족명세에 입력 자체를 하지 말 것**)

관계	성명	비고
본인	금나라(900213-2234568)	• 입사일 20x1.1.1. • 세대주
배우자	김철수(941214-1457690)	• 20x1년 3월 부동산 양도소득금액 50,000,000원 발생 • 무직, 위 외의 어떠한 소득도 없음
자녀	김나철(200104-3511111)	

문제 5 ㈜우암(1001)은 제조 및 도매업을 영위하는 중소기업으로 전자부품 등을 생산하며, 당해 사업연도는 20x1.1.1.~20x1.12.31.이다. [법인조정] 메뉴를 이용하여 기장되어 있는 재무회계 장부 자료와 제시된 보충 자료에 따라 당해 사업연도의 세무조정을 하시오. (30점)
※ 회사 선택 시 유의하시오.

[1] 다음 자료를 참조하여 [대손충당금및대손금조정명세서]를 작성하고 필요한 세무조정을 하시오. (6점)

1. 당기 대손충당금과 상계된 금액의 내역
   · 20x1.02.10. : ㈜종민이 발행한 약속어음(받을어음)으로 부도 발생일로부터 6개월이 경과한 부도어음 15,000,000원(비망계정 1,000원을 공제하고 난 후의 금액으로 가정한다.)
   · 20x1.06.10. : ㈜상민의 파산으로 인해 회수불능으로 확정된 미수금 8,000,000원
2. 대손충당금 내역

대손충당금

미수금	8,000,000원	전기이월	35,000,000원
받을어음	15,000,000원	대손상각비	2,000,000원
차기이월	14,000,000원		
계	37,000,000원	계	37,000,000원

3. 기말 대손충당금 설정 대상 채권잔액
   · 외상매출금 : 500,000,000원(20x1.09.01. 소멸시효 완성분 3,000,000원 포함)
   · 받을어음 : 300,000,000원(할인어음 3,000,000원 포함)
4. 전기 자본금과적립금조정명세서(을) 기말잔액
   · 대손충당금 한도 초과 1,500,000원(유보)
5. 대손설정률은 1%로 가정한다.

[2] 다음의 자료를 이용하여 [선급비용명세서]를 작성하고 관련된 세무조정을 하시오(단, 세무조정은 건별로 각각 처리한다). (6점)

1. 자본금과적립금조정명세서 잔액

사업 연도	20x1.01.01. ~ 20x1.12.31.	자본금과적립금조정명세서(을)			법인명	㈜우암
		세무조정유보소득계산				
① 과목 또는 사항	② 기초잔액	당기 중 증감		⑤ 기말잔액 (익기 초 현재)	비고	
		③ 감소	④ 증가			
선급비용	560,000	?	?	?		

※ 전기에 기간미경과로 인해 유보로 처리한 보험료의 기간이 도래하였다.

2. 당기의 임차료 내역

구분	임차기간	선납 금액	임대인
평택 공장	2024.05.01.~2025.04.30.	84,000,000원	㈜성삼
제천 공장	2024.08.01.~2026.07.31.	120,000,000원	이근희

※ 임차료는 장부에 선급비용으로 계상된 금액은 없다.

[3] 다음 자료를 이용하여 [업무용승용차등록]과 [업무용승용차관련비용명세서]를 작성하고 관련 세무조정을 반영하시오. 다만, 아래의 업무용승용차는 모두 임직원전용보험에 가입하였으며, 출퇴근용으로 사용하였으나 당기 차량운행일지를 작성하지는 않았다. (6점)

1. 운용리스계약기간 및 보험가입기간(계약기간과 보험가입기간은 같다)

구분	계약기간 (보험가입기간)	보증금	자산코드
BMW	20x1.06.01.~20x4.06.01	20,500,000원	0101
PORSCHE	20x1.05.01.~20x3.05.01.	21,000,000원	0102

2.

차종	차량번호	운용리스금액	감가상각비상당액	유류비	차량 비용 총액
BMW	04소7777	10,106,750원	8,000,375원	1,293,421원	11,400,171원
PORSCHE	357우8888	17,204,410원	16,833,975원	1,041,282원	18,245,692원

[4] 다음 자료를 이용하여 [자본금과적립금조정명세서](갑), (을)을 작성하시오(단, 불러온 기존자료 및 다른 문제의 내용은 무시하고 아래 자료만을 이용하도록 하며, 세무조정은 생략한다). (6점)

---

1. 다음은 자본금과적립금조정명세서(갑) 상의 변동 내용이다.
   (1) 전기 자본금 기말잔액 : 50,000,000원
   (2) 당기 자본금 증가액 : 50,000,000원
   (3) 전기 자본잉여금 기말잔액 : 4,000,000원(당기 중 자본잉여금의 변동은 없음)
   (4) 전기 이익잉여금 기말잔액 : 65,000,000원
   (5) 당기 이익잉여금 증가액 : 72,000,000원
2. 전기 말 자본금과적립금조정명세서(을) 잔액은 다음과 같다.
   (1) 대손충당금 한도초과액 12,000,000원
   (2) 선급비용 2,500,000원
   (3) 재고자산평가감 1,000,000원
3. 당기 중 유보금액 변동내역은 다음과 같다.
   (1) 당기 대손충당금한도초과액은 11,000,000원이다.
   (2) 선급비용은 모두 20x1.1.1.~20x1.3.31. 분으로 전기 말에 손금불산입(유보)로 세무조정된 금액이다.
   (3) 재고자산평가감된 재고자산은 모두 판매되었고, 당기말에는 재고자산평가감이 발생하지 않았다.
   (4) 당기 기계장치에 대한 감가상각비 한도초과액이 4,000,000원 발생하였다.
4. 전기 이월 결손금은 없는 것으로 가정한다.

---

[5] 아래의 자료를 이용하여 [법인세과세표준및세액조정계산서]와 [최저한세조정계산서]를 작성하시오 (단, 불러온 기존자료 및 다른 문제의 내용은 무시하고 아래의 자료만을 활용한다.) (6점)

---

1. 결산서상 당기순이익 : 162,000,000원
2. 세무조정사항
   • 익금산입액(가산조정) : 130,000,000원
   • 손금산입액(차감조정) : 100,000,000원
3. 기부금 관련 사항은 아래와 같다.

지출연도	일반기부금지출액	일반기부금 한도액
2019년도	10,000,000원	7,000,000원
20x1년도(당기)	18,000,000원	20,000,000원

4. 이월결손금 : 10,000,000원(전액 20x0년도 귀속분이다.)
5. 수도권 내 청년창업중소기업에 대한 세액감면(최저한세 적용대상) : 9,000,000원
6. 중간예납세액 : 3,000,000원
7. 원천납부세액 : 1,200,000원

제100회 전산세무1급 답안 및 해설

이 론

1	2	3	4	5	6	7	8	9	10	11	12	13	14	15
③	②	③	①	②	④	④	④	①	④	①	④	②④	④	②

01. • 수정을 요하는 보고기간후사건은 보고기간말 현재 존재하였던 상황에 대한 추가적 증거를 제공하는 사건으로서 재무제표상의 금액에 영향을 주는 사건을 말하며, 그 영향을 반영하여 재무제표를 수정한다. 재무제표에 이미 인식한 추정치는 그 금액을 수정하고, 재무제표에 인식하지 아니한 항목은 이를 새로이 인식한다.

• **유가증권의 시장가격이 보고기간말과 재무제표가 사실상 확정된 날 사이에 하락한 것은 수정을 요하지 않는 보고기간후사건의 예**이다.

02. 감가상각비는 제조와 관련된 경우는 제조원가로 처리하고, **그 밖의 경우에는 판매비와관리비로 처리**한다.

감가상각대상금액은 **취득원가에서 잔존가액을 차감한 금액**을 말한다.

03. ① 당기말매출채권잔액 = 당기 대손충당금기말잔액(250,000) ÷ 1% = 25,000,000원

② 전기말매출채권잔액 = 전기 대손충당금기말잔액(270,000) ÷ 1% = 27,000,000원

③ 대손발생액은 대손충당금 차변 발생금액(250,000)이다.

④ 손익계산서상 대손상각비는 대손충당금 대변(150,000) 대손상각비 금액이다.

04. 〈수정분개〉

• 미지급급여 0→1,000,000이므로   (차) 급여   1,000,000 (대) 미지급급여   1,000,000

• 선수임대료 0→150,000이므로   (차) 수입임대료   150,000 (대) 선수임대료   150,000

• 이자수익 3,000→13,000이므로   (차) 미수수익   10,000 (대) 이자수익   10,000

• 보험료 120,000→60,000이므로   (차) 선급보험료   60,000 (대) 보험료   60,000

(가) 미수수익 : 60,000원   (나) 선급보험료 60,000

(다) 수입임대료 150,000   (라) 급여 2,000,000

05. 주식회사의 외부감사에 관한 법률에 의해 **최초로 회계감사를 받는 경우는 정당한 회계변경의 사유가** 아니다.

06. 전부원가계산은 **변동제조원가 뿐만 아니라 고정제조원가까지도 포함하여 원가**를 계산한다.

07. 제조간접원가 = 직접노무원가×1.5

가공원가 = 직접노무원가 + 제조간접원가(직접노무원가×1.5) = 70,000원

∴ 직접노무원가 = 28,000원   제조간접원가 = 42,000원

당기총제조원가 = 기초원가(50,000) + 제조간접원가(42,000) = 92,000원

재공품

기초	20,000	*당기제품제조원가*	*82,000*
당기총제조원가	92,000	기말	30,000
계	112,000	계	112,000

08. **개별원가계산은 원가계산과정이 복잡하나 원가의 정확성은 더 높다.**

09.

〈1단계〉 물량흐름파악(선입선출법)		〈2단계〉 완성품환산량 계산	
재공품		재료비	가공비
완성품	10,000		
-기초재공품	2,000(??%)		???(1,200개)
-당기투입분	8,000(100%)	8,000	8,000
기말재공품	1,000(80%)		800
계	11,000		**10,000**

〈3단계〉 원가요약(당기투입원가)   200,000

10,000개

〈4단계〉 완성품환산량당 단위원가   = @20

∴**기초재공품의 완성도 = 1 - 1,200개/2,000개 = 40%**

10. **단위당 변동원가와 총고정원가는 각 생산수준에서 일정**하다.

11. 내국법인이 한 차례의 접대에 지출한 기업업무추진비 중 3만원(경조금 20만원)을 초과하는 기업업무추진비로서 적격증빙을 수취하지 아니한 경우 각 사업연도의 소득금액을 계산할 때 손금에 산입하지 아니한다.

12. 익금에 산입한 금액은 귀속자가 주주 등(임원 또는 직원인 주주 등을 제외한다)인 경우에는 그 귀속자에 대한 배당으로 처분한다. 따라서 임직원이 아닌 **지배주주에 대한 여비교통비 지급액의 경우 손금불산입하고 배당**으로 처분한다.

13. 사업소득 중 총수입금액의 합계액이 2천만원 이하인 자의 주택임대소득은 종합소득과세표준을 계산할 때 합산하지 아니하고, 분리과세할 수 있다.

종합소득에 대한 과세표준은 종합소득금액에서 종합소득공제를 적용한 금액으로 한다.

14. 재화를 보관하고 관리할 수 있는 시설만 갖춘 장소로서 **하치장(荷置場)으로 신고된 장소는 사업장으로 보지 아니한다.**

15. 재화·용역을 공급한 후 그 **공급일로부터 10년이 지난 날이 속하는 과세기간에 대한 확정신고기한까지 대손이 확정**되어야 한다.

실 무

[1] (차) 무형자산손상차손   20,000,000 (대) 개발비   20,000,000

문항	일자	유형	공급가액	부가세	거래처	신용카드
[2]	6/20	57.카과	70,000	7,000	남대문주유소	비씨카드
분개유형		(차) 차량유지비(제)	70,000 (대) 미지급금(비씨카드)			77,000
카드(혼합)		부가세대급금	7,000			
문항	일자	유형	공급가액	부가세	거래처	전자세금
[3]	9/8	16.수출(1)	140,000,000	0	XYZ.Co	–
분개유형		(차) 보통예금	70,000,000 (대) 제품매출			140,000,000
혼합		외상매출금	70,000,000			

[4] (차) 보통예금   1,700,000 (대) 자기주식   1,800,000
         자기주식처분이익   100,000

☞ 처분손익 = 처분가액(1,700,000) – 장부가액(300주 × 6,000) = △100,000(손실)
   자기주식처분이익(1,000,000)원 중 손실(100,000)을 우선 상계한다

[1] [내국신용장 · 구매확인서전자발급명세서]

일자	유형	공급가액	부가세	거래처	전자세금
3/15	12.영세(3)	94,638,000	0	㈜두인테크	여
분개유형	(차) 외상매출금	94,638,000 (대) 제품매출 또는 상품매출			94,638,000
외상(혼합)	(㈜두인테크)				

2. [내국신용장 · 구매확인서전자발급명세서](1~3월)

2. 내국신용장 · 구매확인서에 의한 공급실적 합계				[참고] 내국신용장 또는 구매확인서에 의한 영세율 첨부서류 방법 변경(영 제64조 제3항 제1의3호)
구분	건수	금액(원)	비고	▶ 전자무역기반시설을 통하여 개설되거나 발급된 경우 내국신용장 · 구매확인서 전자발급명세서를
(9)합계(10+11)	1	94,638,000		제출하고 이 외의 경우 내국신용장 사본을 제출함
(10)내국신용장				⇒ 2011.7.1 이후 최초로 개설되거나 발급되는 내국신용장 또는 구매확인서부터 적용
(11)구매확인서	1	94,638,000		

3. 내국신용장 · 구매확인서에 의한 공급실적 명세서								
(12)번호	(13)구분	(14)서류번호	(15)발급일	거래처정보		(17)금액	전표일자	(18)비고
				거래처명	(16)공급받는자의 사업자등록번호			
1	구매확인서	PKT202103150011	20×1-03-28	(주)두인테크	130-86-55834	94,638,000	20×1-03-15	

[2] 부가가치세 신고서(10~12월)

1. 과세표준 및 매출세액

구분				정기신고금액		
				금액	세율	세액
과세표준및매출세액	과세	세금계산서발급분	1	5,000,000	10/100	500,000
		매입자발행세금계산서	2		10/100	
		신용카드·현금영수증발행분	3		10/100	
		기타(정규영수증외매출분)	4	3,000,000		300,000
	영세	세금계산서발급분	5	50,000,000	0/100	
		기타	6	500,000,000	0/100	
	예정신고누락분		7			
	대손세액가감		8			
	합계		9	558,000,000	㉮	800,000

☞ **과세기간 종료 후 25일 이내에 구매확인서가 발급되는 경우 영세율 적용대상**이 된다.
  · **장기할부판매의 경우 대가의 각 부분을 받기로 한 때(5,000,000원)가 그 공급시기**가 된다.
  · 사업을 위하여 대가를 받지 아니하고 다른 사업자에 인도하는 **견본품은 사업상 증여로 보지 아니한다.**
  · **특수관계인에게 사업용 부동산의 임대용역을 무상으로 공급하는 것은 용역의 공급**으로 본다.

2. 매입세액은 없음.

문제 3 결산

[1]~[3] 수동결산, [4] 자동결산

[1] (차) 보험료(제)   1,600,000   (대) 선급비용   1,600,000
  ☞**당기비용 = 2,400,000 × 8개월/12개월 = 1,600,000원**

[2] (차) 외상매입금(Biden)   1,500,000   (대) 외화환산이익   1,500,000
  ☞**환산손익(부채) = [공정가액(1,080/$) – 장부가액(1,100/$)] × $75,000 = △1,500,000(이익)**

[3] (차) 감가상각비(판)   4,000,000   (대) 감가상각누계액(196)   4,000,000
      국고보조금   2,000,000   감가상각비(판)   2,000,000
  ☞ 감가상각비 = 40,000,000원÷5년x6/12 = 4,000,000원
    국고보조금 상각액 = 20,000,000원÷5년x6/12 = 2,000,000원
    →감가상각비에 대해서 순액으로 회계처리해도 무방

[4] • 기말 원재료 재고액 : 3,000,000원, 기말 재공품 재고액 : 5,000,000원
    • 기말 제품 재고액 : 6,300,000원 입력 〉 F3 전표추가
    ☞기말 제품 재고액 = 창고 보관 재고액(4,800,000) + 적송품(1,500,000) = 6,300,000원

문제 4 원천징수

[1] 사업소득

1. 사업소득자등록

(1) 김수연

1.소 득 구 분	940306 □ 1인미디어콘텐츠창작자	연 말 정 산 적 용	0 부
2.내 국 인 여부	1 내국인 (외국인 국적 □)	등록번호	)
3.주민 등록 번호	850505-2455744		
4.거 주 구 분	1 거 주 ※ 비거주자는 기타소득에서 입력하십시오.		

(2) 한소희

1.소 득 구 분	940303 □ 모델	연 말 정 산 적 용	0 부
2.내 국 인 여부	1 내국인 (외국인 국적 □)	등록번호	)
3.주민 등록 번호	890102-2415657		
4.거 주 구 분	1 거 주 ※ 비거주자는 기타소득에서 입력하십시오.		

2. [사업소득자료입력]

(1) 김수연(지급년월일 7월 31일)

귀속년월		지급(영수)			지급액	세율(%)	소득세	지방소득세	학자금상환	차인지급액
년	월	년	월	일						
	07		07	31	2,500,000	3	75,000	7,500		2,417,500

(2) 한소희(지급년월일 7월 25일)

귀속년월		지급(영수)			지급액	세율(%)	소득세	지방소득세	학자금상환	차인지급액
년	월	년	월	일						
	07		07	25	3,000,000	3	90,000	9,000		2,901,000

[2] 급여자료

1. [사원등록]

(1) 기본사항(102.금나라)-건강보험료 경감은 부로 표시

☞ **보수월액(과세대상소득) = 근로소득(2,400,000) − 비과세소득(300,000, 자가운전보조금, 육아수당) = 2,100,000원**

(2) 부양가족명세

관계	요 건		기본 공제	추가 (자녀)	판 단
	연령	소득			
본인(세대주)	–	–	○	부녀자	맞벌이 여성(종합소득금액 3천만원 이하자)
배우자	–	×	미입력	–	양도소득금액 1백만원초과자 **입력하지말라고 문제에서 제시**
자(4)	○	○	○		

(3) 추가사항

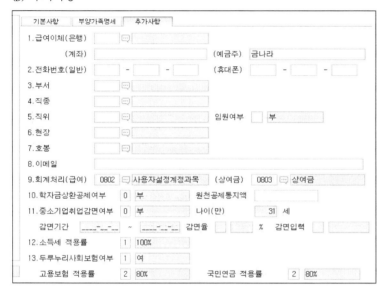

2. [수당공제등록]

- 식대는 **현물식사를 무상으로 제공받으므로 비과세 대상에 해당**하지 않는다.
- 종업원 소유의 차량을 업무에 사용하면서 시내 출장 등에 소요된 경비를 정산하지 않고 지급하는 자가 운전보조금은 월 20만원까지 비과세한다.(과세로 입력한 것도 정답 인용→"본인 명의의 재산은 전혀 없다"라고 문제에서 제시)
- 6세 이하 자녀에 대한 육아수당은 월 20만원(개정세법 24)까지 비과세한다.

No	코드	과세구분	수당명	근로소득유형			월정액	사용 여부
				유형	코드	한도		
1	1001	과세	기본급	급여			정기	여
2	1002	과세	상여	상여			부정기	부
3	1003	과세	직책수당	급여			정기	부
4	1004	과세	월차수당	급여			정기	부
5	1005	비과세	식대	식대	P01	(월)200,000	정기	부
6	1006	비과세	자가운전보조금	자가운전보조금	H03	(월)200,000	부정기	여
7	1007	비과세	야간근로수당	야간근로수당	O01	(년)2,400,000	부정기	부
8	2001	과세	식대	급여			정기	여
9	2002	비과세	육아수당	육아수당	Q01	(월)200,000	정기	여

3. [급여자료입력](귀속년월 3월, 지급년월일 3월 31일)

□	사번	사원명	감면율	급여항목	금액	공제항목	금액
■	102	금나라		기본급	2,000,000	국민연금(80%)	18,900
□				자가운전보조금	200,000	건강보험	72,030
□				식대	100,000	장기요양보험	8,290
□				육아수당	100,000	고용보험(80%)	3,360
□						소득세(100%)	16,810
□						지방소득세	1,680
□						농특세	
□							
□							
□							
□							
□				과 세	2,100,000		
□				비 과 세	300,000	공 제 총 액	121,070
	총인원(퇴사자)	1(0)		지 급 총 액	2,400,000	차 인 지 급 액	2,278,930

☞자가운전보조금을 과세수당으로 등록한 경우 급여항목의 비과세 금액은 100,000원(육아수당)이 된다.

문제 5 세무조정

[1] 대손충당금 및 대손금조정명세서

1. 대손금 조정

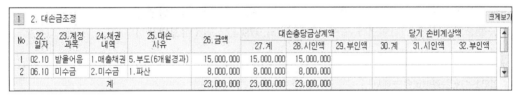

No	22.일자	23.계정과목	24.채권내역	25.대손사유	26.금액	대손충당금상계액 27.계	28.시인액	29.부인액	당기 손비계상액 30.계	31.시인액	32.부인액
1	02.10	받을어음	1.매출채권	5.부도(6개월경과)	15,000,000	15,000,000	15,000,000				
2	06.10	미수금	2.미수금	1.파산	8,000,000	8,000,000	8,000,000				
			계		23,000,000	23,000,000	23,000,000				

2. 세무조정 및 채권잔액

〈 손 금 산 입 〉 소멸시효 완성 외상매출금   3,000,000 (유보발생)

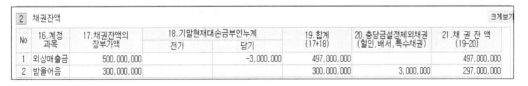

No	16.계정과목	17.채권잔액의 장부가액	18.기말현재대손금부인누계 전기	당기	19.합계 (17+18)	20.충당금설정제외채권 (할인,배서,특수채권)	21.채 권 잔 액 (19-20)
1	외상매출금	500,000,000		-3,000,000	497,000,000		497,000,000
2	받을어음	300,000,000			300,000,000	3,000,000	297,000,000

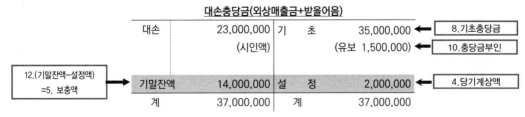

3. 대손충당금 조정

3	1.대손충당금조정								
손금 산입액 조정	1.채권잔액 (21의금액)	2.설정률(%) ⦿기본율 ○실적율 ○적립기준			3.한도액 (1×2)	회사계상액			7.한도초과액 (6-3)
						4.당기계상액	5.보충액	6.계	
	794,000,000	1			7,940,000	2,000,000	12,000,000	14,000,000	6,060,000
익금 산입액 조정	8.장부상 충당금기초잔액	9.기중 충당금환입액	10.충당금부인 누계액	11.당기대손금 상계액(27의금액)	12.충당금보충액 (충당금장부잔액)	13.환입할금액 (8-9-10-11-12)	14.회사환입액 (회사기말환입)	15.과소환입·과다 환입(△)(13-14)	
	35,000,000		1,500,000	23,000,000	12,000,000	-1,500,000		-1,500,000	

4. 대손충당금 세무조정

〈 손 금 산 입 〉 전기 대손충당금 한도초과금   1,500,000 (유보감소)
〈손금불산입〉 대손충당금 한도초과   6,060,000 (유보발생)

[2] 선급비용명세서

구분	거래내용	거래처	대상기간		지급액	선급 비용	회사 계상액	조정대상 금액
			시작일	종료일				
선급임차료	평택공장	㈜성삼	2024.05.01	2025.04.30	84,000,000	27,692,307		27,692,307
선급임차료	제천공장	이근희	2024.08.01	2026.07.31	120,000,000	94,979,423		94,979,423

〈 손 금 산 입 〉 전기 기간미경과 보험료   560,000 원 (유보감소)
〈손금불산입〉 당기 기간미경과 임차료   27,692,307 원 (유보발생)
〈손금불산입〉 당기 기간미경과 임차료   94,979,423 원 (유보발생)

[3] 업무용승용차관련비용명세서

1. [업무용승용차등록]

2. [업무용승용차관련비용명세서]

(1) BMW

1 업무용 사용 비율 및 업무용 승용차 관련 비용 명세 (운행기록부: 미적용) 임차기간: 2021-06-01 ~ 2024-06-01 □ 부동산임대업등 법령39조③항

(5) 총주행 거리(km)	(6) 업무용 사용 거리(km)	(7) 업무 사용비율	(8) 취득가액	(9) 보유또는 임차월수	(10)업무용 승용차 관련 비용								
					(11) 감가상각비	(12) 임차료 (감가상각비포함)	(13) 감가상각비상당액	(14) 유류비	(15) 보험료	(16) 수선비	(17) 자동차세	(18) 기타	(19) 합계
		76.7532		7	10,106,750		8,000,375	1,293,421					11,400,171
합 계					10,106,750		8,000,375	1,293,421					11,400,171

2 업무용 승용차 관련 비용 손금불산입 계산

(22) 업무 사용 금액			(23) 업무외 사용 금액			(30) 감가상각비 (상당액) 한도초과금액	(31) 손금불산입 합계 ((29)+(30))	(32) 손금산입 합계 ((19)-(31))
(24) 감가상각비 (상당액)[((11)또는 (13))X(7)]	(25) 관련 비용 [((19)-(11)또는 (19)-(13))X(7)]	(26) 합계 ((24)+(25))	(27) 감가상각비 (상당액)X(11)-(24) 또는(13)-(24)	(28) 관련 비용 [((19)-(11)또는 (19)-(13))-(25)]	(29) 합계 ((27)+(28))			
6,140,548	2,609,452	8,750,000	1,859,827	790,344	2,650,171	1,473,881	4,124,052	7,276,119
6,140,548	2,609,452	8,750,000	1,859,827	790,344	2,650,171	1,473,881	4,124,052	7,276,119

3 감가상각비(상당액) 한도초과금액 이월 명세

(37) 전기이월액	(38) 당기 감가상각비(상당액) 한도초과금액	(39) 감가상각비(상당액) 한도초과금액 누계	(40) 손금추인(산입)액	(41) 차기이월액((39)-(40))
	1,473,881	1,473,881		1,473,881
	1,473,881	1,473,881		1,473,881

(2) PORSCHE

1 업무용 사용 비율 및 업무용 승용차 관련 비용 명세 (운행기록부: 미적용) 임차기간: 2021-05-01 ~ 2023-05-01 □ 부동산임대업등 법령39조③항

(5) 총주행 거리(km)	(6) 업무용 사용 거리(km)	(7) 업무 사용비율	(8) 취득가액	(9) 보유또는 임차월수	(10)업무용 승용차 관련 비용								
					(11) 감가상각비	(12) 임차료 (감가상각비포함)	(13) 감가상각비상당액	(14) 유류비	(15) 보험료	(16) 수선비	(17) 자동차세	(18) 기타	(19) 합계
		54.8075		8		17,204,410	16,833,975	1,041,282					18,245,692
합 계						27,311,160	24,834,350	2,334,703					29,645,863

2 업무용 승용차 관련 비용 손금불산입 계산

(22) 업무 사용 금액			(23) 업무외 사용 금액			(30) 감가상각비 (상당액) 한도초과금액	(31) 손금불산입 합계 ((29)+(30))	(32) 손금산입 합계 ((19)-(31))
(24) 감가상각비 (상당액)[((11)또는 (13))X(7)]	(25) 관련 비용 [((19)-(11)또는 (19)-(13))X(7)]	(26) 합계 ((24)+(25))	(27) 감가상각비 (상당액)X(11)-(24) 또는(13)-(24)	(28) 관련 비용 [((19)-(11)또는 (19)-(13))-(25)]	(29) 합계 ((27)+(28))			
9,226,274	773,726	10,000,000	7,607,701	637,991	8,245,692	3,892,940	12,138,632	6,107,060
15,366,822	3,383,178	18,750,000	9,467,528	1,428,335	10,895,863	5,366,821	16,262,684	13,383,179

3 감가상각비(상당액) 한도초과금액 이월 명세

(37) 전기이월액	(38) 당기 감가상각비(상당액) 한도초과금액	(39) 감가상각비(상당액) 한도초과금액 누계	(40) 손금추인(산입)액	(41) 차기이월액((39)-(40))
	3,892,940	3,892,940		3,892,940
	5,366,821	5,366,821		5,366,821

3. 세무조정

〈손금불산입〉 업무용승용차 업무미사용분(BMW) 2,650,171 원 (상   여)
〈손금불산입〉 업무용승용차 업무미사용분(PORSCHE) 8,245,692 원 (상   여)
〈손금불산입〉 업무용승용차감가상각비 한도초과(BMW) 1,473,881 원 (기타사외유출)
〈손금불산입〉 업무용승용차감가상각비한도초과(PORSCHE) 3,892,940 원 (기타사외유출)

[4] 자본금과적립금조정명세서(을)

1. 자본금과적립금조정명세서(을)

Ⅰ.세무조정유보소득계산					
①과목 또는 사항	②기초잔액	당 기 중 증 감		⑤기말잔액 (=②-③+④)	비 고
		③감 소	④증 가		
대손충당금 한도 초과액	12,000,000	12,000,000	11,000,000	11,000,000	
선급비용	2,500,000	2,500,000			
재고자산평가감	1,000,000	1,000,000			
기계장치감가상각비한도초과			4,000,000	4,000,000	
합 계	15,500,000	15,500,000	15,000,000	15,000,000	

2. 자본금과적립금조정명세서(갑)

| 자본금과적립금조정명세서(을) | 자본금과적립금조정명세서(갑) | 이월결손금 | | | | | |

Ⅰ.자본금과 적립금 계산서							
①과목 또는 사항		코드	②기초잔액	당 기 중 증 감		⑤기 말 잔 액 (=②-③+④)	비 고
				③감 소	④증 가		
자본금및 잉여금의 계산	1.자 본 금	01	50,000,000		50,000,000	100,000,000	
	2.자 본 잉 여 금	02	4,000,000			4,000,000	
	3.자 본 조 정	15					
	4.기타포괄손익누계액	18					
	5.이 익 잉 여 금	14	65,000,000		72,000,000	137,000,000	
		17					
	6.계	20	119,000,000		122,000,000	241,000,000	
7.자본금과 적립금명세서(을)계		21	15,500,000	15,500,000	15,000,000	15,000,000	
손익미계상 법인세 등	8.법 인 세	22					
	9.지 방 소 득 세	23					
	10. 계 (8+9)	30					
11.차 가 감 계 (6+7-10)		31	134,500,000	15,500,000	137,000,000	256,000,000	

[5] 법인세 과세표준 및 최저한세조정계산서

> 1.세액조정계산서(산출세액) → 2.최저한세 → 3.세액조정계산서(최종)

1. 법인세 과세표준 및 세액조정계산서(산출세액)

① 각사업연도소득계산	101. 결 산 서 상 당 기 순 손 익	01	162,000,000
	소득조정 금액 102.익 금 산 입	02	130,000,000
	103.손 금 산 입	03	100,000,000
	104. 차 가 감 소 득 금 액 (101+102-103)	04	192,000,000
	105. 기 부 금 한 도 초 과 액	05	1,000,000
	106. 기 부 금 한 도 초 과 이월액 손금산입	54	3,000,000
	107. 각 사 업 연 도 소 득 금 액(104+105-106)	06	190,000,000
② 과세표준계산	108. 각 사 업 연 도 소 득 금 액 (108=107)		190,000,000
	109. 이 월 결 손 금	07	10,000,000
	110. 비 과 세 소 득	08	
	111. 소 득 공 제	09	
	112. 과 세 표 준 (108-109-110-111)	10	180,000,000
	159. 선 박 표 준 이 익	55	
③ 산출세액계산	113. 과 세 표 준 (113=112+159)	56	180,000,000
	114. 세 율	11	9%
	115. 산 출 세 액	12	16,200,000
	116. 지 점 유 보 소 득 (법 제96조)	13	
	117. 세 율	14	
	118. 산 출 세 액	15	
	119. 합 계 (115+118)	16	16,200,000

지출연도	일반기부금 지출액	일반기부금 한도액	한도초과액
2019년도	10,000,000	7,000,000	3,000,000
20x1년도	18,000,000	20,000,000	△2,000,000

☞ 당기 기부금 한도 적용 시 **이월기부금을 당기 지출 기부금보다 우선 공제**한다. 따라서 **이월기부금 3,000,000원을 기부금 한도초과 이월액 손금산입**하고, 잔여 한도액을 초과하는 **당기 지출 기부금 1,000,000원은 기부금한도초과액으로 이월**한다.

2. [최저한세조정계산서](최저한세 적용대상 세액감면입력)

①구분		코드	②감면후세액	③최저한세	④조정감	⑤조정후세액
(101) 결산서상 당기순이익		01	162,000,000			
소득조정금액	(102)익 금 산 입	02	130,000,000			
	(103)손 금 산 입	03	100,000,000			
(104) 조 정 후 소 득 금 액(101+102-103)		04	192,000,000	192,000,000		192,000,000
최저한세적용대상 특별비용	(105)준 비 금	05				
	(106)특별상각,특례상각	06				
(107) 특별비용손금산입전소득금액(104+105+106)		07	192,000,000	192,000,000		192,000,000
(108) 기 부 금 한 도 초 과 액		08	1,000,000	1,000,000		1,000,000
(109) 기부금 한도초과 이월액 손 금 산 입		09	3,000,000	3,000,000		3,000,000
(110) 각 사 업 년 도 소 득 금 액(107+108-109)		10	190,000,000	190,000,000		190,000,000
(111) 이 월 결 손 금		11	10,000,000	10,000,000		10,000,000
(112) 비 과 세 소 득		12				
(113) 최저한세적용대상 비과세소득		13				
(114) 최저한세적용대상 익금불산입·손금산입		14				
(115) 차가감 소 득 금 액(110-111+112+113+114)		15	180,000,000	180,000,000		180,000,000
(116) 소 득 공 제		16				
(117) 최저한세적용대상 소 득 공 제		17				
(118) 과 세 표 준 금 액(115-116+117)		18	180,000,000	180,000,000		180,000,000
(119) 선 박 표 준 이 익		24				
(120) 과 세 표 준 금 액(118+119)		25	180,000,000	180,000,000		180,000,000
(121) 세 율		19	9 %	7 %		9 %
(122) 산 출 세 액		20	16,200,000	12,600,000		16,200,000
(123) 감 면 세 액		21	9,000,000		5,400,000	3,600,000
(124) 세 액 공 제		22				
(125) 차 감 세 액(122-123-124)		23	7,200,000			12,600,000

3. 법인세과세표준 및 세액조정계산서(최종)

- 최저한세 적용대상 공제감면세액 3,600,000원 입력

① 각 사업 연도 소득 계산		코드	금액	④ 납부 할 세액 계산			코드	금액
	101. 결 산 서 상 당 기 순 손 익	01	162,000,000		120. 산 출 세 액(120=119)			16,200,000
	소 득 조 정 금 액				121. 최 저 한 세 적 용 대 상 공 제 감 면 세 액		17	3,600,000
	102.익 금 산 입	02	130,000,000		122. 차 감 세 액		18	12,600,000
	103.손 금 산 입	03	100,000,000		123. 최 저 한 세 적 용 제 외 공 제 감 면 세 액		19	
	104. 차 가 감 소 득 금 액(101+102-103)	04	192,000,000		124. 가 산 세 액		20	
	105. 기 부 금 한 도 초 과 액	05	1,000,000		125. 가 감 계(122-123+124)		21	12,600,000
	106. 기 부 금 한 도 초 과 이 월 액 손 금 산 입	54	3,000,000	기 납 부 세 액	126. 중 간 예 납 세 액		22	3,000,000
	107. 각 사 업 연 도 소 득 금 액(104+105-106)	06	190,000,000		127. 수 시 부 과 세 액		23	
② 과 세 표 준 계 산	108. 각 사 업 연 도 소 득 금 액(108=107)		190,000,000		128. 원 천 납 부 세 액		24	1,200,000
	109. 이 월 결 손 금	07	10,000,000		129. 간접회사등 외국 납부세액		25	
	110. 비 과 세 소 득	08			130. 소 계(126+127+128+129)		26	4,200,000
	111. 소 득 공 제	09			131. 신 고 납 부 전 가 산 세 액		27	
	112. 과 세 표 준(108-109-110-111)	10	180,000,000		132. 합 계(130+131)		28	4,200,000
	159. 선 박 표 준 이 익	55			133. 감 면 분 추 가 납 부 세 액		29	
					134. 차 가 감 납 부 할 세 액(125-132+133)		30	8,400,000
③ 산 출 세 액 계 산	113. 과 세 표 준(113=112+159)	56	180,000,000	⑤토지등 양도소득, ⑥미환류소득 법인세 계산 (TAB로 이동)				
	114. 세 율	11	9%		151. 차 가 감 납 부 할 세 액 계(134+150)		46	8,400,000
	115. 산 출 세 액	12	16,200,000	⑦ 세 액 계	152. 사 실 과 다 른 회 계 처 리 경 정 세 액 공 제		57	
	116. 지 점 유 보 소 득(법 제96조)	13			153. 분 납 세 액 계 산 범 위 액(151-124-133-145-152+131)		47	8,400,000
	117. 세 율	14		분납할 세액	154. 현 금 납 부		48	
	118. 산 출 세 액	15			155. 물 납		49	
	119. 합 계(115+118)	16	16,200,000		156. 계(154+155)		50	
				차감 납부 세액	157. 현 금 납 부		51	8,400,000
					158. 물 납		52	
					160. 계(157+158) [160=(151-152-156)]		53	8,400,000

제99회 전산세무 1급

합격율	시험년월
7%	2021.12

이 론

01. 다음 중 회계상 보수주의의 개념과 거리가 먼 사례는?

① 저가주의에 의한 재고자산의 평가

② 전기오류수정사항을 손익으로 인식하지 않고 이익잉여금에 반영

③ 물가상승 시 후입선출법에 따른 재고자산 평가

④ 발생 가능성이 높은 우발이익을 주석으로 보고

02. 다음 중 일반기업회계기준상 유가증권에 대한 설명으로 틀린 것은?

① 만기보유증권은 공정가치법으로 평가한다.

② 유가증권은 취득한 후에 단기매매증권, 매도가능증권, 만기보유증권, 지분법적용투자주식 중의 하나로 분류된다.

③ 매도가능증권의 평가손익은 미실현보유손익이므로 자본항목으로 처리하여야 한다.

④ 단기매매증권의 취득원가는 매입가액(최초 인식 시 공정가치)으로 한다. 단, 취득과 관련된 매입수수료, 이전비용 등의 지출금액은 당기 비용으로 처리한다.

03. 다음 중 기업회계기준상 무형자산에 관한 설명으로 틀린 것은?

① 프로젝트의 연구단계에서는 미래경제적효익을 창출할 무형자산이 존재한다는 것을 입증할 수 없기 때문에 연구단계에서 발생한 지출은 무형자산으로 인식할 수 없고 발생한 기간의 비용으로 인식한다.

② 새롭거나 개선된 재료, 장치, 제품, 공정, 시스템, 용역 등에 대한 여러 가지 대체안을 제안, 설계, 평가 및 최종 선택하는 활동은 연구단계에 속하는 활동이다.

③ 새롭거나 개선된 재료, 장치, 제품, 공정, 시스템 및 용역 등에 대하여 최종적으로 선정된 안을 설계, 제작 및 시험하는 활동은 개발단계에 속하는 활동이다.

④ 무형자산을 창출하기 위한 내부 프로젝트를 연구단계와 개발단계로 구분할 수 없는 경우에는 그 프로젝트에서 발생한 지출은 모두 개발단계에서 발생한 것으로 본다.

04. 다음은 ㈜신속의 자본 내역이다. ㈜신속이 보유하고 있는 자기주식(1주당 취득가액 50,000원) 100주를 주당 80,000원에 처분하고 회계처리 하는 경우 자기주식처분이익 계정과목의 금액은 얼마인가?

> • 보통주 자본금 : 50,000,000원(10,000주, 주당 5,000원)
> • 자기주식처분손실 : 2,000,000원　　• 자기주식 : 5,000,000원
> • 감자차손 : 2,000,000원　　　　　　　• 처분전이익잉여금 : 25,800,000원

① 500,000원　　　　② 1,000,000원　　　　③ 2,000,000원　　　　④ 3,000,000원

05. 다음은 ㈜유민의 상품과 관련된 자료이다. 기말 결산분개로 올바른 회계처리는?

> • 장부상 수량 : 1,000개　　• 실제 수량 : 900개
>
> • 장부상 단가 : 1,900원　　• 단위당 판매가능금액 : 2,000원　　　• 단위당 판매비용 : 200원
>
> 단, 재고자산의 감모는 전액 비정상적으로 발생하였다고 가정한다.

① (차)	재고자산감모손실	190,000원	(대)	상품	190,000원
	매출원가	90,000원		재고자산평가충당금	90,000원
② (차)	재고자산감모손실	90,000원	(대)	상품	90,000원
③ (차)	재고자산감모손실	190,000원	(대)	재고자산평가충당금	190,000원
④ (차)	재고자산감모손실	90,000원	(대)	재고자산평가충당금	90,000원
	매출원가	190,000원		상품	190,000원

06. 다음 중 원가의 회계처리와 흐름에 대한 설명으로 옳은 것을 고르시오.

> 가. 원가계산의 절차는 원가요소별 계산 → 생산부문별 계산 → 제품별 계산의 순서로 이루어진다.
> 나. 다품종 소량생산시스템은 종합원가계산에 적합하다.
> 다. 전기 미지급된 노무비를 당기에 지급하면, 당기 노무비로 계상한다.
> 라. 제조간접비가 제조부문과 관리부문에 동시에 발생할 경우, 많은 비중을 차지하는 부문으로 처리한다.

① 가　　　　　　　② 나　　　　　　　③ 다　　　　　　　④ 라

07. 다음 중 종합원가계산의 선입선출법 및 평균법에 대한 설명으로 틀린 것은?

① 기초재공품원가는 선입선출법 적용 시에 완성품환산량 단위당 원가계산에 영향을 미치지 않는다.
② 기초재공품의 완성도는 평균법에서 고려대상이 아니다.
③ 기말재공품의 완성도는 선입선출법에서만 고려대상이다.
④ 선입선출법과 평균법의 수량 차이는 기초재공품 완성품환산량의 차이이다.

08. 다음 중 원가배분에 대한 설명으로 옳지 않은 것은?

① 부문관리자의 성과 평가를 위해서는 이중배분율법이 단일배분율법보다 합리적일 수 있다.

② 직접배분법은 보조부문 상호 간에 용역수수관계를 전혀 인식하지 않는 방법이다.

③ 원가배분기준으로 선택된 원가동인이 원가 발생의 인과관계를 잘 반영하지 못하는 경우 제품원가 계산이 왜곡될 수 있다.

④ 공장 전체 제조간접비 배부율을 이용할 경우에도 보조부문원가를 먼저 제조부문에 배분하는 절차가 필요하다.

09. ㈜미래는 제조간접비를 직접노무시간을 기준으로 배부하고 있다. 당해 연도 초의 제조간접비 예상액은 5,000,000원이고 예상 직접노무시간은 50,000시간이다. 당기말 현재 실제 제조간접비 발생액이 6,000,000원이고 실제 직접노무시간이 51,500시간일 경우 당기의 제조간접비 과소 또는 과대배부액은 얼마인가?

① 850,000원 과소배부　　　　② 850,000원 과대배부

③ 1,000,000원 과소배부　　　④ 1,000,000원 과대배부

10. ㈜보람은 주산물 A와 부산물 B를 생산하고 있으며 부산물 B의 처분액을 전액 영업외수익으로 반영하고 있다. ㈜보람이 발생한 제조원가를 모두 주산물 A에만 부담시키는 회계처리를 하는 경우 이로 인하여 미치는 영향으로 옳지 않은 것은?

① 매출원가 과대계상　　　　　② 매출총이익 과소계상

③ 영업이익 과소계상　　　　　④ 당기순이익 과소계상

11. 다음 중 법인세법상 재고자산의 평가에 대한 설명으로 옳지 않은 것은?

① 재고자산의 평가방법을 변경하고자 하는 법인은 변경할 평가방법을 적용하고자 하는 사업연도의 종료일 이전 3개월이 되는 날까지 신고하여야 한다.

② 신설하는 영리법인은 설립일이 속하는 사업연도의 말일까지 재고자산의 평가방법신고서를 납세지 관할세무서장에게 제출하여야 한다.

③ 재고자산의 평가방법을 임의변경한 경우에는 당초 신고한 평가방법에 의한 평가금액과 무신고시의 평가방법에 의한 평가금액 중 큰 금액으로 평가한다.

④ 법인이 재고자산을 평가함에 있어 영업장별 또는 재고자산의 종류별로 각각 다른 방법에 의하여 평가할 수 있다.

12. 다음 중 법인세법상 결손금 공제제도에 관한 설명으로 틀린 것은?

① 내국법인의 각 사업연도의 소득에 대한 법인세 과세표준은 각 사업연도의 소득의 범위 안에서 이월결손금·비과세소득 및 소득공제액을 순차적으로 공제하여 계산한다.

② 예외적으로 중소기업의 경우 소급공제를 허용한다.

③ 과세표준 계산 시 공제되지 아니한 비과세소득 및 소득공제는 다음 사업연도부터 5년간 이월하여 공제받을 수 있다.

④ 이월결손금은 공제기한 내에 임의로 선택하여 공제받을 수 없으며, 공제 가능한 사업연도의 소득 금액 범위 안에서 각 사업연도 소득금액의 80%(중소기업은 100%)를 한도로 한다.

13. 다음 중 소득세법상 간편장부대상자(소규모사업자가 아님)에게 적용되지 않는 가산세는 어떤 것인가?

① 법정증명서류 수취불성실 가산세(증빙불비 가산세)

② 사업용계좌 미신고 및 미사용 가산세

③ 장부의 기록·보관 불성실가산세(무기장가산세)

④ 원천징수 등 납부지연가산세

14. 다음 중 소득세법상 종합소득공제에 대한 설명으로 틀린 것은?

① 기본공제대상자가 아닌 자는 추가공제대상자가 될 수 없다.

② 총급여액 5,000,000원 이하의 근로소득만 있는 57세의 배우자는 기본공제대상자에 해당한다.

③ 배우자가 일용근로소득이 아닌 근로소득금액 500,000원과 사업소득금액 550,000원이 있는 경우 기본공제대상자에 해당한다.

④ 종합소득이 있는 거주자와 생계를 같이 하면서 양도소득금액이 4,000,000원이 있는 51세의 장애인인 형제는 기본공제대상자에 해당하지 아니한다.

15. 다음 중 부가가치세법상 면세 재화 또는 용역에 해당하지 않는 것은?

① 등록된 자동차운전학원에서 지식 및 기술 등을 가르치는 교육용역

② 김치를 단순히 운반의 편의를 위하여 일시적으로 비닐포장 등을 하여 공급

③ 일반 시내버스 사업에서 제공하는 여객운송용역

④ 국민주택규모를 초과하는 주택에 대한 임대용역

실 무

신곡물산㈜(0990)은 제조 및 도·소매업을 영위하는 중소기업이며, 당 회계기간은 20x1.1.1. ~ 20x1.12.31.이다. 전산세무회계 수험용 프로그램을 이용하여 다음 물음에 답하시오.

문제 1 다음 거래에 대하여 적절한 회계처리를 하시오.(12점)

[1] 01월 30일 토지에 대한 전기분 재산세 납부액 중 870,000원에 대하여 과오납을 원인으로 용산구청으로부터 환급 통보를 받았으며, 환급금은 한 달 뒤에 입금될 예정이다. (거래처명을 입력하고 당기의 영업외수익으로 처리할 것) (3점)

[2] 07월 06일 김신희로부터 공장 신축을 위한 건물과 토지를 현물출자 받았으며, 즉시 그 토지에 있던 구건물을 철거하였다. 토지와 구건물 취득 관련 내역은 다음과 같다. (3점)

- 현물출자로 보통주 7,000주(주당 액면가액 5,000원, 시가 6,000원)를 발행하였다.
- 토지와 구건물의 취득 관련 비용, 구건물 철거비, 토지 정지비 등의 명목으로 3,000,000원을 보통예금 계좌에서 지급하였다.
- 토지 및 구건물의 공정가치는 주식의 공정가치와 동일하다.

[3] 08월 01일 당사의 영업부서가 한강마트로부터 거래처에 증정할 선물을 아래와 같이 외상으로 구입하고 종이세금계산서를 수취하였다. (단, 전액 비용으로 회계처리할 것.) (3점)

(청 색)

세금계산서(공급받는자 보관용)			책 번 호	권	호
			일련번호		

공급자	등록번호	1 2 3 - 2 1 - 1 4 0 8 2	공급받는자	등록번호	1 1 0 - 8 1 - 2 1 4 1 3
	상호(법인명)	한강마트 성명 윤소희		상호(법인명)	신곡물산㈜ 성명 한오성
	사업장주소	서울특별시 마포구 백범로 100		사업장주소	서울특별시 용산구 임정로 25
	업태	도소매 종목 잡화		업태	제조,도소매 종목 자동차부품

작성		공급가액		세액		비고
년 월 일 공란수	십억천백십만천백십일		십억천백십만천백십일			
x1 08 01 3	2 0 0 0 0 0 0		2 0 0 0 0 0			

월	일	품목	규격	수량	단가	공급가액	세액	비고
08	01	선물세트		100	20,000	2,000,000	200,000	

합계금액	현금	수표	어음	외상미수금	이 금액을 **청구** 함
2,200,000				2,200,000	

[4] 08월 06일 당사는 ㈜안정과 2019년 8월 6일에 제품공급계약을 체결하고, 제품은 잔금 지급일인 2022년 8월 6일에 인도하기로 했다. 제품 공급가액은 300,000,000원이며 부가가치세는 30,000,000원이다. 대금은 지급 약정일에 보통예금으로 수령하였으며, 해당 제품의 공급과 관련하여 전자세금계산서는 부가가치세법에 따라 정상적으로 발급하였다. 2022년에 해당하는 전자세금계산서에 대한 회계처리를 하시오. (3점)

구분	지급약정일	지급액
계약금	2019.08.06.	33,000,000원
1차 중도금	2020.08.06.	88,000,000원
2차 중도금	2021.08.06.	88,000,000원
잔금	2022.08.06.	121,000,000원

문제 2 다음 주어진 요구사항에 따라 부가가치세 신고서 및 부속서류를 작성하시오.(10점)

[1] 다음과 같은 부동산 임대차계약서를 작성하고 이와 관련된 전자세금계산서를 모두 발급하였다. 이를 바탕으로 제1기 확정신고기간(20x1.4.1.~20x1.6.30.)의 부동산임대공급가액명세서 및 부가가치세신고서(과세표준명세 작성은 생략함)를 작성하시오. 단, 당사는 차입금 과다법인이 아니며, 간주임대료에 대한 정기예금이자율은 2.9%로 가정한다. (5점)

부 동 산 임 대 차 계 약 서

<table>
<tr><td colspan="2"></td><td colspan="7" style="text-align:right">■ 임 대 인 용
□ 임 차 인 용
□ 사무소보관용</td></tr>
<tr><td rowspan="2">부동산의 표시</td><td>소재지</td><td colspan="6">서울시 용산구 임정로 25 상공빌딩 1층</td></tr>
<tr><td>구 조</td><td>철근콘크리트조</td><td>용도</td><td>상업용</td><td>면적</td><td>100 m²
평</td></tr>
<tr><td colspan="2">보 증 금</td><td colspan="3">금 100,000,000원정</td><td colspan="3">월세 2,200,000원정(VAT 별도)</td></tr>
</table>

제 1 조 위 부동산의 임대인과 임차인의 합의하에 아래와 같이 계약함.
제 2 조 위 부동산의 임대차에 있어 임차인은 보증금을 아래와 같이 지불키로 함.

계 약 금	30,000,000 원정은 계약 시에 지불하고
중 도 금	원정은 년 월 일 지불하며
잔 금	70,000,000 원정은 20x1 년 4 월 30 일 중개업자 입회 하에 지불함.

제 3 조 위 부동산의 명도는 20x1 년 5 월 1 일로 함.
제 4 조 임대차 기간은 20x1 년 5 월 1 일부터 20x3 년 4 월 30 일까지로 함.
제 5 조 월세액은 매 월(30)일에 지불키로 하되 만약 기일 내에 지불하지 못할 시에는 보증금에서 공제키로 함.
제 6 조 임차인은 임대인의 승인 하에 계약 대상물을 개축 또는 변조할 수 있으나 명도 시에는 임차인이 비용 일체를 부담하여 원상복구 하여야 함.
제 7 조 임대인과 중개업자는 별첨 중개물건 확인설명서를 작성하여 서명·날인하고 임차인은 이를 확인 수령함. 다만, 임대인은 중개물건 확인설명에 필요한 자료를 중개업자에게 제공하거나 자료수집에 따른 법령에 규정한 실비를 지급하고 대행케 하여야 함.
제 8 조 본 계약을 임대인이 위약 시는 계약금의 배액을 변상하며 임차인이 위약 시는 계약금은 무효로 하고 반환을 청구할 수 없음.
제 9 조 부동산중개업법 제20조 규정에 의하여 중개료는 계약 당시 쌍방에서 법정수수료를 중개인에게 지불하여야 함.

위 계약조건을 확실히 하고 후일에 증하기 위하여 본 계약서를 작성하고 각 1통씩 보관한다.

20x1 년 3 월 1 일

<table>
<tr><td rowspan="2">임 대 인</td><td>주   소</td><td colspan="5">서울시 용산구 임정로 25 상공빌딩 1층</td></tr>
<tr><td>사업자등록번호</td><td>110-81-21413</td><td>전화번호</td><td>02-1234-1234</td><td>성명</td><td>신곡물산㈜ ㉑</td></tr>
<tr><td rowspan="2">임 차 인</td><td>주   소</td><td colspan="5">서울시 용산구 임정로 25 상공빌딩 1층</td></tr>
<tr><td>사업자등록번호</td><td>101-41-12345</td><td>전화번호</td><td>02-1234-0001</td><td>성명</td><td>서울물산 ㉑</td></tr>
<tr><td rowspan="2">중개업자</td><td>주   소</td><td colspan="3">서울시 용산구 임정로 127</td><td>허가번호</td><td>XX-XXX-XXX</td></tr>
<tr><td>상   호</td><td>중앙 공인중개사무소</td><td>전화번호</td><td>02-1234-6655</td><td>성명</td><td>홍동경 ㉑</td></tr>
</table>

[2] 다음 자료를 매입매출전표에 입력(분개는 생략)하고, 20x1년 제2기 확정신고기간(20x1.10.01.~ 20x1.12.31.) 부가가치세 신고 시 첨부서류인 내국신용장·구매확인서전자발급명세서 및 영세율매출명세서를 작성하시오. (5점)

- 20x1년 10월 10일 : ㈜신우무역에 제품 48,000,000원(부가가치세 별도)을 공급하고 구매확인서(발급일 : 20x1년 10월 15일, 서류번호 : 1111111)를 발급받아 제품공급일을 작성일자로 하여 20x1.10.15.에 영세율전자세금계산서를 작성하여 전송하였다.
- 20x1년 11월 13일 : ㈜주철기업으로부터 발급받은 내국신용장(발급일 : 20x1년 11월 10일, 서류번호 : 2222222)에 의하여 제품 16,000,000원(부가가치세 별도)을 공급하고 제품공급일을 작성일자로 하여 20x1.11.13.에 영세율전자세금계산서를 작성하여 전송하였다.

문제 3 **다음의 결산정리사항에 대하여 결산정리분개를 하거나 입력을 하여 결산을 완료하시오.(8점)**

[1] 20x1년 7월 25일에 취득하여 보유 중인 단기매매증권(150주, 취득가액 주당 10,000원)이 있다. 결산일 현재 공정가치가 주당 12,000원인 경우 필요한 회계처리를 하시오. (2점)

[2] 아래와 같이 발행된 사채에 대하여 결산일에 필요한 회계처리를 하시오. (2점)

발행일	사채 액면가액	사채 발행가액	액면이자율	유효이자율
20x1.01.01.	30,000,000원	28,000,000원	연 5%	연 7%

- 사채의 발행가액은 적정하고, 사채발행비와 중도에 상환된 내역은 없는 것으로 가정한다.
- 이자는 매년 말에 보통예금으로 이체한다.

[3] 회사는 기말에 퇴직금 추계액 전액을 퇴직급여충당부채로 설정하고 있다. 아래의 자료를 이용하여 당기 퇴직급여충당부채를 계상하시오. (2점)

구분	전기말 퇴직금 추계액	당해연도 퇴직금 지급액 (퇴직급여충당부채와 상계)	당기말 퇴직금 추계액
영업부서	30,000,000원	15,000,000원	40,000,000원
생산부서	64,000,000원	15,000,000원	65,000,000원

[4] 아래의 자료는 당사의 실제 당기 법인세과세표준및세액조정계산서의 일부 내용이다. 입력된 데이터는 무시하고, 주어진 세율 정보를 참고하여 법인세비용에 대한 회계처리를 하시오. (2점)

법인세 과세표준 및 세액 조정 계산서 일부 내용	과세표준 계산	⑱ 각사업연도소득금액 (⑱ = ⑰)		300,000,000원
		⑲ 이월결손금	07	40,000,000원
		⑩ 비과세소득	08	0원
		⑪ 소득공제	09	0원
		⑫ 과세표준 (⑱ - ⑲ - ⑩ - ⑪)	10	260,000,000원
세율 정보 (가정한다.)	• 법인세율 - 법인세 과세표준 2억원 이하 : 9% - 법인세 과세표준 2억원 초과 200억원 이하 : 19% • 지방소득세율 - 법인세 과세표준 2억원 이하 : 1% - 법인세 과세표준 2억원 초과 200억원 이하 : 2%			
기타	• 위의 모든 자료는 법인세법상 적절하게 산출된 금액이다. • 기한 내 납부한 법인세 중간예납세액은 9,500,000원, 예금이자에 대한 원천징수 법인세액은 920,000원, 지방소득세액은 92,000원이 있다.			

문제 4 원천징수와 관련된 다음 물음에 답하시오.(10점)

[1] 6월 30일에 지급한 사원 이창현(사번 : 104)의 6월분 급여내역은 다음과 같다. 6월분 급여자료를 입력하시오. (단, 필요한 수당 및 공제항목은 수정 및 등록하고 사용하지 않는 수당 및 공제항목은 '부'로 한다.) (4점)

- 기본급 : 2,600,000원
- 식대 : 100,000원 (식대와 별도로 현물식사를 중복으로 제공받고 있음)
- 직책수당 : 200,000원
- 자가운전보조금 : 200,000원 (본인 소유 차량을 업무에 이용하고 실비정산을 받지 않음)
- 연구보조비 : 100,000원 (기업부설연구소 연구원으로 비과세요건 충족, 근로소득유형 코드는 H10으로 할 것)
- 국민연금 : 110,000원
- 건강보험료 : 89,000원
- 장기요양보험료 : 10,250원
- 고용보험료 : 23,200원

※ 건강보험료, 국민연금보험료, 고용보험료는 등급표 대신 제시된 자료를 기준으로 하고, 소득세 등은 자동계산 금액에 따른다.

[2] 다음은 제조공장 생산부서에 근무하는 김정훈(사번 : 121, 입사일 : 2016년 01월 01일, 주민등록번호 : 720614-1052364)에 대한 연말정산 관련 자료이다. 김정훈의 연말정산 관련 자료를 이용하여 연말정산을 완료하시오. 단, 세부담 최소화를 가정하며, 모든 자료는 국세청 자료로 가정한다.(6점)

1. 김정훈의 부양가족은 다음과 같다.

   (기본공제대상자가 아닌 경우에도 부양가족명세에 입력하고 '기본공제'에서 '부'로 표시한다.)

   (1) 배우자 : 신혜미, 761125-2078454, 총급여액 5,500,000원

   (2) 모친 : 이정자, 470213-2231641, 장애인, 소득 없음

   (3) 자녀 : 김이슬, 041220-4052135, 소득 없음

2. 이정자는 중증환자로서 취업이나 취학이 곤란한 상태이며, 의사가 발행한 장애인증명서를 제출하였다.

3. 김정훈이 납부한 손해보험료 내역은 다음과 같다.

계약자	피보험자	납부액
김정훈	신혜미	2,000,000원
김정훈	김이슬	900,000원

4. 김정훈이 지급한 의료비는 다음과 같다. 단, 김이슬의 의료비 외의 모든 의료비는 김정훈 본인의 신용카드로 지급하였다.

부양가족	금액	비고
김정훈	2,500,000원	안경구입비 80만원 포함
신혜미	1,000,000원	미용 목적이 아닌 치료목적의 성형수술비
이정자	2,400,000원	장애인 재활치료비
김이슬	400,000원	질병 치료비로 김이슬 명의의 현금영수증 240,000원 발급 실손보험금 160,000원 포함

5. 김정훈이 지급한 교육비는 다음과 같다.

부양가족	금액	비고
김정훈	5,000,000원	대학원 박사과정 등록금
김이슬	3,000,000원	고등학교 체험학습비 500,000원, 고등학교 교복구입비 600,000원 포함 고등학교 교복구입비는 김정훈 명의의 신용카드로 지급

문제 5 ㈜성동물산(0991)은 자동차부품 등의 제조 및 도매업을 영위하는 중소기업으로, 당해 사업연도는 20x1.1.1.~20x1.12.31.이다. 법인세무조정 메뉴를 이용하여 재무회계 기장자료와 제시된 보충자료에 의하여 당해 사업연도의 세무조정을 하시오. (30점)
※ 회사선택시 유의하시오.

[1] 아래의 내용을 바탕으로 당사의 기업업무추진비조정명세서를 작성하고, 필요한 세무조정을 하시오. (6점)

1. 손익계산서상 매출액과 영업외수익은 아래와 같다.

구분	매출액	특이사항
제품매출	1,890,000,000원	특수관계자에 대한 매출액 200,000,000원 포함
상품매출	1,500,000,000원	
영업외수익	100,000,000원	부산물 매출액
합계	3,490,000,000원	

2. 손익계산서상 기업업무추진비(판) 계정의 내역은 아래와 같다.

구분	금액	비고
대표이사 개인경비	5,000,000원	법인신용카드 사용분
법인신용카드 사용분	46,900,000원	전액 3만원 초과분
간이영수증 수취분 (경조사비가 아닌 일반 기업업무추진비)	4,650,000원	건당 3만원 초과분 : 4,000,000원 건당 3만원 이하분 : 650,000원
합계	56,550,000원	

3. 한편 당사는 자사 제품(원가 2,000,000원, 시가 3,000,000원)을 거래처에 사업상 증여하고 아래와 같이 회계처리 하였다.

(차) 복리후생비(제)   2,300,000원   (대) 제품   2,000,000원
                                                   부가세예수금   300,000원

[2] 다음 자료를 이용하여 감가상각비조정 메뉴에서 고정자산을 등록하고 미상각분감가상각조정명세서 및 감가상각비조정명세서합계표를 작성하고 세무조정을 하시오. (6점)

1. 감가상각 대상 자산
   - 계정과목 : 기계장치
   - 자산코드/자산명 : 001/기계
   - 취득한 기계장치가 사용 가능한 상태에 이르기까지의 운반비 1,000,000원을 지급하였다.

취득일	취득가액 (부대비용 제외한 금액)	전기감가상각누계액	기준 내용연수	경비구분 /업종	상각 방법
2019.09.18	40,000,000원	12,000,000원	5년	제조	정률법

2. 회사는 기계장치에 대하여 전기에 다음과 같이 세무조정을 하였다.
   〈손금불산입〉   감가상각비 상각부인액   1,477,493원   (유보발생)
3. 당기 제조원가명세서에 반영된 기계장치의 감가상각비 : 12,000,000원

[3] 다음 자료를 이용하여 가지급금등의인정이자조정명세서를 작성하고, 관련된 세무조정을 소득금액조정합계표에 반영하시오. (6점)

1. 차입금과 지급이자 내역

연 이자율	차입금	지급이자	거래처	차입기간
2.9%	40,000,000원	1,160,000원	새마을은행	20x0.07.06.~20x2.07.05.
2.1%	25,000,000원	525,000원	시민은행	20x1.03.01.~20x2.02.28.
2.3%	10,000,000원	230,000원	㈜동호물산	20x0.11.04.~20x2.11.03.

※ ㈜동호물산은 당사와 특수관계에 있는 회사이다.

2. 가지급금 내역

직책	성명	가지급금	발생일자	수령이자
대표이사	유현진	85,000,000원	20x1.03.02.	630,000원
사내이사	김강현	17,000,000원	20x1.05.17.	265,000원

※ 수령한 이자는 장부에 이자수익으로 계상되어 있다.

3. 제시된 자료 외의 차입금과 가지급금은 없다고 가정하고, 가중평균차입이자율을 적용하기로 한다.

[4] 다음 자료를 이용하여 퇴직연금부담금조정명세서를 작성하고, 이와 관련한 세무조정을 소득금액조정합계표에 반영하시오. (6점)

1. 기말 현재 임직원 전원 퇴직 시 퇴직금 추계액 : 280,000,000원

2. 퇴직급여충당금 내역
   • 기초퇴직급여충당금 : 25,000,000원
   • 전기말 현재 퇴직급여충당금부인액 : 4,000,000원

3. 당기 퇴직 현황
   • 20x1년 퇴직금지급액은 총 16,000,000원이며, 전액 퇴직급여충당금과 상계하였다.
   • 퇴직연금 수령액은 3,000,000원이다.

4. 퇴직연금 현황
   • 20x1년 기초 퇴직연금운용자산 금액은 200,000,000원이다.
   • 확정급여형 퇴직연금과 관련하여 신고조정으로 손금산입하고 있으며, 전기분까지 신고조정으로 손금산입된 금액은 200,000,000원이다.
   • 당기 회사의 퇴직연금불입액은 40,000,000원이다.

[5] 다른 문제 및 기존 자료 등의 내용은 무시하고 다음 자료만을 이용하여 기부금조정명세서 및 기부금 명세서를 작성한 후 필요한 세무조정을 하시오. 단, 당사는 세법상 중소기업에 해당한다. (6점)

1. 당기 기부금 내용은 다음과 같다. 기부처 입력은 생략한다.

일자	금액	지급내용
02월 20일	50,000,000원	코로나 극복을 위해 지방자치단체에 의료용품 기부
08월 10일	20,000,000원	태풍으로 인한 이재민 구호금품
09월 25일	100,000,000원	사립대학교에 장학금으로 지출한 기부금
12월 25일	3,000,000원	정당에 기부한 정치자금

2. 기부금 계산과 관련된 기타자료는 다음과 같다.
   • 한도 초과로 이월된 기부금은 2020년 특례기부금 한도초과액 10,000,000원이다.
   • 결산서상 당기순이익은 300,000,000원이며, 위에 나열된 기부금에 대한 세무조정 전 익금산입 및 손금불산입 금액은 30,000,000원, 손금산입 및 익금불산입금액은 4,500,000원이다.
   • 당기로 이월된 결손금은 2018년 발생분 150,000,000원이다.

제99회 전산세무1급 답안 및 해설

이 론

1	2	3	4	5	6	7	8	9	10	11	12	13	14	15
②	①	④	②	①	①	③	④	①	④	②④	③	②	③	①

01. 보수주의는 두 가지 이상의 대체적인 회계처리 방법이 있을 경우 재무적 기초를 견고히 하는 관점에서 **이익을 낮게 보고하는 방법을 선택**하는 것으로, 전기오류수정사항을 이익잉여금에 반영하는 것은 중대한 오류에 대한 회계처리로 보수주의와는 무관하다.

02. **만기보유증권은 상각후원가법으로 평가**한다.

03. 무형자산을 창출하기 위한 내부 프로젝트를 **연구단계와 개발단계로 구분할 수 없는 경우**에는 그 프로젝트에서 발생한 지출은 **모두 연구단계에서 발생한 것**으로 본다.

04. 처분손익 = [처분가액(80,000) - 취득가액(50,000)] × 100주 = 3,000,000원(이익)
자기주식처분이익(3,000,000)은 자기주식처분손실(2,000,000)과 우선 상계하고, 나머지 **잔액을 자기주식처분이익(1,000,000)**으로 처리한다.

〈회계처리〉

(차)	현금 등	8,000,000원	(대)	자기주식	5,000,000원
				자기주식처분손실	2,000,000원
				자기주식처분이익	1,000,000원

05. 선감모 후평가손실 인식
- 감모손실 = [실제(900개) - 장부(1,000개)] × 장부가액(1,900) = △190,000원
- 순실현가능가치 = 단위당 판매가능금액(2,000) - 단위당 판매비용(200) = 1,800원
- 평가손실 = 실제(900개) × [순실현가치(1,800) - 장부가액(1,900)] = △90,000원
- **비정상적으로 발생한 감모손실**은 재고자산감모손실(영업외비용)로 회계처리한다.
  평가손실은 재고자산의 차감계정(재고자산평가충당금)으로 표시하고 **매출원가**에 가산한다.

06. • 다품종 소량생산시스템은 **개별원가시스템**에 적합하다.
- 전기 미지급 노무비를 당기에 지급하면, 전기의 노무비로 계상해야 한다.(발생주의)
- 제조간접비가 제조부문과 관리부문에 동시에 발생하면, **합리적 배부기준에 의해 배부**한다.

07. **기말재공품의 완성도는 평균법과 선입선출법 모두에서 고려대상**이다.

08. 공장 전체 제조간접비 배부율을 이용할 때에는 공장 전체 총제조간접비를 사용하여 배부율을 계산하므로 보조부문의 제조간접비를 제조부문에 배분하는 절차가 필요하지 않다.

09. 예정배부율 = 제조간접비 예상액(5,000,000) ÷ 예상 직접노무시간(50,000시간) = 100원/직접노무시간
예정배부액 = 실제 직접노무시간(51,500) × 예정배부율(@100원) = 5,150,000원
실제 제조간접비 발생액(6,000,000) - 예정배부액(5,150,000) = 850,000원(과소배부)

10. 주산물 A의 제조원가(**결합원가가 모두 반영**)가 과대계상되어 영업이익이 과소계상되는만큼 **영업외수익(B의 처분액)이 과대** 계상되어 **당기순이익은 영향을 받지 않는다.**
    · 주산물 A 제조원가 과대계상 → 매출원가 과대계상 → 매출총이익 과소계상 → 영업이익과소계상
    · 부산물 B 제조원가 미배분 → 영업외수익(처분액) 과대계상
    · 영업이익 과소계상 + 영업외수익 과대계상 → 당기순이익 영향 없음

11. 신설하는 영리법인은 설립일이 속하는 사업연도의 **법인세 과세표준신고기한까지 평가방법신고서**를 납세지 관할세무서장에게 제출하여야 한다. 법인은 재고자산을 평가할 때 해당 자산을 **자산별로 구분하여 '종류별 · 영업장별'로 각각 다른 방법에 의하여 평가**할 수 있다.

12. 각 사업연도의 소득에 대한 법인세의 과세표준을 계산함에 있어서 **공제되지 아니한 비과세소득 및 소득공제액은 이월되지 않고 소멸한다.**

13. 사업용계좌 신고 및 사용의무는 복식부기의무자에게만 있다. 따라서 **사업용계좌 미신고 및 미사용 가산세는 복식부기의무자만 적용**된다.

14. 기본공제 대상자 판정 시 배우자는 나이요건의 제한을 받지 않으나 소득요건의 제한을 받으므로 소득금액의 합계액이 100만원(근로소득만 있는 경우 총급여 500만원) 이하인 경우에 기본공제를 적용받을 수 있다.
    종합소득금액 = 근로소득금액(500,000) + 사업소득금액(550,000) = 1,050,000원
    → 100만원 초과자 → 소득요건 미충족

15. **자동차운전학원에서 제공되는 교육용역은 과세대상**이다.

실 무

문제 1 전표입력

[1] (차) 미수금(용산구청)   870,000   (대) 전기오류수정이익(912)   870,000

[2] (차) 토지   45,000,000   (대) 자본금   35,000,000
                                   주식발행초과금   7,000,000
                                     보통예금   3,000,000

☞ 토지의 매입가액 = 보통주 7,000주 × 시가 6,000원(제공한 자산의 공정가치) = 42,000,000원
    토지 취득가액 = 토지매입가액(42,000,000) + 취득 부대비용(3,000,000) = 45,000,000원

문항	일자	유형	공급가액	부가세	거래처	전자
[3]	8/1	54.불공(4)	2,000,000	200,000	한강마트	부
분개유형		(차) 접대비(판)	2,200,000	(대) 미지급금		2,200,000
혼합						

문항	일자	유형	공급가액	부가세	거래처	전자
[4]	8/6	11.과세	110,000,000	11,000,000	㈜안정	여
분개유형	(차) 보통예금		121,000,000	(대) 부가세예수금		11,000,000
혼합	선수금		190,000,000	제품매출		300,000,000

☞ 중간지급조건부 거래로서 공급시기는 대가의 각부분을 받기로 한때이다. 따라서 잔금에 대하여 세금계산서를 발급한 건이다.

문제 2 부가가치세

[1] 부동산임대공급가액명세서 및 신고서

1. 부동산임대공급가액명세서(4~6월) 적용이자율 2.9%(가정)

임대기간	보증금	월세	월관리비	간주임대료
2024.5.1 ~ 2026.4.30	100,000,000	2,200,000	0	483.333

2. 부가가치세신고서(4~6월)

		구분		정기신고금액 금액	세율	세액
과세표준및	과세	세금계산서발급분	1	4,400,000	10/100	440,000
		매입자발행세금계산서	2		10/100	
		신용카드·현금영수증발행분	3		10/100	
		기타(정규영수증외매출분)	4	483,333		48,333

[2] 내국신용장·구매확인서 전자발급명세서 및 영세율매출명세서

1. 매입매출전표 입력

일자	유형	공급가액	부가세	거래처	전자	분개
10/10	12.영세(3)	48,000,000	0	㈜신우무역	여	없음
11/13	12.영세(3)	16,000,000	0	㈜주철기업	여	없음

2. 내국신용장·구매확인서전자발급명세서(10~12월)

2. 내국신용장·구매확인서에 의한 공급실적 합계

구분	건수	금액(원)	비고
(9)합계(10+11)	2	64,000,000	
(10)내국신용장	1	16,000,000	
(11)구매확인서	1	48,000,000	

[참고] 내국신용장 또는 구매확인서에 의한 영세율 첨부서류 방법 변경(영 제64조 제3항 제1의3호)
▶ 전자무역기반시설을 통하여 개설되거나 발급된 경우 내국신용장·구매확인서 전자발급명세서를 제출하고 이 외의 경우 내국신용장 사본을 제출함
⇒ 2011.7.1 이후 최초로 개설되거나 발급되는 내국신용장 또는 구매확인서부터 적용

3. 내국신용장·구매확인서에 의한 공급실적 명세서

(12)번호	(13)구분	(14)서류번호	(15)발급일	거래처정보 거래처명	(16)공급받는자의 사업자등록번호	(17)금액	전표일자	(18)비고
1	구매확인서	1111111	-10-15	(주)신우무역	621-85-05380	48,000,000		
2	내국신용장	2222222	-11-10	(주)주철기업	617-85-11831	16,000,000		

3. 영세율매출명세서(10~12월)

(7)구분	(8)조문	(9)내용	(10)금액(원)
		직접수출(대행수출 포함)	
		중계무역·위탁판매·외국인도 또는 위탁가공무역 방식의 수출	
	제21조	내국신용장·구매확인서에 의하여 공급하는 재화	64,000,000
		한국국제협력단 및 한국국제보건의료재단에 공급하는 해외반출용 재화	
		수탁가공무역 수출용으로 공급하는 재화	

부가가치세법 / 조세특례제한법

문제 3 결산

[1] 〈수동결산〉

(차) 단기매매증권	300,000	(대) 단기매매증권평가이익	300,000

☞평가손익 = [기말 공정가치(12,000) − 취득가액(10,000)] × 150주 = 300,000원(이익)

[2] 〈수동결산〉

(차) 이자비용	1,960,000	(대) 보통예금	1,500,000
		사채할인발행차금	460,000

☞유효이자(이자비용) = 발행가액(28,000,000) × 유효이자율(7%) = 1,960,000원
　액면이자 = 액면가액(30,000,000) × 액면이자율(5%) = 1,500,000원

[3] 〈수동/자동결산〉

(차) 퇴직급여(판)	25,000,000	(대) 퇴직급여충당부채	41,000,000
퇴직급여(제)	16,000,000		

구분	당기말 퇴직금 추계액(①)	설정전 퇴충부채 잔액			당기퇴직급여설정액 (①-④)
		전기말퇴직금 추계액(②)	퇴직금 지급액(③)	설정전 퇴충잔액④ (②-③)	
영업부	40,000,000	30,000,000	15,000,000	15,000,000	25,000,000
생산부	65,000,000	64,000,000	15,000,000	49,000,000	16,000,000

[4] 〈수동/자동결산〉

(차) 법인세등	32,600,000	(대) 선납세금	10,512,000
		미지급세금	22,088,000

• 법인세 산출세액 = 18,000,000 + 60,000,000 × 19% = 29,400,000원
• 법인세 지방소득세액 = 2억 × 1% + 60,000,000 × 2% = 3,200,000원
• 법인세비용 = 29,400,000원 + 3,200,000원 = 32,600,000원
• 선납세금 = 중간예납세액(9,500,000) + 원천징수세액(920,000 + 92,000) = 10,512,000원

또는 결산자료입력 메뉴의 [9.법인세 등-1) 선납세금]란에 10,512,000원, [9.법인세 등-2) 추가계상액]란에 22,088,000원을 입력한 후 F3 전표추가를 클릭한다.

문제 4 원천징수

[1] 급여자료 입력

1. 수당공제등록

- 수당등록

No	코드	과세구분	수당명	근로소득유형 유형	근로소득유형 코드	근로소득유형 한도	월정액	사용여부
1	1001	과세	기본급	급여			정기	여
2	1002	과세	상여	상여			부정기	부
3	1003	과세	직책수당	급여			정기	여
4	1004	과세	월차수당	급여			정기	부
5	1005	비과세	식대	식대	P01	(월)200,000	정기	부
6	1006	비과세	자가운전보조금	자가운전보조금	H03	(월)200,000	정기	여
7	1007	비과세	야간근로수당	야간근로수당	001	(년)2,400,000	부정기	부
8	2001	과세	식대	급여			정기	여
9	2002	비과세	연구보조비	[기업연구소]연구보조비	H10	(월)200,000	정기	여

- 공제등록

No	코드	공제항목명	공제소득유형	사용여부
1	5001	국민연금	고정항목	여
2	5002	건강보험	고정항목	여
3	5003	장기요양보험	고정항목	여
4	5004	고용보험	고정항목	여
5	5005	학자금상환	고정항목	부
6				

☞비과세:자가운전보조금,연구보조비

· 식대 : **과세 수당으로 추가등록, 별도의 현물식사를 제공받으므로 식대는 과세 대상**이다.

· 연구보조비(비과세) : 수당명-연구보조비, 유형코드-H10([기업연구소]연구보조비)

· 사용하지 않는 위 외의 수당과 공제항목은 사용 여부를 모두 '부'로 변경한다.

2. 급여자료입력(104.이창현, 귀속년월 6월, 지급년월일 6월 30일)

급여항목	금액	공제항목	금액
기본급	2,600,000	국민연금	110,000
직책수당	200,000	건강보험	89,000
자가운전보조금	200,000	장기요양보험	10,250
식대	100,000	고용보험	23,200
연구보조비	100,000	소득세(100%)	75,860
		지방소득세	7,580
		농특세	

과 세	2,900,000		
비 과 세	300,000	공 제 총 액	315,890
지 급 총 액	3,200,000	차 인 지 급 액	2,884,110

☞ 비과세 = 자가운전보조금(200,000) + 연구보조비(100,000) = 300,000원

[2] 연말정산(김정훈)

1. 부양가족명세

관계	요 건 연령	요 건 소득	기본공제	추가(자녀)	판 단
본인(세대주)	–	–	○		
배우자	–	×	부		총급여액 5백만원 초과자
모(77)	○	○	○	경로,장애(3)	
자(20)	○	○	○	자녀	

2. 연말정산입력

항 목	요건		내역 및 대상여부	입력
	연령	소득		
보 험 료	○ (×)	○	• 배우자 손해보험료(소득요건 미충족) • 자의 손해보험료	× ○(일반 900,000)
의 료 비	×	×	• 본인 의료비(**안경 50만원 한도**) • 배우자 **치료목적 성형수술비** • 모 장애인 재활치료비 • 자 질병치료비(실손보험금 차감)	○(본인 2,200,000) ○(일반 1,000,000) ○(장애 2,400,000) ○(일반 240,000)
교 육 비	×	○	• 본인 대학원 등록금 • 자 고등학교 교육비(**체험 30만원 한도, 교복 50만원 한도**)	○(본인 5,000,000) ○(고등 2,700,000)
신용카드	×	○	• 본인 신용카드(의료비) • 자 현금영수증(의료비) • 본인 신용카드(교복구입비)	○(신용 5,900,000) ○(현금 240,000) ○(신용 600,000)

[소득공제]

1. 신용카드	① 신용카드	6,500,000
	② 현금영수증	240,000

[특별세액공제]

1. 보장성 보험료	① 일반	900,000
2. 의료비	① 특정(본인, 65세 이상)	2,200,000
	② 특정(장애인외)	2,400,000
	③ 일반(실손보험료 160,000 차감)	1,240,000
3. 교육비	① 본 인	5,000,000
	② 초중고	2,700,000

문제 5 세무조정

[1] 기업업무추진비조정명세서

1. 수입금액명세

구 분	① 일반수입금액	② 특수관계인간 거래금액	③ 합 계(①+②)
금 액	3,290,000,000	200,000,000	3,490,000,000

2. 기업업무추진비(접대비) 해당금액

④ 계정과목			합계	접대비(판관)	복리후생비		
⑤ 계정금액			59,850,000	56,550,000	3,300,000		
⑥ 접대비계상액 중 사적사용경비			5,000,000	5,000,000			
⑦ 접대비해당금액(⑤-⑥)			54,850,000	51,550,000	3,300,000		
⑧ 신용카드등 미사용금액	경조사비 중 기준금액 초과액	⑨신용카드 등 미사용금액					
		⑩총 초과금액					
	국외지역 지출액 (법인세법 시행령 제41조제2항제1호)	⑪신용카드 등 미사용금액					
		⑫총 지출액					
	농어민 지출액 (법인세법 시행령 제41조제2항제2호)	⑬송금명세서 미제출금액					
		⑭총 지출액					
	접대비 중 기준금액 초과액	⑮신용카드 등 미사용금액	4,000,000	4,000,000			
		(16)총 초과금액	50,900,000	50,900,000			
(17) 신용카드 등 미사용 부인액			4,000,000	4,000,000			
(18) 접대비 부인액(⑥+(17))			9,000,000	9,000,000			

3. 기업업무추진비 조정(갑)

1.접대비 입력 (을)	2.접대비 조정 (갑)

3 접대비 한도초과액 조정

중소기업			☐ 정부출자법인 ☐ 부동산임대업등 ⑧한도액 50%적용	
구분				금액
① 접대비 해당 금액				54,850,000
② 기준금액 초과 접대비 중 신용카드 등 미사용으로 인한 손금불산입액				4,000,000
③ 차감 접대비 해당금액(①-②)				50,850,000
일반 접대비 한도		④ 12,000,000 (중소기업 36,000,000) X 월수(12) / 12		36,000,000
	총수입금액 기준	100억원 이하의 금액 X 30/10,000 (2020년 사업연도 분은 35/10,000)		10,470,000
		100억원 초과 500억원 이하의 금액 X 20/10,000 (2020년 사업연도 분은 25/10,000)		
		500억원 초과 금액 X 3/10,000 (2020년 사업연도 분은 6/10,000)		
		⑤ 소계		10,470,000
	일반수입금액 기준	100억원 이하의 금액 X 30/10,000 (2020년 사업연도 분은 35/10,000)		9,870,000
		100억원 초과 500억원 이하의 금액 X 20/10,000 (2020년 사업연도 분은 25/10,000)		
		500억원 초과 금액 X 3/10,000 (2020년 사업연도 분은 6/10,000)		
		⑥ 소계		9,870,000
	⑦ 수입금액기준	(⑤-⑥) X 10/100		60,000
	⑧ 일반접대비 한도액 (④+⑥+⑦)			45,930,000
문화접대비 한도 (「조특법」 제136조제3항)	⑨ 문화접대비 지출액			
	⑩ 문화접대비 한도액(⑨와 (⑧ X 20/100) 중 작은 금액)			
⑪ 접대비 한도액 합계(⑧+⑩)				45,930,000
⑫ 한도초과액(③-⑪)				4,920,000
⑬ 손금산입한도 내 접대비 지출액(③과⑪ 중 작은 금액)				45,930,000

4. 조정등록

〈손금불산입〉	대표이사 개인경비	5,000,000원 (상여)
〈손금불산입〉	적격증빙불비 기업업무추진비 (건당 3만원 초과 간이영수증 수취분)	4,000,000원 (기타사외유출)
〈손금불산입〉	기업업무추진비 한도초과액	4,920,000원 (기타사외유출)

[2] 감가상각

세무상취득가액(A)		세무상 기초감가상각누계액(B)	
=기말B/S상 취득가액	41,000,000	기초B/S상 감가상각누계액	12,000,000
+즉시상각의제액(당기)	0	(−) 전기상각부인누계액	(1,477,493)
41,000,000		10,522,507	
미상각잔액(C=A−B)=30,477,493			
상각범위액(D)	세무상미상각잔액(C) × 상각률(0.451)=13,745,349		
회사계상상각비(E)	12,000,000원(상각비)		
시부인액(D−E)	**시인액 1,745,349(전기말 상각부인액 손금추인)**		

1. 고정자산등록

(000001.기계, 취득년월일 2019.09.18.)

1.기초가액	41,000,000
2.전기말상각누계액(−)	12,000,000
3.전기말장부가액	29,000,000
4.당기중 취득 및 당기증가(+)	
5.당기감소(일부양도·매각·폐기)(−)	
전기말상각누계액(당기감소분)(+)	
6.전기말자본적지출액누계(+)(정액법만)	
7.당기자본적지출액(즉시상각분)(+)	
8.전기말부인누계액(+)(정률만 상각대상에 가산)	1,477,493
9.전기말의제상각누계액(−)	
10.상각대상금액	30,477,493
11.내용연수/상각률(월수)	5 0.451 (12)
12.상각범위액(한도액)(10X상각율)	13,745,349
13.회사계상액(12)-(7)	12,000,000
14.경비구분	1.500번대/제조
15.당기말감가상각누계액	24,000,000
16.당기말장부가액	17,000,000
17.당기의제상각비	
18.전체양도일자	__-__-__
19.전체폐기일자	__-__-__
20.업종	13 제조업

2. 미상각자산감가상각조정명세서

입력내용			금액
업종코드/명 13	제조업		
합계표 자산구분	2. 기계장치		
(4)내용연수			5
상각계산의기초가액	재무상태표자산가액	(5)기말현재액	41,000,000
		(6)감가상각누계액	24,000,000
		(7)미상각잔액(5)-(6)	17,000,000
	(8)회사계산감가상각비		12,000,000
	(9)자본적지출액		
	(10)전기말의제상각누계액		
	(11)전기말부인누계액		1,477,493
	(12)가감계((7)+(8)+(9)-(10)+(11))		30,477,493
(13)일반상각률·특별상각률			0.451
상각범위액계산	당기산출상각액	(14)일반상각액	13,745,349
		(15)특별상각액	
		(16)계((14)+(15))	13,745,349
	취득가액	(17)전기말현재취득가액	41,000,000
		(18)당기회사계산증가액	
		(19)당기자본적지출액	
		(20)계((17)+(18)+(19))	41,000,000
	(21) 잔존가액		2,050,000
	(22) 당기상각시인범위액		13,745,349
(23)회사계상상각액((8)+(9))			12,000,000
(24)차감액 ((23)-(22))			-1,745,349
(25)최저한세적용에따른특별상각부인액			
조정액	(26) 상각부인액 ((24)+(25))		
	(27) 기왕부인액중당기손금추인액		1,477,493
(28) 당기말부인누계액 ((11)+(26)-|(27)|)			

3. 감가상각비조정명세서합계표

	1.자 산 구 분	코드	2.합 계 액	유형자산			6.무형자산
				3.건축물	4.기계장치	5.기타자산	
재무상태표상가액	101.기말현재액	01	41,000,000		41,000,000		
	102.감가상각누계액	02	24,000,000		24,000,000		
	103.미상각잔액	03	17,000,000		17,000,000		
	104.상각범위액	04	13,745,349		13,745,349		
	105.회사손금계상액	05	12,000,000		12,000,000		
조정금액	106.상각부인액 (105-104)	06					
	107.시인부족액 (104-105)	07	1,745,349		1,745,349		
	108.기왕부인액 중 당기손금추인액	08	1,477,493		1,477,493		

4. 조정등록

〈손금산입〉　　　감가상각비 시인부족액 추인　　　　　　　1,477,493원(유보감소)

[3] 가지급금등의 인정이자 조정명세서

1. 가지급금, 가수금 입력

① 대표이사 유현진

No	적요	년월일		차변	대변	잔액	일수	적수
1	2.대여	3	2	85,000,000		85,000,000	305	25,925,000,000

ㅇ가지급금,가수금 선택 : 1.가지급금   회계데이터불러오기

② 사내이사 김강현

No	적요	년월일		차변	대변	잔액	일수	적수
1	2.대여	5	17	17,000,000		17,000,000	229	3,893,000,000

ㅇ가지급금,가수금 선택 : 1.가지급금   회계데이터불러오기

2. 차입금 입력

① 새마을은행

No	□	적요	연월일		차변	대변	이자대상금액	이자율 %	이자
1	□	1.전기이월	1	1		40,000,000	40,000,000	2.90000	1,160,000

② 시민은행

No	□	적요	연월일		차변	대변	이자대상금액	이자율 %	이자
1	□	2.차입	3	1		25,000,000	25,000,000	2.10000	525,000

☞(주)동호물산은 특수관계회사이므로 차입금입력 대상에서 제외

3. 인정이자계산 : (을)지(인정이자율 2.59230%)

① 대표이사 유현진

No	대여기간 연월일	회수일	연월일	적요	5.차변	6.대변	7.잔액(5-6)	일수	가지급금적수(7X8)	.가수금조	11.차감적수	이자율(%)	13.인정이자(11X12)
1	3 2	차기 이월	3	2	2.대여	85,000,000		85,000,000	305	25,925,000,000		25,925,000,000	2.59230	1,836,212

② 사내이사 김강현

대여기간 연월일	회수일	연월일	적요	5.차변	6.대변	7.잔액(5-6)	일수	가지급금적수(7X8)	.가수금조	11.차감적수	이자율(%)	13.인정이자(11X12)
5 17	차기 이월	5	17	2.대여	17,000,000		17,000,000	229	3,893,000,000		3,893,000,000	2.59230	275,732

4. 인정이자조정 : (갑)지

2.가중평균차입이자율에 따른 가지급금 등의 인정이자 조정 (연일수 : 366일)

No	1.성명	2.가지급금적수	3.가수금적수	4.차감적수(2-3)	5.인정이자	6.회사계상액	시가인정범위 7.차액(5-6)	8.비율(%)	9.조정액(=7) 7>=3억,8>=5%
1	유현진	25,925,000,000		25,925,000,000	1,836,212	630,000	1,206,212	65.69023	1,206,212
2	김강현	3,893,000,000		3,893,000,000	275,732	265,000	10,732	3.89218	

5. 조정등록

〈익금산입〉 가지급금 인정이자(대표이사)   1,206,212원(상여)

[4] 퇴직연금부담금 조정명세서

→ T기말 퇴충잔액 = 기초퇴충(25,000,000) - 지급액(16,000,000) - 유보(1,000,000) = 8,000,000원

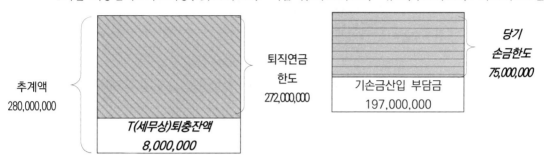

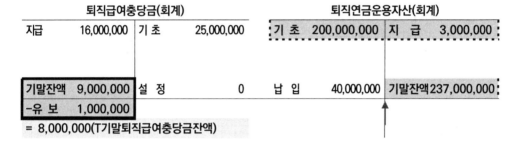

1. 기말 퇴직연금 예치금등의 계산

①나.기말 퇴직연금 예치금 등의 계산			
19.기초 퇴직연금예치금 등	20.기중 퇴직연금예치금 등 수령 및 해약액	21.당기 퇴직연금예치금 등의 납입액	22.퇴직연금예치금 등 계 (19 - 20 + 21)
200,000,000	3,000,000	40,000,000	237,000,000

2. 손금산입대상 부담금등 계산

②가.손금산입대상 부담금 등 계산					
13.퇴직연금예치금 등 계 (22)	14.기초퇴직연금충당금등 및 전기말 신고조정에 의한 손금산입액	15.퇴직연금충당금등 손금부인 누계액	16.기중퇴직연금등 수령 및 해약액	17.이미 손금산입한 부담금등 (14 - 15 - 16)	18.손금산입대상 부담금 등 (13 - 17)
237,000,000	200,000,000		3,000,000	197,000,000	40,000,000

3. 퇴직연금 등의 부담금 조정

1.퇴직연금 등의 부담금 조정

1.퇴직급여추계액	당기말 현재 퇴직급여충당금					6.퇴직부담금 등 손금산입 누적한도액 (① - ⑤)
	2.장부상 기말잔액	3.확정기여형퇴직연금자의 설정전 기계상된 퇴직급여충당금	4.당기말 부인 누계액	5.차감액 (② - ③ - ④)		
280,000,000	9,000,000		1,000,000	8,000,000		272,000,000
7.이미 손금산입한 부담금 등 (17)	8.손금산입액 한도액 (⑥ - ⑦)	9.손금산입 대상 부담금 등 (18)	10.손금산입범위액 (⑧과 ⑨중 적은 금액)	11.회사 손금 계상액		12.조정금액 (⑩ - ⑪)
197,000,000	75,000,000	40,000,000	40,000,000			40,000,000

4. 조정등록세무조정

〈손금불산입〉	전기퇴직연금운용자산	3,000,000원(유보감소)
〈손금산입〉	전기퇴직급여충당금	3,000,000원(유보감소)
〈손금산입〉	퇴직연금운용자산	40,000,000원(유보발생)

[5] 기부금조정명세서

1. 기부금 입력

1.기부금 입력 | 2.기부금 조정

1.기부금명세서　　　　　　　　　　월별로 전환　구분만 별도 입력하기　유형별 정렬

구분		3.과목	4.월일	5.적요	기부처		8.금액	비고
1.유형	2.코드				6. 법인명등	7.사업자(주민)번호등		
특례기부금	10	기부금	2 10	지방자치단체에 의료품 기부			50,000,000	
특례기부금	10	기부금	8 10	이재민 구호금품			20,000,000	
특례기부금	10	기부금	9 25	사립대학교 장학금			100,000,000	
기타	50	기부금	12 25	정치자금			3,000,000	
9.소계		가. [법인세법] 특례기부금			코드 10		170,000,000	
		나. [법인세법] 일반기부금			코드 40			
		다. [조세특례제한법] 제88조의4제13항의 우리사주조합 기부금			코드 42			
		라.그 밖의 기부금			코드 50		3,000,000	
		계					173,000,000	

〈손금불산입〉	정치자금	3,000,000원(기타사외유출)

☞개인의 정치자금은 세액공제 대상이지만 법인의 정당 정치자금 기부는 불법입니다.
　정당에서도 기부를 받지도 않습니다.

> 〈정치자금법〉
> 제31조【기부의 제한】① 외국인, **국내·외의 법인** 또는 단체는 **정치자금을 기부할 수 없다.**
> ② 누구든지 **국내·외의 법인 또는 단체와 관련된 자금**으로 정치자금을 기부할 수 없다.

2. 소득금액 확정 후 저장

- 가산조정 = 익금산입(30,000,000) + 손금불산입(정치자금, 3,000,000) = 33,000,000원

2.소득금액확정				새로 불러오기	수정 해제
1.결산서상 당기순이익	2.익금산입	3.손금산입	4.기부금합계	5.소득금액계(1+2-3+4)	
300,000,000	33,000,000	4,500,000	170,000,000	498,500,000	

3. 기부금 이월액 명세

5	5.기부금 이월액 명세						
사업연도	기부금 종류	23.한도초과 손금불산입액	24.기공제액	25.공제가능 잔액(23-24)	26.해당연도 손금추인액	27.차기이월액 (25-26)	
합계	「법인세법」 제24조제2항제1호에 따른 기부금	10,000,000		10,000,000		10,000,000	
	「법인세법」 제24조제3항제1호에 따른 기부금						
2020	「법인세법」 특례기부금	10,000,000		10,000,000		10,000,000	

4. 특례기부금 한도 계산(2018년 이월결손금 150,000,000입력)

1	1.「법인세법」 제24조제2항제1호에 따른 기부금 손금산입액 한도액 계산			
1.소득금액 계	498,500,000	5.이월잔액 중 손금산입액 MIN[4,23]	10,000,000	
2.법인세법 제13조제1항제1호에 따른 이월 결손금 합계액(기준소득금액의 60% 한도)	150,000,000	6.해당연도지출액 손금산입액 MIN[(④-⑤)>0, ③]	164,250,000	
3.「법인세법」 제24조제2항제1호에 따른 기부금 해당 금액	170,000,000	7.한도초과액 [(3-6)>0]	5,750,000	
4.한도액 {[(1-2)〉0]X50%}	174,250,000	8.소득금액 차감잔액 [(①-②-⑤-⑥)>0]	174,250,000	

5. 기부금이월액 명세(해당연도 손금추인액 10,000,000원 입력)

5	5.기부금 이월액 명세						
사업연도	기부금 종류	23.한도초과 손금불산입액	24.기공제액	25.공제가능 잔액(23-24)	26.해당연도 손금추인액	27.차기이월액 (25-26)	
합계	「법인세법」 제24조제2항제1호에 따른 기부금	10,000,000		10,000,000	10,000,000		
	「법인세법」 제24조제3항제1호에 따른 기부금						
2020	「법인세법」 특례기부금	10,000,000		10,000,000	10,000,000		

6	6. 해당 사업연도 기부금 지출액 명세			
사업연도	기부금 종류	26.지출액 합계금액	27.해당 사업연도 손금산입액	28.차기 이월액(26-27)
합계	「법인세법」 제24조제2항제1호에 따른 기부금	170,000,000	164,250,000	5,750,000
	「법인세법」 제24조제3항제1호에 따른 기부금			

- 당기 특례기부금 한도초과액(5,750,000)은 10년간 이월공제

합격율	시험년월
2%	2021.08

이 론

01. 다음 중 자산과 부채의 유동성과 비유동성 구분에 대한 설명으로 옳지 않은 것은?

① 정상적인 영업주기 내에 판매되거나 사용되는 재고자산과 회수되는 매출채권 등은 보고기간종료일로부터 1년 이내에 실현되지 않을 경우 비유동자산으로 분류하고, 1년 이내에 실현되지 않을 금액을 주석으로 기재한다.

② 장기미수금이나 투자자산에 속하는 매도가능증권 또는 만기보유증권 등의 비유동자산 중 1년 이내에 실현되는 부분은 유동자산으로 분류한다.

③ 비유동부채 중 보고기간종료일로부터 1년 이내에 자원의 유출이 예상되는 부분은 유동부채로 분류한다.

④ 보고기간종료일로부터 1년 이내에 상환기일이 도래하더라도 기존의 차입약정에 따라 보고기간종료일로부터 1년을 초과하여 상환할 수 있고 기업이 그러한 의도가 있는 경우에는 비유동부채로 분류한다.

02. 다음 중 일반기업회계기준상 금융상품에 대한 설명으로 틀린 것은?

① 금융자산이나 금융부채는 최초인식시 공정가치로 측정한다.

② 최초인식시 금융상품의 공정가치는 일반적으로 거래가격이다.

③ 소멸하거나 제3자에게 양도한 금융부채의 장부금액과 지급한 대가의 차액은 당기손익으로 인식한다.

④ 금융자산을 양도한 후에도 양도인이 해당 양도자산에 대한 권리를 행사할 수 있는 경우, 해당 금융자산을 제거하고 양도인의 권리를 주석으로 공시한다.

03. 다음 중 유형자산과 관련한 일반기업회계기준 내용으로 맞지 않는 것은?

① 정부보조 등에 의해 유형자산을 공정가치보다 낮은 대가로 취득한 경우 그 유형자산의 취득원가는 대가를 지급한 금액으로 한다.

② 자가건설 과정에서 원재료, 인력 등의 낭비로 인한 비정상적인 원가는 취득원가에 포함하지 않는다.

③ 다른 종류의 자산과의 교환을 위하여 제공한 자산의 공정가치가 불확실한 경우에는 교환으로 취득한 자산의 공정가치를 취득원가로 할 수 있다.

④ 새로운 상품과 서비스를 소개하는데 소요되는 원가는 유형자산의 원가로 포함하지 않는다.

04. 다음은 ㈜삼진이 발행한 사채와 관련한 자료이다. 사채발행과 관련한 설명으로 맞는 것은? (단, 단수차이로 인해 오차가 있다면 가장 근사치를 선택한다.)

○ 사채발행내역
- 사채액면금액 : 2,000,000원
- 표시이자율 : 10%, 시장이자율 8%
- 사채발행일자 : 20x1년 01월 01일
- 사채만기일자 : 20x3년 12월 31일

○ 현가계수표

기간 \ 할인율	단일금액 1원의 현재가치		정상연금 1원의 현재가치	
	8%	10%	8%	10%
3년	0.7938	0.7513	2.5771	2.4868

① 사채발행시 사채 계정으로 계상할 금액은 2,103,020원이다.

② 사채발행시 사채할증발행차금은 103,020원이다.

③ 20x1년말 사채할증발행차금 환입액은 39,951원이다.

④ 20x2년말 사채할증발행차금 환입액은 37,582원이다.

05. 자본에 대한 설명으로 틀린 것은?

① 주주로부터 현금을 수령하고 주식을 발행하는 경우에 주식의 발행금액이 액면금액보다 크다면 그 차액을 자본잉여금으로 회계처리한다.

② 기업이 주주에게 순자산을 반환하지 않고 주식의 액면금액을 감소시키거나 주식수를 감소시키는 경우에는 감소되는 액면금액을 이익잉여금으로 회계처리한다.

③ 기업이 매입 등을 통하여 취득하는 자기주식은 취득원가를 자본조정으로 회계처리한다

④ 주식으로 배당하는 경우에는 발행주식의 액면금액을 배당액으로 하여 자본금의 증가와 이익잉여금의 감소로 회계처리한다.

06. ㈜부강은 제조부문1과 제조부문2를 가지고 제품 A와 B를 생산하고 있다. 20x0년 제조부문별 예정제조 간접원가는 제조부문1은 992,000원, 제조부문2는 3,000,000원이며, 제품A의 생산량은 300개 제품B 의 생산량은 400개이며, 제조부문1의 제품 A와 B를 1단위 생산하는데 투입된 직접노동시간은 제품A는 4시간, 제품B는 5시간이다. 직접노동시간을 기준으로 제조간접원가를 예정배부시 제조부문1의 직접노 동시간당 예정배부율은 얼마인가?

① 280원   ② 310원   ③ 360원   ④ 400원

07. 다음 중 부문별 원가계산에 대한 설명 중 가장 옳지 않은 것은?

① 제조간접비를 정확하게 배부하기 위해 부문별로 분류, 집계하는 절차이며 배부방법에 따라 총이 익은 달라지지 않는다.

② 단계배부법은 보조부문 상호간의 용역수수 관계를 일부만 반영한다.

③ 보조부문이 하나인 경우 변동제조간접비와 고정제조간접비의 구분에 따라 단일배부율법과 이중 배부율법이 있다.

④ 상호배부법은 보조부문비의 배부가 배부순서에 의해 영향을 받지 않는다.

08. 다음 중 결합원가계산에 대한 설명으로 잘못된 것은?

① 결합원가계산은 동일한 종류의 원재료를 투입하여 동시에 생산되는 서로 다른 2종 이상의 제품을 생산할 때 필요한 원가계산 방법이다.

② 결합원가계산에서 부산물이란 주산품의 제조과정에서 부수적으로 생산되는 제품으로서 상대적으 로 판매가치가 적은 제품을 말한다.

③ 결합원가계산에서 분리점이란 연산품이 개별적으로 식별 가능한 시점을 가리킨다.

④ 결합원가를 순실현가치법에 따라 배분할 때 순실현가치란 개별제품의 최종판매가격에서 분리점 이후의 추가적인 가공원가만 차감하고, 판매비와 관리비는 차감하기 전의 금액을 말한다.

09. 당사는 선입선출법에 의한 종합원가계산으로 제품원가를 계산한다. 다음 자료를 참조하여 계산한 기말재공품의 완성도는 얼마인가?

1. 재공품 완성도

구　분	수　량	완성도
기초 재공품	550개	40%
당기 완성품	1,300개	100%
기말 재공품	600개	?

2. 기타
- 당기 발생 가공비는 12,000,000원이다.
- 가공비 완성품 단위당 원가는 10,000원이다.
- 가공비는 공정 전반에 걸쳐 균등하게 발생한다고 가정한다.

① 10%　　　　② 20%　　　　③ 80%　　　　④ 90%

10. ㈜예인은 표준원가계산제도를 채택하여 화장품을 생산하고 있다. 다음의 자료에 따른 재료비의 가격차이와 수량차이는 얼마인가?

- 예상생산량 : 10,000단위
- 실제수량 : 100,000kg
- 표준수량 : 12kg/단위
- 실제생산량 : 9,000단위
- 실제단가 : 300원/kg
- 표준단가 : 320원/kg

　　　　가격차이　　　　　　　　수량차이
① 2,000,000원 유리　　　　2,560,000원 유리
② 2,000,000원 유리　　　　2,400,000원 유리
③ 2,000,000원 불리　　　　2,400,000원 불리
④ 2,000,000원 불리　　　　2,560,000원 불리

11. 다음 중 법인세법상 기업업무추진비와 관련된 내용으로 맞는 것은?

① 임원이 부담해야 할 성질의 기업업무추진비를 법인이 지출한 경우 기업업무추진비로 본다.

② 법정증명서류를 수취하지 않더라도 손금불산입이 되지 않는 기준금액은 경조사는 20만원 이하, 그 외의 경우에는 3만원이하이다.

③ 약정에 따라 채권의 전부 또는 일부를 포기하는 경우 해당금액을 대손금으로 처리한다.

④ 중소기업의 기업업무추진비 기본한도액은 2,400만원에 해당사업연도 개월수를 곱하여 계산한다.

12. 다음 중 법인세법상의 소득처분에 대한 설명으로 틀린 것은?

① 추계결정 시의 소득처분에서 천재지변이나 그 밖에 불가항력으로 장부나 그 밖의 증빙서류가 멸실되어 추계결정된 과세표준은 기타사외유출로 소득처분한다.

② 사외유출된 것은 분명하나 소득처분에 따른 소득의 귀속자가 불분명한 경우 대표자에 대한 상여로 소득처분한다.

③ 추계로 과세표준을 결정·경정할 때 대표자 상여처분에 따라 발생한 소득세를 법인이 대납하고 이를 손비로 계상한 경우 대표자 상여로 소득처분한다.

④ 소득처분에 따른 소득의 귀속자가 법인으로서, 그 분여된 이익이 내국법인의 각 사업연도소득을 구성하는 경우 기타사외유출로 소득처분한다.

13. 다음 중 부가가치세법상 재화의 공급에 대한 설명으로 틀린 것은?

① 차입금을 현금대신 건물 등으로 변제하는 대물변제는 건물의 공급에 해당하므로 재화의 공급으로 본다.

② 사업자간에 재화를 차용하여 사용·소비하고 동종 또는 이종의 재화를 반환하는 소비대차의 경우에 해당 재화를 차용하거나 반환하는 것은 각각 재화의 공급에 해당한다.

③ 저당권의 목적으로 부동산 및 부동산상의 권리를 제공하는 경우에는 재화의 공급으로 본다.

④ 수용(법률에 따른 수용은 제외)에 따라 재화를 인도하거나 양도하는 것은 재화의 공급으로 본다.

14. 부가가치세법상 간이과세자(부동산임대업, 과세유흥장소 제외)에 대한 설명으로 올바른 것은?

> 가. 간이과세 적용범위 중 금액기준은 직전연도 공급대가 합계액이 8,000만원 미만인 개인사업자이다.
>
> 나. 간이과세자에 대한 부가가치세 납부의무 면제 기준금액은 해당연도 공급대가 합계액이 4,800만원 미만인 간이과세자이다.
>
> 다. 세금계산서를 발급한 간이과세자는 예정부과기간(1.1.~6.30.)의 부가가치세 신고를 7.25.까지 해야 한다.
>
> 라. 간이과세자는 면세농산물 등에 대한 의제매입세액공제를 적용받을 수 있다.

① 없음　　　　　② 가, 나　　　　　③ 가, 나, 다　　　　　④ 가, 나, 다, 라

15. 소득세법상 기타소득 중 실제 소요된 필요경비가 없는 경우에도 수입금액의 60%를 필요경비로 공제하는 것이 아닌 것은?

① 일시적 원고료　　　　　② 종교인 소득
③ 일시적 강연료　　　　　④ 산업재산권 대여소득

실 무

㈜홍도산업(0970)은 제조·도소매업을 영위하는 중소기업이며, 당기 회계기간은 20x1. 1. 1. ~ 20x1. 12. 31.이다. 전산세무회계 수험용 프로그램을 이용하여 다음 물음에 답하시오.

문제 1 다음 거래에 대하여 적절한 회계처리를 하시오.(12점)

[1] 3월 14일 제품을 미국 NICE 사에 직수출하고 대금은 2개월 후에 수령하기로 하였다. 선적일의 기준환율은 1$당 1,150원이고, 총신고가격(FOB)은 $40,000, 결제금액(CIF)은 $43,000이다.(단, 수출신고번호 입력은 생략할 것)(3점)

[2] 3월 30일 당사는 제품 제조공장을 짓기 위해 건물이 있는 토지를 매입하고 즉시 건물을 철거하기로 하였다. 같은 날짜에 철거비용으로 ㈜백두물산으로부터 전자세금계산서(공급가액 30,000,000원, 세액 3,000,000원)를 발급받고 대금은 5일 후 지급하기로 하였다.(3점)

[3] 4월 19일 당사가 5%의 지분을 소유한 ㈜연준으로부터 현금배당 8,000,000원과 주식배당 100주(주당 액면가액 10,000원)를 보통예금 및 주식으로 수령하였다. 배당에 관한 회계처리는 기업회계기준을 준수하였다.(단, 원천징수는 무시할 것)(3점)

[4] 12월 15일 당사는 공급가액 100,000,000원에 ㈜전동에 제품을 매출하고 전자세금계산서를 발급하였으며, 대금 중 50%는 보통예금으로 나머지 금액은 당좌예금으로 입금받았다. 매출거래처 ㈜전동은 수출업자와 수출재화임가공용역계약을 체결하여 영세율을 적용받고 있다.(3점)

문제 2 다음 주어진 요구사항에 따라 부가가치세 신고서 및 부속서류를 작성하시오.(10점)

[1] 다음 자료는 20x1년 2기 확정(10.1.~12.31.) 부가가치세신고에 대한 매입관련 전자세금계산서내역이다. 공제받지 못 할 매입세액명세서를 작성하시오. (단, 전표입력은 생략하고, 세금계산서는 작성일자에 발급함)(4점)

작성일자	거래내용	공급가액	부가가치세	매수
10.5.	업무무관자산을 관리함으로써 생기는 유지비용	3,500,000	350,000	1
10.20.	구매부서의 프린터 구입비용 (세금계산서 발급일자는 당기 12월 1일임)	400,000	40,000	1
10.26.	업무용승용차(배기량 990cc) 구입비용	12,000,000	1,200,000	1
11.14.	거래처에 무상제공하기 위한 난방기 구입비용	5,000,000	500,000	1
12.18.	출퇴근용 승합차(12인승)의 차량 수리비용	300,000	30,000	1
12.29.	공장용토지의 경계측량을 위한 측량비용	1,000,000	100,000	1

[2] 본 문제에 한하여 당사는 중소기업(음식점업)을 영위하는 법인이라고 가정하고, 20x1년 1기 확정 (4.1.~6.30.) 부가가치세 신고시 의제매입세액공제신고서를 작성(전표입력은 생략)하시오.(단, 모든 원재료는 면세대상이며 모두 음식점업의 식자재로 사용된다.)(3점)

매입일자	공급자	사업자번호 (또는 주민등록번호)	물품명	매입가액(원)	증빙자료	수량
20x1.04.05	전봉준(어민)	650621-1036915	수산물	50,000,000	현금으로 지급 하고 증빙없음	1,000
20x1.06.09	㈜더케이푸드	123-81-77081	농산물	7,200,000	계산서	500

※ 제1기 과세기간의 의제매입과 관련된 제품매출액(과세표준)은 예정신고기간에 100,000,000원, 확정신고기간에 80,000,000원이 발생하였다. 제1기 예정 부가가치세신고시 의제매입세액 적용 매입가액은 52,000,000원이며 의제매입세액 공제액은 2,000,000원이다.

[3] 다음 주어진 자료를 보고 20x1년도 제1기 확정신고시 대손세액공제신고서를 작성하시오.(3점)

1. 매출채권의 대손 발생 내역

공급일	상호 및 사업자등록번호	계정과목	대손금액	비고
2017.10.1.	㈜미래상사 (105-81-62708)	외상매출금	7,700,000원	20x1.4.25.(소멸시효 완성)
2019.12.5.	㈜오늘무역 (636-81-11678)	외상매출금	2,200,000원	20x0.10.8.(부도발생일)
20x0.10.9.	장래교역 (311-03-59120)	받을어음	3,300,000원	20x1.5.10.(부도발생일)
20x0.11.3.	내일식품 (123-03-10160)	외상매출금	5,500,000원	20x1.6.15.(파산법에 의한 파산으로 회수불가)

2. 대손 처리된 매출채권 회수 내역

전기에 대손세액공제를 받았던 ㈜태양에 대한 외상매출금(5,500,000원)을 20x1.3.15.에 회수하였다.

문제 3 다음의 결산정리사항에 대하여 결산정리분개를 하거나 입력을 하여 결산을 완료하시오.(8점)

[1] 다음은 제2기 부가가치세 확정신고와 관련된 자료이다. 입력된 데이터는 무시하고 다음의 자료를 이용하여 12월 31일 부가가치세 확정신고와 관련된 계정을 정리하는 회계처리를 하시오.(2점)

1. 20x1년 12월 31일 계정별 잔액

미수금	부가세대급금	부가세예수금
1,200,000원	32,300,000원	45,600,000원

2. 기타
• 미수금 잔액은 전액 제2기 부가가치세 예정신고 미환급세액이다.
• 부가가치세 가산세 100,000원이 발생하였다.
• 납부할 세액은 미지급세금 계정을 사용한다.

[2] 다음의 자료는 화폐성 외화자산(장기대여금) 및 외화부채(장기차입금)의 내역 및 환율이다. (단, 외화환산 이익과 외화환산손실을 각각 인식할 것)(2점)

계정과목	금액	거래처	발생일	발생일 환율	20x0.12.31 환율	20x1.12.31 환율
장기차입금	$12,000	㈜와플	20x0.05.26	1,380원	1,210원	1,110원
장기대여금	$28,000	㈜세무	20x0.08.08	1,320원		

[3] 회사는 연령분석법으로 매출채권에 대하여 대손을 추정하고 대손상각비를 계상하고 있다. 기존 입력된 데이터는 무시하고 다음의 자료를 이용하여 대손충당금을 설정하고 장부에 반영하시오. (2점)

(1) 매출채권잔액과 대손설정율

구분	당기말 채권잔액			대손설정율
	외상매출금	미수금	받을어음	
30일 이내	5,000,000원	–	–	5%
30일 초과 90일 이내	10,000,000원	3,000,000원	–	10%
90일 초과	2,000,000원	–	1,000,000원	15%
합계	17,000,000원	3,000,000원	1,000,000원	

(2) 전기말 대손충당금 잔액은 아래와 같고, 회사는 보충법에 따라 대손충당금을 설정하고 있다.

구분	외상매출금	미수금	받을어음
전기말 대손충당금 잔액	1,000,000원	300,000원	–

[4] 당기초 재무상태표의 선급비용 26,250,000원은 ㈜대영산업과 20x0년 10월 1일에 계약한 2년치 창고 임차료(판관비)에 대한 건이다. 당기 결산시 회계처리를 하시오.(단, 월할계산하고 부가가치세는 고려안 함)(2점)

문제 4 원천징수와 관련된 다음 물음에 답하시오.(10점)

[1] 다음은 20x1년 8월 12일에 입사한 마세욱(사원코드 311번, 세대주)과 관련된 자료이다.「사원등록 메뉴」의「부양가족등록탭」을 작성하고(기본공제 대상이 아닌 경우 반드시 기본공제를 "부"로 하여 입력),「연말정산추가자료입력 메뉴」에서 연말정산을 완료하시오.(단, 소득세 부담 최소화를 가정한다)(7점)

(1) 가족관계증명서

가족관계증명서				
등록기준지		서울특별시 강서구 화곡동 220		

구분	성 명	출생연월일	주민등록번호	성별
본인	마세욱	1983년 02월 22일	830222-1033260	남

가족사항				

구분	성 명	출생연월일	주민등록번호	성별
부	마동탁 [사망]	1953년 04월 16일	530416-1033160	남
모	양지순	1957년 12월 01일	571201-2233014	여
배우자	유지운	1983년 06월 30일	830630-2054517	여
자녀	마연우	2011년 05월 20일	110520-3081253	남
자녀	마연지	2020년 03월 15일	200315-4032919	여

- 마세욱과 생계를 같이하는 부양가족은 위 가족관계증명서에 나오는 가족뿐이다.
- 자녀 중 마연우는 장애인 복지법에 따른 장애인이다.
- 부친인 마동탁은 20x1년 02월 28일에 사망하였으며, 소득은 없었다.
- 모친인 양지순은 무직으로 소득이 없으나, 20x1년 주택을 처분하여 양도소득금액 200만원이 발생하였다.
- 마세욱은 아래 제시된 근로소득만 있으며 배우자와 자녀는 소득이 없다.

(2) 종전 근무지 관련 자료

- 근무처 : ㈜삼강(110-86-32502)
- 근무기간 : 20x1.01.01.~20x1.07.31.
- 급여내역 : 급여(24,500,000원), 상여(4,000,000원)
- 4대보험 :

국민연금	건강보험	장기요양	고용보험
1,282,500원	1,034,550원	119,180원	228,000원

• 세액명세

세액명세	구분	소득세	지방소득세
결정세액	결정세액	603,300원	60,330원
	기납부세액	1,532,790원	153,270원
	차감징수세액	-929,490원	-92,940원

(3) 국세청 연말정산간소화 서비스 자료
- 아래의 자료는 마세욱 본인과 가족들의 것이며, 다른 국세청 자료는 없는 것으로 한다.

20x1년 귀속 소득(세액)공제증명서류 : 기본(지출처별)내역 [보장성 보험, 장애인전용보장성보험]

■ 계약자 인적사항

성명	마세욱	주민등록번호	830222-*******

■ 보장성보험(장애인전용보장성보험)납입내역 (단위:원)

종류	상호	보험종류		납입금액 계
	사업자번호	증권번호	주피보험자	
	종피보험자1	종피보험자2	종피보험자3	
보장성	삼숭화재**	자동차보험		300,000
	103-85-*****	72727222	830222-******* 마세욱	
장애인전용 보장성	제일화재**	장애인전용보장성보험		1,000,000
	106-85-******	PPO34252	110520-******* 마연우	
인별합계금액		1,300,000		

20x1년 귀속 소득(세액)공제증명서류 : 기본(지출처별)내역 [의료비]

■ 환자 인적사항

성명	마연우	주민등록번호	110520-*******

■ 의료비 지출내역 (단위:원)

사업자번호	상호	종류	납입금액 계
5-90-32*	제일**병원	일반	2,040,000
의료비 인별합계금액			2,040,000
안경구입비 인별합계금액			
인별합계금액			2,040,000

20x1년 귀속 소득(세액)공제증명서류 : 기본(지출처별)내역 [교육비]			

■ 학생 인적사항

성명	마연우	주민등록번호	110520-*******

■ 교육비 지출내역   (단위:원)

교육비 종류	학교명	사업자번호	납입금액 계
초등학교	**초등학교	**8-81-*****	300,000
인별합계금액	300,000		

(4) 월세자료

- 다음은 무주택자인 마세욱과 그 가족이 거주하는 아파트의 월세계약서 일부이다.
- 주민등록상 주소지와 임대차계약서상의 주소지가 동일하다.
- 임대차계약서대로 월세는 지급되었다

부동산 월세 계약서

본 부동산에 대하여 임대인과 임차인 쌍방은 다음과 같이 합의하여 임대차계약을 체결한다.

1. 부동산의 표시

소재지	서울 강남구 도산대로 120, 1501-503						
건 물	구 조	철근콘크리트	용 도	아파트(주거용)	면 적	82	㎡
임 대 부 분	상동 소재지 전부						

2. 계약내용

제 1 조 위 부동산의 임대차계약에 있어 임차인은 보증금 및 차임을 아래와 같이 지불하기로 한다.

보증금	일금 이억 원정 (₩200,000,000)
차 임	일금 일백만 원정 (₩1,000,000)은 매월 말일에 지불한다.

제 2 조 임대인은 위 부동산을 임대차 목적대로 사용 수익할 수 있는 상태로 하여 20x0년 06월 01
일까지 임차인에게 인도하며, 임대차기간은 인도일로부터 20x2년 05월 31일까지 24개월로
한다.

… 중략 …

임 대 인 : 나주인 (470404-2133121) (인)

임 차 인 : 마세욱 (830222-1033260) (인)

[2] 다음은 이자 및 배당소득에 대한 원천징수자료이다. 다음의 자료를 이용하여 [기타소득자등록] 및 [이자배당소득자료입력] 메뉴에 관련 자료를 입력하시오.(3점)

1. 소득지급내역

소득자				소득금액	소득구분	소득지급일/영수일
구분	코드	상호(성명)	사업자(주민등록)번호			
법인	101	㈜더케이	113-86-32442	12,000,000원	이자소득	20x1.4.15
개인	102	연예인	800207-1234567	15,000,000원	배당소득	20x1.4.30

2. ㈜더케이에 지급한 이자소득은 단기차입금에 대한 것이며, ㈜더케이는 내국법인으로 금융업을 영위하지 않는다. (단, 이자지급대상 기간과 이자율 입력은 생략한다.)
3. 연예인(거주자, 내국인)은 당사의 주주로 20x0년도 이익잉여금 처분에 따라 배당금을 현금으로 지급하였다.

문제 5 ㈜선유물산(0971)은 금속을 생산하고 제조·도매업을 영위하는 중소기업이며, 당해 사업연도는 20x1.1.1.~20x1.12.31.이다. 법인세무조정메뉴를 이용하여 재무회계 기장자료와 제시된 보충자료에 의하여 당해 사업연도의 세무조정을 하시오.(30점) ※ 회사선택 시 유의하시오.

[1] 다음 자료는 당기에 도원2공장 신축을 위하여 신축자금을 교동은행에서 차입하였다. [건설자금이자조정명세서]를 작성하고 관련 세무조정을 하시오(원단위 미만은 절사함).(6점)

1. 도원2공장 신축공사관련 차입내역

차입기관	차입기간	연이자율	차입금액(원)	비 고
교동은행	x1.7.1~x2.10.31	3.5%	1,000,000,000	공장신축을 위한 특정차입금임

* 당해 공사일수는 153일이며, 차입일수는 184일에 해당함(1년은 365일로 계산할 것)
* 차입금액 중 100,000,000원을 차입일부터 일시투자하여 연 5%의 투자수익이 발생함.

2. 공사관련 내용
- 도원2공장 신축관련공사로 공사기간은 20x1.8.1.~20x2.9.30.이며, 준공예정일은 20x2.9.30.이다.
- 신축공사관련 차입금에 대한 이자비용으로 17,643,835원, 일시이자수익은 2,520,547원을 손익계산서에 계상함.

[2] 당기 대손금 및 대손충당금 관련 자료는 다음과 같다. 당기 대손충당금 및 대손금조정명세서를 작성하고 세부담이 최소화 되도록 세무조정을 하시오.(단, 기존자료는 무시하고 다음의 자료만을 이용할 것)(6점)

1. 당기 대손충당금 변동내역은 다음과 같다.
   전기이월액에는 전기 대손충당금 한도초과액 5,000,000원이 포함되어 있다.

대손충당금

외상매출금 상계액	5,000,000원	전기이월액	20,000,000원
받을어음 상계액	5,000,000원	당기설정액	10,000,000원
차기이월액	20,000,000원		
	30,000,000원		30,000,000원

2. 당기 대손발생내역은 다음과 같고, 모두 대손충당금과 상계처리하였다.
   1) 3월 30일: 외상매출금 중 채무자가 연락되지 않아 회수가 불가능한 금액 5,000,000원을 대손처리 하였다.
   2) 5월 6일: 매출거래처가 부도처리되어 부도일부터 6개월이 지난 부도어음 5,000,000원을 대손처리 하였다.

3. 당기 대손충당금 설정대상 채권 내역은 다음과 같다.
   1) 외상매출금 250,000,000원   2) 받을어음   200,000,000원

4. 대손실적률은 2%로 가정한다.

[3] 입력된 자료는 무시하고 다음의 자료만을 이용하여 [법인세과세표준및세액조정계산서]와 [최저한세 조정명세서]를 작성하시오.(단, 분납을 최대한 적용받기로 한다.)(6점)

- 결산서상 당기순이익 : 200,150,000원
- 익금산입액 : 28,150,000원
- 손금산입액 : 10,320,000원
- 기부금한도초과액 : 3,180,000원
- 이월결손금 : 35,000,000원(2008년 귀속분: 10,000,000원, 2020년 귀속분: 25,000,000원)
- 통합투자세액공제 : 7,000,000원(최저한세 적용 대상)
- 가산세액 : 1,500,000원
- 원천납부세액 : 1,400,000원

[4] 다음 자료를 참조하여 「수입배당금액명세서」에 내용을 추가하여 작성을 완료하고 필요한 세무조정을 하시오.(6점)

1. 배당금 수취 현항

일자	회사명	사업자등록번호	대표자	소재지	배당액
20x1.04.10.	㈜한다	106-85-32321	김서울	서울시 영등포구 국제금융로 8	5,000,000원
20x1.04.30.	㈜간다	108-86-00273	이인천	서울시 마포구 마포대로 3	750,000원

2. ㈜한다 주식내역

발행주식총수	당사보유내역	지분율	비고
60,000주	60,000주	100%	– 일반법인 – 2018.10.15. 100% 지분 취득 – 취득일 이후 지분변동 없음

3. ㈜간다 주식내역

발행주식총수	당사보유내역	지분율	비고
1,000,000주	5,000주	0.5%	– 주권상장법인 – 2019.03.15. 0.5% 지분 취득 – 취득일 이후 지분변동 없음

4. 기타내역
 – 당사는 유동화전문회사 및 지주회사가 아니다.
 – 당사는 지급이자가 없는 것으로 가정한다.
 – 이에 따라 익금불산입 배제금액은 없다.

[5] 다음의 자료를 이용하여 [임대보증금등의 간주익금조정명세서]를 작성하고 세무조정을 하시오.(단, 기존에 입력된 데이터는 무시하고 제시된 자료로 계산하며, 이 문제에 한정해서 부동산임대업을 주업으로 하는 영리내국법인으로서 차입금이 자기 자본의 2배를 초과하는 법인으로 가정한다)(6점)

1.임대보증금의 내역

구분	금액	임대면적	비고
전기이월	600,000,000원	20,000㎡	
4월 30일 보증금 감소	200,000,000원	6,000㎡	퇴실 면적 계산시 이용
6월 1일 보증금 증가	300,000,000원	6,000㎡	입실 면적 계산시 이용
기말잔액	700,000,000원	20,000㎡	

2. 건설비상당액은 전기 말 400,000,000원으로 건물의 총 연면적은 20,000㎡이다.
3. 손익계산서상 이자수익 13,500,000원 중 임대보증금 운용수입은 2,800,000원이다.(1년 만기 정기예금이자율은 1.2%로 가정함)

제97회 전산세무1급 답안 및 해설

■ 이 론

1	2	3	4	5	6	7	8	9	10	11	12	13	14	15
①	④	①	②	②	②	①	④	②	①	②	③	③	③	②

01. **정상적인 영업주기 내에 판매되거나 사용되는 재고자산과 회수되는 매출채권** 등은 보고기간종료일로부터 **1년 이내에 실현되지 않더라도 유동자산으로 분류**한다. 이 경우 유동자산으로 분류한 금액 중 **1년 이내에 실현되지 않을 금액을 주석으로 기재**한다.

02. 금융자산을 양도한 후 양도인이 양도자산에 대한 권리를 행사할 수 있는 경우 해당 금융자산을 담보로 한 차입거래로 본다.

03. 정부보조 등에 유형자산을 무상, 공정가치보다 **낮은 대가로 취득하는 경우 취득원가는 취득일의 공정가치**로 한다.

04. 사채발행가액 = $(2,000,000 \times 0.7938) + (200,000 \times 2.5771) = 2,103,020$원

사채할증발행차금 = 2,103,020(발행가액) - 2,000,000(액면가액,①) = 103,020원(②)

연도	유효이자(A) (BV×8%)	액면이자(B) (액면가액×10%)	할증발행차금 (A-B)	장부금액 (BV)
20x1. 1. 1				2,103,020
20x1.12.31	168,241	200,000	31,759(③)	2,071,261
20x2.12.31	165,700	200,000	34,299(④)	2,036,962

05. 기업이 주주에게 순자산을 반환하지 않고 주식의 액면금액을 감소시키거나 주식수를 감소시키는 경우에는 감소되는 액면금액 또는 감소되는 주식수에 해당하는 액면금액을 감자차익으로 하여 자본잉여금으로 회계처리한다.

06. 예정조업도(제품A) = 300개 × 4시간 = 1,200시간

예정조업도(제품B) = 400개 × 5시간 = 2,000시간

예정배부율(제조부문1) = 예정간접원가(992,000) ÷ 예정조업도(3,200시간) = 310원/직접노동시간

07. **재고가 존재할 경우 배부방법에 따라 총이익이 달라진다.**

08. 결합원가를 순실현가치법에 따라 배분할 때 순실현가치란 개별제품의 최종판매가격에서 분리점 이후의 추가적인 가공원가와 판매비와 관리비를 차감한 후의 금액을 말한다.

09.

	〈1단계〉 물량흐름파악(선입선출법)		〈2단계〉 완성품환산량 계산	
	재공품		재료비	가공비
	완성품	1,300		
	−기초재공품	**550(60%)**		330
	−당기투입분	750(100%)		750
	기말재공품	600(x%)		**120**
	계	1,900		**1,200**

〈3단계〉 원가요약(당기투입원가)　　　　　　　　　　12,000,000

　　　　　　　　　　　　　　　　　　　　　　　　　1,200개

〈4단계〉 완성품환산량당 단위원가　　　　　　　　= @10,000

X = 120개/600개 = 20%

10.

AQ	AP	SQ	SP
100,000kg	300원/kg	9,000단위×12kg=108,000kg	320원/kg
30,000,000		34,560,000	

AQ × AP(Ⓐ)	AQ × SP(Ⓑ)	SQ × SP(ⓒ)
30,000,000	100,000kg × **320원/kg** =32,000,000	**34,560,000**

가격차이(Ⓐ − Ⓑ)　　　　　　수량차이(Ⓑ − ⓒ)

=△2,000,000(유리)　　　　= △2,560,000원(유리)

11. ① 임원이 부담할 기업업무추진비는 기업업무추진비로 보지 않고 개인사용경비로 본다.

　③ 정당한 사유가 있는 경우에는 대손금으로 보나 그 이외는 기업업무추진비 또는 기부금으로 본다.

　④ **중소기업의 기업업무추진비 기본한도액은 연간 3,600만원**이다.

12. 추계로 과세표준을 결정·경정할 때 대표자 상여처분에 따라 발생한 소득세를 법인이 대납하고 이를 손비로 계상한 경우 기타사외유출로 소득처분한다.

13. 저당권의 목적으로 부동산 및 부동산상의 권리를 제공하는 경우에는 재화의 공급으로 보지 아니한다.

14. **간이과세자에 대한 면세농산물 등 의제매입세액공제 적용을 배제**한다.

15. 종교관련 종사자에 대한 필요경비는 별도 산식에 의한다.

실 무

문제 1 전표입력

문항	일자	유형	공급가액	부가세	거래처	전자세금
[1]	3/14	16.수출(1)	49,450,000	0	NICE	부
분개유형		(차) 외상매출금		49,450,000 (대) 제품매출		49,450,000
외상						

☞수출시 과세표준 = $43,000×1,150 = 49,450,000원

문항	일자	유형	공급가액	부가세	거래처	전자세금
[2]	3/30	54.불공(6)	30,000,000	3,000,000	㈜백두물산	여
분개유형		(차) 토지		33,000,000 (대) 미지급금		33,000,000
혼합						

[3]　(차)　보통예금　　　　　　　　8,000,000　(대)　배당금수익　　　　　　　　8,000,000

☞기업회계기준상 회사가 수령한 현금배당은 배당수익으로 인식하지만 주식배당은 배당수익으로 계상하지 아니하며 회사가 보유한 주식의 수량만 증가시키는 회계처리를 한다.

문항	일자	유형	공급가액	부가세	거래처	전자세금
[4]	12/15	11.과세	100,000,000	10,000,000	㈜전동	여
분개유형		(차) 보통예금		55,000,000 (대) 제품매출		100,000,000
혼합		당좌예금		55,000,000	부가세예수금	10,000,000

☞공급자인 ㈜홍도산업이 공급받는자인 ㈜전동에게 임가공용역을 제공한 것이 아니므로 영세율대상이 아니다.

문제 2 부가가치세

[1] 공제받지못할매입세액명세서(10~12월)

공제받지못할매입세액내역	공통매입세액안분계산내역	공통매입세액의정산내역	납부세액또는환급세액재계산

매입세액 불공제 사유	세금계산서		
	매수	공급가액	매입세액
①필요적 기재사항 누락 등			
②사업과 직접 관련 없는 지출	1	3,500,000	350,000
③비영업용 소형승용자동차 구입·유지 및 임차			
④접대비 및 이와 유사한 비용 관련	1	5,000,000	500,000
⑤면세사업등 관련			
⑥토지의 자본적 지출 관련	1	1,000,000	100,000
⑦사업자등록 전 매입세액			
⑧금·구리 스크랩 거래계좌 미사용 관련 매입세액			

☞1,000CC이하 경차, 9인승 이상 승합차는 매입세액공제대상임.

[2] 의제매입세액공제신고서(4~6월)

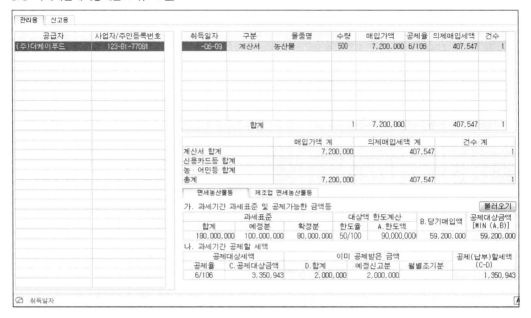

☞음식점업을 영위시 적격증빙을 수취해야 의제매입세액공제를 적용받을 수 있다.

[3] 대손세액공제신고서(4~6월)

대손확정일	대손금액	공제율	대손세액	거래처		대손사유
20×1-04-25	7,700,000	10/110	700,000	미래상사	6	소멸시효완성
20×1-04-09	2,200,000	10/110	200,000	오늘무역	5	부도(6개월경과)
20×1-06-15	5,500,000	10/110	500,000	내일식품	1	파산
20×1-03-15	-5,500,000	10/110	-500,000	(주)태양	7	대손채권회수
합 계	9,900,000		900,000			

☞장래교역 받을어음은 부도발생일부터 6개월이 지나지 않아 대손세액공제를 받을 수 없다. 2기확정 신고서 적용된다.
☞㈜오늘무역의 어음은 부도발생일(20x0.10.08)로부터 6월이 되는 날의 다음날이므로 20x1.04.09이 대손확정일이 된다.

문제 3 결산

[1] [수동결산]

(차)	부가세예수금	45,600,000	(대)	부가세예수금	32,300,000
	세금과공과(판)	100,000		미수금	1,200,000
	또는 잡손실			미지급세금	12,200,000

[2] [수동결산]

(차)	장기차입금(㈜와플)	1,200,000	(대)	외화환산이익	1,200,000
	외화환산손실	2,800,000		장기대여금(㈜세무)	2,800,000

☞환산손익(부채) = $12,000×△100(1,110-1,210) = △1,200,000원(이익)
   환산손익(자산) = $28,000×△100(1,110-1,210) = △ 2,800,000원(손실)

[3] [수동/자동결산]

(차)	대손상각비(판)	700,000	(대)	대손충당금(외상)	550,000
				대손충당금(받을)	150,000

또는 [결산자료입력] 메뉴의 판매비와 일반관리비의 대손상각 외상매출금란에 550,000원 입력, 판매비와 일반관리비의 대손상각 받을어음란에 150,000원 입력 후 F3 전표추가를 클릭한다.

* 당기 대손추산액(연령분석법)
  ① 외상매출금: 5,000,000×5% + 10,000,000×10% + 2,000,000×15% = 1,550,000원
  ② 미수금: 3,000,000×10% = 300,000원
  ③ 받을어음: 1,000,000×15% = 150,000원

	대손추산액	설정전대손충당금	당기대손상각비
외상매출금	1,550,000	1,000,000	550,000
미수금	300,000	300,000	0
받을어음	150,000	0	150,000
계			700,000

[4] [수동결산]

(차)	임차료(판관비)	15,000,000	(대)	선급비용(㈜대영산업)	15,000,000

☞ 1개월치 창고 임차료 = 26,250,000원(선급비용)÷21개월 = 1,250,000원/월
   20x1년 임차료(당기비용) = 1,250,000원×12개월 = 15,000,000원

문제 4 원천징수

[1] 연말정산(마세욱)

1. 부양가족명세

관계	요 건		기본 공제	추가(자녀)	판 단
	연령	소득			
본인(세대주)	–	–	○		
배우자	–	○	○		
부(71)	○	○	○	경로	사망일 전일로 판단
모(67)	○	×	부		소득금액 1백만원 초과자
자1(13)	○	○	○	장애(1), 자녀	
자2(4)	○	○	○		

2. 소득명세

근무 처명	사업자 등록번호	급여	상여	보험료 명세				세액명세		근무 기간
				건강 보험	장기 요양	국민 연금	고용 보험	소득세	지방 소득세	
㈜상강	110-86 -32502	24,500,000	4,000,000	1,034,550	119,180	1,282,500	228,000	603,300	60,330	1.1~7.31

☞기납부세액란은 종전근무지 결정세액을 입력해야 한다.

3. 월세,주택임차 탭

임대인명 (상호)	주민등록번호 (사업자번호)	유형	계약 면적(㎡)	임대차계약서 상 주소지	계약서상 임대차 계약기간		연간 월세액	공제대상금액	세액공제금액
					개시일	~ 종료일			
나주인	470404-2133121	아파트	82.00	서울 강남구 도산대로 120,	20×0-06-01	~ 20×2-05-31	12,000,000	7,500,000	750,000

4. 연말정산입력 탭

과 목	명 세	금 액	비 고
보 험 료	본인의 자동차 보험료	300,000원	보장성 보험 일반에 입력
	자1 장애인전용보장성보험료	1,000,000원	보장성 보험 장애인에 입력
의 료 비	마연우 의료비	2,040,000원	의료비 장애인에 입력
교 육 비	마연우 초등학교 수업료	300,000원	초중고에 300,000원 입력

부양가족	의료비	월세액	연말정산입력
보험료 교육비	해당 사항을 입력 후 최종적으로 연말정산 입력 탭에서 F8부양가족탭불러오기를 클릭하여 입력된 데이터를 불러와서 최종 확인한다.		

[2] 이자배당소득

1. 기타소득자 등록

① 101.(주)더케이   ② 102.연예인

2. 이자배당 소득자료입력

① 101.(주)더케이(이자소득, 지급년월일 4월 15일)

1.소득자 구분/실명						실명	
2.개인/법인구분	2.법인						
3.지급(영수)일자	20×1 년 04 월 15 일						
4.귀속년월	20×1 년 04 월						
5.은행 및 계좌번호			계좌번호		예금주		
6.금융상품명							
7.유가증권코드							
8.과세구분							
9.조세특례등							
10.세액감면 및 제한세율근거							
11.변동자료구분	0 처음제출되는 자료						

➡ 지급및계산내역							
채권이자 구분	이자지급대상기간	이자율	금액	세율 (%)	세액	지방소득세	농특세
	----`--`--`----`--`--		12,000,000	25	3,000,000	300,000	

② 102.연예인(배당소득, 지급년월일 4월 30일)

1.소득자 구분/실명	111 내국인주민등록번호			실명	
2.개인/법인구분	1.개인				
3.지급(영수)일자	20×1 년 04 월 30 일				
4.귀속년월	20×1 년 04 월				
5.은행 및 계좌번호		계좌번호		예금주	
6.금융상품명					
7.유가증권코드					
8.과세구분	242 (구)위에 해당하지 않는 배당소득				
9.조세특례등					
10.세액감면 및 제한세율근거					
11.변동자료구분	0 처음제출되는 자료				

➡ 지급및계산내역							
채권이자 구분	이자지급대상기간	이자율	금액	세율 (%)	세액	지방소득세	농특세
	----`--`--`----`--`--		15,000,000	14	2,100,000	210,000	

☞배당소득의 귀속연월(잉여금처분결의일)이 2월이므로 귀속연월을 2월로 입력한 것도 정답으로 인용

문제 5 세무조정

[1] 건설자금이자 조정명세서

1. 특정차입금 건설자금이자 계산 명세

	⑥건설 자산명	⑥대출 기관명	⑦차입일	⑧차입금액	⑨이자율	⑩지급이자 (일시이자수익차감)	⑪준공일 (또는 예정일)	⑫대상일수 (공사일수)	⑬대상금액 (건설이자)
1	도원2공장신축	교동은행	20×1-07-01	1,000,000,000	3.500	15,123,288	20×2-09-30	153	12,575,342

☞⑩ 지급이자(일시이자수익차감) = 17,643,835 - 2,520,547 = 15,123,288원
 ⑬ 건설이자 = 15,123,288÷184일×153일 = 12,575,342원

2. 건설자금이자계산조정

3 1. 건설자금이자계산 조정				
구 분	① 건설자금이자	② 회사계상액	③ 상각대상자산분	④ 차감조정액(①-②-③)
건설완료자산분				
건설중인자산분	12,575,342			12,575,342
계	12,575,342			12,575,342

3. 세무조정 : (손금불산입) 건설자금이자 12,575,342원 (유보)

[2] 대손충당금 및 대손금 조정명세서

1. 대손금조정

1 2. 대손금조정												크게보기
No	22. 일자	23.계정 과목	24.채권 내역	25.대손 사유	26.금액	대손충당금상계액			당기 손비계상액			
						27.계	28.시인액	29.부인액	30.계	31.시인액	32.부인액	
1	03.30	외상매출금	1.매출채권	채무자 연락두절	5,000,000	5,000,000		5,000,000				
2	05.06	받을어음	1.매출채권	5.부도(6개월경과	5,000,000	5,000,000	4,999,000	1,000				
			계		10,000,000	10,000,000	4,999,000	5,001,000				

☞채무자의 연락두절은 대손사유가 아니고, **어음은 비망가액 1,000원을 남겨두어야 한다.**
☞어음의 계정과목을 부도어음과수표 계정으로 제시되었는데, 잘못된 답안이고 받을어음으로 입력해야 한다.

2. 채권잔액

2 채권잔액							크게보기
No	16.계정 과목	17.채권잔액의 장부가액	18.기말현재대손금부인누계		19.합계 (17+18)	20.충당금설정제외채권 (할인,배서,특수채권)	21.채 권 잔 액 (19-20)
			전기	당기			
1	외상매출금	250,000,000		5,000,000	255,000,000		255,000,000
2	받을어음	200,000,000		1,000	200,001,000		200,001,000
3							
	계	450,000,000		5,001,000	455,001,000		455,001,000

3. 대손충당금 조정

3 1.대손충당금조정								
손금 산입액 조정	1.채권잔액 (21의금액)	2.설정률(%)			3.한도액 (1×2)	회사계상액		7.한도초과액 (6-3)
		○기본율 ●실적율 ○적립기준				4.당기계상액	5.보충액	6.계	
	455,001,000	1		2	9,100,020	10,000,000	10,000,000	20,000,000	10,899,980
익금 산입액 조정	8.장부상 충당금기초잔액	9.기중 충당금환입액	10.충당금부인 누계액	11.당기대손금 상계액(27의금액)	12.충당금보충액 (충당금장부잔액)	13.환입할금액 (8-9-10-11-12)	14.회사환입액 (회사기말환입)	15.과소환입·과다 환입(△)(13-14)
	20,000,000		5,000,000	10,000,000	10,000,000	-5,000,000		-5,000,000

4. 세무조정

〈손금불산입〉 대손금부인액	5,000,000원	(유보발생)
〈손금불산입〉 대손금부인액	1,000원	(유보발생)
〈익금불산입〉 전기 대손충당금 한도초과액	5,000,000원	(유보감소)
〈손금불산입〉 대손충당금 한도초과액	10,899,980원	(유보발생)

[3] 세액조정계산서 및 최저한세 조정명세서

> 1.세액조정계산서(산출세액) → 2.최저한세 → 3.세액조정계산서(최종)

1. 법인세과세표준 및 세액조정계산서(산출세액 계산)

① 각 사 업 연 도 소 득 계 산	101. 결 산 서 상 당 기 순 손 익		01	200,150,000
	소 득 조 정 금 액	102. 익 금 산 입	02	28,150,000
		103. 손 금 산 입	03	10,320,000
	104. 차 가 감 소 득 금 액 (101+102-103)		04	217,980,000
	105. 기 부 금 한 도 초 과 액		05	3,180,000
	106. 기 부 금 한 도 초 과 이월액 손금산입		54	
	107. 각 사 업 연 도 소 득 금 액 (104+105-106)		06	221,160,000
② 과 세 표 준 계 산	108. 각 사 업 연 도 소 득 금 액 (108=107)			221,160,000
	109. 이 월 결 손 금		07	25,000,000
	110. 비 과 세 소 득		08	
	111. 소 득 공 제		09	
	112. 과 세 표 준 (108-109-110-111)		10	196,160,000
	159. 선 박 표 준 이 익		55	
③ 산 출	113. 과 세 표 준 (113=112+159)		56	196,160,000
	114. 세 율		11	9%
	115. 산 출 세 액		12	17,654,400

☞ 2008년 이월결손금 공제기한(5년) 경과

2. 최저한세조정계산서

① 구분		코드	② 감면후세액	③ 최저한세	④ 조정감	⑤ 조정후세액
(101) 결 산 서 상 당 기 순 이 익		01	200,150,000			
소득조정금액	(102) 익 금 산 입	02	28,150,000			
	(103) 손 금 산 입	03	10,320,000			
(104) 조 정 후 소 득 금 액 (101+102-103)		04	217,980,000	217,980,000		217,980,000
최저한세적용대상 특 별 비 용	(105) 준 비 금	05				
	(106) 특별상각, 특례상각	06				
(107) 특별비용손금산입전소득금액(104+105+106)		07	217,980,000	217,980,000		217,980,000
(108) 기 부 금 한 도 초 과 액		08	3,180,000	3,180,000		3,180,000
(109) 기부금 한도초과 이월액 손 금 산 입		09				
(110) 각 사 업 년 도 소 득 금 액 (107+108-109)		10	221,160,000	221,160,000		221,160,000
(111) 이 월 결 손 금		11	25,000,000	25,000,000		25,000,000
(112) 비 과 세 소 득		12				
(113) 최저한세적용대상 비 과 세 소 득		13				
(114) 최저한세적용대상 익금불산입 · 손금산입		14				
(115) 차가감 소 득 금 액 (110-111-112+113+114)		15	196,160,000	196,160,000		196,160,000
(116) 소 득 공 제		16				
(117) 최저한세적용대상 소 득 공 제		17				
(118) 과 세 표 준 금 액 (115-116+117)		18	196,160,000	196,160,000		196,160,000
(119) 선 박 표 준 이 익		24				
(120) 과 세 표 준 금 액 (118+119)		25	196,160,000	196,160,000		196,160,000
(121) 세 율		19	9 %	7 %		9 %
(122) 산 출 세 액		20	17,654,400	13,731,200		17,654,400
(123) 감 면 세 액		21				
(124) 세 액 공 제		22	7,000,000		3,076,800	3,923,200
(125) 차 감 세 액 (122-123-124)		23	10,654,400	13,731,200		13,731,200

3. 법인세과세표준 및 세액조정계산서

① 각사업연도소득계산	101. 결 산 서 상 당 기 순 손 익	01	200,150,000
	소득조정 102.익 금 산 입	02	28,150,000
	금 액 103.손 금 산 입	03	10,320,000
	104. 차 가 감 소 득 금 액 (101+102-103)	04	217,980,000
	105. 기 부 금 한 도 초 과 액	05	3,180,000
	106. 기 부 금 한 도 초 과 이월액 손금산입	54	
	107. 각 사 업 연 도 소 득 금 액 (104+105-106)	06	221,160,000
② 과세표준계산	108. 각 사 업 연 도 소 득 금 액 (108=107)		221,160,000
	109. 이 월 결 손 금	07	25,000,000
	110. 비 과 세 소 득	08	
	111. 소 득 공 제	09	
	112. 과 세 표 준 (108-109-110-111)	10	196,160,000
	159. 선 박 표 준 이 익	55	
③ 산출세액계산	113. 과 세 표 준 (113=112+159)	56	196,160,000
	114. 세 율	11	9%
	115. 산 출 세 액	12	17,654,400
	116. 지 점 유 보 소 득 (법 제96조)	13	
	117. 세 율	14	
	118. 산 출 세 액	15	
	119. 합 계 (115+118)	16	17,654,400

④ 납부할세액계산	120. 산 출 세 액 (120=119)		17,654,400
	121. 최 저 한 세 적 용 대 상 공 제 감 면 세 액	17	3,923,200
	122. 차 감 세 액	18	13,731,200
	123. 최 저 한 세 적 용 제 외 공 제 감 면 세 액	19	
	124. 가 산 세 액	20	1,500,000
	125. 가 감 계 (122-123+124)	21	15,231,200
기납부세액	126. 중 간 예 납 세 액	22	
	127. 수 시 부 과 세 액	23	
	128. 원 천 납 부 세 액	24	1,400,000
	129. 간접 회사등 외국 납부세액	25	
	130. 소 계 (126+127+128+129)	26	1,400,000
	131. 신 고 납 부 전 가 산 세 액	27	
	132. 합 계 (130+131)	28	1,400,000
	133. 감 면 분 추 가 납 부 세 액	29	
	134. 차 가 감 납 부 할 세 액 (125-132+133)	30	13,831,200

⑤토지등 양도소득, ⑥미환류소득 법인세 계산 (TAB로 이동)

⑦세액계	151. 차 가 감 납 부 할 세 액 계 (134+150)	46	13,831,200
	152. 사 실 과 다 른 회계 처리 경정 세액공제	57	2,331,200
	153. 분 납 세 액 계 산 범 위 액 (151-124-133+145-152+131)	47	10,000,000
분납할세액	154. 현 금 납 부	48	
	155. 물 납	49	
	156. 계 (154+155)	50	
차감납부세액	157. 현 금 납 부	51	11,500,000
	158. 물 납	52	
	160. 계 (157+158) [160=(151-152-156)]	53	11,500,000

☞ 최저한세 적용대상 공제감면세액(통합투자세액공제) = 7,000,000 – 3,076,800 = 3,923,200원

[4] 수입배당금액명세서

1. 출자법인현황(2.일반법인)

1 1.지주회사 또는 출자법인 현황					
1.법인명	2.구분	3.사업자등록번호	4.소재지	5.대표자성명	6.업태 + 종목
(주)선유물산	2.일반법인	409-81-60674	서울특별시 영등포구 선유로 343 (당산동)	김홍도	제조,도매,건설 금속제품외,도급

2. 배당금지급법인 현황

2 2.자회사 또는 배당금 지급법인 현황							
No	7.법인명	8.구분	9.사업자등록번호	10.소재지	11.대표자	12.발행주식총수	13.지분율(%)
1	(주)한다	2.기타법인	106-85-32321	서울시 영등포구 국제금융로 8	김서울	60,000	100.00
2	(주)간다	1.주권,코스닥상장	108-86-00273	서울시 마포구 마포대로 3	이인천	1,000,000	0.50

3. 수입배당금 및 익금불산입 금액 명세

3 3.수입배당금 및 익금불산입 금액 명세				18.지급이자관련익금불산입배제금액					
No	14.자회사 또는 배당금 지급 법인명	15.배당금액	16.익금불산입비율(%)	17.익금불산입대상금액(15*16)	지급이자	16.비율(%)	익금불산입 적용대상 자회사 주식의 장부가액	지주회사(출자법인)의 자산총액	18.배제금액	19.익금불산입액(17-18)
1	(주)한다	5,000,000	100.00	5,000,000		100.00				5,000,000
2	(주)간다	750,000	30.00	225,000		30.00				225,000
3										

☞익금불산입비율 법인 구분없이 지분율에 따라 익금불산입률 규정

지분율	익금불산입율
50%이상	100%
30%이상 50%미만	80%
30%미만	30%

4 세무조정

〈익금불산입〉 수입배당금((주)한다)   5,000,000원 (기타)

〈익금불산입〉 수입배당금((주)간다)   225,000원 (기타)

[5] 임대보증금등의 간주익금 조정명세서

1. [2. 임대보증금등의 적수계산]

2.임대보증금등의 적수계산						이전화면	
No	⑧일 자	⑨적 요	⑩임대보증금누계			⑪일 수	⑫적 수 (⑩X⑪)
			입금액	반환액	잔액누계		
1	01 01	전기이월	600,000,000		600,000,000	120	72,000,000,000
2	04 30	반환		200,000,000	400,000,000	32	12,800,000,000
3	06 01	입금	300,000,000		700,000,000	214	149,800,000,000

2. [3. 건설비 상당액 적수계산]

3.건설비 상당액 적수계산				
가.건설비의 안분계산	⑬건설비 총액적수 ((20)의 합계)	⑭임대면적 적수 ((24)의 합계)	⑮건물연면적 적수 ((28)의 합계)	(16)건설비상당액적수 ((⑬X⑭)/⑮)
	146,400,000,000	7,128,000	7,320,000	142,560,000,000

나.임대면적등적수계산 : (17)건설비 총액적수					
No	⑧일 자	건설비 총액	(18)건설비총액 누계	(19)일 수	(20)적 수 ((18)X(19))
1	01 01	400,000,000	400,000,000	366	146,400,000,000
2					
	계			366	146,400,000,000

나.임대면적등적수계산 : (21)건물임대면적 적수(공유면적 포함)					
No	⑧일 자	입실면적	퇴실면적	(22)임대면적 누계	(23)일 수	(24)적 수 ((22)X(23))
2	04 30		6,000.00	14,000	32	448,000
3	06 01	6,000.00		20,000	214	4,280,000
	계				366	7,128,000

나.임대면적등적수계산 : (25)건물연면적 적수(지하층 포함)				
No	⑧일 자	건물연면적 총계	(26)건물연면적 누계	(27)일 수	(28)적 수 ((26)X(27))
1	01 01	20,000.00	20,000	366	7,320,000
	계		20,000	366	7,320,000

3. [4. 임대보증금등의 운용수입금액 명세서]

4.임대보증금등의 운용수입금액 명세서					
No	(29)과 목	(30)계 정 금 액	(31)보증금운용수입금액	(32)기타수입금액	(33)비 고
1	이자수익	13,500,000	2,800,000	10,700,000	

4. [1.임대보증금의 간주익금 조정] 및 소득금액조정합계표 작성(정기예금 이자율 2.9% 가정)

1.임대보증금등의 간주익금 조정						보증금적수계산 일수 수정
①임대보증금등 적 수	②건설비상당액 적 수	③보증금잔액 {(①-②)/366}	④이자율 (%)	⑤(③X④) 익금상당액	⑥보증금운용 수 입	⑦(⑤-⑥) 익금산입금액
234,600,000,000	142,560,000,000	251,475,409	2.9	7,292,786	2,800,000	4,492,786

5. 세무조정 〈익금산입〉 임대보증금간주익금 4,492,786원 (기타사외유출)

제96회 전산세무 1급

합격율	시험년월
9%	2021.06

이 론

01. 다음 중 일반기업회계기준상 재무상태표의 기본구조에 대한 설명으로 가장 옳지 않은 것은?

① 자산과 부채는 유동성이 낮은 항목부터 배열하는 것을 원칙으로 한다.

② 자산은 유동자산과 비유동자산으로 구분한다. 유동자산은 당좌자산과 재고자산으로 구분하고, 비유동자산은 투자자산, 유형자산, 무형자산, 기타비유동자산으로 구분한다.

③ 자본은 자본금, 자본잉여금, 자본조정, 기타포괄손익누계액 및 이익잉여금(또는 결손금)으로 구분한다.

④ 부채는 유동부채와 비유동부채로 구분한다.

02. 다음 중 재고자산의 분류와 공시에 대한 설명으로 가장 옳지 않은 것은?

① 재고자산은 총액으로 보고하거나 상품, 제품, 재공품, 원재료 및 소모품 등으로 분류하여 재무상태표에 표시한다.

② 재고자산을 총액으로 보고한 경우 그 내용을 재무제표의 주석으로 기재한다.

③ 선입선출법을 사용하여 재고자산의 원가를 결정한 경우에는 재무상태표가액과, 후입선출법 또는 평균법에 저가법을 적용하여 계산한 재고자산평가액과의 차이를 주석으로 기재한다.

④ 재고자산의 원가결정방법은 재무제표의 주석으로 기재한다.

03. 다음은 ㈜충현의 신축건물 건설과 관련한 내역이다. 당사의 결산일은 12월 31일이다. 20x0년도 공사대금평균지출액(공사기간 20x0.4.1.~20x1.5.31.)은 350,000원이며, 특정차입금은 720,000원(차입기간 20x0.4.1.~20x1.5.31., 연이자율 10%)이다. 20x0년도에 일반차입금의 자본화대상 차입원가는 얼마인가?(이자비용은 월할상각한다.)

일반차입금종류	차입금액	차입기간	연이자율
대한은행	300,000원	전전기.7.1.~20x0.12.31.	8%
신라은행	200,000원	20x0.1.1.~20x0.12.31.	10%

① 0원　　　② 46,500원　　　③ 45,756원　　　④ 48,258원

04. 장부의 오류 중 재무상태표와 손익계산서 오류는 자동조정오류와 비자동조정오류로 구분된다. 다음 중 자동조정오류가 아닌 것은?

① 미지급비용 오류

② 투자부동산 오류

③ 선수수익 오류

④ 재고자산 오류

05. 다음 중 우발부채와 충당부채에 대한 설명으로 가장 옳지 않은 것은?

① 우발부채는 의무를 이행하기 위하여 자원이 유출될 가능성이 아주 낮지 않는 한 부채로 인식한다.

② 충당부채는 과거사건이나 거래의 결과에 의한 현재의무로서, 지출의 시기 또는 금액이 불확실하지만 그 의무를 이행하기 위하여 자원이 유출될 가능성이 매우 높고 또한 당해 금액을 신뢰성 있게 추정할 수 있는 의무를 말한다.

③ 충당부채의 명목금액과 현재가치의 차이가 중요한 경우에는 의무를 이행하기 위하여 예상되는 지출액의 현재가치로 평가한다.

④ 충당부채로 인식하기 위해서는 현재의무가 존재하여야 할 뿐만 아니라 그 의무의 이행을 위한 자원의 유출 가능성이 매우 높아야 한다.

06. 다음 중 원가계산방법에 대한 설명으로 가장 옳지 않은 것은?

① 표준원가계산제도에서 변동제조간접비 배부차이는 소비차이와 능률차이가 있다.

② 종합원가계산은 동종, 대량제품생산, 개별원가계산은 이종, 소량생산에 적용된다.

③ 종합원가계산제도에서는 공손은 통제가능요인으로 품질, 규격이 표준에 미치지 못하는 불합격품이며 이에 대하여 정상공손은 제조원가에 가산하고 비정상공손은 영업외비용으로 처리한다.

④ 정상원가계산, 표준원가계산의 공통점은 직접재료비, 직접노무비를 제외한 제조간접비배부율을 정하여 실제 발생한 배부기준량에 따라 배부하는 것이다.

07. ㈜세무의 제조공장에는 두 개의 보조부문과 두 개의 제조부문이 있다. 각 부문의 용역수수관계와 제조간접비가 다음과 같을 때 단계배부법(전력부부터 배부)에 따라 보조부문원가를 제조부문에 배부한 후 침대에 집계되는 제조원가는 얼마인가?

제공 / 사용	보조부문		제조부문		합계
	전력부	절단부	책상	침대	
전력부(%)	–	10%	40%	50%	100%
절단부(%)	50%	–	20%	30%	100%
발생원가(원)	500,000원	400,000원	600,000원	800,000원	2,300,000원

① 1,230,000원 ② 1,290,000원 ③ 1,320,000원 ④ 1,350,000원

08. 다음 중 개별원가계산의 특징이 아닌 것은?

① 다품종을 주문에 의해 생산하거나 동종제품을 일정간격을 두고 비반복적으로 생산하는 업종에 적합하다.

② 개별원가계산은 제조간접비의 배부가 필요하므로 변동원가계산제도를 채택할 수 없다.

③ 조선업에서 사용하기 적당하며, 작업원가표를 사용하면 편리하다.

④ 제조간접원가는 작업별로 추적할 수 없어 배부율을 계산하여 사용한다.

09. 다음 중 공손품에 대한 설명으로 올바른 것은?

> 가. 공손품이란 품질 및 규격이 표준에 미달하는 불합격품을 말한다.
> 나. 정상공손은 작업자의 부주의, 생산계획의 미비 등의 이유로 발생한다.
> 다. 비정상공손은 생산과정에서 불가피하게 발생하는 공손을 말한다.
> 라. 비정상공손에 투입된 원가는 영업외비용으로 처리한다.

① 가, 나, 다, 라   ② 가, 나, 다   ③ 가, 라   ④ 가

10. ㈜예인은 기계시간에 비례하여 제조간접비를 예정배부하고 있다. 다음의 자료를 이용하여 제조간접비 배부차이를 구하시오.

> • 제조간접비예산 : 1,500,000원   • 제조간접비 실제발생액 : 1,200,000원
> • 예산조업도 : 100,000기계시간   • 실제조업도 : 90,000기계시간

① 150,000원 과대배부   ② 300,000원 과대배부
③ 150,000원 과소배부   ④ 300,000원 과소배부

11. 다음 중 법인세법상 손익귀속사업연도에 대한 설명으로 가장 옳지 않은 것은?

① 매출할인을 하는 경우 해당금액은 상대방과의 약정에 의한 경우에는 지급기일이 속하는 사업연도의 매출액에서 차감한다.

② 장기할부조건으로는 월부, 연부에 따라 2회이상 분할하여 수입하고 인도일부터 최종 할부금의 지급기일까지의 기간이 1년 이상인 것을 말한다.

③ 용역제공에 따른 손익귀속은 원칙적으로 진행기준을 적용하나, 예외적으로 중소기업의 계약기간 1년 미만의 건설 등의 경우에는 인도기준을 적용할 수 있는 특례규정이 있다.

④ 결산확정시 이미 경과한 기간에 대응하는 이자 등(법인세가 원천징수되는 이자 등은 제외)을 해당 사업연도의 수익으로 계상한 경우에는 계상한 연도의 익금으로 한다.

12. 다음 중 법인세법상 신고 및 납부에 대한 설명으로 가장 옳지 않은 것은?

① 내국법인이 납부할 세액이 1천만원을 초과하는 경우에는 일정 기한 내에 분납할 수 있다.

② 영리내국법인이 법인세 신고 시 「법인세 과세표준 및 세액신고서」를 첨부하지 않은 경우에는 무신고에 해당한다.

③ 성실신고확인서를 제출한 내국법인의 법인세 신고기한은 각 사업연도 종료일이 속하는 달의 말일부터 4개월 이내이다.

④ 내국법인이 토지수용으로 인해 발생하는 소득에 대한 법인세를 금전으로 납부하기 곤란한 경우에는 물납할 수 있다.

13. 다음 중 소득세법상 공동사업에 대한 설명으로 가장 옳지 않은 것은?

① 사업소득이 발생하는 공동사업의 경우 공동사업장을 1거주자로 보아 소득금액을 계산한다.

② 공동사업에서 발생한 소득금액은 공동사업자의 손익분배비율에 따라 배분한다.

③ 거주자 1인과 특수관계인이 공동사업자에 포함되어 있는 경우로서 조세회피 목적으로 공동사업을 영위하는 경우에는 해당 특수관계인의 소득금액은 주된 공동사업자의 소득금액으로 본다.

④ 공동사업장의 기업업무추진비 및 기부금의 한도액은 각각의 공동사업자를 1거주자로 보아 적용한다.

14. 복식부기의무자인 개인사업자 김선미씨의 손익계산서상 비용항목에는 아래의 비용이 포함되어 있다. 이 중 소득세법상 사업소득의 필요경비 불산입에 해당하는 것은 몇 개인가?

(가) 대표자 급여	(나) 건강보험료(직장가입자인 대표자 해당분)
(다) 소득세와 개인지방소득세	(라) 벌금 · 과료 · 과태료

① 1개   ② 2개   ③ 3개   ④ 4개

15. 다음 중 부가가치세법상 세금계산서 발급에 관한 설명으로 가장 옳지 않은 것은?

① 전자세금계산서 의무발급 개인사업자가 전자세금계산서를 발급하여야 하는 기간은 사업장별 재화 및 용역의 공급가액의 합계액이 0.8억원 이상(2023년)인 해의 다음 해 제2기 과세기간과 그 다음 해 제1기 과세기간으로 한다.

② 법인사업자가 계약의 해제로 수정세금계산서를 발급해야하는 경우 그 작성일자는 계약의 해제일이다.

③ 도매업을 영위하는 법인사업자가 재화를 판매하고 우선적으로 신용카드매출전표 등을 발급하는 경우 세금계산서를 발급하지 않아야 한다.

④ 개인사업자가 공급시기가 되기 전에 재화 또는 용역에 대한 대가의 전부 또는 일부를 받고, 그 받은 대가에 대하여 세금계산서를 발급하는 것은 올바른 세금계산서 발급이 아니다.

실 무

㈜금강물산(0960)은 제조·도소매업을 영위하는 중소기업이며, 당기 회계기간은 20x1.1.1. ~ 20x1. 12.31.이다. 전산세무회계 수험용 프로그램을 이용하여 다음 물음에 답하시오.

<u>문제 1</u> 다음 거래에 대하여 적절한 회계처리를 하시오.(12점)

[1] 6월 24일 당사는 3월 5일에 1주당(보통주) 9,000원에 취득한 자기주식 100주(액면가액 5,000원)를 소각하고 기업회계기준에 의해 회계처리하였다.(단, 본 거래이외에는 자본상 감자차손익은 없음)(3점)

[2] 7월 12일 당사는 프린터를 ㈜쌍용에게 납품하기로 하고 대금은 현금으로 받았고 다음과 같이 선발행 세금계산서를 발급하였다. 실제 납품은 20x1년 8월 20일에 발생할 것으로 예상된다.(3점)

전자세금계산서(공급자 보관용)							승인번호		2020712222525410	
공급자	등록번호	107-87-12341				공급받는자	등록번호		203-85-10254	
	상호	㈜금강물산	성 명 (대표자)	조지훈			상호	㈜쌍용	성 명 (대표자)	김인천
	사업장 주소	세종특별자치시 금남면 가동길 2-3					사업장 주소	인천 남구 주안1동 203		
	업태	제조 도소매		종사업장번호			업 태	도소매업		종사업장번호
	종목	자동차부품외					종목	전자제품		
비고		선발행 세금계산서				수정사유				
작성 일자		20x1.07.12.			공급 가액	6,000,000원		세액	600,000원	
월	일	품 목	규 격	수 량	단 가	공 급 가 액		세 액	비 고	
7	12	프린터		30	200,000원	6,000,000원		600,000원		
합 계 금 액	현 금	수 표	어 음	외 상 미 수 금		이 금액을	영수 청구	함		
6,600,000원	6,600,000원									

[3] 9월 9일 명진상사로부터 기계장치(부품 제작용)를 납품을 받고, 아래와 같은 세금계산서를 발급받았다. 아래의 비고란을 확인하고 적절한 회계처리를 하시오.(다만, 명진상사에게 지급하지 못한 금액은 미지급금 계정을 사용할 것)(3점)

전자세금계산서(공급받는자 보관용)						승인번호		20210909-3026712-00001234	
공급자	사업자등록번호	265-08-95129	종사업장번호		**공급받는자**	사업자등록번호	107-87-12341	종사업장번호	
	상호(법인명)	명진상사	성명(대표자)	류현진		상호(법인명)	㈜금강물산	성명(대표자)	조지훈
	사업장주소	인천광역시 부평구 신트리로 10				사업장주소	세종특별자치시 금남면 가동길 2-3		
	업태	제조, 서비스	종목	기계		업태	제조,도소매	종목	자동차부품외
	이메일					이메일			
비고					수정사유				
작성일자	20x1.9.9				공급가액	20,000,000원	세액	2,000,000원	

월	일	품 목	규격	수량	단 가	공 급 가 액	세 액	비 고
9	9	부품 제작 기계장치		1		20,000,000원	2,000,000원	8월 1일에 계약금 5,000,000원 있음

합 계 금 액	현 금	수 표	어 음	외 상 미 수 금	이 금액을 **청구** 함
22,000,000원	5,000,000원		5,000,000원	7,000,000원	

[4] 11월 15일 ㈜삼원공업으로부터 9월 4일에 대손처리 하였던 3,200,000원을 보통예금으로 입금을 받았다. 참고로 9월 4일 매출처 ㈜삼원공업의 부도로 외상매출금 잔액 3,200,000원이 회수 불가능하여 회계처리(대손처리)를 올바르게 하였다. 9월 4일 현재 대손충당금 잔액은 1,200,000원이다.(단, 금액을 음수(-)로 입력하지 말 것)(3점)

문제 2 다음 주어진 요구사항에 따라 부가가치세 신고서 및 부속서류를 작성 하시오.(10점)

[1] 당사는 제1기 부가가치세 예정신고를 기한내에 하지 못하여 5월 1일에 기한후신고를 하고자한다. 입력된 데이터는 무시하고 다음 자료에 의하여 부가가치세 기한후신고서(신고구분은 정기신고를 선택할 것)를 작성하시오.(단, 과세표준명세 작성과 회계처리는 생략할 것)(6점)

> 1. 매출 관련 자료
> • 매출 관련 자료는 모두 부가가치세가 포함된 금액이며, 영세율 매출 및 면세 매출은 없음.
> • 전자세금계산서 발급금액 : 550,000,000원
> • 신용카드 발급금액 : 3,300,000원(전자세금계산서 발급금액 1,100,000원 포함)
> • 현금영수증 발급금액 : 2,200,000원
> • 20x1년 2월 15일에 소멸시효가 완성된 매출채권금액 : 1,650,000원

2. 매입 관련 자료
- 전자세금계산서 수취한 일반매입액 : 공급가액 350,000,000원, 세액 35,000,000원
- 신용카드 일반매입액 : 공급가액 21,000,000원, 세액 2,100,000원
- 매입세액불공제분(위의 일반매입액에 포함되어 있음)
  - 전자세금계산서 수취분 : 공급가액 5,000,000원, 세액 500,000원
  - 신용카드 수취분 : 공급가액 1,000,000원, 세액 100,000원

3. 기타 자료
- 매출·매입에 대한 전자세금계산서는 적법하게 발급되었음.
- 가산세는 일반무신고가산세를 적용하며, 납부지연가산세 계산시 미납일수는 5일, 1일 2.2/10,000로 가정한다.

[2] 당사는 수출용 원자재를 ㈜삼진에게 공급하고 구매확인서를 받았다. 다음의 구매확인서를 참조하여 1기 확정 부가가치세 신고시 「내국신용장·구매확인서전자발급명세서」와 「영세율매출명세서」를 작성하고 「부가가치세신고서의 과세표준 및 매출세액」을 작성하시오.(단, 회계처리는 생략할 것)(4점)

외화획득용원료·기재구매확인서

※ 구매확인서번호 : PKT202100712222

(1) 구매자   (상호)   ㈜삼진
              (주소)   경기도 고양시 세솔로 11
              (성명)   오도난
         (사업자등록번호) 201-86-02911

(2) 공급자   (상호)   ㈜금강물산
              (주소)   세종특별자치시 금남면 가동길 2-3
              (성명)   조지훈
         (사업자등록번호) 107-87-12341

1. 구매원료의 내용

(3) HS부호	(4)품명 및 규격	(5)단위수량	(6)구매일	(7)단가	(8)금액	(9)비고
6885550000	At	100 DPR	20x1-04-30	USD 2,500	USD 250,000	
TOTAL		100 DPR			USD 250,000	

2. 세금계산서(외화획득용 원료·기재를 구매한 자가 신청하는 경우에만 기재)

(10)세금계산서번호	(11)작성일자	(12)공급가액	(13)세액	(14)품목	(15)규격	(16)수량
20210430100000084522665	20x1.04.30.	277,500,000원	0원			

(17) 구매원료·기재의 용도명세 : 원자재

위의 사항을 대외무역법 제18조에 따라 확인합니다.

확인일자   20x1년 05월 08일
확인기관   한국무역정보통신
전자서명   1208102922

문제 3 다음의 결산정리사항에 대하여 결산정리분개를 하거나 입력을 하여 결산을 완료하시오.(8점)

[1] 당사는 1월 1일에 영업부서 임직원에 대한 퇴직연금을 확정급여형(DB)으로 50,000,000원을 보통예금으로 납입하여 운영한 결과, 이자 200,000원이 발생하였다. 이에 대해 12월 31일 결산시 회계처리를 하시오.(2점)

[2] 결산일 현재 보관 중인 소모품은 577,000원이다. 회사는 당기 소모품 취득시 모두 비용으로 회계처리하였고, 전기말 재무상태표상 소모품(자산) 잔액은 150,000원이다.(단, 비용은 판관비로 처리하고, 음수로 입력하지 말 것)(2점)

[3] 전기말 무형자산 명세서를 참조하여 당해 결산시 회계처리를 하시오.(2점)

• 전기말(20x0년 12월 31일) 무형자산 명세서					
NO	취득일자	무형자산내역	장부가액	내용연수	비고
1	전기.07.01.	특허권	19,000,000원	10년	
2	전전기.01.01.	개발비	30,000,000원	5년	

• 추가사항
  – 20x1년 결산일 현재 개발비에 대한 연구는 실패가 확실할 것으로 판단된다.

[4] 다음 자료를 참고하여, 기말재고자산의 장부가액을 [결산자료입력]메뉴에 입력하시오.(결산일은 12월 31일임)(2점)

• 원재료 : 20,000,000원[*1]　　　• 재공품 : 15,000,000원　　　• 제품 : 10,000,000원[*2]

　*1) 원재료 장부가액 내역
　　 – 창고내 원재료 실사가액 10,000,000원
　　 – FOB도착지인도조건으로 운송중인 원재료 4,000,000원
　　 – FOB선적지인도조건으로 운송중인 원재료 6,000,000원

　*2) 제품 장부가액 내역
　　 제품 장부가액에는 위탁판매로 수탁자가 12월 31일 현재 보관하고 있는 제품(장부가액 1,500,000원)
　　 이 포함되어 있다.(해당 제품은 결산일 현재 판매되지 않음)

[1] 당사는 20x1년 03월 22일 저명한 학자 Tomy Jason(코드 : 1)을 국내로 초빙하여 임직원을 위한 강의를 개최하였다. 강의 당일 강의료 $3,300를 바로 해외송금(기준환율 : $1,110)하였으며, 미국과의 조세조약을 살펴보니 강의료가 $3,000가 넘으면 국내에서 지방세 포함하여 22%를 원천징수해야 한다고 한다. [기타소득자등록]과 [기타소득자자료입력]을 입력하시오. (단, 인적사항 등록시 거주구분은 비거주자, 소득구분은 인적용역, 내국인여부는 외국인·미국거주로 하고, 나머지는 생략할 것)(2점)

[2] 다음 자료는 20x1년 5월 15일 퇴사한 영업부 윤미래(사번:201, 주민등록번호 800302-2025718)에 관한 자료이다. 자료를 이용하여 [사원등록]의 내용수정 및 [퇴직소득자료입력]을 입력하고, [퇴직소득원천징수영수증] 및 [원천징수이행상황신고서]를 작성하시오.(5점)

• 입사일 : 2015년 12월 1일	• 퇴사일 : 20x1년 5월 15일
• 이월여부 : 부	• 퇴직금 : 25,941,000원(전액 과세)
• 퇴직사유 : 자발적 퇴직	• 퇴직금 지급일 : 20x1년 05월 31일

[3] 다음은 당사의 3월 급여명세의 일부 자료이다. 다음의 자료를 이용하여 [급여자료 입력] 및 지급월별[원천징수이행상황신고서]를 작성하시오.(3점)

1. 3월 급여명세

사번	성명	지급일	급여내역		공제내역	
			기본급	식대	소득세	지방소득세
301	김우리	20x1.03.31.	3,000,000원	100,000원	84,850원	8,480원
302	박하늘	20x1.04.10.	2,500,000원	100,000원	41,630원	4,160원

2. 기타
• 식대외에 별도의 식사를 제공받지 않는다.
• 4대보험 입력은 생략한다.

문제 5 화담전자㈜(0961)은 전자부품을 생산하고 제조 · 도매업을 영위하는 중소기업이며, 당해 사업연도는 20x1.1.1.~20x1.12.31.이다. 법인세무조정메뉴를 이용하여 재무회계 기장자료와 제시된 보충자료에 의하여 당해 사업연도의 세무조정을 하시오.(30점) ※ 회사선택 시 유의하시오.

[1] 다음의 자료는 20x1년 1월 1일부터 12월 31일까지의 원천징수와 관련한 자료이다. 주어진 자료를 이용하여 원천납부세액명세서(갑) 표를 작성하시오.(단, 지방세 납세지는 기재하지 말 것)(6점)

<table>
<tr><td colspan="6" align="center">원천징수내역</td></tr>
<tr><td colspan="6" align="right">(단위 : 원)</td></tr>
<tr><td align="center">적요</td><td align="center">원천징수
대상금액</td><td align="center">원천징수일</td><td align="center">원천징수세율</td><td align="center">원천징수의무자</td><td align="center">사업자등록번호</td></tr>
<tr><td>정기예금이자</td><td>1,000,000</td><td>6.30</td><td>14%</td><td>㈜한들은행</td><td>110-81-12345</td></tr>
<tr><td>보통예금이자</td><td>2,000,000</td><td>12.31</td><td>14%</td><td>㈜두리은행</td><td>210-81-12345</td></tr>
<tr><td>저축성보험차익[*1]</td><td>10,000,000</td><td>8.31</td><td>14%</td><td>㈜신흥해상보험</td><td>123-81-25808</td></tr>
</table>

*1) 저축성보험차익은 만기보험금이 납입보험료를 초과한 금액으로 2017년 9월 30일에 가입하였으며 만기는 20x2년 9월 30일에 도래하나, 회사사정상 당해연도 8월 31일에 해지하였다. 보험계약기간 중 저축성보험관련 배당금 및 기타 유사한 금액은 지급되지 않았다.

[2] 다음의 퇴직연금관련 자료에 따라 [퇴직연금부담금등조정명세서]를 작성하고 세무조정사항이 있는 경우 [소득금액조정합계표]에 반영하시오.(6점)

1. 퇴직연금운용자산 계정내역은 다음과 같다.

<table>
<tr><td colspan="4" align="center">퇴직연금운용자산</td></tr>
<tr><td>기초잔액</td><td align="right">100,000,000원</td><td>당기감소액</td><td align="right">30,000,000원</td></tr>
<tr><td>당기납입액</td><td align="right">50,000,000원</td><td>기말잔액</td><td align="right">120,000,000원</td></tr>
<tr><td></td><td align="right">150,000,000원</td><td></td><td align="right">150,000,000원</td></tr>
</table>

2. 전기 자본금과 적립금 조정명세서(을)에는 퇴직연금운용자산 100,000,000원(△유보)이 있다.
3. 당기 퇴사자에 대하여 퇴직금 40,000,000원 중 30,000,000원은 퇴직연금에서 지급하고 나머지 금액은 당사 보통예금 계좌에서 이체하여 지급하였으며, 회계처리는 다음과 같다.
   (차) 퇴직급여 40,000,000원   (대) 퇴직연금운용자산   30,000,000원
   보통예금   10,000,000원
4. 당기말 현재 퇴직급여추계액은 130,000,000원이다.

[3] 다음의 자료를 이용하여 「외화자산등평가차손익조정명세서(갑,을)」를 작성하고 필요한 세무조정을 하시오.(6점)

1. 외화부채내역

구분	발생일자	외화종류	외화금액	20x0년말 매매기준율	20x1년말 매매기준율
외화장기차입금	20x0. 7. 1.	USD	$20,000	$1 = 1,200원	$1 = 1,300원

2. 20x0년 자본금과 적립금 조정명세서(을)

과목	기초잔액	감소	증가	기말
외화장기차입금			−1,000,000원	−1,000,000원

3. 기타

- 화폐성 외화부채는 위의 자료뿐이고, 상환은 없다.
- 발생시 적용환율은 회사와 법인세법상 차이가 없다.
- 회사는 전년도 법인세 신고시 기말 매매기준율등으로 평가하는 방법으로 화폐성외화자산등평가방법신고서를 작성하여 적법하게 제출하였다.
- 20x0년 결산 회계처리시 $1=1,150원을 적용하여 외화부채를 평가하고 장부에 반영하였다.
- 20x1년 결산 회계처리시 $1=1,200원을 적용하여 외화부채를 평가하고 장부에 반영하였다.

[4] 당사의 기업부설연구소(2018년 2월 1일 설립)는 여러 연구원을 두고 기술개발을 위한 연구활동을 하고 있다. 이에 따라 관련 연구원 인건비에 대해 세액공제를 받고자 한다. 다음 자료를 참조하여 [일반연구및 인력개발비명세서] 중 「1. 발생명세 및 증가발생액계산」, 「2. 공제세액」을 작성한 후, [세액공제조정명세서(3)] 중 「3. 당기공제 및 이월계산」을 작성하시오. (6점)

1. 기업부설연구소 연구개발인력 현황 신고서 중 일부

연구원 현황										
⑤ 구분	⑥ 일련 번호	⑦ 직위	⑧ 성명	⑨ 생년월일	⑩ 소속 부서	⑪ 최종학교	⑫ 최종학위	⑬ 병적 사항	⑭ 발령일	⑮ 신규편입 여부
연구 소장	1	소장	나소장	19721103	연구소	서운대	박사	병역필	20180201	전입
전담 요원	2	선임 연구원	이대단	19820301	연구소	연센대	석사	병역필	20180201	전입
전담 요원	3	연구원	박최고	19861202	연구소	고령대	학사	병역필	20190102	전입

2. 기업부설연구소 급여지급 내역(이익처분에 따른 성과급 미포함)

직위	성명	급여액	비고
연구소장	나소장	105,000,000원	당사 주식 15% 소유한 등기상 이사 겸 지배주주
전담요원	이대단	85,000,000원	주주임원 아님
전담요원	박최고	36,000,000원	주주임원 아님

3. 기타

- 당사는 중소기업에 해당함
- 기업부설연구소 인건비만 경상연구개발비(제조)로 처리함
- 기업부설연구소 연구는 연구·인력개발비에 대한 세액공제(최저한세 적용 제외) 대상이며, 일반연구개발비에 해당함(신성장·원천기술 연구개발비는 아님)
- 당기발생액 기준으로만 세액공제액을 계산함
- 당기 법인세 산출세액은 20,250,000원이며, 공제받지 못한 세액공제는 이월공제함
- 연구인력개발비 세액공제 외 다른 공제와 감면은 없다고 가정함

[5] 다음 자료는 당기 보험료 내역이다. [선급비용명세서] 탭을 작성하고, 보험료와 선급비용에 대하여 세무조정하시오.(단, 기존에 입력된 데이터는 무시하고 제시된 자료로 계산하고, 세무조정은 각 건별로 할 것) (6점)

---

1. 보험료 내역(보험료는 전액 일시납임.)

(1) 건물(판매부서) 화재보험 내역

보험사	납입액	보험기간	비고
삼송화재	2,400,000원	20x1.03.01. ~ 20x2.02.29.	보험료(판)로 처리함.

(2) 자동차(판매부서) 보험 내역

보험사	납입액	보험기간	비고
국민화재	1,800,000원	20x1.05.01. ~ 20x2.04.30.	장부에 선급비용 500,000원 계상

(3) 공장(생산부서) 화재보험 내역

보험사	납입액	보험기간	비고
환하화재	3,000,000원	20x1.07.01. ~ 20x2.06.30.	장부에 선급비용 1,800,000원 계상

2. 20x0년 자본금과 적립금 조정명세서(을)(전기에 (2), (3)과 관련된 선급비용 내역)

과목	기초잔액	감소	증가	기말
선급비용			1,300,000원	1,300,000원

※ 전기분 선급비용 1,300,000원은 당기에 손금 귀속시기가 도래하였다.

제96회 전산세무1급 답안 및 해설

이 론

1	2	3	4	5	6	7	8	9	10	11	12	13	14	15
①	③	①	②	①	③④	③	②	③	①	②	④	④	③	④

01. 자산과 부채는 유동성이 높은 항목부터 배열하는 것을 원칙으로 한다.

02. **후입선출법을 사용**하여 재고자산의 원가를 결정한 경우에는 **재무상태표가액과, 선입선출법 또는 평균법에 저가법을 적용하여 계산한 재고자산평가액과의 차이를 주석으로 기재**한다.

03. 공사대금(전년도)연평균지출액 = 350,000원

특정차입금(전년도)연평균지출액 = 720,000 × 9개월/12개월 = 540,000원

특정차입금연평균지출액이 공사대금연평균지출액보다 크므로 일반차입금 자본화대상차입원가를 계상할 필요가 없다.

04. 자동조정오류는 회계오류가 발생한 다음 회계연도의 장부가 마감된 경우 회계오류가 자동적으로 상계되어 오류수정분개가 필요없는 오류를 말하며 투자부동산 오류는 투자부동산이 판매될 때까지 오류가 상계되지 않는다.

05. **우발부채는 부채로 인식하지 아니한다.** 의무를 이행하기 위하여 자원이 유출될 가능성이 아주 낮지 않는 한, **우발부채를 주석에 기재**한다.

06. 표준원가는 직접재료비, 직접노무비, 제조간접비 모두를 배부기준량으로 배부한다.
정상공손은 통제가 불가능하고 비정상공손은 통제가 가능한 공손이다.

07. 단계배분법(전력부 부터 먼저 배부)

	보조부문		제조부문	
	전력부	절단부	책상	침대
배분전 원가	500,000	400,000	600,000	800,000
전력부(10% : 40% : 50%)	(500,000)	50,000	200,000	250,000
절단부(0 : 20% : 30%)	–	(450,000)	180,000	270,000
보조부문 배부 원가			980,000	**1,320,000**

08. 개별원가계산과 변동원가계산은 함께 적용가능하다.

09. 정상공손은 생산과정에서 불가피하게 발생하는 공손을 말하고, **비정상공손은 작업자의 부주의, 생산계획의 미비 등의 이유로 발생한 공손**을 말한다.

10. 예정배부율 = 1,500,000원/100,000시간 = 15원/기계시간

예정배부액 = 15원×90,000시간(실제조업도) = 1,350,000원

배부차이 = 예정배부(1,350,000) – 실제발생액(1,200,000) = 150,000원 과대배부

11. 장기할부는 **인도일의 다음날부터 최종할부금의 지급기일까지의 기간이 1년이상**인 것을 말한다.

12. 법인세법은 물납규정이 없다.

13. 공동사업장의 기업업무추진비 및 기부금의 한도액은 그 **공동사업장을 1거주자로 보아 한도액을 계산**한다.

14. 직장가입자인 대표자의 건강보험료는 필요경비 산입에 해당한다.

15. 사업자가 공급시기가 되기 전에 재화 또는 용역에 대한 대가의 전부 또는 일부를 받고, 그 받은 대가에 대하여 세금계산서를 발급하면 그 세금계산서 등을 발급하는 때를 각각 그 재화 또는 용역의 공급시기로 본다.

실 무

문제 1 전표입력

[1]

(차) 자본금	500,000	(대) 자기주식	900,000
감자차손	400,000		

문항	일자	유형	공급가액	부가세	거래처	전자세금
[2]	7/12	11.과세	6,000,000	600,000	㈜쌍용	여
분개유형	(차) 현금		6,600,000	(대) 선수금		6,000,000
혼합(현금)				부가세예수금		600,000

문항	일자	유형	공급가액	부가세	거래처	전자세금
[3]	9/9	51.과세	20,000,000	2,000,000	명진상사	여
분개유형	(차) 기계장치		20,000,000	(대) 현금		5,000,000
혼합	부가세대급금		2,000,000	미지급금		12,000,000
				선급금		5,000,000

[4]

(차) 보통예금	3,200,000	(대) 대손충당금(외상)	3,200,000

또는

(차) 보통예금	3,200,000	(대) 대손충당금(외상)	1,200,000
		대손상각비	2,000,000

☞ 대손처리한 대손금의 회수는 대손충당금의 증가로 회계처리해도 기말결산분개시 보충법에 따라 대손상각비 설정금액이 적게 되므로 같은 결과가 나타남.

문제 2 부가가치세

[1] 부가가치세 기한후신고서(1~3월)

1. 과세표준 및 매출세액

구분			정기신고금액		
			금액	세율	세액
과세표준및매출세액	과세	세금계산서발급분	1	500,000,000	10/100	50,000,000
		매입자발행세금계산서	2		10/100	
		신용카드·현금영수증발행분	3	4,000,000	10/100	400,000
		기타(정규영수증외매출분)	4			
	영세	세금계산서발급분	5		0/100	
		기타	6		0/100	
	예정신고누락분		7			
	대손세액가감		8			
	합계		9	504,000,000	㉒	50,400,000

☞ 소멸시효완성매출채권금액은 확정신고시 대손세액공제가 가능하다.

2. 매입세액

매입세액	세금계산서수취분	일반매입	10	350,000,000		35,000,000
		수출기업수입분납부유예	10			
		고정자산매입	11			
	예정신고누락분		12			
	매입자발행세금계산서		13			
	그 밖의 공제매입세액		14	20,000,000		2,000,000
	합계(10)-(10-1)+(11)+(12)+(13)+(14)		15	370,000,000		37,000,000
	공제받지못할매입세액		16	5,000,000		500,000
	차감계 (15-16)		17	365,000,000	㉖	36,500,000
납부(환급)세액(매출세액㉒-매입세액㉖)					㉗	13,900,000

- 공제받지못할 매입세액 : 금액 5,000,000원, 세액 500,000원

- 그 밖의 공제매입세액 : 일반매입 금액 20,000,000원 세액 2,000,000원

3. 가산세

1. 신고불성실	13,900,000원 × 20% × (1-50%) = 1,390,000원
	* 1개월 이내 기한신고시 50% 감면
2. 납부지연	13,900,000원 × 5일 ×2.2(가정)/10,000 = 15,290원
계	1,405,290원

4. 납부할 세액 15,305,290원

[2] 부가가치세 신고서(4~6월)외

1. 내국신용장 구매확인서전자발급명세서(4~6월)

☞ **2. 내국신용장·구매확인서에 의한 공급실적 합계**

구분	건수	금액(원)	비고
(9)합계(10+11)	1	277,500,000	
(10)내국신용장			
(11)구매확인서	1	277,500,000	

[참고] 내국신용장 또는 구매확인서에 의한 영세율 첨부서류 방법 변경(영 제64조 제3항 제1의3호)
▶ 전자무역기반시설을 통하여 개설되거나 발급된 경우 내국신용장·구매확인서 전자발급명세서를 제출하고 이 외의 경우 내국신용장 사본을 제출함
⇒ 2011.7.1 이후 최초로 개설되거나 발급되는 내국신용장 또는 구매확인서부터 적용

☞ **3. 내국신용장·구매확인서에 의한 공급실적 명세서**

(12)번호	(13)구분	(14)서류번호	(15)발급일	거래처정보		(17)금액	전표일자	(18)비고
				거래처명	(16)공급받는자의 사업자등록번호			
1	구매확인서	PKT20210071222	20×1-05-08	(주)삼진	201-86-02911	277,500,000		

2. 영세율매출명세서(4~6월)

(7)구분	(8)조문	(9)내용	(10)금액(원)
부가가치세법			
조세특례제한법			
	제21조	직접수출(대행수출 포함)	
		중계무역·위탁판매·외국인도 또는 위탁가공무역 방식의 수출	
		내국신용장·구매확인서에 의하여 공급하는 재화	277,500,000
		한국국제협력단 및 한국국제보건의료재단에 공급하는 해외반출용 재화	

3. 부가가치세신고서(4~6월)

구분				정기신고금액		
				금액	세율	세액
과세표준및매출	과세	세금계산서발급분	1		10/100	
		매입자발행세금계산서	2		10/100	
		신용카드·현금영수증발행분	3			
		기타(정규영수증외매출분)	4		10/100	
	영세	세금계산서발급분	5	277,500,000	0/100	
		기타	6		0/100	

문제 3 결산

[1] 〈수동결산〉

(차) 퇴직연금운용자산	200,000	(대) 퇴직연금운용수익(이자수익)	200,000

[2] 〈수동결산〉

(차) 소모품	427,000	(대) 소모품비(판)	427,000

☞ 소모품(자산) = 577,000(기말잔액) – 150,000(전기말잔액) = 427,000원

[3] 〈수동결산〉

(차) 무형자산상각비(특허권)	2,000,000	(대) 특허권	2,000,000
무형자산상각비(개발비)	10,000,000	개발비	10,000,000
무형자산손상차손	20,000,000	개발비	20,000,000

☞ 특허권 취득가액 = 19,000,000 × 10년/9.5년 = 20,000,000원
상각비 = 20,000,000(취득가액) ÷ 10년(내용연수) = 19,000,000(장부가액) ÷ 9.5년(잔여내용연수)
= 2,000,000원/년

☞ 개발비 취득가액 = 30,000,000 × 5년/3년 = 50,000,000원
상각비 = 50,000,000(취득가액) ÷ 5년(내용연수) = 30,000,000(장부가액) ÷ 잔여내용연수(3년)
= 10,000,000원/년

[4] 〈자동결산〉

기말원재료 16,000,000원, 기말재공품 15,000,000원 제품 10,000,000원(수탁자 보관 제품 포함)
을 입력하고 전표추가한다.

☞ 원재료 = 창고(10,000,000) + 선적지인도조건(6,000,000) = 16,000,000원

문제 4 원천징수

[1] 기타소득(Tomy Jason)

1. 기타소득자등록(00001. Tomy Jason)

등 록 사 항	
1.거 주 구 분	2 비거주
2.소 득 구 분	42 인적용역 연말정산적용
3.내 국 인 여 부	2 외국인 (거주지국코드 US 미국 등록번호)
4.생 년 월 일	년 월 일
5.주민 등록 번호	------ --------
6.소득자구분/실명	실명
7.개인/ 법인구분	1 개 인 필요경비율 %

2. 기타소득자자료입력(지급년월일 3월 22일)

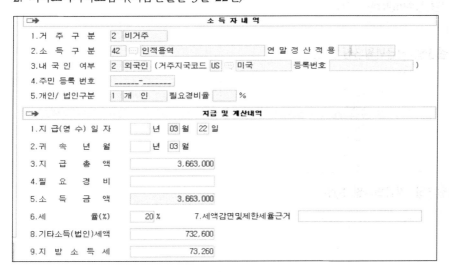

소 득 자 내 역	
1.거 주 구 분	2 비거주
2.소 득 구 분	42 인적용역 연말정산적용
3.내 국 인 여 부	2 외국인 (거주지국코드 US 미국 등록번호)
4.주민 등록 번호	------ --------
5.개인/ 법인구분	1 개 인 필요경비율 %

지 급 및 계 산 내 역	
1.지 급(영 수) 일 자	년 03 월 22 일
2.귀 속 년 월	년 03 월
3.지 급 총 액	3,663,000
4.필 요 경 비	
5.소 득 금 액	3,663,000
6.세 율(%)	20 % 7.세액감면및제한세율근거
8.기타소득(법인)세액	732,600
9.지 방 소 득 세	73,260

[2] 퇴직소득(윤미래)

1. 사원등록 : 퇴사일 20x1.05.15입력

2. 퇴직소득 자료입력(지급년월 05월, 소득자구분 : 1.근로, 영수일자 5월 31일

	중 간 지 급 등		최 종		정 산
근 무 처 명			(주)금강물산		
등록번호/퇴직사유	---.--.-----		107-87-12341	자발적 퇴직	
기 산 일/입 사 일	----/--/--	----/--/--	2015/12/01	2015/12/01	
퇴 사 일/지 급 일	----/--/--	----/--/--	20×1/05/15	20×1/05/31	
근 속 월 수			102		
제 외 월 수					
가 산 월 수					
과 세 퇴 직 급 여				25,941,000	25,941,000
비 과 세 퇴직급여					
세 액 공 제					

☞ 소득세 등은 자동계산되어집니다.

3. 퇴직소득원천징수영수증(지급년월 5월) : **자동계산되므로 조회 후 나오시면 됩니다.**

4. 원천징수이행상황신고서(귀속기간:5월, 지급기간:5월, 1.정기신고)

		코드	소득지급		징수세액			당월조정 환급세액	납부세액	
			인원	총지급액	소득세 등	농어촌특별세	가산세		소득세 등	농어촌특별세
개 인 거 주	퇴 직 소 득	가감계 A10								
		연금계좌 A21								
		그 외 A22	1	25,941,000	656,460					
		가 감 계 A20	1	25,941,000	656,460				656,460	

☞ 소득세 등은 자동 계산되어 집니다.

[3] 급여자료 및 원천징수이행상황신고서

1. 3월 급여대장

• 김우리 : **귀속월:3월, 지급년월:3월 31일**

급여항목	금액	공제항목	금액
기본급	3,000,000	국민연금	
상여		건강보험	
직책수당		장기요양보험	
월차수당		고용보험	
식대	100,000	소득세(100%)	84,850
자가운전보조금		지방소득세	8,480
야간근로수당		농특세	

• 박하늘 : **귀속월:3월, 지급월:4월 10일**

급여항목	금액	공제항목	금액
기본급	2,500,000	국민연금	
상여		건강보험	
직책수당		장기요양보험	
월차수당		고용보험	
식대	100,000	소득세(100%)	41,630
자가운전보조금		지방소득세	4,160
야간근로수당		농특세	

2. 원천징수이행상황신고서

• 김우리 : **귀속월:3월, 지급월:3월**

• 박하늘 : **귀속월:3월, 지급월:4월**

☞ 원천징수이행상황신고서는 지급월별로 작성해야 합니다.

〈국세청 발간책자: 알기쉬운 연말정산 안내〉

> 사 례
>
> 월별납부 원천징수의무자가 2007.7월 및 2007.8월귀속 근로소득을 2007년 8월에 지급한 경우 아래와 같이 원천징수이행상황신고서를 별지로 작성·제출합니다.
> – 월별납부자

구 분	귀속연월	지급연월	제출기한
신고서 I	2007년 7월	2007년 8월	2007년 9월 10일
신고서 II	2007년 8월	2007년 8월	2007년 9월 10일

문제 5 세무조정

[1] 원천징수납세액명세서(갑)

No	1.적요 (이자발생사유)	2.원천징수의무자 구분	사업자(주민)번호	상호(성명)	3.원천징수일	4.이자·배당금액	5.세율(%)	6.법인세
1	정기예금이자	내국인	110-81-12345	(주)한돌은행	6 30	1,000,000	14.00	140,000
2	보통예금이자	내국인	210-81-12345	(주)두리은행	12 31	2,000,000	14.00	280,000
3	저축성보험차익	내국인	123-81-25808	(주)신흥해상보험	8 31	10,000,000	14.00	1,400,000

[2] 퇴직연금부담금등조정명세서

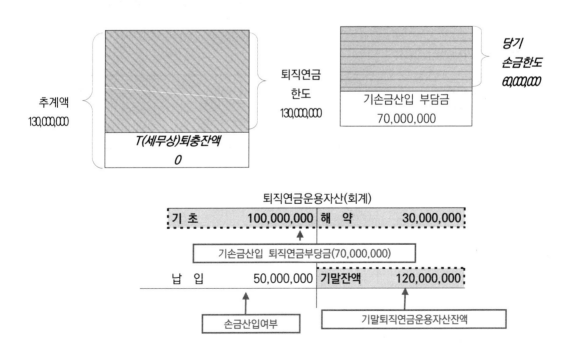

1. 기말퇴직연금예치금등의 계산

➡️ 2.이미 손금산입한 부담금 등의 계산			
① 나.기말 퇴직연금 예치금 등의 계산			
19.기초 퇴직연금예치금 등	20.기중 퇴직연금예치금 등 수령 및 해약액	21.당기 퇴직연금예치금 등의 납입액	22.퇴직연금예치금 등 계 (19 - 20 + 21)
100,000,000	30,000,000	50,000,000	120,000,000

2. 손금산입대상 부담금등 계산

② 가.손금산입대상 부담금 등 계산					
13.퇴직연금예치금 등 계 (22)	14.기초퇴직연금충당금등 및 전기말 신고조정에 의한 손금산입액	15.퇴직연금충당금등 손금부인 누계액	16.기중퇴직연금등 수령 및 해약액	17.이미 손금산입한 부담금등 (14 - 15 - 16)	18.손금산입대상 부담금 등 (13 - 17)
120,000,000	100,000,000		30,000,000	70,000,000	50,000,000

➡️ 1.퇴직연금 등의 부담금 조정					
1.퇴직급여추계액	당기말 현재 퇴직급여충당금				6.퇴직부담금 등 손금산입 누적한도액 (① - ⑤)
	2.장부상 기말잔액	3.확정기여형퇴직연금자의 설정전 기계상된 퇴직급여충당금	4.당기말 부인 누계액	5.차감액 (② - ③ - ④)	
130,000,000					130,000,000
7.이미 손금산입한 부담금 등 (17)	8.손금산입액 한도액 (⑥ - ⑦)	9.손금산입 대상 부담금 등 (18)	10.손금산입범위액 (⑧과 ⑨중 적은 금액)	11.회사 손금 계상액	12.조정금액 (⑩ - ⑪)
70,000,000	60,000,000	50,000,000	50,000,000		50,000,000

3. 소득금액조정합계표

익금산입 및 손금불산입			손금산입 및 익금불산입		
과 목	금 액	소득처분	과 목	금 액	소득처분
전기퇴직연금운용자산	30,000,000	유보감소	퇴직연금운용자산	50,000,000	유보발생

[3] 외화자산등평가차손익조정명세서

계정과목	외화금액 ($)	장부상			세무상			차이 (B-A)
		평가환율		평가손익(A)	매매기준율		평가손익(B)	
		전기말	당기말		전기	당기		
외화장기차입금	20,000	1,150	1,200	-1,000,000	1,200	1,300	-2,000,000	-1,000,000

1. 외화자산등 평가차손익조정(을)

No	②외화종류(부채)	③외화금액	④장부가액		⑦평가금액		⑩평가손익
			⑤적용환율	⑥원화금액	⑧적용환율	⑨원화금액	부 채 (⑥-⑨)
1	USD	20,000.00	1,200.0000	24,000,000	1,300.0000	26,000,000	-2,000,000
2							

2. 외화자산등 평가차손익조정(갑)

①구분	②당기손익금 해당액	③회사손익금 계상액	조정		⑥손익조정금액 (②-③)
			④차익조정(③-②)	⑤차손조정(②-③)	
가. 화폐성 외화자산.부채 평가손익	-2,000,000	-1,000,000			-1,000,000

3. 세무조정 〈손금산입〉 외화장기차입금 1,000,000원 (유보발생)

[4] 연구인력개발비 세액공제

1. 일반연구및인력개발비명세서

(1) 발생명세 및 증가발생액계산

1.발생명세 및 증가발생액계산	2.공제세액	3.연구소/전담부서 현황	4.해당연도 연구·인력개발비 발생명세

1 해당 연도의 연구 및 인력개발비 발생 명세

계정과목	자체연구개발비					
	인건비		재료비 등		기타	
	인원	(6)금액	건수	(7)금액	건수	(8)금액
1 2 경상연구개발	2	121,000,000				
합계	2	121,000,000				

계정과목	위탁 및 공동 연구개발비		(10)인력개발비	(11)맞춤형교육비용	(12)현장훈련수당 등	(13)총 계
	건수	9.금액				
1 경상연구개발						121,000,000

- 나소장에 대한 인건비(10% 초과, 주주)는 세액공제 대상이 아님

(2) 공제세액

3 공제세액						
해당 연도 총발생금액 공제	중소기업	(24)대상금액(=13) 121,000,000	(25)공제율 25%			(26)공제세액 30,250,000
	중소기업 유예기간 종료이후 5년내기업	(27)대상금액(=13)	(28)유예기간 종료연도 ----.--	(29)유예기간 종료이후년차	(30)공제율	(31)공제세액
	중견기업	(32)대상금액(=13)	(33)공제율 8%			(34)공제세액
	일반기업	(35)대상금액(=13)	공제율			(39)공제세액
			(36)기본율	(37)추가	(38)계	
증가발생금액 공제		(40)대상금액(=23)	(41)공제율 50%	(42)공제세액		※공제율 중소기업 : 50% 중견기업 : 40% 대 기업 : 25%
(43)해당연도에 공제받을 세액	중소기업(26과 42 중 선택) 중소기업 유예기간 종료이후 5년내 기업(31과 42 중 선택) 중견기업(34와 42 중 선택) 일반기업(39와 42 중 선택)			30,250,000		※ 최저한세 설정 ● 제외 ○ 대상

2. 세액공제조정명세서(3)

1.세액공제(1)	2.세액공제(2)	3.당기공제 및 이월액계산

(105)구분	(106)사업연도	요공제액		당기공제대상세액							(115)계	6)최저한세적용에 따른 미공제액	(117)기타사유로 인한 미공제액	(118)공제세액 (115-116-117)	(119)소멸	(120)이월액 (107+라118-119)
		(107)당기분	(108)이월분	(109)당기분	10)1차연	11)2차연	12)3차연	3)4차연	)5차							
연구·인력개발비세액	20×1	30,250,000		30,250,000						30,250,000		10,000,000	20,250,000		10,000,000

☞ 산출세액(20,250,000)〈세액공제(30,250,000)이므로 **기타사유로 인한 미공제세액에 10,000,000원을 입력**해야 합니다.

[5] 선급비용명세서

	계정구분	거래내용	거래처	대상기간		지급액	선급비용	회사계상액	조정대상금액
				시작일	종료일				
○	선급 보험료	건물화재보험	삼송화재	2024-03-01	2025-02-28	2,400,000	387,945		387,945
○	선급 보험료	자동차보험	국민화재	2024-05-01	2025-04-30	1,800,000	591,780	500,000	91,780
○	선급 보험료	공장화재보험	환하화재	2024-07-01	2025-06-30	3,000,000	1,487,671	1,800,000	-312,329

〈손금산입〉 선급비용 1,300,000원 (유보감소)

〈손금불산입〉 건물화재보험 387,945원 (유보발생)

〈손금불산입〉 자동차보험 91,780원 (유보발생)

〈손금산입〉 공장화재보험 312,329원 (유보발생)

제95회 전산세무 1급

합격율	시험년월
5%	2021.04

이 론

01. 다음은 ㈜신흥의 20x1년 1월 1일부터 12월 31일까지 재고자산과 관련한 자료이다. 매출원가는 얼마인가?

항 목	금액(취득원가기준)	비 고
기초재고자산	50,000원	
당기매입액	250,000원	미착상품 포함금액
기말재고자산실사액	20,000원	창고보유분
미착상품(매입)	30,000원	선적지인도조건으로 현재 운송중
적송품	50,000원	70% 판매완료
저당상품	10,000원	차입금관련 담보제공자산이며, 기말재고실사시 포함하지않음.
반품가능판매	15,000원	반품액의 합리적 추정 불가함.

① 185,000원 　　② 200,000원 　　③ 210,000원 　　④ 245,000원

02. 다음 중 유형자산의 인식요건에 해당하는 것을 모두 고른 것은?

> 가. 자산으로부터 발생하는 미래경제적효익이 기업에 유입될 가능성이 매우 높다.
> 나. 자산의 원가를 신뢰성 있게 측정할 수 있다.
> 다. 자산이 분리 가능하여야 한다.
> 라. 자산이 통제 가능하여야 한다.

① 가 　　　② 가, 나 　　　③ 가, 나, 다 　　　④ 가, 나, 다, 라

03. 다음 중 이연법인세에 대한 설명으로 옳지 않은 것은?

① 차감할 일시적 차이에 대하여 인식하는 이연법인세자산은 향후 과세소득의 발생가능성이 매우 높은 경우에 인식한다.

② 공정가치로 평가된 자산의 장부금액이 세무기준액보다 크면 이연법인세자산으로 인식하여야 한다.

③ 영업권의 상각이 과세소득을 계산할 때 손금으로 인정되지 않는 경우에는 이연법인세부채를 인식하지 않는다.

④ 자산·부채의 장부금액과 세무기준액의 차이인 일시적 차이에 대하여 원칙적으로 이연법인세를 인식하여야 한다.

04. 다음 중 자본에 대한 설명으로 가장 옳지 않은 것은?

① 자본잉여금 또는 이익잉여금을 자본금에 전입하여 기존의 주주에게 무상으로 신주를 발행하는 경우에는 주식의 액면금액을 주식의 발행금액으로 한다.

② 자본잉여금에는 주식발행초과금, 자기주식처분이익, 감자차익 등이 포함된다.

③ 매입 등을 통하여 취득하는 자기주식은 액면금액을 자기주식의 과목으로 하여 자본조정으로 회계처리한다.

④ 현물을 제공받고 주식을 발행한 경우에는 제공받은 현물의 공정가치를 주식의 발행금액으로 한다.

05. 현금흐름표에 대한 설명으로 올바른 것은?

> 가. 현금흐름표는 영업활동으로 인한 현금흐름, 투자활동으로 인한 현금흐름, 재무활동으로 인한 현금흐름으로 구분하여 표시한다.
> 나. 영업활동으로 인한 현금흐름은 현금의 대여와 회수활동, 유가증권·투자자산·유형자산 등의 취득과 처분활동 등을 말한다.
> 다. 재무활동으로 인한 현금흐름은 현금의 차입 및 상환활동, 신주발행이나 배당금의 지급활동 등과 같이 부채 및 자본계정에 영향을 미치는 거래를 말한다.
> 라. 영업활동으로 인한 현금흐름은 직접법으로만 표시한다.

① 가, 다   ② 가, 다, 라   ③ 가, 나, 다, 라   ④ 나, 라

06. 다음 중 원가에 대한 설명으로 틀린 것을 모두 고른 것은?

> ㄱ. 고정원가란 관련 범위 내에서 조업도의 증감에 따라 단위당 원가가 증감하는 원가이다.
> ㄴ. 종합원가계산은 항공기 제작업, 건설업 등에 적합한 원가계산 방식이다.
> ㄷ. 특정 제품에 직접 추적할 수 있는 원가 요소를 직접원가라고 한다.
> ㄹ. 공통원가 또는 간접원가를 배분하는 가장 이상적인 배분 기준은 수혜기준이다.

① ㄱ   ② ㄱ, ㄷ   ③ ㄹ   ④ ㄴ, ㄹ

07. 다음 자료를 참조하여 당기총제조원가를 구하면 얼마인가?

구 분	금 액
직접재료원가	250,000원
직접노무원가	? 원
제조간접원가	직접노무원가의 200%
가 공 원 가	직접재료원가의 150%

① 625,000원   ② 750,000원   ③ 375,000원   ④ 1,000,000원

08. 다음 중 보조부문의 원가배분에서 배분기준으로 적합하지 않은 것은?

① 전력부분 : 사용한 전력량   ② 수선유지부 : 면적
③ 구매부분 : 주문횟수   ④ 인사관리부 : 종업원수

09. 다음 자료를 이용하여 ㈜원일의 직접재료비의 완성품 환산량을 구하면 얼마인가?

> • 당사는 선입선출법에 의한 종합원가제도를 채택하고 있다.
> • 직접재료는 공정 초기에 40%가 투입되고, 나머지는 공정이 70% 진행된 시점에 전부 투입된다.
> • 공손은 없는 것으로 가정한다.
> • 기초재공품은 300단위이며 완성도는 90%이다.
> • 당기착수량은 6,000단위이고 완성품수량은 5,500단위이다.
> • 기말재공품의 완성도는 50%이다.

① 5,200단위   ② 5,520단위
③ 5,700단위   ④ 5,820단위

10. 표준원가계산제도를 채택하고 있는 ㈜운주의 직접노무비 관련자료는 다음과 같다. ㈜운주의 직접작업시간은 얼마인가?

• 표준임률 : 직접작업시간당 5,000원	• 실제임률 : 직접작업시간당 6,000원
• 표준직접작업시간 : 2,000시간	• 능률차이(유리) : 1,000,000원

① 1,800시간   ② 2,000시간   ③ 2,200시간   ④ 2,250시간

11. 다음은 부가가치세법상 가산세에 대한 내용으로 맞는 것은?

① 사업자가 법정신고기한까지 예정신고를 하지 않는 경우에는 일반적인 무신고는 무신고납부세액의 20%(영세율무신고시에는 영세율과세표준의 0.5%)를 적용한다.

② 사업자는 법정신고기한까지 확정신고를 한 경우로서 납부할 세액을 신고하여야할 세액보다 적게 신고한 경우에는 일반과소신고납부세액의 20%를 적용한다.

③ 간이과세자가 납부의무가 면제되는 경우에는 과소신고시 10%의 가산세를 적용한다.

④ 사업자가 법정납부기한까지 납부를 하지 않는 경우에는 미납세액에 미납기간을 적용한 금액에 3/10,000을 납부지연가산세로 적용한다.

12. 다음은 부가가치세법상 예정신고와 납부에 관한 설명이다. 빈칸에 들어갈 금액은 얼마인가?

납세지 관할 세무서장은 직전 과세기간 공급가액의 합계액이 (㉠) 미만인 법인사업자에 대해서는 각 예정신고기간마다 직전 과세기간에 대한 납부세액의 50%로 결정하여 해당 예정신고기간이 끝난 후 25일까지 징수한다. 다만, 징수하여야 할 금액이 (㉡) 미만인 경우에는 징수하지 아니한다.

① ㉠: 48,000,000원 ㉡: 200,000원   ② ㉠: 100,000,000원 ㉡: 200,000원
③ ㉠: 50,000,000원 ㉡: 300,000원   ④ ㉠: 150,000,000원 ㉡: 500,000원

13. 다음 중 법인세법상 납세의무자별 과세대상 소득의 범위에 대한 구분으로 틀린 것은?

번호	법인 구분		각사업연도 소득의 범위	토지 등 양도소득	청산소득
	내국/외국	영리/비영리			
①	내국	영리	국내외 원천의 모든 소득	과세 ○	과세 ○
②	내국	비영리	국내외 원천소득 중 일정한 수익사업에서 생기는 소득	과세 ○	과세 ○
③	외국	영리	국내 원천 소득	과세 ○	과세 ×
④	외국	비영리	국내 원천 소득 중 일정한 수익사업에서 생기는 소득	과세 ○	과세 ×

14. 법인세법상 업무무관경비에 대한 설명으로 올바른 것은?

> 가. 법인이 직접 사용하지 아니하고 타인이 주로 사용하고 있는 장소·건물·물건 등의 유지·관리비 등은 업무무관경비에 해당한다.
> 나. 법인의 대주주가 사용하는 사택에 대한 경비는 업무무관경비에 해당한다.
> 다. 법인의 임원이나 대주주가 아닌 종업원에게 제공한 사택의 임차료는 업무무관경비에 해당한다.
> 라. 법인이 종업원의 사기진작 및 복리후생 측면에서 노사합의에 의하여 콘도미니엄회원권을 취득한 후 전종업원의 복리후생 목적으로 사용하는 경우에는 업무무관자산으로 보지 않는다.

① 가, 라   ② 가, 나   ③ 가, 나, 다   ④ 가, 나, 라

15. 소득세법상 원천징수와 관련한 설명으로 틀린 것은?

① 도소매업을 영위하는 ㈜하루는 제조업을 영위하는 ㈜내일로부터 일시적으로 자금을 차입하고 이자를 지급하려 한다. 이자를 지급할 때 지급이자의 25%(지방소득세는 별도)를 원천징수해야 한다.

② 거주자인 이상해씨는 복권 및 복권기금법에 따른 복권 2억원 당첨되었다. 이 때 20%(지방소득세는 별도) 원천징수로 분리과세 된다.

③ ㈜삼진은 주주총회에서 주주들에게 총 1억원을 배당하기로 했다. 그러나 코로나로 인한 자금조달의 문제로 배당금을 지급하지 못하였다. 이 경우 배당소득세를 원천징수하지 않아도 된다.

④ 헬스장을 운영하는 개인사업자인 나건강씨는 홍보를 위해 홍보 전단을 나누어 줄 일용직을 하루 동안 고용하고 일당 10만원을 지급하였다. 이 경우 일당을 지급할 때 원천징수할 원천세는 없다.

실 무

안곡물산㈜(0950)은 제조·도소매업을 영위하는 중소기업이며, 당기 회계기간은 20x1. 1. 1. ~ 20x1. 12. 31.이다. 전산세무회계 수험용 프로그램을 이용하여 다음 물음에 답하시오.

문제 1 다음 거래에 대하여 적절한 회계처리를 하시오.(12점)

[1] 2월 15일 영업부서 이미란과장의 생일선물로 당사가 생산한 제품(시가:300,000원 원가:200,000원)을 사용하였다.(단, 시가와 원가는 부가가치세 제외금액이며, 모든 입력은 매입매출전표에서 할 것)(3점)

[2] 3월 31일 당사의 영업부서는 업무 수행을 위해서 ㈜예인렌트카로부터 승용차(3,300CC, 5인승)를 임차하고 월 이용료는 익월 10일에 통장에서 자동이체되며 전자세금계산서는 다음과 같이 발급받았다.(임차료 계정을 사용할 것)(3점)

전자세금계산서					승인번호		20210331-31000013-44346631	
공급자	사업자 등록번호	137-86-11216	종사업장 번호		공급받는자	사업자 등록번호	308-81-12340	종사업장 번호	
	상호(법인명)	㈜예인렌트카	성명(대표자)	연예인		상호(법인명)	안곡물산㈜	성명(대표자)	박세영
	사업장주소	서울 영등포구 여의도동 34				사업장주소	경기도 화성시 꽃내음4길 28-9		
	업태	자동차렌터	종목	자동차		업태	제조,도매업 외	종목	전자부품 외
	이메일					이메일			

작성일자	공급가액	세액	수정사유			
20x1-03-31	1,500,000원	150,000원	해당없음			
비고						

월	일	품 목	규격	수량	단가	공급가액	세액	비고
3	31	팬텀 렌트비				1,500,000원	150,000원	

합계금액	현금	수표	어음	외상미수금	이 금액을 청구함
1,650,000원				1,650,000원	

[3] 5월 30일 당사는 저명한 학자 스미스씨(미국거주)를 국내로 초빙하여 임직원을 위한 강의를 개최하였다. 강의 당일 강의료 $3,300에 대하여 원천징수한 후 해외로 송금하였으며 송금수수료 15,000원을 포함하여 보통예금에서 인출하였다. 미국과의 조세조약을 살펴보니 강의료가 $3,000가 넘으면 국내에서 지방세 포함하여 22%를 원천징수해야 한다고 한다. (용역비 계정을 사용하고 하나의 전표로 처리할 것, 예수금 거래처는 국세의 경우 화성세무서, 지방세의 경우 화성시청으로 처리하며, 5월 30일 기준환율은 $1당 1,110원이다.) (3점)

[4] 7월 1일 액면상 발행일이 20x1년 1월 1일인 액면가액 1,000,000원의 사채를 회사사정상 20x1년 7월 1일에 발행하였다. 액면상 발행일(1월 1일)의 발행가액은 927,880원이다. 7월 1일 현재 시장이자율은 12%이고 액면이자율은 10%이며 만기는 5년이다.(단, 이자는 월할계산하며, 단수는 절사한다.)(3점)

문제 2 다음 주어진 요구사항에 따라 부가가치세 신고서 및 부속서류를 작성 하시오.(10점)

[1] 다음의 수출신고필증 및 환율정보를 이용하여 매입매출전표입력메뉴에 입력하고 수출실적명세서를 작성 하시오.(4점)

---

1. 수출신고필증의 정보

ⓤNI-PASS

수 출 신 고 필 증

(갑지)
※ 처리기간 : 즉시

제출번호 99999-99-9999999	⑤신고번호 41757-17-050611X	⑥신고일자 20x1/03/20	⑦신고구분 일반P/L신고	⑧C/S구분 A
①신 고 자 강남 관세사				
②수출대행자 (주)예인	⑨거래구분 11 일반형태	⑩종류 A 일반수출		⑪결제방법 TT 단순송금방식
(통관고유부호) (주)예인 1-23-4-56-7	⑫목적국 US USA	⑬적재항 ICN 인천항		⑭선박회사(항공사)
수출자구분 (C)	⑮선박명(항공편명)	⑯출항예정일자		⑰적재예정보세구역
수출화주 안곡물산(주)	⑱운송형태 10 ETC			⑲검사희망일 20x1/3/21
(통관고유부호) (주)동한 1-23-4-56-7				
(주소)	⑳물품소재지			
(대표자)				
(사업자등록번호) 308-81-12340				
③제 조 자 (주)더케이	㉑L/C번호		㉒물품상태	
(통관고유부호) (주)더케이 1-23-4-56-7	㉓사전임시개청통보여부		㉔반송 사유	
제조장소 산업단지부호 999				
④구 매 자 NICE.Co.Ltd.	㉕환급신청인(1:수출/위탁자, 2:제조자) 간이환급			
(구매자부호)				

· 품명·규격 (란번호/총란수: 999/999)

㉖품 명				㉘상표명		
㉗거래품명						
㉙모델·규격			㉚성분	㉛수량	㉜단가(USD)	㉝금액(USD)
K				150(EA)	200	30,000
㉞세번부호	9999.99-9999	㉟순중량 320kg	㊱수량		㊲신고가격(FOB)	$ 28,500 ₩28,500,000
㊳송품장부호		㊴수입신고번호		㊵원산지	㊶포장갯수(종류)	
㊷수출요건확인 (발급서류명)						
㊸총중량	320kg	㊹총포장갯수		㊺총신고가격 (FOB)	$ 28,500 ₩28,500,000	
㊻운임(₩)	1,180,970	㊼보험료(₩)		㊽결제금액	CFR - USD - 30,000	
㊾수입화물 관리번호				㊿컨테이너번호		
수출요건확인 (발급서류명)						
※신고인기재란				51세관기재란		
52운송(신고)인						
53기간 부터 까지		54적재의무기한 20x1/04/30		55담당자		56신고수리일자 20x1/03/25

2. B/L에 의한 제품선적일은 20x1년 4월 2일이다.

3. 본 제품 수출거래와 관련하여 대금은 20x1년 4월 15일 전액 보통예금계좌에 입금되었다.

4. 기준환율정보는 다음과 같다.

구분	20x1.03.20.	20x1.04.02.	20x1.04.15.
환율	1$=1,100	1$=1,050	1$=1,200

[2] 당사는 과세사업과 면세사업을 겸영하는 사업자로 가정한다. 입력된 자료는 무시하고 다음 자료를 이용하여 20x1년 제1기 부가가치세 확정신고시 [공제받지못할매입세액명세서]를 작성하시오.(6점)

1. 공급가액에 관한 자료

구분	과세사업	면세사업	합계
20x0년 1~6월	400,000,000원	100,000,000원	500,000,000원
20x0년 7~12월	378,000,000원	72,000,000원	450,000,000원
20x1년 1~6월	420,000,000원	180,000,000원	600,000,000원

2. 공장용 건물(감가상각자산) 취득내역

취득일	건물		비고
	공급가액	매입세액	
20x0.1.1	200,000,000원	20,000,000원	과세, 면세 공통매입

3. 20x0년 부가가치세 신고는 세법에 따라 적절하게 신고하였다.

문제 3 다음의 결산정리사항에 대하여 결산정리분개를 하거나 입력을 하여 결산을 완료하시오.(8점)

[1] 미래은행으로부터 차입한 장기차입금 100,000,000원의 만기일이 20x2년 3월 31일 도래한다.(2점)

[2] 확정급여형퇴직연금에 가입되어 있고, 이에 대한 당월기여금 2,000,000원을 12월 1일에 보통예금계좌에서 이체하고 기업회계기준에 맞게 회계처리하였다. 결산일 현재 퇴직금추계액은 160,000,000원이고 퇴직연금운용자산 잔액은 98,000,000원, 퇴직급여충당부채 잔액은 134,000,000원일 경우 결산분개를 하시오.(단, 비용과 관련된 계정과목은 판매비와 관리비의 계정과목을 사용할 것)(2점)

[3] 당사의 제품재고는 다음과 같다. 제품과 관련한 감모손실을 [일반전표 입력]메뉴에 입력하고, [결산자료입력]메뉴에 기말제품재고액을 반영하시오.(2점)

구분	수량(개)	단가(원)	재고자산가액(원)	비고
장부상 재고	5,000	1,000	5,000,000	감모손실 중 60%는 정상감모
실사상 재고	4,750	1,000	4,750,000	이며, 40%는 비정상감모임.

[4] 다음은 당기 [법인세 과세표준 및 세액조정계산서]의 일부 내용이다. 입력된 데이터는 무시하고, 주어진 자료만 참고하여 법인세등에 대한 회계처리를 하시오.(2점)

법인세 과세표준 및 세액조정 계산서 일부 내용	납부할 세액 계산		① 산출세액		15,520,000원
			② 최저한세 적용제외 공제감면세액	19	1,500,000원
			③ 가 감 계(①-②)	21	14,020,000원
		기납부 세액	④ 중간예납세액	22	5,800,000원
			⑤ 원천납부세액	24	0원
			⑥ 합 계(④+⑤)	28	5,800,000원
			⑦ 차감납부할세액(③-⑥)	30	8,220,000원
기타	• 선납세금은 적절히 회계처리하였다. • 법인세와 관련된 지방소득세의 선납세금은 없으며, 납부할세액은 1,552,000원이다.				

문제 4 원천징수와 관련된 다음 물음에 답하시오.(10점)

[1] 다음은 국내영업관리직인 엄익창(사번 104)씨의 급여관련자료이다. 사원등록을 입력하고 사원등록상의 부양가족명세를 세부담이 최소화되도록 입력하시오.(4점)
(입력된 자료 및 주민등록번호 오류는 무시하고 다음 자료만을 이용하여 입력할 것)

관 계	성 명	비 고
본인(세대주)	엄익창(710210-1354633)	입사일 20x1.8.1
배우자	김옥경(761214-2457690)	부동산임대소득금액 3,500,000원
본인의 부	엄유석(400814-1557890)	-
본인의 모	진유선(430425-2631211)	일용근로소득금액 2,000,000원 장애인복지법상 장애인
장남	엄기수(990505-1349871)	대학생
장녀	엄지영(030214-4652148)	대학생
본인의 형	엄지철(670415-1478523)	장애인(중증환자)에 해당함.

[2] 당사는 일시적 자금난 때문에 거래처인 ㈜대박으로부터 운용자금을 차입하고 이에 대한 이자를 매달 지급하고 있다. 다음의 자료를 참조하여 이자배당소득자료 입력은 하지 않고, 20x1년 02월 귀속분 원천징수이행상황신고서(부표 포함)를 직접 작성하시오. (단, 당사는 반기별 사업장이 아니며, 다른 원천신고 사항은 무시한다.)(4점)

- ㈜대박 차입금 : 150,000,000원
- 지급일 : 20x1년 03월 10일
- 2월 귀속분 이자 : 625,000원(연 이자율 5%)
- 2월 귀속 3월 지급분으로 작성할 것

[3] 다음의 자료를 이용하여 소득자의 인적사항을 등록하고 소득 관련 자료를 입력하시오.(2점)

코드	소득종류	성명	지급일	주민등록번호	지급액	소득구분
101	사업소득	박다함	20x1.5.30.	850604-2811310	5,000,000원	기타모집수당
201	기타소득	최연준	20x1.5.30.	891031-1058813	2,000,000원	강연료 등

- 소득귀속일과 지급일은 동일하다.
- 소득자는 모두 거주자이고, 내국인이다.
- 박다함은 인적용역사업소득자이다.

문제 5 ㈜용연(0951)은 자동차부품등을 생산하고 제조·도매업을 영위하는 중소기업이며, 당해 사업연도는 20x1.1.1.~20x1.12.31.이다. 법인세무조정메뉴를 이용하여 재무회계 기장자료와 제시된 보충자료에 의하여 당해 사업연도의 세무조정을 하시오.(30점) ※ 회사선택 시 유의하시오.

[1] 다음의 자료를 이용하여 [수입금액조정명세서]와 [조정후수입금액명세서]를 작성하고 매출관련 세무조정을 하시오.(6점)

1. 손익계산서상 매출 및 영업외수익내역은 다음과 같다.

구분	수익내역	업태/종목	기준경비율 코드	금액(원)
매출액	제품매출	제조/자동차부품	343000	1,385,000,000
	상품매출*	도매·소매 자동차부품	503006	1,140,000,000
영업외수익	이자수익			1,650,000
	잡이익	제품부산물매각대	343000	1,500,000
총 계				2,528,150,000

* 상품매출에는 위탁판매의 매출액 20,000,000원(매출원가 14,000,000원)이 누락되었으며, 부가가치세 수정신고서는 관할 세무서에 제출됨.

2. 부가가치세 신고 내역

구분	금액(원)
제품매출	1,386,500,000
상품매출	1,160,000,000
비품매각대	5,000,000
상품매출관련 선수금	10,000,000
개인적공급*	500,000

*개인적 공급은 당해 제품에 대하여 매입세액공제를 받았으며 해당금액은 시가임.

[2] 다음 자료를 이용하여 [기업업무추진비 조정명세서]를 작성하고 관련 세무조정을 하시오.(6점)

1. 손익계산서에 반영된 기업업무추진비계정의 내역은 다음과 같다.
   (1) 당기 기업업무추진비 총액은 45,000,000원이며 모두 판매관리비로 계상되었다. 이 중 법인신용
       카드 사용분은 39,000,000원이며, 나머지 6,000,000원은 현금으로 지출하고 간이영수증을 발
       급받았다.
   (2) 현금으로 지출한 기업업무추진비 6,000,000원중 1,000,000원은 경조사비로서 20만원 초과이다.
   (3) 모든 기업업무추진비의 건당 지출액은 3만원을 초과한다.

2. 당기에 거래관계를 원만하게 할 목적으로 매출거래처에 무상으로 제공한 제품의 취득가액은 4,000,000
   원이고, 시가는 7,000,000원이며, 아래와 같이 회계처리하였다.
   (차) 광고선전비(판) 4,700,000원   (대) 제 품   4,000,000원
                                              부가세예수금   700,000원

3. 기업회계기준상 매출액은 2,526,500,000원이며 이 중 100,000,000원은 법인세법상 특수관계인과
   의 매출이다.

[3] 입력된 자료는 무시하고 다음의 자료만을 이용하여 20x1년말 [자본금과적립금조정명세서(을)]를 작성하시오.(단, 세무조정 입력은 생략할 것)(6점)

1. 20x0년말 [자본금과적립금조정명세서(을)]

과목	기초	감소	증가	기말
대손충당금한도초과	3,000,000원	3,000,000원	5,000,000원	5,000,000원
선급비용(보험료) 과소계상	1,500,000원	1,500,000원	1,800,000원	1,800,000원
기계장치 감가상각비한도초과	4,000,000원	2,500,000원		1,500,000원
단기매매증권평가이익			-2,800,000원	-2,800,000원

2. 20x1년 중 유보금액과 관련된 내역은 다음과 같다.
   (1) 당기 대손충당금한도초과액은 7,000,000원이다.
   (2) 전기 유보된 선급비용은 전액 20x1.1.1.~20x1.6.30.비용분이다.
   (3) 당기 기계장치의 감가상각비 시인부족액은 2,000,000원이다.
   (4) 당기에 단기매매증권의 50%를 처분하였다. 그 외에 단기매매증권의 취득 및 처분은 없고, 당기는 별도의 단기매매증권평가를 회계처리하지 않았다.
   (5) 당기 기부금 중 어음으로 발행하여 기부한 금액은 4,000,000원이고, 만기일은 20x2.12.31.이다.

[4] 입력된 자료는 무시하고 다음의 자료를 참조하여 [주식등변동상황명세서]를 작성하시오.(6점)

1. 등기사항전부증명서 일부

1주의 금액 금 5,000원	. . . .

발행할 주식의 총수 1,000,000주	. . . .

발행주식의 총수와 그 종류 및 각각의 수	자본금의 액면	변 경 연 월 일 등 기 연 월 일
발행주식의 총수 ~~10,000주~~ 보통주식 ~~10,000주~~	금 ~~50,000,000~~ 원	
발행주식의 총수 20,000주 보통주식 20,000주	금 100,000,000 원	20x1.04.18. 변경 20x1.04.18. 등기

2. 주주내역
   (1) 20x0년 말 주주내역

성명	주민등록번호	지배주주관계	주식수
장세억	660813-1953116	본인	5,000주
인재율	690327-1082111	없음	5,000주

   (2) 20x1년 말 주주내역

성명	주민등록번호	지배주주관계	주식수
장세억	660813-1953116	본인	10,000주
인재율	690327-1082111	없음	8,000주
우민오	691115-1173526	없음	2,000주

   - 장세억과 인재율은 20x1.4.18. 유상증자에 참여하였다. 유상증자는 액면가액으로 진행되었다.
   - 인재율은 20x1.11.15. 본인의 주식 2,000주를 우민오에게 액면가액으로 양도하였다.

[5] 다음의 자료를 참조하여 법인세 수정신고서 작성시 [가산세액계산서]를 작성하시오.(3점)

> 1. 당사 1인 주주인 나주주씨는 20x1.12.30. 주식 전부를 액면가액인 50,000,000원으로 박상우씨에게 양도하였다. 하지만 법인세 신고시 주식변동이 없는 것으로 착각하여 주식등변동상황명세서를 제출하지 않았다.
> 2. 법인세법상 정규증빙을 수취하지 못한 내역이 다음과 같이 존재하는데 법인세 신고시 가산세를 반영하지 못하였다.
>   - 여비교통비 : 총3건 2,000,000원(이 중 1건은 20,000원으로 간이영수증을 수취하였음)
>   - 소모품비 : 총4건 3,200,000원(4건 모두 3만원 초과분)
> 3. 당사는 법인세 수정신고서를 법정신고기한 10일 후 제출하였다.

[6] 다음의 자료를 참조하여 [소득금액조정합계표]메뉴를 작성하시오.(3점)

계정과목	금액(원)	비 고
잡이익	750,000	당해(전기귀속) 법인세신고납부 후 경정청구로 환급된 법인세임.
이자수익	100,000	공장건물 재산세과오납 환급금에 대한 이자임.
세금과공과	800,000	공장용트럭 취득에 따른 취득세임.
보험차익	1,250,000	공장창고화재로 인한 보험차익임.
자기주식처분이익	500,000	자기주식처분이익으로 기타자본잉여금에 계상됨.

제95회 전산세무1급 답안 및 해설

■ 이 론

1	2	3	4	5	6	7	8	9	10	11	12	13	14	15
③	②	②	③	①	④	①	②	②	①	①	④	②	④	③

01. 기말재고액 = 기말실사액(20,000) + 선적지인도조건(30,000) + 미판매적송품30%(15,000) + 저당
상품(10,000) + 반품추정불능재고(15,000) = 90,000원

<table>
<tr><th colspan="4" align="center">재고자산</th></tr>
<tr><td>기초재고</td><td align="right">50,000</td><td>매출원가</td><td align="right">210,000</td></tr>
<tr><td>총매입액</td><td align="right">250,000</td><td>기말재고</td><td align="right">90,000</td></tr>
<tr><td>계</td><td align="right">300,000</td><td>계</td><td align="right">300,000</td></tr>
</table>

02. 다(식별가능성 중 분리가능), 라(통제가능성)는 무형자산의 인식요건에 해당한다.

03. **공정가치로 평가된 자산의 장부금액이 세무기준액보다 크다면(△유보)** 그 차이가 (미래)가산할 일시
적 차이이며 **이연법인세부채로 인식**하여야 한다.

04. 발행기업이 매입 등을 통하여 취득하는 자기주식은 취득원가를 자기주식의 과목으로 하여 자본조정
으로 회계처리한다.

05. 나. 영업활동으로 인한 현금흐름은 일반적으로 제품의 생산과 상품 및 용역의 구매·판매활동을 말한다.
라. **영업활동으로 인한 현금흐름은 직접법 또는 간접법으로 표시**한다.

06. ㄴ. 종합원가계산은 제지업, 제과업 등 단일 제품을 연속적으로 대량 생산하는 경우에 적합하고, 항공
기 제작업, 건설업 등에 적합한 원가계산 방식은 개별원가계산이다.
ㄹ. 공통원가 또는 간접원가를 배분하는 가장 이상적인 배분기준은 인과관계기준이다.

07. 가공원가 = 직접재료원가×150% = 250,000원×150% = 375,000원
당기총제조원가 = 직접재료원가(250,000) + 가공원가(375,000) = 625,000원

08. 수선유지부는 면적보다는 수선횟수 또는 수선시간이 배분기준으로 적합하다.

09. 직접재료비는 공정초에 40%, 70%시점에 60%투입

〈1단계〉 물량흐름파악(선입선출법)			〈2단계〉 완성품환산량 계산	
재공품			재료비	
완성품	5,500			
-기초재공품	300(10%)		0	
-당기투입분	5,200(100%)		5,200	
기말재공품	800(50%)		320(800×40%)	
계	6,300		**5,520**	

10.

AQ	AP	SQ	SP
?	6,000원/시간	2,000시간	5,000원/시간

AQ × AP(Ⓐ)   AQ × SP(Ⓑ)   SQ × SP(ⓒ)
                              1,800시간× 5,000원   2,000시간 × 5,000원
                              = 9,000,000원   = 10,000,000원

└─────────── 가격차이(Ⓐ - Ⓑ) ───────────┘└─ 능률차이,수량차이(Ⓑ - ⓒ)? ─┘
                                                    = △1,000,000원(유리)

11. ② 10%   ③ 신고불성실가산세가 적용되지 않는다.   ④ 2.2/10,000

13. 내국 비영리법인은 청산소득에 대해서는 과세하지 않는다.

14. 법인의 임원이나 대주주가 아닌 종업원에게 제공한 사택의 임차료는 업무관련 경비로 보아 손금산입한다.

15. 법인이 이익 또는 잉여금의 처분에 따른 **배당 또는 분배금을 그 처분을 결정한 날부터 3개월이 되는 날까지 지급하지 아니한 경우에는 그 3개월이 되는 날에 그 배당소득을 지급한 것**으로 보아 소득세를 원천징수한다.(지급시기의제)

실 무

문제 1 전표입력

문항	일자	유형	공급가액	부가세	거래처	전자세금
[1]	2/15	14.건별	300,000	30,000	–	–
분개유형	(차) 복리후생비(판)		230,000	(대) 부가세예수금		30,000
혼합				제 품(8.타계정대체)		200,000

☞ 제시된 답안은 잘못된 답안으로 **개인적 공급(경조사)** 중 10만원 초과분에 대해서만 간주공급이 되어야 하므로 공급가액 (200,000원), 부가세(20,000원)으로 수정되어야 한다.

다음 자료는 국세청 발간 개정세법해설(2021)이다.

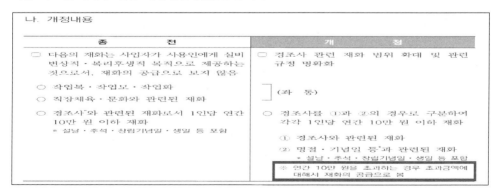

377

문항	일자	유형	공급가액	부가세	거래처	전자세금
[2]	3/31	54.불공(3)	1,500,000	150,000	㈜예인렌터카	여
분개유형	(차) 임차료(판)		1,650,000	(대) 미지급금		1,650,000
혼합						

[3] 5월 30일 일반전표

(차) 용역비	3,663,000	(대) 보통예금	2,872,140
수수료비용	15,000	예수금(화성세무서)	732,600
		예수금(화성시청)	73,260

- 용역비 : $3,300×1,110원=3,663,000원
- 예수금(세무서) : 3,663,000×20%=732,600원
- 예수금(구청) : 732,600×10%=73,260원

[4] 모두 정답

문제 2 부가가치세

[1] 수출실적명세서(4~6월)

일자	유형	공급가액	부가세	거래처	수출신고번호
4/02	16.수출(1)	31,500,000	0	NICE.Co.,Ltd.	41757-17-050611X
분개유형	(차) 외상매출금		31,500,000	(대) 제품매출	31,500,000
외상					

☞공급가액 = $30,000×1,050원 = 31,500,000원
수출의 공급시기는 선적일이며, 수출신고필증상 결제금액을 매출로 회계처리한다.

구분	건수	외화금액	원화금액	비고
⑨합계	1	30,000.00	31,500,000	
⑩수출재화[=⑩합계]	1	30,000.00	31,500,000	
⑪기타영세율적용				

No		(13)수출신고번호	(14)선(기)적일자	(15)통화코드	(16)환율	금액		전표정보	
						(17)외화	(18)원화	거래처코드	거래처명
1	☑	41757-17-050611X	20×1-04-02	USD	1,050.0000	30,000.00	31,500,000	00125	NICE.Co.,Ltd.
2	☐								

[2] 공제받지못할매입세액명세서[납부세액또는환급세액재계산](4~6월)

구분	과세사업	면세사업	합계	면세공급가액비율	재계산여부
20x0년 1기	400,000,000원	100,000,000원	500,000,000원	20%	
20x0년 2기	378,000,000원	72,000,000원	450,000,000원	16%	X
20x1년 1기	420,000,000원	180,000,000원	600,000,000원	30%	○

납부세액 또는 환급세액의 재계산은 감가상각자산의 취득일이 속하는 과세기간(그 후의 과세기간에 재계산하였을 때에는 그 재계산한 기간)에 적용한 면세비율간의 차이가 5% 이상인 경우에만 적용한다. 따라서 20x0년 2기에는 재계산하지 않고 20x1년 1기에 재계산한다.

공제받지못할매입세액내역		공통매입세액안분계산내역		공통매입세액의정산내역		납부세액또는환급세액재계산					
자산	(20)해당재화의 매입세액	(21)경감률[1-(체감률* 경과된과세기간의수)]			(22)증가 또는 감소된 면세공급가액(사용면적)비율					(23)가산또는 공제되는 매입세액 (20)*(21)*(22)
		취득년월	체감률	경과과 세기간	경감률	당기		직전		증가율	
						총공급	면세공급	총공급	면세공급		
1.건물,구축물	20,000,000	2023-01	5	2	90	600,000,000.00	180,000,000.00	500,000,000.00	100,000,000.00	10.000000	1,800,000
합계											1,800,000

가산또는공제되는매입세액 (1,800,000) = 해당재화의매입세액(20,000,000) * 경감률(%)(90) * 증가율(%)(10.000000)

문제 3 결산

[1] 〈수동결산〉

(차) 장기차입금(미래은행)　　100,000,000　(대) 유동성장기부채(미래은행)　100,000,000

[2] 〈수동결산/자동결산〉

(차) 퇴직급여(판)　　26,000,000　(대) 퇴직급여충당부채　　26,000,000

☞설정액 = 퇴직금추계액(160,000,000) – 설정전퇴직급여충당부채(134,000,000) = 26,000,000원

[3] 〈수동결산〉

(차) 재고자산감모손실　　100,000　(대) 제품(8.타계정대체)　　100,000

☞감모=실사상재고(4,750,000) – 장부상재고(5,000,000) = △250,000원
　비정상감모 = 감모(△250,000)×40% = △100,000(영업외비용)

〈자동결산〉

기말제품재고액 4,750,000원 입력

[4] 〈수동/자동결산〉

(차) 법인세등　　15,572,000　(대) 선납세금　　5,800,000
　　　　　　　　　　　　　　　　미지급세금　　9,772,000

☞법인세등 = 법인세(14,020,000) + 지방소득세(1,552,000) = 15,572,000원

(차) 법인세등　　9,772,000　(대) 미지급세금　　9,772,000

☞"선납세금은 적절히 회계처리하였다"제시가 되어 있어 미지급세금부분만 처리한 것도 정답으로 인용

문제 4 원천징수

[1] 사원등록 및 부양가족명세(엄익창)

1. 사원등록 104.엄익창, 입사년월일 : 20x1년 8월 1일

2. 부양가족명세

관계	요 건		기본	추가	판 단
	연령	소득	공제	(자녀)	
본인(세대주)	–	–	○		
배우자	–	×	부		사업소득금액 1백만원초과자
부(84)	○	○	○	경로	
모(81)	○	○	○	경로,장애(1)	일용근로소득은 분리과세소득
장남(25)	×	○	부		
장녀(21)	×	○	부		
형(57)	×	○	○	장애(3)	장애인은 연령요건을 따지지 않는다.

[2] 원천징수이행상황신고서(귀속기간 2월, 지급기간 3월, 1.정기신고)

1. 원천징수이행상황신고서 부표

			코드	소득지급		징수세액			조정환급세액	납부세액	
				인원	총지급액	소득세 등	농어촌특별세	가산세		소득세 등	농어촌특별세
내국법인	이자	14%	C71								
	투자신탁의 이익	14%	C72								
	신탁재산 분배	14%	C73								
	신탁업자 징수분	14%	C74								
	비영업대금의 이익(25%)		C75	1	625,000	156,250				156,250	
	비과세 소득		C76								
외국법인	이자	제한, 20%	C81								

⇒ 소득세등(비영업대금이익) = 625,000 × 25% = 156,250원

2. 원천징수명세 및 납부세액→자동반영

	코드	소득지급		징수세액			당월조정 환급세액	납부세액	
		인원	총지급액	소득세 등	농어촌특별세	가산세		소득세 등	농어촌특별세
법인 내/외국법인원천	A80	1	625,000	156,250				156,250	
수정신고(세액)	A90								
총 합 계	A99	1	625,000	156,250				156,250	

[3] 사업소득 및 기타소득

1. 사업소득

① 사업소득자 등록(101.박다함)

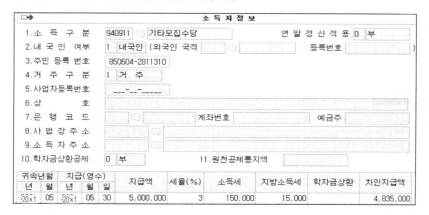

1.소 득 구 분	940911 기타모집수당 연말정산적용 0 부
2.내 국 인 여 부	1 내국인 (외국인 국적 ____ 등록번호 ____)
3.주 민 등 록 번 호	850604-2811310
4.거 주 구 분	1 거 주 ※ 비거주자는 기타소득에서 입력하십시오.
5.사업자등록번호	___-__-____ ※ 소득구분 851101-병의원 필수입력사항
6.상 호	

② 사업소득자자료입력(지급년월일 5월30일)

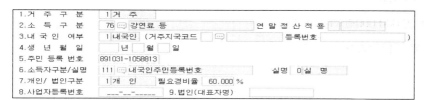

소 득 자 정 보

1.소 득 구 분	940911 기타모집수당 연말정산적용 0 부
2.내 국 인 여 부	1 내국인 (외국인 국적 ____ 등록번호 ____)
3.주 민 등 록 번 호	850604-2811310
4.거 주 구 분	1 거 주
5.사업자등록번호	___-__-____
6.상 호	
7.은 행 코 드	계좌번호 예금주
8.사 업 장 주 소	
9.소 득 자 주 소	
10.학자금상환공제	0 부 11.원천공제통지액

귀속년월		지급(영수)			지급액	세율(%)	소득세	지방소득세	학자금상환	차인지급액
년	월	년	월	일						
20×1	05	20×1	05	30	5,000,000	3	150,000	15,000		4,835,000

2. 기타소득

① 기타소득자등록(201.최연준)

1.거 주 구 분	1 거 주
2.소 득 구 분	76 강연료 등 연말정산적용
3.내 국 인 여 부	1 내국인 (거주지국코드 ____ 등록번호 ____)
4.생 년 월 일	년 월 일
5.주 민 등 록 번 호	891031-1058813
6.소득자구분/실명	111 내국인주민등록번호 실명 0 실 명
7.개인/ 법인구분	1 개 인 필요경비율 60.000 %
8.사업자등록번호	___-__-____ 9.법인(대표자명)

② 기타소득자자료입력(지급년월일 5월30일)

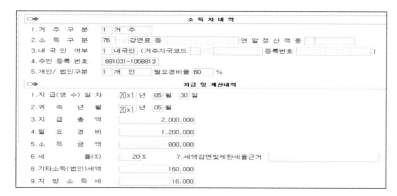

소 득 자 내 역

1.거 주 구 분	1 거 주
2.소 득 구 분	76 강연료 등 연말정산적용
3.내 국 인 여 부	1 내국인 (거주지국코드 ____ 등록번호 ____)
4.주 민 등 록 번 호	891031-1058813
5.개인/ 법인구분	1 개 인 필요경비율 60 %

지 급 및 계산내역

1.지 급(영 수)일 자	20×1 년 05 월 30 일
2.귀 속 년 월	20×1 년 05 월
3.지 급 총 액	2,000,000
4.필 요 경 비	1,200,000
5.소 득 금 액	800,000
6.세 율(%)	20 % 7.세액감면및제한세율근거
8.기타소득(법인)세액	160,000
9.지 방 소 득 세	16,000

문제 5 세무조정

[1] 수입금액조정명세서와 조정후수입금액명세서

1. 수입금액조정명세서

① 기타수입금액조정

수입금액조정계산	작업진행률에 의한 수입금액	중소기업 등 수입금액 인식기준 적용특례에 의한 수입금액	기타수입금액조정

| 2 2.수입금액 조정명세 |
| 다.기타 수입금액 |

No	(23)구 분	(24)근 거 법 령	(25)수 입 금 액	(26)대 응 원 가	비 고
1	상품매출		20,000,000	14,000,000	
2					

② 수입금액조정계산

수입금액조정계산	작업진행률에 의한 수입금액	중소기업 등 수입금액 인식기준 적용특례에 의한 수입금액	기타수입금액조정

| 1 1.수입금액 조정계산 |

No	계정과목 ①항 목	계정과목 ②계정과목	③결산서상 수입금액	조 정 ④가 산	조 정 ⑤차 감	⑥조정후 수입금액 (③+④-⑤)	비 고
1	매 출	상품매출	1,140,000,000	20,000,000		1,160,000,000	
2	매 출	제품매출	1,385,000,000			1,385,000,000	
3	영업외수익	잡이익	1,500,000			1,500,000	
		계	2,526,500,000	20,000,000		2,546,500,000	

2 2.수입금액조정명세
가.작업 진행률에 의한 수입금액	
나.중소기업 등 수입금액 인식기준 적용특례에 의한 수입금액	
다.기타 수입금액	20,000,000
계	20,000,000

2. 위탁매출에 대한 세무조정

〈익금산입〉 상품매출 20,000,000원 (유보발생)

〈손금산입〉 상품매출원가 14,000,000원 (유보발생)

3. 조정후수입금액명세서

① 업종별수입금액명세서

| 1 1.업종별 수입금액 명세서 |

①업 태	②종 목	순번	③기준(단순) 경비율번호	수 입 금 액 수입금액계정조회 ④계(⑤+⑥+⑦)	수 입 금 액 내 수 판 매 ⑤국내생산품	수 입 금 액 내 수 판 매 ⑥수입상품	⑦수 출 (영세율대상)
제조,도매업	자동차부품	01	343000	1,386,500,000	1,386,500,000		
자동차 판매 수리 도매 및 소매업 / 자동		02	503006	1,160,000,000	1,160,000,000		
(111)기 타		11					
(112)합 계		99		2,546,500,000	2,546,500,000		

② 과세표준과 수입금액 차액검토

업종별 수입금액 명세서	과세표준과 수입금액 차액검토

2. 부가가치세 과세표준과 수입금액 차액 검토　　　　　　　　　　　　　[부가가치세 신고 내역보기]

(1) 부가가치세 과세표준과 수입금액 차액

⑧과세(일반)	⑨과세(영세율)	⑩면세수입금액	⑪합계(⑧+⑨+⑩)	⑫조정후수입금액	⑬차액(⑪-⑫)
2,562,000,000			2,562,000,000	2,546,500,000	15,500,000

(2) 수입금액과의 차액내역(부가세과표에 포함되어 있으면 +금액, 포함되지 않았으면 -금액 처리)

⑭구 분	코드	(16)금 액	비 고	⑭구 분	코드	(16)금액	비 고
자가공급(면세전용등)	21			거래(공급)시기차이감액	30		
사업상증여(접대제공)	22			주세·개별소비세	31		
개인적공급(개인적사용)	23	500,000		매출누락	32		
간주임대료	24				33		
자산 유형자산 및 무형자산 매각	25	5,000,000			34		
매각 그밖의자산매각액(부산물)	26				35		
폐업시 잔존재고재화	27				36		
작업진행률 차이	28				37		
거래(공급)시기차이가산	29	10,000,000		(17)차 액 계	50	15,500,000	
				(13)차액과(17)차액계의차이금액			

[2] 기업업무추진비조정명세서

1. 기업업무추진비조정명세서(을)

① 수입금액명세

1.접대비 입력 (을)	2.접대비 조정 (갑)

1. 수입금액명세

구　　분	① 일반수입금액	② 특수관계인간 거래금액	③ 합　　계(①+②)
금　　액	2,426,500,000	100,000,000	2,526,500,000

② 기업업무추진비해당금액

2. 접대비 해당금액

④ 계정과목		합계	접대비(판관)	광고선전비		
⑤ 계정금액		52,700,000	45,000,000	7,700,000		
⑥ 접대비계상액 중 사적사용경비						
⑦ 접대비해당금액(⑤-⑥)		52,700,000	45,000,000	7,700,000		
⑧ 신용카드 미사용금액	경조사비 중 기준금액 초과액	⑨신용카드 등 미사용금액	1,000,000	1,000,000		
		⑩총 초과금액	1,000,000	1,000,000		
	국외지역 지출액(법인세법 시행령 제41조제2항제1호)	⑪신용카드 등 미사용금액				
		⑫총 지출액				
	농어민 지출액(법인세법 시행령 제41조제2항제2호)	⑬총금액명세서 미제출금액				
		⑭총 지출액				
	접대비 중 기준금액 초과액	⑮신용카드 등 미사용금액	5,000,000	5,000,000		
		(16)총 초과금액	44,000,000	44,000,000		
(17) 신용카드 등 미사용 부인액		6,000,000	6,000,000			
(18) 접대비 부인액(⑥+(17))		6,000,000	6,000,000			

☞ 광고선전비(1건,7,700,000)은 기업업무추진비중 기준금액 (16)총초과금액에 입력해야 정확한 답안이 되는 것임.

2. 기업업무추진비조정명세서(갑)

1.접대비 입력 (을)	2.접대비 조정 (갑)	

3 접대비 한도초과액 조정

중소기업			□ 정부출자법인 □ 부동산임대업등 ⑨한도액 50%적용

구분			금액
① 접대비 해당 금액			52,700,000
② 기준금액 초과 접대비 중 신용카드 등 미사용으로 인한 손금불산입액			6,000,000
③ 차감 접대비 해당금액(①-②)			46,700,000
일반 접대비 한도	④ 12,000,000 (중소기업 36,000,000) X 월수(12) / 12		36,000,000
	총수입금액 기준	100억원 이하의 금액 X 30/10,000 (2020년 사업연도 분은 35/10,000)	7,579,500
		100억원 초과 500억원 이하의 금액 X 20/10,000 (2020년 사업연도 분은 25/10,000)	
		500억원 초과 금액 X 3/10,000 (2020년 사업연도 분은 6/10,000)	
		⑤ 소계	7,579,500
	일반수입금액 기준	100억원 이하의 금액 X 30/10,000 (2020년 사업연도 분은 35/10,000)	7,279,500
		100억원 초과 500억원 이하의 금액 X 20/10,000 (2020년 사업연도 분은 25/10,000)	
		500억원 초과 금액 X 3/10,000 (2020년 사업연도 분은 6/10,000)	
		⑥ 소계	7,279,500
	⑦ 수입금액기준 (⑤-⑥) X 10/100		30,000
	⑧ 일반접대비 한도액 (④+⑥+⑦)		43,309,500
문화접대비 한도 (「조특법」 제136조제3항)	⑨ 문화접대비 지출액		
	⑩ 문화접대비 한도액(⑨와 (⑧ X 20/100) 중 작은 금액)		
⑪ 접대비 한도액 합계(⑧+⑩)			43,309,500
⑫ 한도초과액(③-⑪)			3,390,500
⑬ 손금산입한도 내 접대비 지출액(③과⑪ 중 작은 금액)			43,309,500

3. 소득금액조정합계표

〈손금불산입〉 기업업무추진비 중 신용카드미사용 6,000,000원 (기타사외유출)
〈손금불산입〉 기업업무추진비 한도초과액　　　　　3,390,500원 (기타사외유출)

[3] 자본금과적립금조정명세서(을)

⇒ 전기대손충당금한도초과액은 자동추인하고, 전기감가상각부인액은 시인부족액한도까지 유보추인

자본금과적립금조정명세서(을)	자본금과적립금조정명세서(갑)	이월결손금		

⇨ Ⅰ.세무조정유보소득계산

①과목 또는 사항	②기초잔액	당 기 중 증 감		⑤기말잔액 (=②-③+④)
		③감 소	④증 가	
대손충당금한도초과	5,000,000	5,000,000	7,000,000	7,000,000
선급비용(보험료)과소계상	1,800,000	1,800,000		
기계장치감가상각비한도초과	1,500,000	1,500,000		
단기매매증권평가이익	-2,800,000	-1,400,000		-1,400,000
어음지급기부금			4,000,000	4,000,000
합 계	5,500,000	6,900,000	11,000,000	9,600,000

[4] 주식등변동상황명세서

1. 자본금 변동상황(기말 자본금 100,000,000원 확인)

(단위: 주,원)

| ①일자 | 주식종류 | ⑤원인코드 | 증가(감소)한 주식의 내용 | | | ⑭증가(감소) 자본금(⑪×⑫) |
			⑪주식수	⑫주당액면가	주당발행(인수)가액	
기초	보통주		10,000	5,000		50,000,000
	우선주					
20×1-04-18	1 보통주	1 유상증자(증)	10,000	5,000		50,000,000
기말	보통주		20,000	5,000		100,000,000
	우선주					

2. 자본금변동상황과 주식에 대한 사항의 차이내용(자동반영)

2	[자본금(출자금)변동 상황]과 [주식 및 출자지분에 대한 사항]의 차이내용						
차액 내용	구 분	기 초	기 말	구 분	기 초	기 말
	총주식수	10,000 주	20,000 주	총주식수	10,000 주	20,000 주
	입력누계	10,000 주	20,000 주	1주당 액면가액	5,000 원	원
	총주식수와의 차이	주	주	자본금	50,000,000 원	원

3. 주식 및 출자지분에 대한 사항-총주식수와의 차이가 "0"가 될 때까지 입력

① 장세억(유상증자 5,000주, 지배주주와의 관계: 00.본인)

No	성명(법인명)	구분
1	장세억	2.개 인
2		

구 분	[1:개인, 2:우리사주]	등록번호 660813-1953116	거주국 코드 KR	대한민국

	기 초	증 가	감 소	기 말
주식수	5,000 주	5,000 주	주	10,000 주
지분율	50 %			50 %
지분율누계	50.00 %			50.00 %

기중변동사항	증가	양 수	주	감소	양 도	주
		유상증자	5,000 주			주
		무상증자	주		상 속	주
		상 속	주		증 여	주
		증 여	주		감 자	주
		출자전환	주		실명전환	주
		실명전환	주		기 타	주
		기 타	주			

지배주주와의관계	00 본인

② 인재율(유상증자 5,000주, 양도 2,000주, 지배주주와의 관계: 09.기타)

3	주식 및 출자지분에 대한 사항		화면정렬: 구 분 순	지분율재계산	EXCEL자료업로드	EXCEL자료다운

No	성명(법인명)	구분
1	장세억	2.개 인
2	인재율	2.개 인
3		

구 분	[1:개인, 2:우리사주]	등록번호 690327-1082111	거주국 코드 KR	대한민국

	기 초	증 가	감 소	기 말
주식수	5,000 주	5,000 주	2,000 주	8,000 주
지분율	50 %			40 %
지분율누계	100.00 %			90.00 %

기중변동사항	증가	양 수	주	감소	양 도	2,000 주
		유상증자	5,000 주			주
		무상증자	주		상 속	주
		상 속	주		증 여	주
		증 여	주		감 자	주
		출자전환	주		실명전환	주
		실명전환	주		기 타	주
		기 타	주			

지배주주와의관계	09 기타

③ 우민오(양수 2,000주, 지배주주와의 관계: 09.기타)

번호	성명(법인명)	구분
1	장세억	2.개 인
2	인재율	2.개 인
3	우민오	2.개 인
4		

구 분	[1:개인, 2:우리사주]	등록번호	691115-1173526	거주국 코드	KR	대한민국

		기 초	증 가	감 소	기 말
주식수	주		2,000 주	주	2,000 주
지분율	%				10 %
지분율누계		100.00 %			100.00 %

기중변동사항	증 가	양 수	2,000 주	감 소	양 도	주
		유상증자	주			주
		무상증자	주		상 속	주
		상 속	주		증 여	주
		증 여	주		감 자	주
		출자전환	주		실명전환	주
		실명전환	주		기 타	주
		기 타	주			

지배주주와의관계	09 기타

[5] 가산세액계산서(미제출가산세)

- 지출증명서류 미수취금액(3만원초과분) = 5,200,000-20,000(1건) = 5,180,000원
- 주식등변동상황명세서 제출불성실가산세는 액면가액의 1%이다. 단, 제출기한 경과 후 1개월이내 제출하는 경우 가산세를 50% 감면하여 0.5%이다.

신고납부가산세	미제출가산세	토지등양도소득가산세	미환류소득

	구분	계산기준	기준금액	가산세율	코드	가산세액
	지출증명서류	미(허위)수취금액	5,180,000	2/100	8	103,600
지급 명세서	미(누락)제출	미(누락)제출금액		10/1,000	9	
	불분명	불분명금액		1/100	10	
	상증법 82조 1 6	미(누락)제출금액		2/1,000	61	
		불분명금액		2/1,000	62	
	상증법 82조 3 4	미(누락)제출금액		2/10,000	67	
		불분명금액		2/10,000	68	
	법인세법 75조 7 1	미제출금액		5/1,000	96	
		불분명등		5/1,000	97	
	소 계				11	
주식등변동 상황명세서	미제출	액면(출자)금액	50,000,000	5/1,000	12	250,000
	누락제출	액면(출자)금액		10/1,000	13	
	불분명	액면(출자)금액		1/100	14	
	소 계				15	250,000
	미(누락)제출	액면(출자)금액		5/1,000	69	

[6] 소득금액조정합계표

익금산입 및 손금불산입			손금산입 및 익금불산입		
과 목	금 액	소득처분	과 목	금 액	소득처분
자기주식처분이익	500,000	기타	법인세환급액	750,000	기타
			이자수익	100,000	기타

☞ 트럭 취득세는 즉시상각의제에 해당하므로 별도세무조정은 없고 한도초과 계산시 반영됨

저자약력

■ 김영철 세무사

· 고려대학교 공과대학 산업공학과
· 한국방송통신대학 경영대학원 회계·세무전공
· (전)POSCO 광양제철소 생산관리부
· (전)삼성 SDI 천안(사) 경리/관리과장
· (전)강원랜드 회계팀장
· (전)코스닥상장법인CFO(ERP. ISO추진팀장)
· (전)농업진흥청/농어촌공사/소상공인지원센타 세법·회계강사
· (전)두목넷 전산회계/전산세무/세무회계 강사
· (현)천안시 청소년재단 비상임감사

로그인 전산세무 1급 기출문제집

6 판 발 행 : 2024년 2월 27일
저   자 : 김 영 철
발 행 인 : 허 병 관
발 행 처 : 도서출판 어울림
주   소 : 서울시 영등포구 양산로 57-5, 1301호 (양평동3가)
전   화 : 02-2232-8607, 8602
팩   스 : 02-2232-8608
등   록 : 제2-4071호
Homepage : http://www.aubook.co.kr

저자와의
협의하에
인지생략

ISBN 978-89-6239-924-0 13320

정 가 : 20,000원